21世纪本科应用型经管规划教材

市场调研

（第3版）

Market Research(3rd Edition)

陆　军　梅清豪◎编著

電子工業出版社·
Publishing House of Electronics Industry
北京 · BEIJING

图书在版编目（CIP）数据

市场调研 / 陆军，梅清豪编著. —3 版. —北京：电子工业出版社，2012.9
21 世纪本科应用型经管规划教材
ISBN 978-7-121-17123-9

Ⅰ.①市… Ⅱ.①陆… ②梅… Ⅲ.①市场调研－高等学校－教材 Ⅳ.①F713.52

中国版本图书馆 CIP 数据核字(2012)第 102638 号

责任编辑：马晓云
印　　刷：北京捷迅佳彩印刷有限公司
装　　订：北京捷迅佳彩印刷有限公司
出版发行：电子工业出版社
　　　　　北京市海淀区万寿路 173 信箱　邮编 100036
开　　本：787×980　1/16　印张：20.75　字数：453 千字
版　　次：2002 年 11 月第 1 版
　　　　　2012 年 9 月第 3 版
印　　次：2022 年 1 月第11次印刷
定　　价：38.00 元

凡所购买电子工业出版社图书有缺损问题，请向购买书店调换。若书店售缺，请与本社发行部联系，联系及邮购电话：（010）88254888，88258888。
质量投诉请发邮件至 zlts@phei.com.cn，盗版侵权举报请发邮件至 dbqq@phei.com.cn。
本书咨询联系方式：（010）88254199，sjb@phei.com.cn。

再版前言

今天的社会是以信息为基础的社会，工商企业、政府机构都面临着如何更好地服务社会、服务市场的问题。在日趋激烈的竞争压力下，管理者比任何时候都更加感觉到信息的重要意义。而如何搜集、整理、分析信息，每人都有一套自认为有效的方法。可是他们都感到，这些方法仅仅是经验而已。本书的目的就是希望能为搜集、整理、分析市场信息的有关人员提供一定的理论与方法的帮助。

本书对第 2 版中的案例做了大量的补充与修改，试图在市场信息收集与信息处理分析研究两方面为学生与有关人员提供帮助。本版继续根据市场调研的实施顺序将搜集市场信息的方法放在开始部分，并将相对较为简单的案卷资料搜集方法放在第 2 章。在介绍实地调研方法时把焦点小组访谈法与询问法作为第 3 章。将观察法、实验法和体验调研法设置为第 4 章。这样安排是为了方便读者学习，希望强化市场信息搜集技能的读者在学习相关方法时只须掌握第 2、3、4 章，便可以掌握信息搜集的基本技能。对于实地调研的主要工具，包括调研问卷和量表，在第 5、6 两章分别阐述，这两章着重讲述设计市场调研问卷与量表的方法，以提高调研问卷和量表的质量。对于已有一定市场信息搜集经验但缺少调研问卷或量表设计能力的学员，可以通过专门学习这两章的内容达到自己学习的目的。针对当前计算机普及和相关统计分析软件不断更新的状况，对于专业人士，如何在获得市场信息后更加准确、快捷地开展分析，获得准确结果，在最后一章进行了讲述，包括如何使用 SPSS 对市场信息进行分析处理，力图使之更加通俗，易于理解和掌握。

除上述修订外，本版对各章的引导案例、调研窗口及各章的例子做了大量的修改与调整，本着与实际工作更加贴近的原则，在阐述中更加生动、亲切，提高读者的学习积极性，方便市场研究工作人员学以致用，对各章的叙述方式与方法都做了修改。

本书包括 5 部分。第 1 部分由第 1 章市场调研概述组成，介绍什么叫市场调研、为什么需要开展市场调研和如何规范市场调研活动。第 2 部分是市场信息的搜集和获取方法，这部分由第 2 章案卷调研方法，第 3 章焦点小组访谈和询问法，第 4 章观察法、实验法和体验调研方法组成。第 3 部分介绍市场调研问卷和量表设计方法，由第 5 章市场调研问卷设计和第 6 章市场调研量表的设计两章组成。第 4 部分主要介绍如何具体实施市场调研的方法，由第 7 章人员访问管理、第 8 章消费者市场调研和第 9 章现场调研数据偏差与控制

3 章组成。第 5 部分是市场调研信息研究处理分析方法，由第 10 章市场信息分析与预测方法、第 11 章 SPSS 在市场调研中的运用两章组成。

本书适合工商管理类各专业的本专科同学作为系统掌握市场研究理论与方法的教材，也适合各类市场研究培训班学员作为掌握和提高市场信息搜集、问卷设计和数据分析技能的培训教材。可以根据自己的具体需要，着重学习 5 部分中的某个或某些部分，达到立竿见影的效果。

本书的第 3 版保持了第 2 版的部分案例与特色。本书在出版过程中获得电子工业出版社各位编辑的支持，在此表示感谢。

陆　军

2012 年 8 月

目　录

第1章 市场调研概述

◆ 引导案例　市场研究的技术发展

中国市场经济的发展催生了市场研究这个行业，同时经济发展的阶段性、独特性、持续性要求市场研究行业在技术上不断创新和提升，去适应和协助国民经济沿着快速、高效、绿色的方向发展。

通常，市场研究的技术包含三个方面的内容，即统计技术、研究技术、软件技术。统计技术是指对定性和定量资料在收集、整理、分析过程中应用的各种统计手段、统计方法、统计模型等，如抽样方法、多元统计分析方法等；研究技术主要指市场研究中用到的各类研究手段、研究方法、研究模式等，如我们常用到波特竞争力矩阵、定价模型、新产品开发模型、品牌审计模型等；软件技术是指市场研究中各种软件的应用及解决方案，如业界熟知的 SAS、SPSS，以及一些专用软件，如用于决策树的 AnswerTree、用于进行结构方程分析的 Lisrel 和 Amos 等。

资料来源：零点研究咨询集团.

本章主要学习内容：

- 市场调研的作用
- 市场调研的目标
- 如何定义企业面临的问题
- 抽样设计和制定样本计划
- 制定市场调研方案
- 市场调研结果的表述

1.1 市场调研的作用

1.1.1 市场调研在市场营销管理中的作用

从狭义上看，市场调研直接的服务对象是市场营销管理。常见的关于市场调研概念的解释：

市场调研是为市场营销管理部门制定营销战略，选择或确定营销策略及时提供充分、准确的依据而开展的信息搜集、处理与分析、预测等一系列活动的总和。

市场营销管理同样是一个包含多个重要环节的管理活动过程，如图1-1所示。

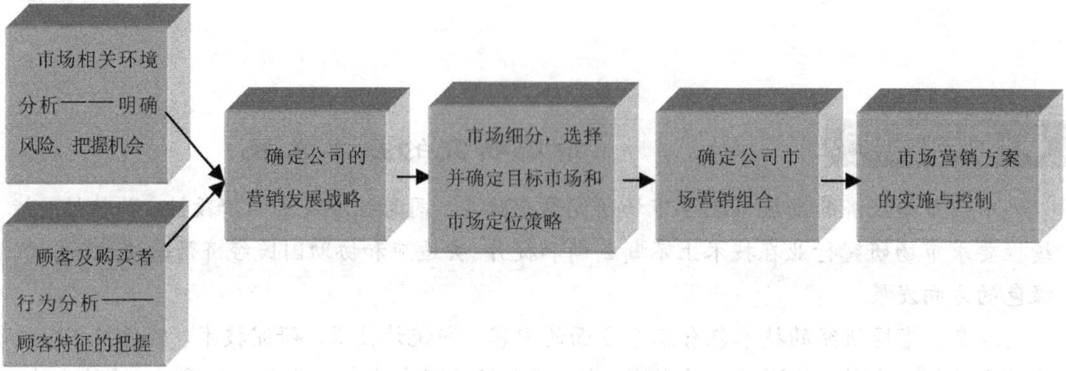

图1-1　公司市场营销管理活动

市场调研在公司的市场营销管理活动中，通过围绕的各种课题所展开的一系列研究并将研究成果用于指导营销管理实践活动而发挥重要作用，市场调研的研究课题主要包括以下几方面。

（1）市场环境调研。市场调研可以帮助公司开展下面的各种分析：公司现在所处的市场和将来准备进入的市场的各种宏观与微观环境因素具有哪些特点？将会发生什么变化？这些变化对公司未来的市场营销活动将会产生更大的风险还是机会？

（2）购买者行为研究。公司必须知道自己目标顾客会提出哪些需要？促使这些需求向动机发展并成为购买行动的最直接的刺激因素是什么？对公司及公司产品、品牌的态度和感觉怎样？这些信息的搜集和掌握对于正确制定相关的营销策略是十分重要的。

（3）市场需求特征研究。在确定市场细分标准和选择市场定位方法时，必须掌握足够的反映市场需求特征的信息。

（4）产品、价格、渠道与促销策略研究。市场营销管理者必须掌握能够更好满足顾客某种需求的东西的外形、品质和采用的材料，必须掌握顾客愿意付出的代价大小，必须知晓顾客购买这类东西经常光顾的场所，以及把握这些顾客乐意接触的媒介。只有这样确定的营销组合才会更有效。

（5）市场营销管理效果研究。营销策略确定并得以实施后，营销管理人员需要搜集相关市场信息以及掌握营销管理取得的效果，并做出是否要进行调整的决定。

（6）竞争者及竞争战略研究。通过进行专门的市场调研，营销管理者可以进一步明确现在、未来市场上的主要竞争者和潜在竞争者分别是谁。同时还可以更有针对性地搜集竞争对手未来的战略规划、近期的策略，以便更有效地确定自己的对策。

市场调研的作用可以总结为：使我们知道了想知道的事情；使我们知道自己应该去做哪些事情；使我们知道自己能够或不能够做的是哪些事情；使我们知道了做这些事情可能会遇到哪些困难、风险，可能会取得什么样的结果。

1.1.2　市场调研的作用在市场调研的发展中不断升华

市场调研已经逐渐成为一类不可或缺的社会活动，当向上级汇报工作提出自己的设想、观点和建议的时候，你听到的越来越多的是："你是否做过相应的市场调研？"其实，市场调研活动的发展与人们对市场调研作用的认识变化是彼此推动的。

（1）由轻视市场信息到重视市场信息。决策者在实践中不断体会到经验、知识的有限性，深感掌握市场发展趋势与特征的重要性，对于市场信息会逐渐由淡漠而转为"一刻都不能离开"。

（2）由事前应急到长期持续搜集市场信息。许多管理者与决策者都有"市场信息是重要的管理资源"的亲身体验，但那更多的是"急用时的确可以解决问题"。也就是当发现问题时马上会想到搜集信息找到解决问题的关键。现在更多的管理人员会自觉地在日常工作与生活中搜集市场信息，随时处理分析市场信息，得出一定的结论后决定自己的下一步行动。

（3）由被动到主动搜集市场信息。过去计划经济体制下，管理人员无须对市场有更多的了解，而今市场经济体制下，公司的经营绩效与自己的经济利益直接相关，而要提高公司的经营绩效就必须更加主动地设法搜集更多更准确的市场信息。

（4）由依靠别人到依靠别人加自己组织开展市场调研。一开始公司往往由于缺乏开展市场调研活动的经验和完成此项任务所必需的人员，从而会选择依靠专业市场调研机构来完成各项市场调研活动策划与具体实施的工作。随着时间的推移，公司逐渐获得更多的从事市场调研活动的经验，逐步组建一支能够独立完成市场调研任务的队伍。这样日常的、普通的市场信息的搜集就可以自己完成。

（5）由单一调研方法到多种调研方法并用。市场变化的复杂性导致市场调研方法、工具的多样性发展。调研人员可以利用自己掌握的多种方法来搜集市场信息，同时验证市场信息的可靠性。

◆ 调研窗口 1-1　市场调研让银行知道自己应该做好什么

国内许多商业银行，都开始意识到“拥有市场比拥有工厂更重要，而拥有市场的办法就是拥有占据市场的品牌”。于是“金融品牌”大战烽烟呈现。

但是银行投入了大量的资金与人力渴望建立的“服务形象”没有得到社会的承认，为什么？《2005年零点银行服务指数——中国公众对银行服务传播指数报告》指出：

（1）2005年公众给银行业总体服务水平的评分为71.19分。

（2）银行服务在便利性上与公众的需要存在明显差距。主要表现为在办理业务前银行不能及时便利地向顾客提供其所需要的各种信息，导致顾客维持选择旧银行、旧产品。

（3）在银行服务的快速性上也存在明显差距。主要表现为公众对银行“对公众需求的响应时间”不满。第一原因是顾客办理或准备办理业务时的等候时间过长；第二原因是公众对银行“事后解难与救济意识差”而影响问题发生后服务水平低，顾客感到不满。

（4）顾客对银行服务水平的评价结果直接影响其是否愿意到那里办理新业务。

（5）“理财指数”调研结果显示，投资活跃群体对“专业投资理财知识了解程度指数”为75.72%；投资消极群体的这项指标为24.50%。说明在中国金融产品的知识推广工作任务十分艰巨。

1.2 市场调研的目标与性质

1.2.1 探究各项未知情况——探测性市场调研

市场调研公司不能保证自己在接受每项调研委托时都能立即进入实质性调研阶段，因为他们可能发现，自己从未涉足过或参与过现在接手的这项新业务，与其他自己第一次从事的新业务一样，市场调研公司领导就会决定先进行一次“探测性市场调研”。这种市场调研主要解决的是“调查什么和在调查中会有什么事”这类问题。

在开始着手进行一项市场调研活动前，为使调研能顺利地进行最终达到预期目的，市场调研人员会仔细考虑自己的调研活动中将可能遇到的问题，安排好解决问题的办法。此时，先进行一系列的探测性市场调研是一种较好的选择，这种市场调研的目标一般有：

（1）掌握各种与即将开展市场调研活动主题相关的问题和概念等。这对设计调研提纲或问卷来说是十分重要的。

（2）确定市场调研的对象。市场调研活动的第一步就是搜集信息，但是信息的承担者是谁？这是一个必须首先确定的问题。通过系统的探测性市场调研，逐步明确自己调研的真正对象。

（3）为选择最好的市场调研方式提供依据。市场调研的方法多种多样，市场调研人员可以通过小范围的探测性市场调研来获得经验和灵感，确定完成本次市场调研活动的最好方法应该是哪一种，或者最好由哪几种方法搭配使用。

（4）获得修改调研问卷或实验及观察设计方案的依据。检验调研问卷的实施效果，观察设计方案与实验设计方案是否存在某些隐患等，可以通过探测性市场调研活动来解决这些问题。

1.2.2 描述市场环境及相关现象特征——描述性市场调研

公司的决策人员需要市场调研人员及时提供有关问题的实质与发展过程的准确信息，以做出正确决策，此时对市场调研结果的要求是：准确、全面、公正，不带有个人偏见。市场调研人员此时进行的市场调研属于“描述性市场调研”。这种市场调研通常解决“是什么，发生了什么事”诸如此类的问题。调研窗口 1-2 的调研结果告诉我们中国上市公司在研发投入与全球化投资方面与同类跨国公司相比存在的差距。

◆ 调研窗口 1-2 《中国年度创新榜》中国企业研发投入状况调查

市政府发展研究中心和市科委日前联合举办的第二届“上海智慧论坛”上，最新出炉的“中国年度创新榜”通过对 2 700 多家中国上市公司的问卷调查，较为全面系统地分析了中国企业的创新短板所在。

该调查主要针对 A 股、H 股、纽交所、纳斯达克四大资本市场中市值在 2 亿美元以上的中国上市公司展开，最终评选出 20 家最具创新力的中国企业。这 20 家企业主要集中在技术密集型领域，如汽车和工业企业等，以及互联网、电信、医药和新能源等全新高科技领域。即便如此，中国最具创造力和最成功的创新企业仍存在着有待补课的创新缺陷。

（1）研发仅占收入 0.56%。据博斯公司发布的 2008 年度“全球创新 1 000 强”研究，中国仅有 3 家企业进入全球研发支出最多的前 300 家企业，分别是中国石油、中国石化和中兴通讯。全球创新投入最多的企业是日本丰田公司，每年研发投入达 84 亿美元，而中国石油的研发投入只有 7 亿美元。据统计，目前全国规模以上企业研究开发支出占企业销售收入的比例仅为 0.56%（其中大中型企业为 0.76%，高新技术企业平均为 2%），只有 0.02%的企业拥有自主知识产权。而国际知名企业的研发经费通常占销售额的 10%左右。

（2）全球化投入几乎是零。跨国公司创新战略更具全球性——将其研发资金中的很大一部分用于其总部所在国以外的国家。例如，2007年入选“全球创新1 000强”的前80强美国公司研发资金总额为1 460亿美元，其中有801亿美元用于海外。欧洲50强公司的研发开支总额为1 170亿美元，其中有514亿美元用于欧洲大陆以外的地区。相比之下，入选的10家中国大陆企业研发开支总额是24亿美元，在创新全球化战略方面几乎是零。

资料来源：《新民晚报》2012.2.21.

作为市场调研的一类具体的方法，描述性市场调研的基本目的是：

（1）全面、准确地描述市场整体环境特征。市场调研在最后分析时需要依据大量的市场环境的信息、数据，如经济发展水平、消费观念的改变等，都会对产品市场的供需产生影响。

（2）仔细描述购买者的各种特征。消费者对产品质量、功能等的多种要求都会发生一定的变化，这些改变将直接反映到消费者对不同品牌洗涤剂的选购。在描述购买者特征时，对购买者的品牌认知度、忠诚度的详尽描述，是营销管理者制定品牌战略的重要依据。

（3）分析主要竞争对手的实力及其营销策略的特征。这是描述性市场调研的一项重要任务。市场调研机构必须详尽地说明公司当前市场上主要的竞争对手是谁，完整地阐述每个竞争对手在营销战略或策略上的相似与相异之处。

（4）公司经营战略和营销策略在实施过程中的各阶段取得的实际效果。市场营销战略控制要求不断搜集各种战略执行的具体效果的信息与数据，以便将它们与原来战略设想进行对比，确定是否应该启动相应的市场营销控制手段。

1.2.3 分析因果关系——因果性市场研究

市场调研可以作为论证某种经济理论或经济关系是否能够得以成立的工具。市场调研也可以为某种已经被证实存在的经济关系搜集有关数据，以便推测另外那个未知现象的可能状况。例如，家电市场需求水平与城市化的发展趋势、消费观念的变化存在直接的联系。诸如此类的市场调研活动称为“因果性市场调研”。因果性市场调研最多被运用于研究产生某种市场现象的原因上，即解决“为什么会是这样的”问题。

◆ 调研窗口1-3 **2012年有利于中国家电业发展的因素调研**

1. 城市化发展带动刚性消费上升

2006—2010年平均每年城市化率上升一个百分点，每年新增城镇人口2 000余万人、约1 000万个家庭，预计，2011—2015年城市化率与每年新增城镇人口仍将保持这一上升幅度，尽管由于住宅市场停滞暂时会受到一些影响，但市场的刚性需求保证了一定的上升潜力。

此外，中国 2011—2015 年正值婚龄期人口的上升阶段，平均每年进入婚龄期的人口为 2 457 万人，新组建 1 200 余万个家庭，将比上一个五年增加 420 万人、200 余万个家庭。新婚家庭是家用电器第一次购买的主要群体，这一刚性需求也是拉动内需增长的动力。

2. 消费升级提供机遇

目前，中国正处于消费升级的历史时期，家电消费升级的趋势不可逆转。来自多家市场调查公司的数据显示，2011 年的家电市场高性能、高能效、大容量的家电产品需求比例上升，变频产品受到消费者的青睐。

调研数据显示，2011 年 1～9 月冰箱零售额为 707 亿元，零售量达 2 978 万台，增幅分别为 1.7%和 3.2%。其中，三门、多门、对开门等高端冰箱的零售额分别增长了 37.3%、43.5%和 19.1%，一直保持迅猛增长态势；而单门、双门冰箱的零售额则分别下降了 1.3%和 10.5%。

2011 年 1～9 月，洗衣机零售额为 396 亿元，零售量达 2 486 万台，分别增长 9.5%和 7.5%。高端产品同样是洗衣机市场增长的主要动力。2011 年 1～9 月，滚筒洗衣机零售额市场份额 44.6%，已经接近波轮洗衣机的 49.7%；洗衣机市场变频机型零售额比例达到 20.8%，同比增长 37%。

2011 年家用空调的零售额为 1 193 亿元，零售量为 3 817 万台，分别增长了 23%和 8%，支撑空调零售额增长的主要因素也是产品结构升级。2011 年 1～9 月变频空调零售量的比例已经上升至 46.3%，与定速空调日益接近，比 2010 年上升了 20 个百分点。

从国内外发展规律看，每轮经济下降时期都是产业升级的有利时机，尽管总会有一些经营不善的企业被淘汰，但是真正优秀的企业却能够在这样的背景下获得新的发展机会。

资料来源：中怡康时代市场研究有限公司.

从一般意义上讲，因果性市场调研的目的有以下几种：

（1）检验某种理论上存在因果关系的现象，以实际调研结果加以印证。理论上的因果关系不一定在实际生活中时时处处成立，决策者要提供准确、可靠的信息，就必须进行相应的因果性市场调研。

（2）为建立因果关系数学模型而搜集相应数据、资料。进行定量分析时往往要建立相应的数学模型，为确定模型中的各个参数，就要搜集大量的实际数据资料。

（3）确定影响调研目标的主要原因。对于决策者而言，只有把握了影响目标因素的关键原因才能确定解决问题的对策。

不同的市场调研有各自不同的目的，有时几种目的需要在一次市场调研活动中同时实现，这就要求市场调研人员将几种市场调研集合在一起。一般的设计程序，如图 1-2 所示。

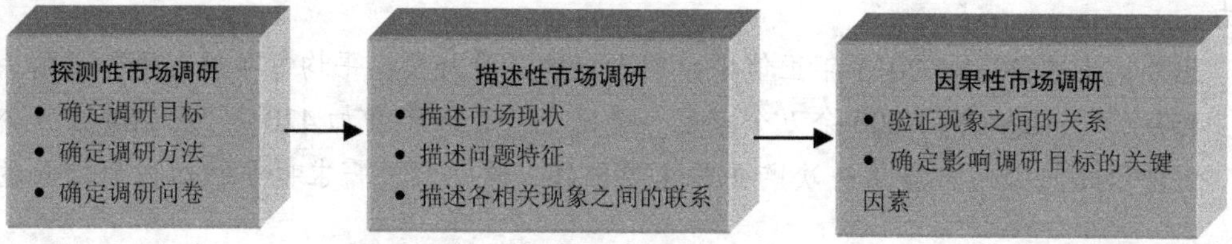

图 1-2　三种市场调研方法之间的先后顺序

1.3　市场调研问题的定义

1.3.1　准确定义市场调研问题

市场调研是为解决什么具体问题而开展的，这是任何一项市场调研活动在开始前必须明确的。在这里具体要做的工作包括：

- 确定公司市场营销管理过程中遇到的具体问题，包括问题的性质、范围和相关因素；
- 确定市场营销管理问题与市场调研问题的联系；
- 确定引发问题的可能原因并建立相应的假设；
- 确定搜集相关信息资料的可能途径及可能遇到的障碍。

准确定义市场调研的问题，至少能够起到这样几方面的作用：

（1）协调好市场调研机构与市场营销管理机构因工作职责的不同而对同一问题可能做出不同的定义，从而导致研究方法的不同。加强市场调研前的协调工作，可以提高整体工作效率。

（2）可以使市场调研活动在最为适合的时间开展，获得最佳调研效果。对市场调研目标变量产生一定影响作用的相关因素都会有一个“潜伏期”，即当时的影响作用测定不出，或者影响不显著。只有在特定时间，这种影响作用才会有所“表现”。

（3）进一步把握影响目标变量的主要或关键影响因素，需要做反复多次的资料搜集、科学对比和筛选工作。如果开始时能够较为准确地定义问题的性质、范围和相关影响因素，就可以提高调研工作的效率。

1.3.2　市场调研问题定义的过程

一般来说，市场营销管理者对某个具体问题的定义有这样几个层次：

（1）问题的背景；

（2）问题是否值得自己或委派市场调研机构做深入细致的调研；

（3）要解决这一问题需要搜集和掌握哪些必要信息、资料；

（4）要搜集、掌握更新的信息及资料需要再做出哪些决定；

（5）搜集、掌握那些信息和资料需要付出多大的代价，是否值得去搜集这些信息、资料。

对于同样的问题，市场调研者的定义一般是这样的：

（1）是否有能力来接受此项市场调研任务；

（2）委托者以往的各种重要信息、资料，如经营方针、策略及其效果；

（3）引发问题的原因有哪些，重要的有哪些，已经明确的和尚未明确的情况还有哪些；

（4）要进一步明确尚未清楚的情况需要做出什么决定，要准备采取的方法是什么；

（5）初步估计完成此项市场调研将对委托者会多大的帮助；

（6）调研需要的时间长度、费用水平及被调查者的合作意愿。

要使定义问题的工作更富有成效，应该遵循定义问题的基本程序，如图 1-3 所示。

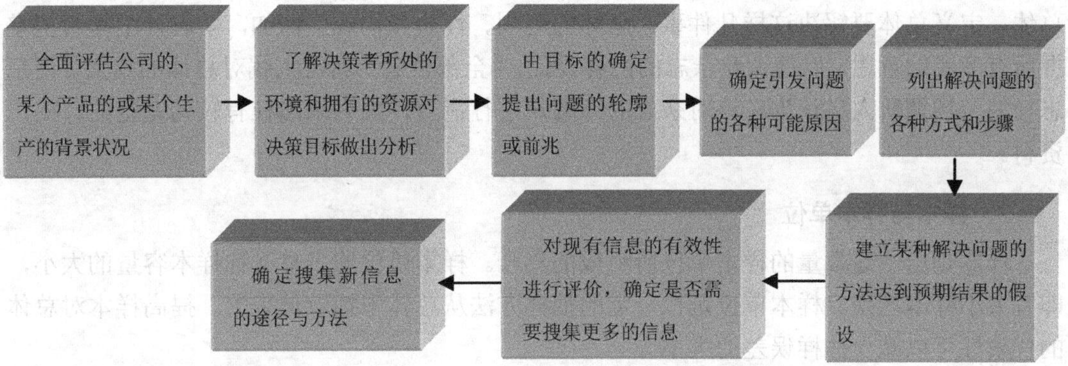

图 1-3 定义问题的基本流程

◆ 调研窗口 1-4 **准确确定市场调研问题的意义**

一家全国著名的调味品生产企业推出一种新型酱油，自认为一定会深受市场欢迎，广告公司也夸口说“企业付出 1 元广告费可以卖出 8 元产品”。可是半年过去了，这家公司投入 120 万元的广告费，只卖出 20 万元的酱油。

于是，调味品公司说广告公司的广告做得不好，广告公司抱怨调味品公司的酱油不受消费者欢迎。

问题在何处？

（1）没有事先的市场调研。如果不是这样，则属于市场调研问题定义错误。

（2）用户需求的定义有误。

（3）广告效果的定义有误。

（4）特定调味品市场潜力的定义有误。

（5）调味品营销组合有效运用的基本条件定义有误。

1.4 抽样设计和制定样本计划

1.4.1 关于抽样的概念

受调研时间与调研费用的限制，市场调研活动更多地采用抽样调查的方式搜集市场信息。而采用抽样调查必须掌握以下几个相关的重要概念。

1．总体及定义总体

市场调研者应该在明确调查对象后，再实施相应的市场调研活动。调查对象就是调查总体。定义总体要解决这样几件事：总体的范围、性质和构成。例如，杂志社主编希望掌握所有读者的意愿，以便调整杂志的内容设计。“全部读者”就是主编对总体的定义。而杂志社的市场调研人员认为应该对杂志的订阅户进行调查，因为杂志社有较为完整的订阅户资料。

2．样本与样本单位

样本是由一定数量的样本单位所组成的集合。样本单位的多寡又称样本容量的大小，即有大小样本之别。样本单位是按一定的抽样方法从总体中抽取调来的。提高样本对总体的代表性可以减少抽样误差的大小。

3．抽样框架及抽样框架的选择

抽样框架是包含所有样本单位的集合。抽样框架的确定可以保证调研人员从中抽取自己所要的调查样本。市场调研可以借用的抽样框架有时会有多种类型，这样调研人员就必须从中选择一个相对理想的抽样框架。

4．随机抽样与非随机抽样

整体中的所有基本单元，根据被抽中的概率是否相等而将抽样调查分为两大类，即随机抽样调查与非随机抽样调查。

5．抽样误差

简单地说就是调研所得出的对总体某个特征的推断与总体该特征最终实际结果之间的差距。采用随机抽样调查方式所存在的抽样误差是可以计算并控制的，而非随机抽样调查虽然也同样存在调查误差，但无法确定哪些是抽样误差。

1.4.2 随机抽样方法

调研人员在实施抽样前必须确定抽样的具体方式。他们最终选择随机抽样方式的原因有：

（1）调研人员确定使用统计分析方法处理和使用调研数据。采用随机抽样调查，以保证调研数据对总体具有足够的代表性。

（2）调研结果必须具有较高的准确性和把握性。只有随机抽样调查获得的调研数据才能得出具有相应准确性与把握性的对总体特征的推断结果。

（3）调研人员已经掌握了随机抽样的程序、原理和原则。随机抽样的程序设计必须确保每个总体单位被抽取的机会（概率）相等。

（4）存在随机抽样必须存在的相对理想的抽样框架。

市场调研中采用随机抽样的方式确定调研单位的具体方法主要有下列 5 种。

1. 简单随机抽样

调研人员必须先将总体的所有单位逐一编号。再根据“随机数码表”中数值的出现顺序，对照总体单位的号码，逐一确定调研单位。成年人的身份证号码、工作证或学生证号码等都是消费者抽样时可以利用的编码资料。

2. 系统或等距随机抽样

与简单随机抽样一样，调研人员也需要先对总体单位进行编码。然后再确定抽样间隔。从第一个间隔中按简单随机抽样方法抽取第一个调研单位，即抽样起点，随后按规定的间隔，一一抽取调研单位，组成调研样本。

系统随机抽样应该防止产生“系统性抽样误差”。因为调研对象的变动会带有某种规律，即以一定的数量间隔发生周期性变化，而此时抽样间隔又同这类周期间隔相似。例如，在城市的居民小区做各项调研，若采用系统随机抽样方法确定样本单位，要注意抽样间隔不要同楼层恰好相同，因为这样抽到的样本单位都是住在同一层楼上的居民，从而使样本根本无法代表总体的特征，导致调研结果无效。

3. 分类随机抽样

分类随机抽样先要有一个完整的总体分类资料，能够使调研人员明确知道总体内部结构的大致状况，确定各类样本单位的分配比例，随后再按预订从各类总体单位中抽取相应数目的样本单位。

◆ 调研窗口 1-5

分类随机抽样方法的运用

——教师生活水平变动状况调研

调研人员深知各种教师生活水平的提高幅度存在一定的差别，所以为抽取到一个更具代表性的样本，应该采用分类随机抽样的方法来确定样本单位。

第一步：寻找并确定一个具有总体分类特征的抽样框架，从上海市统计局提供的上海市教育发展统计资料中得到上海市各类教师人数比例。

第二步：确定各类样本单位数 $ni=(Ni / N) \cdot n$。例如，大学教师占全市教师的 25%，若样本容量为 200 人，则必须从大学教师中抽取 25%×200=50 人。构成对应各类总体的“子样本”。

第三步：按简单随机抽样方法从各类中抽取相应数量的样本单位。可以按“教师证编号”结合随机数码表抽取样本单位。

第四步：将各子样本组合在一起构成一个完整的上海市教师生活水平变动调研的样本。

第五步：取自各类总体的子样本所得出的调研结果可以满足对相应类别总体特征的推断，例如，大学教师样本所提供的信息，可以用来推断上海所有大学教师生活水平的变动状况。而整个样本所提供的信息则可满足对上海市所有教师生活水平总体变动的推断。

在现实生活中，调研人员可以很方便地找到那种总体经过一定分类的抽样框架，这些框架一般以各种普查结果的分类数据为主。

4．整群随机抽样

与上述几种随机抽样方法的最大不同是，整群随机抽样是“一批批”地抽取样本单位。调研人员若想使用整群随机抽样方法来确定调研样本，就必须将总体分成若干群，随后再给它们逐一编号，最后根据随机数码表的数字出现次序，抽取它们中的若干群构建成一个调研样本。此时若是每个群体的大小不一，那么调研人员在抽样前就无法确定样本容量大小，能够确定的是抽取多少“样本群”。

当“群”之间的差异十分明显而使“群”内的差异不明显时，在抽取的样本群极为有限的情况下，就会冒产生极大的抽样误差的风险。

5．多阶段随机抽样

当调研范围很大时，为了在一定的把握条件下获得相对准确的调研结果，就必须扩大样本容量。此时调研人员可以尝试多阶段随机抽样方法。

◆ 调研窗口 1-6　**多阶段随机抽样方法的运用**

——上海市民购买地点选择倾向调研

调研人员在尝试整群随机抽样的方法后发现，采用这种方法确定调研样本开展的调研会使误差大到无法接受的地步。而若是增加样本群数就会增加调研费用，这同样也是无法接受的。怎么办？多阶段随机抽样方法可解燃眉之急。

第一步：将上海近 20 个区县逐一编码，再使用随机数码表抽取若干区县。

第二步：将抽中的区县的全部街道列出并加以编码。再根据随机数码表抽取若干街道。

第三步：将抽中的街道的全部所属居委会逐一列出并编码，再根据随机数码表抽取若干居委会。

如果调研人员觉得根据这些“居委会”进行普查式的调查能够确保获得准确的结果，那么这个 3 阶段抽样方案就告成立，反之，则可将抽中的居委会下辖的居民小组再全部列出，按随机数码表实施四阶段抽样。

1.4.3　非随机抽样方法

市场调研人员可以选择采用非随机抽样的方法确定调研样本。较为常用的非随机抽样方法主要有以下几种。

1. 便利抽样

调研人员根据“最便利”原则确定自己的调研样本单位。例如，调研人员接受一项对上海年轻市民需求状况的调查任务，他就直接选择同学或朋友作为访问对象，立即开展调查迅速获得了调研分析所要的资料。

2. 判断抽样

调研人员根据“最符合调研对象特征”原则来确定自己的调研样本。这种抽样方法不同于便利抽样的“最便利”原则，而是“最适合”。例如，对大学生的消费倾向调研，某调研人员选择在大学的学生餐厅采用拦截式现场访问的方式来搜集完成此项调研任务所需的资料。

3. 推荐抽样

也称“雪球抽样”，对于初次涉及市场调研工作的人来说，最使他们为难的或许不是缺乏调研方法、信心不足或者是独立进行入户访问的胆怯，而是缺乏具体的调研对象，即找到一个具备被调查者的所有条件而又愿意回答问题的人，此时调研人员不妨尝试一下“雪球抽样”方法，具体操作步骤见“调研窗口 1-7”。

◆ 调研窗口 1-7 **雪球抽样方法的运用**

——新产品的顾客意见调研

“伊利”是一家食品生产企业。在2006年以其享誉中国北方数省的冰淇淋“苦咖啡”打入上海冷饮食品市场。为获得更加准确的市场信息，伊利公司想开展一场市场调研活动。调研对象是上海冷饮食品经销商。但是，伊力公司手头上只有少数几家上海经销商的名单。于是想采用“雪球抽样”来确定所有的访问对象。

第一步：伊利上海分公司选择上海的老客户——家利超市公司，作为第一个访问对象。访问员张小姐与李先生在按调研提纲的规定要求，提问完所有问题后起身向家利超市公司市场部徐经理致谢。张小姐向徐经理问道：“徐经理，我们对上海的情况不熟悉，不知您是否可以向我们介绍几家与贵公司相似的上海冷饮经销商的情况？”于是热心的徐经理请两位客人再次坐下，对徐经理来说这些都是“烂熟于胸”的东西。两位访问者十分仔细地听着。

第二步：张小姐请徐经理将自己介绍给徐经理熟悉的几家上海冷饮经销商的有关管理人员。“徐经理，太感谢您了，很冒昧地提出这样的要求，您是否能把我们介绍给您在这几家公司的朋友？”“当然没问题。”于是，徐经理拿起了办公桌上的电话，拨通了“华联”、“联华”几家超市公司的朋友的电话：“我是小徐啊，我有两位朋友想去你那儿，了解有关冷饮的销售情况，你看有空吗？有空！好，请他们马上就来？好的，谢谢，有空我请你吃饭。再见。”

第三步：张小姐与李先生又马不停蹄地赶往“华联”与“联华”。在搜集了有关资料后又请这两家超市公司的受访者为自己介绍新的受访者。

这样伊利的调研样本单位数以几何级数迅速增加。

在一个陌生的地方或市场，进行市场调研可能不会存在随机抽样所必需的各项基本条件，如一个理想的抽样框架、一个按某种次序排列的总体单位资料等。同时由于对当地情况知之甚少而无法采用便利抽样和判断抽样，雪球抽样真的是一种好办法。

4．配额抽样

这种抽样方法与“分类随机抽样”方法很相似。调研人员如果对调研总体的结构特征有较为详细的了解，在不具备采用随机抽样条件的情况下，可以尝试配额抽样方法。与分类随机抽样一样，可以根据总体各类单位的所占比例，确定在各类总体单位中抽取样本单位的具体数量。例如，对产业市场的客户需求调研，将客户分为以下几类。

表 1-1　产业市场需求调研的样本结构设计

客户类型	各类客户比例（%）	样本单位数（户）
大量购买者	25	13
中等数量购买者	44	22
少量购买者	20	10
初次购买者	11	5
合计	100	50

现在调研人员已经确定在各类客户中抽取多少户作为开展调研的访问对象。接下来调研人员就要具体确定向哪些客户开展本次产业市场需求调研。例如，要对 22 户“中等数量购买者”用户进行调查，究竟是由哪 22 家客户组成这类样本？调研人员可以选择便利抽样或判断抽样等方法。

非随机抽样在具体实施时无须调研人员掌握各种随机抽样技能，所以十分简便易行。只是最后无法做出精确和可靠结论。但是这绝不是说，由非随机抽样调查最终得出的结果就没有准确性可言，或者说不如由随机抽样确定的样本所得出的调研结果那样准确、可靠。

1.4.4　制定样本计划

样本计划是一个由几个阶段所组成的工作过程，或者说样本计划也属于抽样设计的一个重要组成部分。结合上述内容，我们将样本计划的全过程用图 1-4 予以说明。

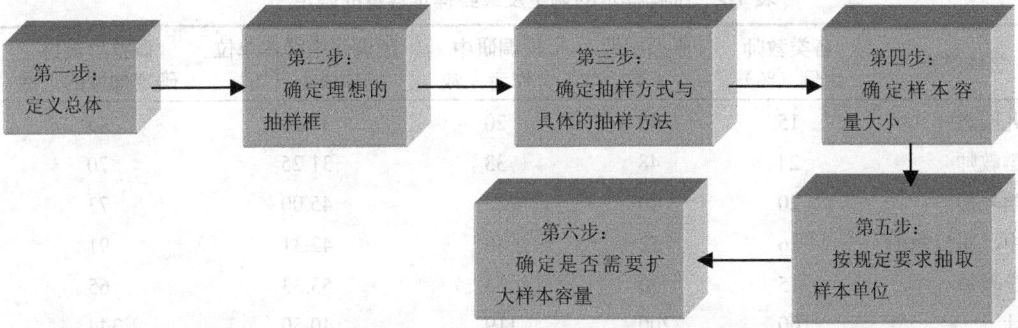

图 1-4　样本计划的流程

第一步到第三步中涉及的内容，此前都已做了介绍。现在从第四步“确定样本容量大小”说起。为了达到预期的调研目的，调研人员都会遇到“应该抽取一个多大容量的样本才合适”的问题。事实上合适的样本容量受多种因素的制约与影响。直接影响样本容量大小的因素有：

（1）总体单位在某个研究特征上的差异大小。为提高样本对总体的代表性，差别越大要求样本容量也越大。总体的差异性大小，能够用总体标准差来说明。

（2）抽样允许误差的大小。调研人员在样本计划中做出保证调研误差不超出一定的范围。在其他条件确定后，抽样允许误差越大，则样本容量就越小。

（3）调研人员对自己的推断结论成立的把握性。因为调研人员的调研结果将会对决策者的某项重大决策造成极大的影响，所以需要谨慎，调研人员需要提高调研结论成立的把握性，从而就必须增大调研样本容量。

在抽样的实施过程中还会遇到许多具体问题。而这些问题中有的对样本容量的大小会产生直接影响。较为重要的有以下几个：

（1）调研预算的多少。样本容量大，就需要增加调研工作量从而增加调研费用。

（2）调研规定的期限长短。增大样本容量需要投入更多的调研时间。

（3）调查方法不同。邮寄问卷调研的样本可以比入户访问调研的样本大得多。

（4）被调查者合作态度的差异。对于一个十分重视信息搜集的地区或人群来说，开展一项市场调研会得到大家的诚意合作，样本容量减少的可能性小。

第五步：在确定必须抽取的样本容量后，再按照已经确定的抽样方式，逐一抽取样本单位，直到达到规定的样本单位数量为止。

第六步：也是一个较为重要的环节，在实施抽样时发现，许多在样本设计中确定的样本单位在实际调查时都失踪了，这样无法做出具有原来那种准确性和可靠性的推断。解决的办法是扩大样本容量，如表1-2所示。

表1-2　抽样样本的调整及最终样本容量的确定

总体类别	各类教师比例（%）	原拟抽取人数	预调研中合作者人数	预调研中样本单位的损失率（%）	调整后最终确定抽取的人数
幼儿园教师	15	30	20	33.34	45
小学教师	24	48	33	31.25	70
中学教师	20	40	22	45.00	73
高中、职校教师	26	52	30	42.31	91
大学教师	15	30	14	53.33	65
合计	100	200	119	40.50	344

由于每一类教师中都有不同程度的“样本单位损失率”，所以在正式市场调研开始前，必须调整样本容量。但是各类扩容幅度不尽相同。

1.5　市场调研方案的设计

1.5.1　市场调研方案的作用

调研方案对于公司的管理层而言是监督和考核市场调研工作在一段时间中应该达到的成果的标准。市场调研方案是市场调研人员完成一项调研需要明确获得哪些人的协作，需要占用哪些设备、工具，需要投入多少资金的书面文件。

调研方案应该包括哪些内容？这是调研人员必须知道的，当然也是他们最关心的，如图 1-5 所示。

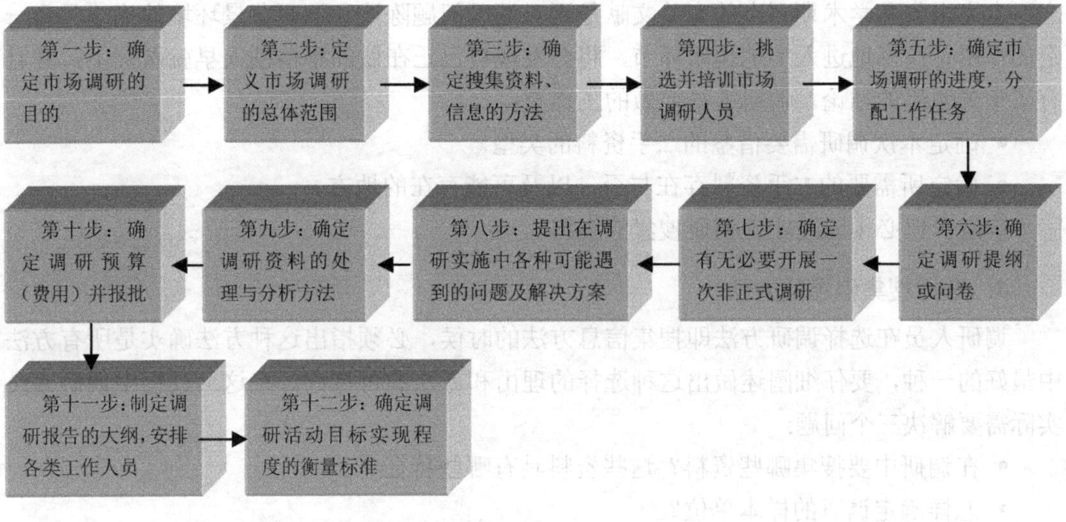

图 1-5　市场调研方案的基本内容

1.5.2　市场调研方案的设计方法

调研方案的设计由一系列特定方法构成。

1. 提出一个吸引人的调研方案标题

通常市场调研的目标就是调研方案的标题，但有时两者又有一些差别。例如，关于新产品的市场需求状况的市场调研，调研目标无论对于营销管理者还是调研者都非常明确。但是可能被领导以“再研究研究”而推却。市场调研人员应该明确地告诉决策者，此项新产品的市场调研如获成功，将对他的决策产生多么重要的意义。

2．确定市场调研方案的“简要”

简要是调研人员简明扼要地说明本次市场调研要解决什么问题、达到什么目标的文件。如果管理层对新市场感兴趣，而想更快地把握新的机会。这样调研方案中简要的内容至少有两个：

- 新产品被市场接受的可能性有多大？
- 新产品将会有多大的新市场？

若调研人员对此能够做出准确的描述，无疑此项调研方案对管理层将是十分诱人的。

3．相关资料的搜集与评述

调研人员在确定调研目标后应该仔细想想，过去的资料和分析报告是否对本次调研有一定的借鉴作用？是否可以利用某些别人调研的成果而简化自己的调研工作？各种报纸杂志、专家报告和学术期刊上的有关文献是否对调研问题陈述和调研背景环境的描述具有一定的作用？草率地进入实地调研环节，将会发现自己正在做的事情别人早就做好了，并且有了十分明确的结论。调研人员要做的工作有：

- 确定本次调研需要借鉴的二手资料的类型。
- 确定所需要的二手资料存在与否，以及可能存在的地方。

确定自己必须通过实地调研搜集的资料。

4．选择搜集信息的方法

调研人员在选择调研方法即搜集信息方法的时候，必须指出这种方法确实是所有方法中最好的一种，要仔细阐述做出这种选择的理由和方法的可行性。在这一过程中调研人员实际需要解决三个问题:

- 在调研中要搜集哪些资料？这些资料具有哪些特征？
- 怎样确定调研的样本单位？
- 采用什么调研方式和方法？

这是三个互相牵扯在一起的问题，不同的资料要求采用不同的调研方式或方法才能有效搜集得到。例如，要想获得更加准确的资料，入户访问远胜于问卷调研。如果在最终的分析推理中使用统计分析方法，那么在确定调研样本时必须采用随机抽样方法。而根据随机抽样方法得到的调研样本开展的调研，得出的资料都具有随机性、代表性。

5．提出在调研工作实施中可能会出现的问题及解决方法

在调研工作实施中可能会出现哪些问题？调研人员可以从自己、被调查者和调研的环境三个方面去设法寻找，根据引发问题的原因寻找解决的办法，并在市场调研方案的相关部分加以明确规定。

6. 确定调研分析的方法

这也是市场调研方案的一个重要项目，当所有的市场信息都搜集齐备后，市场调研组织者就要确定应该使用什么分析方法来处理这些信息。市场调研分析方法的选择取决于：

- 市场调研方案中是否对调研目标有较高的准确性与可靠性要求？若是，就必须选择统计分析方法。
- 市场调研方案中是否规定要选择随机抽样调查的方式搜集市场信息？若是，可以采用统计分析方法。

7. 确定调研时间

调研人员应该制定一份调研计划实施进程的时间表。时间表的制定要遵循两个原则：考虑全面、留有余地。所谓考虑全面，就是应该将所有与本次市场调研相关的工作逐一列出，并确定前后次序将其衔接在一起，以期时间最短、效率最高。留有余地是指要为可能发生的变化预留出时间。

◆ 调研窗口 1-8

上海市民手机需求变动趋势调研项目的时间安排表

■ 调研目的：为上海通信器材生产厂商、电信服务公司制定未来营销战略提供准确的数据。

■ 调研计划及调研方案制定：包括确定调研目标、落实调研费用等工作。	2.21—2.26
■ 预调研即非正式市场调研：取决于调研方案中设有该项工作。	2.26—3.01
■ 调研问卷设计：包括对问卷的检测和修改、印制。	3.01—3.04
■ 调研样本的确定：包括确定抽样方式与具体方法并完成抽样工作。	3.01—3.04
■ 调研工作的实施：包括确定资料搜集方法和实施资料搜集工作。	3.05—3.15
■ 调研资料的整理工作：包括编辑、审核、编码和分类等具体工作。	3.07—3.17
■ 对调研搜集的资料进行分析：包括数据分析、图表绘制等工作。	3.18—3.22
■ 调研报告撰写，提出报告的草稿。	3.22—3.27
■ 提交正式调研报告：必须经过双方的多次沟通、协商后最终提出。	3.28—4.01
■ 调研项目最终完成：调研人员提交所有资料、数据，委托方支付最后的费用。	4.05

8. 确定市场调研预算

确定市场调研预算的常用方法有以下几种。

（1）影响因素确定法。根据与市场调研费用相关的因素确定开展一项市场调研需要的预算。影响市场调研费用的因素有：样本容量大小，接近每一样本单位的成本多少，调研人员数量及其报酬水平，调研中使用的工具、设备的费用。

（2）决策层的调研预算确定方法。决策者在接到调研人员提交的调研方案后，对调研人员提出的调研费用预算做仔细的推敲后，对比开展此项调研的重要性认识，得出认可的市场调研预算。一般的方法有：

1）估计调研净收入法。决策层将用于市场调研的费用视为一项重要的投资计划，这项投资取得的总收入是：由于明确了尚待明确的机会，而使公司获利；明确了隐藏的风险而使公司减少了损失，投资总收入应该大于这项投资的总支出。

调研净收入=调研预计总收益–调研预计总成本

但是，决策层可能因各种原因而拒绝某项市场调研活动，而此项活动以后被证实是能够获益的，在经济学上这被称为“机会成本”，因此这也应该算入投资总成本中。

调研净收入=因调研而预计取得的总收益–（因不做调研而预计取得的总收益+调研预计总成本）

估计调研净收入法的最大缺陷是，很难准确确定因调研而预计取得的总收益、因不做调研而预计取得的总收益。此前做出的估计都会带有主观性色彩。

2）主观概率法。决策层可以根据以往的经验或其他同行业企业的实际执行结果，对两种预计总收益水平做出具有一定科学性的推断。而调研预计总成本相对较为容易确定。

例如，调研机构确定的市场调研预计总成本为1.52万元，因调研和不做调研而取得的收益据以往的经验可得出以下的结果，如表1-3所示。

表1-3　两种状态下的四种收益水平及发生的概率

决策类型	最佳状况水平及概率		中上水平及概率		中下水平及概率		最差水平及概率	
开展调研	120万元	28%	100万元	26%	84万元	30%	70万元	14%
不做调研	110万元	30%	95万元	28%	80万元	25%	10万元	17%

开展调研的收益水平期望值=120×28%+100×26%+84×30%+70×14%
=94.6（万元）

不做调研的收益水平期望值=110×30%+95×28%+80×25%+10×17%
=81.3（万元）

这样，按照估计净收入法计算：调研净收入=94.6–(81.3+1.52)=11.78（万元）。决策层应该做出“立即开展此项市场调研活动”的决定。

以上的调研预算确定方法有些学者称为“成本收益法”或“投资收益法”等，其基本方法大致相同。

3）试点调研法。对于许多参与市场调研活动不多的调研机构来说，由于缺乏实际经验或者是参与一项对自己来说是初次进行的调研活动，它们不可能运用主观概率法来确定调研净收入，此时决策层决定开展一次试点调研来获得经验和把握调研的成本。

1.6 调研结果的表述

1.6.1 确定调研结果

调研结果及某项市场调研活动的最终成果，就是调研人员对调研工作的总结报告，即市场调研报告。市场调研机构的产品就是市场调研报告，所以作为此类产品的生产者，市场调研机构也必须仔细“装扮”这件产品，以求被市场信息的需求者“购买”。调研报告在确定和最终撰写出来前，市场调研机构或许投入了大量的人力、物力与财力，对某目标现象的过去、现在做了大量细致的调查分析，并且在此基础上对其未来做出了准确、可靠的推断。但是，如果最后不能很好地将这一系列工作成果用文字准确、流畅地描述出来，无疑将会前功尽弃。调研人员应该知道，调研报告不仅是自己卖给信息需求者的产品，是自己利润的源泉，更是自己与市场、市场信息需求者进行长期沟通的途径，是自己与市场信息需求者建立长期互相信赖关系的纽带。

市场调研报告从其形式的不同来看，可以分为书面调研报告与口头调研报告两种。

1.6.2 撰写调研报告

市场调研机构在撰写市场调研报告前必须留出一定的时间作为调查报告准备时间。这一期间的主要工作是确定调研报告的读者、调研报告的格式和调研报告的内容。先说调研报告的一般格式，如“调研窗口 1-9”所示。

◆ 调研窗口 1-9 **市场调研报告的格式**

前言

- 封面 • 标题页 • 目录表

主体

- 摘要 • 调研目标 • 调研方法说明 • 调研预测方法及说明
- 图表插页 • 调研结论成立的条件与说明 • 调研结论 • 建议

结尾

- 致答词 • 附件

市场调研报告的基本格式如“调研窗口 1-9”所示。重要的是怎样设计主体部分的内容。从一定意义上讲，这就是确定调研报告的整体内容。撰写调研报告的人员必须掌握以下几个环节上的设计技巧。

1．调研报告的读者

不同的阅读者掌握的信息不同，需要做出的决策性质不同，这决定了他们需要了解的信息是什么，要使他们接纳你的建议，需要从你的报告中了解哪些信息？所以，市场调研报告是市场调研人员与决策者进行沟通的桥梁。同时不同的阅读者的素质，决定了他们兴趣上的差别，同样一份调研报告，提供给决策者与专家的阅读侧重点就会不同。

- 提供给决策者作为决策的依据，则可以着重描写“是什么”“为什么会这样”“如果……将会怎样”。以便他们尽快了解情况与原因，采纳自己的建议。
- 提供给专家评审的调研报告，由于专家对于事实情况、引发的原因都十分清楚，他们关心的是报告中的结论是通过什么方法分析得出的。

2．段落的标题设计

调研报告也可以设计成章、节、段，每一章、节、段都应有相应的特征鲜明的标题，问题是这些标题的设计方法应该采用哪种为宜。有两种常用的方式：

- 以结论或观点作为各章、节、段的标题，如“高技术含量是明年国外大公司进入中国市场的撒手锏”“降低价格更需要讲究策略”等。
- 以原因或状况作为各章、节、段的标题，如“国内许多企业将更加举步维艰”“进入中国市场的著名跨国公司的产业结构”“调整经营战略窥测中国市场变化的外国著名大公司的举动”等。

3．谨慎遣词造句

用词应简练，切忌重复。对于市场调研、市场营销、统计学等方面的专用术语要尽量少用，读者一旦无法了解或无法正确了解，就会造成沟通障碍，甚至会使读者产生反感：“又在故弄玄虚！”在不得不用某些术语时，应该及时在附录中加以解释。

4．仔细编辑和校对

在调研报告中应该尽量减少差错。初稿只是“半成品、在制品”，要尽量多修改几稿再最后定稿。

5．力争做到图文并茂

文字说明与描述虽不可或缺，但是，往往一大段文字说明不如一个直方图或曲线图更加直观而有效。同样一个结构分析表，也不如饼图做出的构成比例分析直观。所以在分析结果的表述中，可以尽量多地使用各种图表，这样做还可以起到增强视觉刺激的效果。

6. 附件部分的利用

在调研报告中不能不用各种统计学的分析方法，也不能没有调研的原始资料，因为这些都是论证结论的证据。但是在正文中大量出现，会造成“喧宾夺主”的感觉。调研报告的设计与撰写人员应该保留这些资料，但尽量不使它们在正文中出现以扰乱视听，可以将其归入附件之中。在正文的相应部分加以说明，如“此部分结果的计算过程请查阅附件 3”。

7. 调研报告中的建议

主要看管理层或决策层对于下属的建议和意见的一贯态度。或者查看在调研方案或合同中是否包括调研机构必须在调研报告中提出客观、公正、准确的建议与意见的相应条款。一些领导一贯持有的领导风格是：“听下属的报告，但绝不容许下属提出建议。”而有些领导希望下属在提供实际情况后再谈谈自己的分析结论与想法。对于后一类领导，调研机构应该在调研报告中详细地列出自己的意见与建议。

本章小结

随着市场竞争不断激烈，越来越多的企业感觉到掌握准确的市场信息对其生存与发展的重要意义，于是，在经济社会中就出现一种专门帮助客户搜集信息、提供咨询的组织，作为一种新的市场——市场调研市场出现和发展。市场调研就是利用自己的专业技术，满足人们对未知市场信息的渴求，帮助人们获得市场信息。但是要完成一项市场调研工作至少需要做好以下几方面的工作：

（1）全面准确地定义市场调研所要解决的问题，因为只有这样才能确定市场调研的目标。

（2）在开展正式调研之前，考虑一下是否有必要先做好探测性市场调研。

（3）根据领导的要求、信息的重要性程度决定抽样的具体方式。

（4）制定一份完整的市场调研方案。充分认识完整的市场调研方案对保证达到市场调研目标的重要意义。

（5）根据开展市场调研将发生的费用与企业因调研而发现并把握机会而获得的利润增加，或者因市场调研而发现隐藏的风险而减少的损失进行对比，决定该项市场调研方案是否值得实施。

（6）完成市场调研报告。首先要清楚一份市场调研报告只有被更多的人阅读，才能越具有价值。而要使更多的人阅读自己撰写的市场调研报告，就应该充分考虑不同阅读者的兴趣所在，适当调整市场调研报告各项基本内容模块的侧重点。

练习题

1. 市场调研的作用与市场调研的目的有何区别？它们各由哪些基本内容组成？
2. 因果性市场调研的作用有哪些？又有哪些方法可供调研人员选择？
3. 怎样定义公司提出的问题，在定义过程中应该遵循的程序又有哪些？
4. 市场调研人员选择用随机抽样方式确定样本单位是出于哪些问题的考虑？
5. 要制定一个更好的市场调研方案，应该注意些什么？有哪些基本环节？
6. 在撰写市场调研报告时撰写者是否应该掌握一定的方法？
7. 调研人员准备在数据分析时采用统计分析方法时，对于其所依据的数据会有哪些要求？
8. 保证市场调研的有效性应该注意些什么？

◆ 案例讨论 1-1

2011 年度品牌家电品质调研结果揭晓

中国家电行业经过二十多年的快速发展，2010 年零售规模近万亿元，家电产品的新品牌、新品类、新型号、新功能层出不穷。为客观反映家电产品在进入零售终端后消费者对其品质的评价，中国市场调查研究中心在第三方调研机构的协助下，于 2011 年 4 月正式启动对消费者的品牌家电品质调查活动，受到业界的高度关注。

中国市场调查研究中心此次调查的范围是在全国六大区选择具有代表性的六个城市；调查方法为约访和入户调查；针对家电八个品类的一线品牌；共收集样本三万多个。在中国人民大学统计学院教授的指导下，中国市场调查研究中心对调查结果进行了分析与研究，对比 2011 年 1～6 月中国市场调查研究中心的家电零售监测数据，分析结果如下。

1. 促成消费者购买要素分析

“品牌口碑、技术领先、产品功能、安全性能、外观设计、产品质量、绿色环保、节能效果”成为促成消费者购买的众多要素中的前八项指标，如图 1-6 所示。总体来说，消费者在决定购买时考虑的前五个因素依次为：品牌、安全性能、产品功能、技术领先和产品质量，可以看出，消费者对家电产品品质的重视与要求。外观设计排名第六，显示出家电产品已经超越其产品功能本身，成为家居设计的一部分，家电企业在做好品质的同时更要深入研究家装流行趋势，在色彩、材质、款式、造型等方面推陈出新，才能更好地赢得消费者的喜爱，促进市场份额的攀升。节能效果好与绿色环保虽然排名在所有品类的最后两位，约 20%，但也入围前八项指标当中，成为消费者购买家电产品的重要考虑因素，可以看出消费者对品质内涵的定义更加深入了。

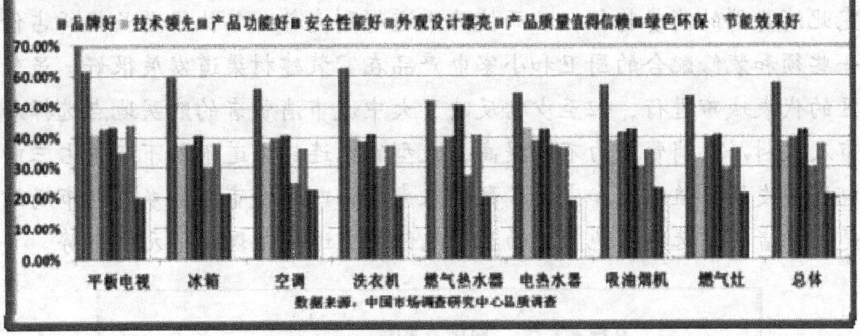

图 1-6 各家电品类促成购买的要素指标对比

根据品类不同，消费者看重的要素也各有不同，但品牌口碑好在八个品类中都占据首要位置，50%以上的消费者都把此项指标看做购买家电产品的第一决定要素。其中，品牌口碑因素对洗衣机和平板电视这两个品类的促成消费者购买要素中影响力最大，60%以上消费者更看重品牌口碑，是八个品类中品牌口碑影响最大的两个品类，如图 1-6 所示。由于洗衣机和电视这两类家电产品进入我国国民生活时间较长，在产品功能、性能等方面的差异化竞争优势已不明显，提高品牌的口碑效应成为产品在市场中获胜的关键因素。安全性能好入围所有八个品类的前三个促成购买要素，其中燃气热水器的消费者最看重产品安全性，超过 50%。由于品质问题，曾经有一些燃气热水器夺走了消费者的生命，彰显出燃气热水器企业要想抓住消费者，得在提高安全性方面下足工夫。在我国大城市中，家电行业已经步入成熟期，节能环保已经得到大众的认可，家电企业只有真正重视安全、性能、节能等品牌和品质策略才能赢得消费者的信赖，从而提高消费者的品牌忠诚度。

2. 消费者对家电产品的购买地点分析

中国市场调查研究中心此次调查结果显示：一半以上的消费者选择去综合家电连锁店（如国美、苏宁）购买家电产品，显示此渠道是目前家电销售的最主要渠道，如图 1-7 所示；选择大型超市、百货商店的消费者份额相差不多，是综合连锁店之外的主渠道；家电网购近几年发展速度很快，在年轻人消费者中有一定的影响力。对比中国市场调查研究中心的家电零售监测数据：在一二级城市的实际销售中，2011 年上半年的主渠道是综合家电连锁渠道，比消费者的购买行为倾向调研结果高 7.68 个百分点，大体相一致，显示出此渠道对消费者的吸引力与满足率；偏差比较大的是网购渠道，其实际销售业绩占据 3.12%的市场份额，显示家电网购已成长为继综合家电连锁、百货、超市之外的第四大渠道，要远高于市场的预期；而品牌专卖店的实际销售情况要差于市场的预期，如图 1-8 所示。家电网购凭借其便利、低价的优势在年轻消费群体中的成交率很高，随着城乡互联网及移动互联网的普及率不断提升，家电网购将有广阔的发展空间；而选择希望到品牌专卖店购买的消费者份额要高于实际销售份额，显示出此渠道仍然存在一些弊端，不能满足消费者的需求，须深入研究此消费群的消费特征，从而使此渠道得到完善。其他渠道虽然所占份额很小，但近几年一些须和装修配合的厨卫和小家电产品在家装建材渠道发展很好。虽然此次调查只在六大区的代表城市进行，但至少它反映了大中城市消费者的购买地点选择趋势，随着三四级城市及农村居民消费能力不断提高，大型家电连锁渠道不断下沉抢占三四线城市，区域性家电连锁发展日益强大和完善，预计未来在三四级城市和县乡家电市场综合家电连锁店仍将是消费者的首选购买地点，而且家电销售渠道将呈现出多元化态势。

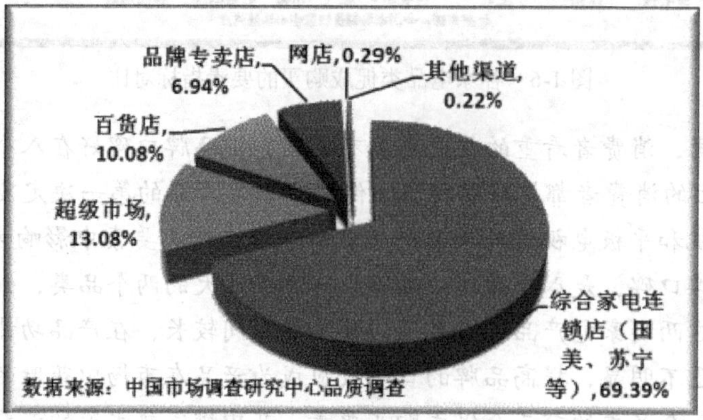

图1-7 消费者购买地点结构

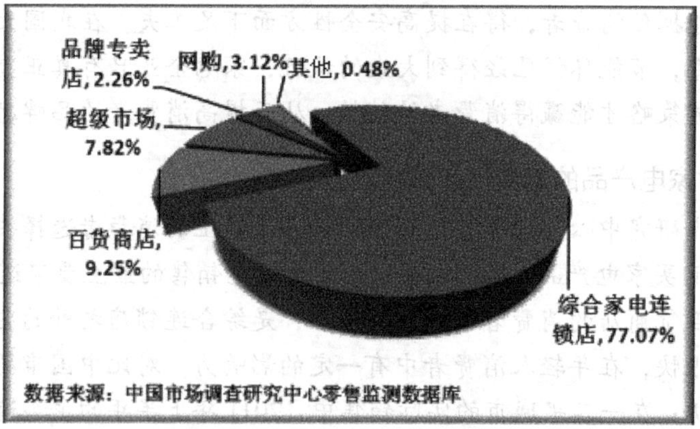

图1-8 一二级城市零售渠道结构

问题讨论

1. 中国市场调研中心的这份市场调研报告是否全面地分析了消费者对各类家电产品品质的评价？市场调研中心提出的品质评价类型，是否能被消费者准确理解？

2. 中国市场调研中心的这份调研报告所提供的消费者在家电产品购买地点选择时“购买地点结构”与“零售渠道结构”两者的差异，你是如何解释的？

3. 能否推测一下，中国市场调研中心在实施这项市场调研活动前制定的市场调研方案。

◆ 案例讨论 1-2

市场研究需要的不是洞察，而是有效洞察

张燕玲　　益普索（Ipsos）

在市场研究中，“洞察”这个词很流行，很多研究人员喜欢用“洞察消费者”这个说法，做到“有效洞察”却不是件易事，需要理解力、想象力，以及很强的逻辑分析能力。那些拥有真正洞察能力的研究人员，能帮助客户解决棘手的问题，让客户觉得调研是有价值的。反之，如果调研分析只是数据和文字海洋的堆砌和梳理，一定不是有效的洞察，有效的洞察需要理解商业问题，能让客户在迷惘时刻恍然大悟，能帮助客户探到解决问题的途径。

要做到有效洞察，有把握好四个关键环节：选址、凿洞、看景、结网。

首先要做好“选址勘探”。要找到凿洞的最佳点，因为凿洞的地点决定了你将看到墙后面的哪片风景。在市场研究中，“凿洞”也是非常重要的工作，然而它却常常被研究人员所忽视，很多市场研究人员热衷于研发各种凿洞的工具，却鲜有人会花时间斟酌凿洞选址的准确性，其实，凿洞选址的准确性是直接决定洞察是否有效的决定性因素。如何才能准确找到凿洞的好位置？请花点时间去理解客户遇到的商业问题，包括：① 帮助客户去分解和明确问题，从而理解客户遇到的问题的症结在哪里。例如，客户这样表述他们遇到的问题：“我们的销量下滑了。”“我们怎么样才能在未来几年得到持续性发展？”“我们的分店在增多，但是总体营业额却上浮不大。”此时，是不是围绕客户提到的这些问题全部铺开去研究？有点草率。多花点时间与你的客户深入沟通，可以逐步明确本次调研中需要解决的具体问题是什么。② 理解客户所处行业中的影响因素，如做一个服饰的研究，不仅需要考虑服饰行业本身的情况，还需要考虑影响服饰消费的其他相关环境因素，如时尚潮流，服装、化妆品、手表、珠宝等外饰方面的消费偏好和动机等。③ 广泛理解消费者所处的营销新时代环境，如针对年轻群体的相关研究，需要关注选秀热潮、网络社交、新媒体的深度参与性的兴起等，这些都是帮助我们去理解客户的商业问题，并给出针对性有效营销建议所需的重要背景信息。④ 结合客户的具体情况去分析客户所存在的问题，而不是一律按照通常的理解简单看待问题。每个企业都有具体的情况，看似同样的问题，却因存在于不同的企业中，而使得解决方案的思路和切入点迥异。例如，你提交给一个已经做了数年顾客满意度调查的客户的满意度调研方案和提交给一个从未做过顾客满意度调查的客户的满意度调研方案应该是有所不同的。有效洞察，扎根于对问题本质的深入而准确的理解。

选好凿洞的最佳位置之后，接下来需要选合适的工具。最复杂的还莫过于了解人的内心。心理学领域专注于对人内心测探技术的开发，社会学领域专注于对社会结构剖析技术的研究，两者造福了做市场研究的人们，市场研究要“有效洞察”的对象是身处于社会结构中的人们，因此，借用这些心理学和社会学的测探工具来为我所用。只是在选择这些工具的过程中，应该清楚地理解每种测探工具对于解决不同问题的适合性。市场研究同样需要这种既快速又准确的诸多探测工具的交互式使用。有效洞察，产生于工具选择与使用过程中的灵活与准确运用。

到了“洞察”的攻坚阶段，要懂得“看门道”，而非看热闹。古话云“横看成岭侧成峰”，意思是说从不同的角度看同一事物会有不同的理解和收获，风景有整体也有细节，如果走马观花，就只能看到局部的细节或是浅浅地留个整体印象，不小心就会陷入“盲人摸象”的误区，真正的洞察应该能看到门道。那怎样才能看到真正的门道？需要把握三点：首先，在对所有信息的理解和解读中都要紧扣核心问题和研究目的去理解，这对研究人员的商业敏感性提出了更高的要求，但这一点是非常重要的，是保证洞察有效的最关键因素；其次，研究人员既要理解细节背后的深层含义，又要能理解细节所处环境不脱离整体去思考；最后，对细节的理解要采用关联的视角，细节在交织中呈现着真正的含义。因此，研究人员对细节的解读需要不断交叉检核，对发生矛盾的细节意味要通过旁敲侧击的及时追问找到真正可解释的内在逻辑。有效洞察，取决于洞察过程中的乱中有序和有进有出。

最后一个阶段就应该是织网结绳的工作了。研究人员需要把自己从看到的、感受到的、想到的细节中彻底抽身出来，针对研究的核心问题，通过逻辑缜密的推理和分析，给出严谨的分析结果和建议。何为“有逻辑”的推理？对于消费者态度和行为分析的诸多细节，都是可以通过逻辑去串联起来的，不能到最后还存在不能解释的线条。但是需要澄清的一点是，有些看似矛盾的点，却常常是潜藏着有价值的发现，对于这些情况，研究人员应该在洞察的过程中就能敏锐地发现，并勇敢地去剖析。消费者的任何行为都是存在内在逻辑的，不同的只是解释的路径存在差异。何为“严谨”的分析结果？是指在给出分析结果的时候，一定不能忽视标注结论的前提条件，任何一个数学公式，都有其成立的假设条件，没有条件限定性的结论是不负责任的做法，同理，市场调研中的结论也应该注明其成立的前提条件。

问题讨论

如果市场研究就是洞察，上面案例中的方法对调研机构而言有何重要意义？

第 2 章

案卷调研方法

◆ 引导案例　人均 GDP 与我们的收入增长有关系吗？

一则全国多地人均 GDP 超 8 万元，接近富裕国家水平的消息备受关注，数据虽然实实在在，质疑之声仍不绝于耳。究其原因，GDP 毕竟不是真金白银，与百姓的实际感受有一定距离。

随着各地两会渐次闭幕，各省披露的过去 1 年直接反映百姓收入的两项数据指标，城镇居民可支配收入和农村居民纯收入比 GDP 数据更亮丽。根据公开资料统计，2011 年，共有 18 个省份城乡居民收入增速双双跑赢 GDP，有 25 个省份农村居民收入增速超越 GDP，29 个省份农村居民收入增速整体快于城镇居民收入。

上海、山西、吉林、黑龙江、浙江、福建、江西、湖北、湖南、广东、四川、陕西、甘肃、宁夏、新疆、山东、海南、内蒙古共计 18 个省区市城镇居民可支配收入与农村居民纯收入增速两项数据双双跑赢 GDP。北京、天津、河南、广西、江苏、安徽 6 省市收入增速则落于 GDP 之后。此外，重庆、河北、辽宁、贵州、西藏、青海、云南 7 省区市，农村居民收入均高于 GDP，但城市居民收入增速则低于 GDP。

国家统计局的数字显示，去年全国城镇居民人均可支配收入 21 810 元。共有 9 省份城镇居民收入增速超过 14.1%的全国平均水平。农民人均纯收入 6 977 元，共计有 11 省区市农村居民收入增速均超过 17.9%的平均水平，其中重庆城乡居民收入增速相差最大，农村增速值较城市增速值高出 6.5%。位列第二、三、四位的江西、广东、河北城乡居民收入增速相差值也在 6%左右。而安徽与甘肃则是仅有的城市居民收入增速超过农村的省份，增速相差值仅为 0.5%。

农民收入增速迅猛。2011 年，25 省区市农村居民收入增长不仅全部超越各自 GDP，且29省区市农民收入增速整体快于城市居民收入增速。按已公布省份数据显示，海南、重庆、四川、吉林、内蒙古、陕西6省区市增速都超20%。

在这25个省区市中，海南农村居民收入增速达22.2%，位居榜首，重庆以22%的增速位列第二。北京去年农村居民收入实际增速为7.6%，为所有省区市中最低，但农村居民收入则达14 736元，远超国家统计局公布的人均6 977元，仅低于上海的15 644元，排名为全国第二位。相比之下，海南农村居民收入增速虽然排第一位，但农民人均纯收入6 446元低于全国平均水平。

中西部增速强劲。去年，中部、西部地区城乡居民收入增速整体快于东部地区，增速强劲。中、西部城镇居民收入增速均值分别为13.26%、13.11%，二者水平相当，略高于东部地区11.85%的增速。且城镇居民收入增速排名前十的省区市中，除海南、山东、广东外，其余均为中、西部省份。

农村居民收入增速也呈现出类似局面，东、中、西部地区省份平均增速为14.50%、16.88%、16.50%。以上数据显示，中、西部地区增速也略高于东部地区。在农村居民收入增速超越20%的6个省份中，除海南外，其余仍为中、西部省份。

本章主要学习内容：

- 案卷调研方法
- 如何评价搜集到的案卷信息
- 案卷信息的来源
- 国内案卷信息具有哪些特点
- 案卷信息的定位

2.1 案卷调研方法的定义

为了完成既定的市场调研任务，调研人员必须按照调研方案的规定，及时搜集相关市场信息。可供选择的市场信息搜集方式有两种：案卷信息调研法和实地调研法。无论从理论上或习惯思维上看，调研人员都会先查看有没有现成的有用的信息存在，即选择案卷调研方法。

2.1.1 案卷调研方法的定义与特点

所谓案卷调研，就是通过查询已经成形的或经过一定整理加工的二手资料来获取信息的过程。因此，案卷调研的过程，就是二手资料获取和分析的过程，所以搜集二手资料的调研也就被称为案卷调研了。

与实地调研相比，案卷调研具有这样一些特点。

1. 文献特征

案卷调研的对象是能反映某一或某些调研主题的资料和文献。实地调查对象是某些人或事件，所以案卷调研的重点是寻找相关的文献资料；

2. 已存在（存在性）

这些能够反映某些调研主题的资料是已经存在于特定地方的，实地调查所要搜集的信息不可能表现为各种文献资料而存在于某一方面，所以案卷调研的另一个重点是查询所需案卷资料的藏身之处。

3. 时效性

案卷调研的对象都是他人为实现其研究目的，在过去搜集或整理的各种文献资料，反映研究对象过去的某些重要特征，都具有一定的时效性，也叫既往性特征，实地调研的都是调研对象此时此刻的某个特征的具体表现，具有即时性，所以二手资料的时效性较差。

4. 易获性

与实地调研相比，案卷调研在搜集各种文献资料过程中，投入的时间短、人员少、成本低。这是市场调研人员在确定调研方式时，会首先想到案卷调研法的主要原因。

2.1.2 案卷调研的作用

案卷调研的作用主要表现为以下几个方面。

1. 为实地调研提供线索

主要体现在两方面：第一，在确定采用实地调研方法搜集相关信息后，调研人员若对本次调研对象的特征、相关因素还不明确，可以通过搜集类似的或相关文献资料来实现。例如，猪肉价格上涨的原因是否是生猪存栏量下降？不一定需要到养猪场做实地调查，通过搜集生猪出栏统计数据和饲料销售信息来做出推断就可以了。第二，在确定未来实地调研中使用什么方法？这类方法的有效性、可行性如何？借鉴他人的市场调研成果文献中显示的调研方法，选择最佳调研方法。

2. 明确调研对象特征

调研对象的特征是市场调研所要把握的重要内容，因为调研对象的某些特征又直接决定调研方法的可行性。例如，调研机构决定采用问卷调查搜集市场信息，调研人员就必须了解调研对象的文化水平高低，这将直接影响问卷调研能否成功，而调查对象的文化水平调查可以从人口普查资料中获取信息。

3．提供背景描述的资料

调研报告中需要准确描述市场环境的特征、变化趋势等，而这些情况又具有“稳定性”特点，因而无须通过开展专项实地调研来搜集相关信息，借助案卷调研就可满足。例如，有关部门公布的经济、政治、科技环境数据、政策、法规等，都是进行市场预测所必需的资料。

2.2 国内案卷信息的特点

在国内开展案卷调研，除了由于案卷调研方法的独特作用，还因为国内的案卷资料的某些特点，可能使准备开展的市场调研活动更加便捷，或者恰好相反，即困难重重甚至徒劳一场。

2.2.1 国内案卷信息的优点

国内案卷信息的优点有丰富性、规范性、系统性和完整、价值高。

1．丰富性

国内的案卷信息可以说是五花八门、跨越古今，资料种类多内容丰富多彩。例如，同类的文史就有正史野史之分，种类广泛。有文献史册，也有石刻资料、碑文，举不胜举，这些以不同方式存在的信息不仅体现中华文化源远流长，更是隐含大量社会、文化、经济和政治事件的资料，成为社会各类学者的研究对象。

2．规范性

国内的案卷信息大多是由政府统一管理和控制的，所以，这些案卷信息大多数集中于政府机构或者学术团体手中。国内案卷信息具有相对规范、准确的特性。

3．系统性和完整性。

国内案卷信息是由政府来负责搜集、整理、保管的。而政府又是一个系统的组织，所以国内的案卷信息由中央到地方，根据政府的行政管理职能划分为各具体部门，由部门负责搜集、整理、保存相关的案卷信息，使得后人在查阅与使用时更加便捷。

4．价值高

由于案卷信息具有上述三个特点，其必然会成为资料应用者乐于获取和可能获取的重要资料，由于许多研究者不断地将自己新的研究成果充实到国家案卷资料库中，使案卷信息能够经年累月地持续留存，案卷资源的价值随之也在不断提高。

2.2.2 国内案卷信息的缺陷

国内案卷信息也存在一些不足之处。这些缺点主要表现为案卷信息的差异性、更新速度慢、适应性差和开放程度低等，在采用案卷调研方式是要引起调研人员的关注。

1. 结论上的差异性

主要表现是某一研究主题的案卷信息可能由不同的研究机构负责搜集、整理、编辑，研究过程中不同部门的研究可能有一定交叉，对同一研究主题所做出的结论可能存在明显差异，使得调研者不知道该引用哪种资料。

2. 更新速度慢

它影响了二手资料的时效性，为调研工作带来了困难。更新速度较慢的原因主要是许多政府主持搜集的案卷信息在由上而下布置任务和由下而上传递和处理，汇总调研信息时障碍多。在案卷资料处理的过程中，由于管理者的惰性导致对信息资料库的信息调整不及时，使得后来的研究者无法直接使用。

3. 适应性差

国内许多案卷信息多以纸质文献形式存在，这样就影响在电子信息化时代的信息传递速度与广度，当然也影响案卷资料的使用率。

4. 开放程度低

开放程度低表现在获取案卷信息的限制太多，如开展进出口状况的调研，只须进入海关统计年鉴中查询有关资料即可，但是有时会有权限设置障碍问题，虽然目前这种情况很少发生，但由于信息处理速度慢、解密慢的缘故，也可能成为不能及时查询的一大原因。

◆ 调研窗口 2-1 中国历代人口与人口普查

据有关资料记载，我国是世界上最早统计人口的国家之一。但由于历代政府调查人口都是为了征税、抽丁，因而不重视保存统计资料，直到 1949 年以后，我国才开展了现代含义的科学的人口普查。历史上的户籍与人口据文献记载，公元前 22 世纪，大禹曾经“平水土，分九州，数万民”。所谓“数万民”就是统计人口。当时统计的数字为约 1 355 万人；进入封建社会以后，人口统计更加完整。汉朝有“算赋法”，隋朝有“输籍法”，唐代有“户籍法”，宋朝采用“三保法”，元世祖忽必烈于至元八年颁布《户口条画》，将强制为奴的人口按户籍追出，编为国家民户，使人口不断增加，元顺帝初年，全国人口达到 8 000 万人左右。明朝有“户贴制度”，现存明初洪武年间的户口统计，其总数均已达到 1 000 余万户，近 6 000 万人。

具有近代意义的人口普查只有两次。第一次是在 1909 年，清朝政府为了应付资产阶级民主革命，筹备立宪事宜，下令开展全国人口普查，当时推算我国人口约 3.7 亿人。第二次是国民党内政部举行的人口普查。当时由于军阀混战，只调查了 13 个省份的人口，1931 年公布的全国为 47 480 万人的数字，是后来估算出来的。

为查清人口状况，新中国成立后先后于 1953 年、1964 年和 1982 年进行过三次全国人口普查。三次人口普查的时间都确定为 7 月 1 日零时。前两次人口普查，是在我国计算技术比较落后的条件下进行的，1953 年的人口普查全国人口总数为 58 260 万余人，100 岁以上的有 3 384 人，最高年龄为 155 岁。1964 年的人口普查增加了本人成分、文化程度和职业三项。全国人口为 69 122 万人。其中大学文化程度者 287 万人，高中文化程度的 912 万人，初中文化程度的 3 235 万人，小学文化程度的 19 582 万人。

1982 年的第三次全国人口普查，调查项目共 19 项，增加了常住人口的户口登记状况，在业人口的行业、职业和不在业人口状况，婚姻状况，以及生育子女总数、存活子女总数和生育胎次等，并首次使用电子计算机处理大量数据。截至 1982 年 6 月 30 日 24 时，全国人口为 100 391 万人。随着新中国成立，人口的死亡率大幅下降，人口的生育率维持在高水平，1949—1958 年出现“第一次生育高峰”，人口净增加近 1.2 亿人。1962—1970 年，9 年净增人口 1.57 亿人，1971—1980 年，全国总人口由 8.52 亿人增加到 1980 年的 9.87 亿人，净增人口 1.35 亿人，实行计划生育政策已迫在眉睫。1990 年我国进行了第四次人口普查，这次普查与联合国关于 1990 年人口普查的建议相一致。

与第三次全国人口普查相比，这次人口普查的登记项目增加了“1985 年 7 月 1 日常住地状况”和“迁来本地的原因”两项，旨在查清我国人口迁移的流向和原因。同时增加了死亡人口的民族、文化程度、死亡时的婚姻状况和死者生前从事的主要职业等。

到 1990 年 7 月 1 日，全国总人口 113 051 万人，9 年净增人口 1.27 亿人。

1982 年至 1990 年我国人口的文化素质发生了明显变化，1990 年具有大专文化程度的人从 1982 年的 604 万人上升为 1 576 万人，其增长率为 160%；高中文化程度者的增长率为 9%；初中文化程度增长率为 48%；小学文化程度增长率为 18%；文盲半文盲人口占总人口的 5.88%。

据第四次全国人口普查数据显示，1985—1990 年的 5 年间，中国人口迁移总量达 3 413 万人，年均迁移率约为 6.15‰，其迁移规模在不同地区之间极不平衡。在迁入人口中，迁入城市的有 2 088.4 万人，迁入镇的有 679.5 万人，迁入农村的有 616.1 万人。大规模的农村人口向城市迁移，是经济发展的必然规律。

第五次人口普查的对象是具有中华人民共和国国籍并在中华人民共和国境内常住的人，包括原住本乡、镇、街道，普查时在国外工作或者学习，暂无常住户口的人。

2.3 案卷信息的评价标准

由于国内案卷信息在具有多项优点的同时存在多项缺陷，市场调研部门在采用案卷调研方式搜集到足够的市场信息后，不能马上使用，需要对这些信息的可信度进行检验。市场调研部门可以通过以下几个方面来评价搜集到的案卷资料的质量。

1．案卷信息提供者调研的目的是什么

无论是实地调研还是案卷调研，每项研究都会有它的目的。案卷研究者必须搞清楚自己所搜集到的案卷信息其提供者是为了何种目的而搜集、整理出来的。例如，在调研窗口2-2中调研的目标是掌握“上海市区道路上行驶的各类车辆数”。调研人员会将案卷调研作为首选方法，他们会列出可能提供相关案卷信息的机构，然后设法与其联系，得到所言的信息。由于案卷信息的提供者，其搜集信息的目的与自身管理职责的实现有关，所以提供的数据可能存在巨大差异，案卷调研部门应该采用与自己探究目的相同的案卷资料提供者的信息。

2．案卷信息是由谁提供的

市场调研部门必须确认已经搜集到的这些数据、资料，其提供者是否值得自己相信。检查首先是从案卷资料提供者是否属于该行业的权威机构，其次检查该案卷资料提供者此前的行业信誉度。只有信誉度高又是我们所要了解的行业中的权威、专业机构，其提供的案卷资料才具有一定的可信性。

3．实现调研目的需要搜集什么案卷信息

调研人员可以通过多种途径获得许多看似相关的案卷信息，有很多案卷信息虽然能指明它们都是为某一特定的调研主题而开展的，但是它们各自存在一定的差别，例如，案卷调研者想要针对某个调研主题，运用统计分析的方法开展定量研究，而此刻他搜集到的都是定性研究结果的话，他面对的可能是一堆利用价值不大的资料。

4．案卷信息提供者是如何获得信息和得出结论的

调研人员必须知道，搜集到的案卷信息其提供者是采用什么方法获得最初信息的，例如，样本是怎样形成的？是按什么原则抽取的？样本容量有多大？能否保证将调查误差控制在规定范围内？数据的处理与分析方法是否具有科学性？市场研究人员都知道，第一手资料的收集有很多种方法，而每种方法都会对最后的数据结果产生影响。许多有声望的公司在提供案卷信息时，会注明自己收集数据和分析的方法，如果没有注明获得数据的方法，而你认为使用这些案卷资源对你的调研项目又有很大的影响时，你也应该考虑放弃这些案卷资料。

在调研窗口 2-3 中，为了研究中国国内竞争力的实际状况，调研人员搜集到两家在该领域享有很高信誉的机构，瑞士洛桑国际管理学院和世界经济论坛提供的各国竞争力分析结果。调研人员发现这两家机构的结论差异很大，调研人员做进一步分析，即两家分析机构是采用什么方法得出研究成果的，这样就可以知道应该采纳哪家机构的研究结果。

◆ 调研窗口 2-2　上海市区道路上行驶的各类机动车辆数

调研目的：上海市年车辆润滑油需求量。

信息要求：掌握每年上海市区道路上行驶的各类车辆数据。

二手资料来源：

上海市车辆管理处——车况检验、发放牌照等工作。

上海市公安局交警总队——处理违反章程的车辆驾驶人员。

上海市统计局——车辆产量。

上海汽车销售总公司——在上海销售的各种车辆。

但由于各自的工作职责不同，所提交的数据也不同，都缺乏可用性。

解决办法：案卷调研与实地调研相结合。

◆ 调研窗口 2-3　两家国际著名机构对中国国内竞争力的评估报告

瑞士洛桑国际管理学院与世界经济论坛，每年都会发布各自的全球竞争力报告。但是中国内地在这两份报告中的排名却有很大的差异。主要原因是这两家机构所使用的数据类别不同，竞争力评估的方法也不同。

洛桑国际管理学院对去年中国国内综合竞争力评估结果是全球第 15 位（上一年为第 18 位）。而世界经济论坛的评估为第 54 位（上一年为第 48 位）。

洛桑国际管理学院采用经济表现、政府效率、企业效率、基础实施四个方面的 300 多个指标，较为可观。

世界经济论坛采用对企业首席执行官的问卷调查资料，主观性因素较大。

2.4 案卷调研方法的实施

为了实现既定的目标，管理者认为必须通过开展一项市场调研活动，以期对未来的现象有更准确、完整的了解和把握。此时也已经设计好相应的市场调研方案，方案中已经明确是否采用案卷调研方法搜集市场信息。应该如何有条不紊地实施案卷调研？应该有一个基本的程序，如图 2-1 所示。

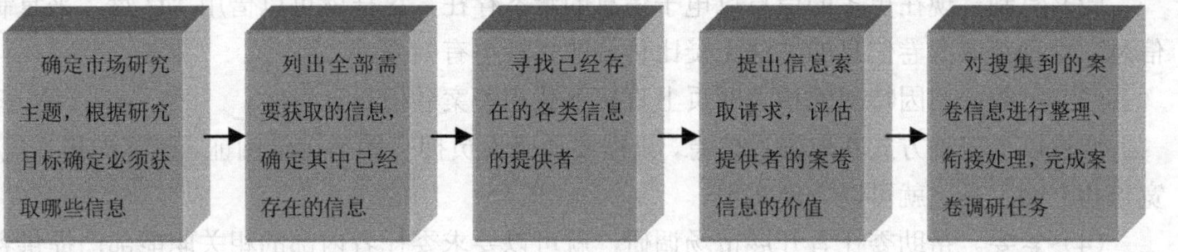

图 2-1 案卷调研活动流程

1. 确定需要的案卷信息

（1）分析为完成自己的市场研究任务，需要搜集哪些信息。人们都会先自问，在这些必须搜集的信息中是否有些已经存在。例如，你提出的研究项目是否有人已经做了一定的前期研究？是否有人对某些细节做过深入研究？如果有人对你提出的项目已经做了完整、深入的研究，你就没有必要重头再来一次。

（2）只有先确定哪些信息已经存在，才能确定实地调研中自己需要搜集的是哪些信息。例如，估计上海市啤酒市场需求量，需要掌握人口数、人均收入、人均用于食物需求的支出比例、在食物支出中用于饮料的比例、在饮料支出中用于啤酒的比例等数据。其中许多可以通过搜集“上海市城市居民生活水平抽样调查数据”获得，而无须开展实地调研。

2. 寻找需要的案卷信息

所需的案卷信息是否存在？那些我们认为的相关研究机构或人员他们是否拥有我们需要的案卷信息？寻找案卷信息成为当前刻不容缓需要解决的问题。主要的解决办法有：

（1）运用目录索引工具。图书馆、档案馆往往有现成的索引工具，可以供读者使用。由索引工具，如论文目录、论文摘要等，寻找自己所需要的相关文献资料。

（2）利用互联网检索工具。百度或谷歌等都是很好的网上检索工具。只须输入自己想要寻找的案卷信息相关关键字，立即可以得到数万、数十万条相关信息。

在运用各种手段获取相应数量的案卷信息后，还不能马上就使用。在使用案卷信息前需要对它们做相应的效度、信度方面的评价。如果对已经掌握的案卷信息经过评价后感到不满，就应该设置“令自己满意的案卷信息需要满足的基本特征”。然后再将这些特征作为关键字继续检索更符合自己需要的案卷信息。

3. 确定获取案卷信息的办法

经过一番努力，终于找到够满足自己要求的案卷信息后，获取就是此刻当务之急。

（1）摘抄。在 1990 年前发表在各种杂志、报纸上的论文、研究报告、统计数据等都是以纸质文献方式存在的，而许多此类文献在图书馆、档案馆出于保护文献的目的而不允许借出、复印，只能摘抄。

（2）复制。现在更多的信息以电子信息的状态存在，这样就可以借用“U盘”来复制信息。这种获取案卷信息的方法无疑比传统的摘抄更有效率。

（3）下载。在因特网的相关网页上直接下载相关案卷信息。

通过以上三种方式获取案卷信息，只需要调研人员拥有图书馆借阅证、计算机和U盘、宽带和上网工具，就可以方便实现。

（4）索要。帮助委托者开展市场调研，就可以要求委托者内部的相关职能部门提供各种相关资料。可以向有关部门、机构以最后提供研究分析结果为报酬，索要他们可能拥有的案卷信息。

（5）购买。在市场经济条件下，案卷信息同样是一种主要的资源，获得它是需要付费的。此时，对市场调研者来说需要注意调研活动的经济效益。

4．案卷信息的衔接

一项市场调研活动所包含的内容可能有多项。例如，2009年上海市场的啤酒需求状况的调研项目，就需要将有关人口数量、居民收入水平、居民消费支出结构及居民对特定品牌啤酒的偏好等案卷信息分别搜集、整理、评价后进行衔接。

由于各项案卷信息不是取自同一提供者，在衔接它们时需要注意时间的一致性、范围的一致性、口径的一致性和理论概念的一致性及相关性。否则会得出一个非常荒唐的结论。

2.5 案卷信息的来源

我们需要案卷信息，知道可以通过哪些途径获得案卷信息。但是我们还不清楚案卷信息存在的地方，此刻正在等着我们去挖掘。案卷信息最大的存放地有以下几个。

1．政府信息库中的案卷信息资源

政府为了管理国家和经济的发展，必然会按照既定的规则来运作。任何一个组织都会有人流、物流、信息流、资金流。因此，每个国家的政府都会收集许许多多的资料，用于指导国民经济的发展和推动社会的进步。而政府所收集的资料中，有很大一部分是向社会公开的，如统计年鉴、人口数量、出生率、失业率、居民储蓄总额等。因此，政府信息库成为重要的市场调研案卷信息源。

政府资料还包括行业发展状况、政策、法规文件，特别是定期公布的统计资料，这些对我们判断宏观经济环境变化都是十分重要的。现在许多中心城市都已经或不断完善各类政府信息网络，使市场调研人员能够更加快捷地获得所需的案卷信息。图2-2所示的是上海市政府信息门户网。

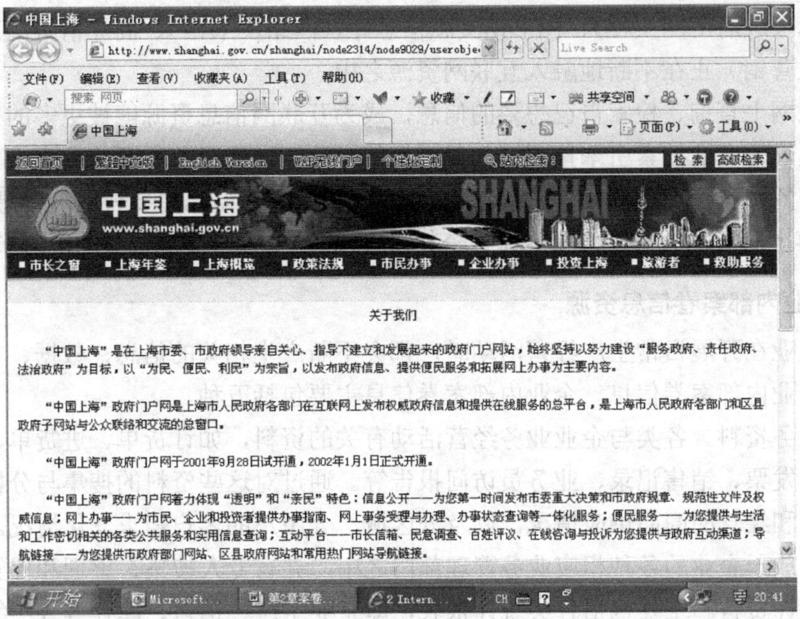

图 2-2　上海市政府信息门户网首页

2. 各类图书馆、档案馆中的案卷信息资源

图书馆、档案馆有大量的市场研究人员所需要的相关信息，图书馆、档案馆的书面目录索引和电脑目录索引都可以在很大程度上提高案卷信息检索的效率。除此之外，大多数图书馆提供信息复制服务，读者可以通过复印、软盘备份甚至刻录光盘和网上传输等方式把查询到的资料保存下来。

在图书馆丰富的案卷资源内容中，剪报信息服务一向是被忽略的部分。剪报就是把报纸中相关的信息内容分类剪辑，编撰成册后提供给用户的一种信息服务。通常情况下，大型图书馆都利用自己的综合优势开展剪报服务。剪报信息发展的趋势将是完全的电子化（网上剪报供应服务）评价和选择剪报服务。

3. 商业信息服务机构中的案卷信息资源

商业信息服务机构主要有专业的市场调查机构、政府下辖的信息服务机构、行业协会内部信息处理与分析机构等。这些机构通过各种途径把自己所获取的第一手资料或者第二手资料经过加工整理后，编辑成可供用户使用的案卷信息资料，并通过出售这些资料来获取利益。

4. 互联网网络中的案卷信息资源

互联网正在成为非常重要的案卷信息获取源。而且，从发展的趋势上看，由于互联网具备了查寻方便、复制方便、存储方便、传输方便、使用方便等特点，随着网络的发展，政府信息库（政府上网工程）、图书馆文献信息库（网络图书馆）、商业情报信息库（企业上网和网上营销）正在不断地融入互联网资源之中。

如何在网上查询、检索自己想要的信息，成为互联网信息资源能被更多的人采用的瓶颈。可以通过著名的搜索引擎按照键入关键词的方法，来搜寻所需要的信息。可以直接进入需要查询的网站查询。例如，选择在google 搜索中键入自己想要获取的信息的关键字，如“2007年上海市社会与经济发展统计资料”，立即可以获得可供选择的数万条相关信息。

5. 企业内部案卷信息资源

任何企业在开展日常生产经营活动时，都会不断产生相关的信息、数据、文献资料，这些就是企业内部案卷信息。企业内部案卷信息主要包括五种。

（1）业务资料。各类与企业业务经营活动有关的资料，如订货单、进货单、发货单、合同文本、发票、销售记录、业务员访问报告等。通过对这些资料的搜集与分析，可以掌握企业生产和经营的商品供应情况，以及分区域、分用户的客户需求变化情况。这些案卷信息主要存放于企业的各种相应业务管理部门之中，并有专人搜集、整理和保管。

（2）统计资料。主要包括各类统计报表，即企业生产、销售、库存等各类统计分析资料。企业统计资料是研究企业经营活动数量特征及规律的重要定量依据，也是企业进行预测和决策的基础。这些信息主要由企业中的计划与统计部门负责搜集整理和保管。

（3）财务资料。是由企业财务部门提供的各种财务、会计核算和分析资料，包括生产成本、销售成本、各种商品价格及经营利润等。财务资料反映了企业活劳动和物化劳动占用和消耗情况及所取得的经济效益，通过对这些资料的研究，可以确定企业的发展背景，考核企业经济效益。此类信息由企业的财务部门负责搜集、整理和保管。

（4）市场信息资料。如平时剪报、各种调研报告、经验总结、顾客意见和建议、同业卷宗及有关照片和录像等。这些资料都对市场研究有着一定的参考作用。例如，根据顾客对企业经营、商品质量和售后服务的意见，就可以对如何改进加以研究。这些信息一般可以在市场部的有关人员那里找到。

（5）企业管理资料。主要包括企业的各类政策、规定、制度、条例等文件。这些文件可以为企业管理层提供过去针对一些具体问题所做出的各种决策和决策时关注的决策目标的信息，使市场研究人员了解企业管理层的决策思路与领导风格的变化趋势。

与其他来源的各种案卷信息相比。内部案卷信息具有非常明显的特征：明确的针对性、可知的准确性和获取的便捷性。对于如何提高搜集内部案卷信息的效率，最重要的是建立并不断完善企业内部数据库。

现在更多的企业都已经认识到构建企业信息网络的重要性，图2-3就是上海建工集团的网站首页（www.scg.com.cn）。

图 2-3　企业信息网站的首页

6. 供应链内部企业之间的案卷信息资源

随着专业化生产经营的发展，企业之间的联系更加密切，导致供应链关系的产生。图 2-4 就是一个最简单的供应链流程。

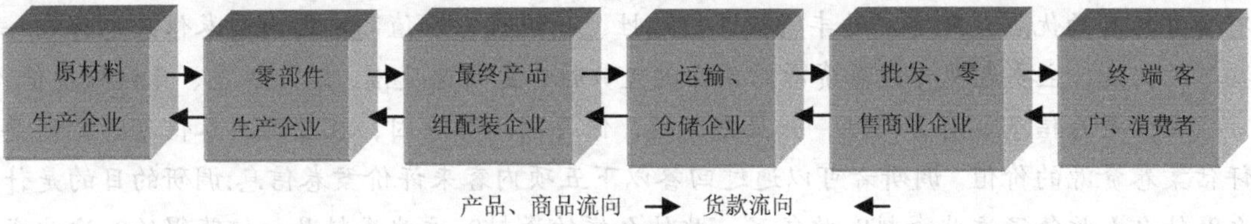

图 2-4　供应链流程

（1）产品、商品流程属于正向物流，是对下游企业的需求的满足。

（2）货款流程属于逆向付款流。是对上游供应商资金周转需求的满足。

（3）当供应链终端客户需求发生变化时，整个供应链所有企业的供应方案都必须随之调整。

所以，为提高供应链企业对下游企业直至终端客户需求变化的反应速度，供应链企业之间必须建立更加畅通的信息传递网络，包括案卷信息传递网络。其实，供应链企业之间的案卷信息网络就是企业内部案卷信息网络的一种延伸。此刻，关键的问题是供应链企业明确案卷信息的分类标准，即哪些案卷信息可以对供应链其他企业公开与其共享，而另外一些案卷信息必须保密，设置信息使用权限。

7．其他案卷信息资源

（1）上市公司的定期财务报表。按照相关规章制度的规定，上市公司必须在规定期限内公布自己公司资金运营状况的财务报表。在这些报表中含有大量的信息，其中包括上市公司对未来市场变化的判断。

（2）各种新闻传媒的经济评述。各种报纸和杂志、广播、电视为了赢得更多受众的关注，越来越多地开展对经济、市场热点进行深入具体的报道与评论。只要仔细关注，其间会有许多有用的信息。

（3）外国驻华使馆的商务机构、外资企业的信息中心所能提供的各种案卷信息。随着国际往来越来越频繁，外国驻华领事馆、大使馆也吸引着中国投资者的关注，它们肩负着让中国合作者更了解本国企业的使命，会更加主动地提供本国经济、市场、企业的信息，成为中国有志于开发国际市场的企业管理者获取国外市场信息的重要途径。

本章小结

营销决策需要的资料可以分为两种：第一手资料和案卷资料。本章主要讲述案卷信息调研。案卷调研的特点有五个：第一，这些资料是已经存在的；第二，案卷信息能反映某一或某些调研对象的重要特征；第三，这些资料具有一定的时效性，是有一定利用价值的；第四，这些资料在较短时间内容易获得，而且成本相对较低；第五，案卷信息在使用前需要对其加以检验，确保调研目标的实现。除了一般的案卷信息特征外，国内案卷信息还具有自身特有的优点，即资源的丰富性、规范性、系统性、价值高；国内案卷信息也存在一些不足之处，主要表现为案卷资源结论上的差异性、更新速度慢、适应性差、开放程度低。

由于案卷信息具有雷同性，并且更新慢，保存困难等原因，在应用案卷信息时就需要评估案卷资源的价值。调研者可以通过回答以下五项内容来评价案卷信息:调研的目的是什么？什么人收集了这些资料？收集了一些什么样的资料？这些资料是如何获得的？这些资料与其他资料的一致性如何？

如何搜集案卷信息呢？建议你按照以下步骤来搜集案卷信息:① 确定你已经得到了什么信息，现在希望得到的是什么信息；② 列出与这些信息相关的关键词；③ 运用目录索引资源工具查找相关资料；④ 将所搜集的资料综合起来，并且评价它们是否满足自己的需求；⑤ 如果找到的材料不能令你满意，就应该决定采用实地调研方法来搜集信息。

在最后部分列出了可供查询的案卷信息，它们主要有政府资料库、图书馆资料、商业信息服务机构提供的资料、互联网资源和企业内部案卷信息，其中政府资料库的可信程度最高，而互联网资源是查询最方便且最有发展前景的案卷资源。

练习题

1. 根据定义指出一手调研和案卷调研存在的差别。
2. 案卷信息与案卷调研有哪些特点?
3. 国内案卷信息的优缺点有哪些?
4. 如何对搜集获得的案卷信息开展全面评估?
5. 开展案卷调研的步骤有哪些?
6. 案卷信息的获取来源主要有哪些?

◆ 案例讨论 2-1

日企家电巨亏 警钟为谁而鸣

日本在2011年冬季遭遇了历史罕见的寒流，这股寒流似乎也侵袭了日本的家电产业。根据各大家电企业公布的2011财年后三季度（4月至12月）的业绩结算数据来看，索尼、松下及夏普亏损最为惨重，其中松下、夏普均刷新了历史最高的赤字规模。其他家电企业业绩同样不佳，NEC预计亏损1 000亿日元；游戏业界巨头任天堂也是自1981年以来首次亏损，达650亿日元。

1. 松下、索尼、夏普全线亏损

日本松下、索尼和夏普三家家电公司2012年2月初披露2011财年业绩预期，其中，松下预计公司将在2011财年（截至2012年3月底）实现净亏损7 800亿日元（约合102亿美元）。索尼预计达29亿美元之巨，这是索尼连续第四年亏损。夏普表示至3月31日的本财年，净亏损可能达到约合38亿美元，这将是公司1912年成立以来的最低水平。三家企业的财政状况呈现全线溃败迹象。2月15日，惠誉下调了这三家企业的评级。惠誉资深董事马特·杰米森称，日本电器产业已经到了生死存亡的转折点。

日本媒体就上述企业的财报亏损进行了分析，并总结了以下七大因素。

（1）发生于2011年3月11日的东日本大地震导致日本国内多家企业工厂阶段性停工，当然还有部分工厂丧失产能，生产力下降严重影响了商品的销售业绩。

（2）日元汇兑飙升从2011年年初开始，日元与外币的汇率就一直居高不下，日本政府进行了多次调控仍无济于事。日本作为一个出口大国，强劲的汇率严重抑制了商品的出口，收益因此大幅下降，许多日企不得不把工厂挪至海外，导致国内产业空洞化程度进一步加剧，就业形势更加严峻。

（3）日本大地震刚刚缓过劲儿，泰国又发生了大洪灾，这对于在泰国拥有较多工厂的

日本企业来说又是一道晴天霹雳，企业损失更是雪上加霜。

（4）日本家电产品曾在20世纪90年代席卷全球，无人能敌，但是随着近几年中韩等家电企业的崛起，其影响力已经逐渐赶超日系品牌，韩国三星电子的攻势最猛，数据显示，三星2011年的营业额刷新了历史最高纪录。

（5）日系家电受到挤压的另一个原因则是过于专注高端产品。由于日本人追求精益求精的特点，因此生产的家电往往都具备丰富的机能，其价格不菲。但是立足全球的消费者角度，性价比更高的产品才是消费核心。另一方面，从日本传统强企市场需求下滑的品类来看，事实上，除了全球消费疲软等不可抗拒的因素外，最为重要的是传统强势领域出现了新的强有力竞争对手，抢夺了企业的份额。例如，索尼公司的P1aystation品牌销售疲软，受到任天堂等的冲击，而便携式电子产品如walkman被苹果iPod等产品瓜分了份额。

（6）欧洲债务危机从最初的希腊，再到意大利、西班牙，几乎整个欧洲地区国家都陷入了严峻的财务危机之中，欧洲用户的消费能力大幅减弱，不仅是家电业，其他产业在欧洲的业绩表现同样低迷。

（7）电视产品地位低下。电视曾经是家电的核心产品之一，但随着电脑、网络的普及，其地位迅速下落。电视在现今就好比日用品一样，普及率极高，一台40英寸的平板电视在十几年前的售价需要几十万日元，而如今仅需几万日元就能买到，从而导致家电厂商的利润极其低微。目前日本已有多家家电企业宣布将关闭数家生产工厂，电视事业危机迫在眉睫。

2. 三星、LG电视变阵过冬

电器产业作为拉动第二次世界大战后日本经济高速发展的重要动力，曾经造就了“日本制造”在世界市场的良好口碑。而今，面临巨大亏损的日本电器产业不仅为日本本土敲响了警钟，更让它的邻居们——韩国、中国的家电巨头们有了强烈的危机意识。

市场调查机构DisP1aySearch的数据显示，2011年韩国三星、LG电视的全球市场占有率分别达到20%和13%，位居全球头两位。不过进入2012年，韩系双雄面对疲软的市场则不得不进行调整。三星分拆LCD事业，并酝酿推出更具价格竞争力的产品。三星彩电产品营销部长李明旭表示，公司在2012年对于规模和利润均有一定目标要求，三星在高端市场享有优势地位，三星彩电新品在功能上会有提升，三星价格在韩国并不具备比较优势，但三星不会猛然拉低价格，当然也不排除新产品线拉升带来的一些变化。

相比之下，LG则采取保守战略，重点保利润。LG电子大中华区品牌营销总经理刘承泳透露，LG也受到经济大环境的影响，但是LG电子做了产品型号的调整。刘承泳说：“今年策略调整为以利润为主，调整后，1月利润方面会有一定改善。”刘承泳认为，此前市场环境还不错，各企业注重销售量和占有率，现在的大环境下，战略上一定要变更。

而对于中国的家电巨头们而言，则面临着一场利润考验。家电专家刘步尘分析，今年外资企业的策略变化会影响国产企业运营，国产企业利润或不如去年，他说："以三星为例，三星在农村市场的发力会抢占国产企业的份额，如果三星使用低价策略，将对国产企业造成压力，影响今年的利润表现。"

奥维咨询分析师表示，如果说 2011 年国产企业还可以说是"闷声发财"，那么 2012 年国产企业本身就面临了巨大的压力。2011 年面板价格下降为国产企业带来了较大的利润空间，加之外资企业受汇率、灾害等影响，即使节假日等旺季，价格手段运用也颇为收敛，因此 2011 年总的来说国产企业份额和利润均有斩获。而 2012 年面板价格渐有回暖之势，国产企业利润表现肯定不如 2011 年。

资料来源：《新民晚报》，2012 年 2 月 24 日.

案例问题讨论

1. 对于这份案卷资料所公布的所有信息，你在采用前需要做哪些必要的检验？

2. 各家日本家电企业在 2011 年的经营中发生了哪些问题？引发问题的原因在资料中是否有所揭示？对原因的分析是否准确？还有哪些相关因素没有得到很好的揭示？

3. 你认为警钟对"谁"鸣响？是中国家电企业吗？为什么？

◆ 案例讨论 2-2

2011 年上海市国民经济和社会发展统计公报

上海市统计局、国家统计局上海调查总队公布了《2011 年上海市国民经济和社会发展统计公报》，"晒一晒"上海的"家底"。

1. 低收入家庭收入增长高于平均水平

公报中称，据抽样调查，2011 年本市城市居民家庭人均年可支配收入 36 230 元，比上年增长 13.8%；农村居民家庭人均年可支配收入 15 644 元，增长 13.8%。全年城市居民人均消费支出 25 102 元，比上年增长 8.2%。

市统计局分析，居民收入增长呈现"两个快于、一个同步"的特点：一是扣除物价因素后的居民可支配收入增长快于全市经济增长，是 2000 年以来（除 2009 年因国际金融危机影响物价下跌外）首次出现的格局；二是低收入家庭可支配收入增长高于全市平均水平，20%最低收入家庭的人均可支配收入增长 14.7%，高于全市城市居民平均增幅 0.9 个百分点；三是农村居民可支配收入增长与城市居民保持同步。

2. 每百户城市居民家庭拥有轿车 18 辆

统计公报显示，至 2011 年年末，平均每百户城市居民家庭耐用消费品拥有量：家用轿车18辆，家用空调207台，移动电话236部，家用电脑138台。平均每百户农村居民家庭耐用消费品拥有量：家用汽车10辆，彩电188台，洗衣机88台，移动电话189部，家用空调130台，家用电脑50台。

至2011年年末，全市储蓄存款余额17 958.22亿元，当年新增1 521.36亿元。城镇居民人均住房建筑面积33.4平方米，折合人均住房居住面积17平方米。居民住宅成套率达到96%。

至去年年末，全市共有1 290.88万人（包括离退休人员）参加城镇基本养老保险，有604.22万人参加失业保险，全年领取失业保险金的人数达21.9万人。

3. 人均生产总值继续保持领先

2011年本市实现生产总值（GDP）19 195.69亿元，按可比价格计算，比上年增长8.2%。全市按常住人口计算的人均生产总值为82 560元，折合12 784美元，在全国各省级地区中继续保持领先。同时，经济增长的质量效益稳步提高，全市完成地方财政收入3 429.83亿元，比上年增长19.4%，与经济基本保持同步增长。

4. 拥有各类金融单位1 048家

国际金融中心功能继续增强。至2011年年末，上海拥有各类金融单位1 048家，其中经营性外资金融单位达173家。金融市场功能不断完善，上海证券交易所股票成交额23.76万亿元，期货交易所成交额86.91万亿元，金融期货交易所成交额43.77万亿元，银行间货币与债券市场成交额196.64万亿元，黄金交易所成交额4.44万亿元。金融创新稳步发展，一批新的金融产品成功推出，国际贸易结算中心外汇管理试点企业扩大到20家。此外，据2011年度“伦敦金融城全球金融中心指数”“新华–道琼斯国际金融中心发展指数”最新排名，上海分列全球第五、第六位。

5. 港口货物吞吐量连续七年世界第一

国际航运中心主要业务量指标稳居世界前列。公报显示，2011年上海港口货物吞吐量达到7.28亿吨，连续七年居世界第一；集装箱吞吐量3 173.93万国际标准箱，连续两年位居世界第一；机场旅客吞吐量达到7 455.88万人次，浦东国际机场货邮吞吐量排名世界第三。

6. 新增“城市运行安全”篇

统计公报专门增加了“城市运行安全”篇，加强了对这方面指标的监测和反映。全市食品监测总体合格率达到94.1%。全市生产安全事故造成死亡1 250人，比上年下降11.3%；亿元生产总值生产安全事故死亡率为0.065%，继续保持下降态势。

问题讨论

1. 除了上海市统计局抽样调查队定期提供上海市社会经济统计数据外，还有其他资料来源吗？

2. 上述统计数据可以满足哪些方面的调研需要？

◆ 案例讨论 2-3

GDP 须完善全国统一核算体系

2010 年上半年，地方 GDP 之和高出全国核算数据约 1.4 万亿元。在经济企稳回升的关键时期，统计数据不仅牵动千家万户，而且是政府决策的重要依据。这种现象的背后，究竟反映了哪些问题？如何解决这些问题？

1. 沿革：GDP 攀比将差距推高

2004 年高出差率达到 19.3%，专家认为，一些地方片面追求 GDP 增长率，片面追求政绩、形象，这是问题的根源。

地方 GDP 之和高出国家核算数据由来已久，2004 年高出差率达到 19.3%。在第一次全国经济普查获得较全面的数据后，当年差率缩小到 4.8%。随后差率又逐步攀升，根据公开数据测算，2008 年达 8.8%，今年上半年接近 10%。

上半年全国 GDP 同比增长 7.1%。而各地数据显示，只有 5 个省份低于全国速度，1 个持平，1 个未最后核定，24 个省份高于全国速度，其中 15 个省份的增速超过 10%。各地数据加总后，高出全国数据接近一成。

根据我国现行国民经济核算制度，中央和地方分级核算 GDP。国家统计局根据掌握的基础数据，独立核算全国 GDP 数据，而不是对地方 GDP 数据进行加权汇总，简单地说国家数据不是地方数据层层加总的。对于地方核算的 GDP 数据国家统计局要进行审核，认为不匹配或者有问题的，会要求地方重新核实。

在技术层面上，重复统计、统计资料来源和系数不一致等问题会造成一定的出入。例如，分处不同地方的母公司和子公司的经济活动在实际操作中常被统计了两遍。

陕西省统计局原总统计师杨永善说，地方 GDP 加总数与全国核算数有些出入本是正常的，但地方数据长期单向偏高较多的状况就不能说是正常的了。国家统计局的许多数据自己收集、统计，比较准确。而在考核压力下，一些地方官员还是有 GDP 攀比现象，一些地方经济指标定得也脱离了实际。

“一些地方片面追求 GDP 增长率，片面追求政绩、形象，这是问题的根源。”中国人民大学公共管理学院副院长许光建指出。

2. 影响宏观决策制定受干扰

差距偏大对统计数据公信力产生负面影响，同时地方数据不准确将导致很难对当地经济走势做出准确判断。

当前我国经济正处于企稳回升的关键期，GDP 数据的质量和准确性至关重要。2011年上半年地方 GDP 加总高出全国近一成的差距，使社会上对地方统计数据产生了疑问。

在网络化、利益多元化时代，统计数据往往被放在公众视野下，经受反复的审视。特别是随着中国经济不断融入全球经济，在全球经济中的份额不断上升，中国经济数据日益成为全社会乃至海外关注的焦点。无论是国家核算还是地方核算，都是统计系统产生的数据，差距长期偏大，对统计数据的公信力也会产生负面影响。

更为重要的是，GDP 数据是判断经济形势、出台宏观政策的重要依据之一。当前，中央强调保持宏观经济政策连续性和稳定性，坚持实施积极的财政政策和适度宽松的货币政策不动摇。许光建分析，决策的依据之一，就是虽然经济企稳回升，但包括 GDP 在内的一些主要经济指标依然低于历史平均水平。

现在是经济发展的非常时期，一旦一些地方基础数据受到干扰，就很难对当地的政策效应和经济走势做出准确判断。任其发展积累起来，最终会对全国层面的宏观决策造成干扰和危害。

3. 对策：统计制度将进行变革

在基层干部的考核中，应大量增加促进就业、改善民生等方面的指标，尽量减少 GDP 总量和增长率方面的指标。

许多统计工作者建议，客观看待 GDP 总量和增长率的排序，给 GDP 核算创造一个宽松的环境。特别是在基层干部的考核中，应适当淡化 GDP 增长率方面的考核。

北京大学国民经济核算研究中心研究员蔡志洲说，从发达国家的经验看，民众更关心的是就业和物价方面的数据。在基层干部考核时，应大量增加促进就业、改善民生等方面的指标，尽量减少 GDP 总量和增长率方面的指标。

还有许多基层干部群众认为，要逐步改革“靠上级、听汇报、看数据”的考评方式，逐步拓宽基层群众参与干部考核的渠道，有助于缓解基层基于 GDP 的政绩压力。

国家统计局近来多次公开表示，统计工作要知难而上、迎难而进，要以提高统计数据质量和政府统计公信力为中心，大力推进有利于提高数据质量的统计制度改革和统计基础设施建设。将通过利用相关度较高的行政记录对 GDP 数据进行评估、加大联网直报力度、加强企业和单位名录库建设、加强服务业统计等措施，进一步提高 GDP 核算的质量。

问题讨论

政府的统计资料属于重要的案卷资料，在使用前需要做好哪些检验工作？

第3章 实地调研之焦点小组访谈与询问方法

◆ 引导案例 **2011年中国iPhone用户研究报告**

为了全面深入了解中国苹果iPhone用户及其使用iPhone的具体行为，互联网消费调研中心ZDC在网站及微博上投放调查问卷，时间从2011年6月2日至6月25日，为时24天，共回收问卷1 296份，通过对用户ID、IP等注册信息及问卷填写完整度的筛选、过滤，得到有效问卷1 064份。基于这些第一手调查数据，ZDC撰写了《2011年中国苹果iPhone用户使用调查研究报告》，以期能够为市场各方提供参考依据及策略支持。

注释：苹果iPhone用户是指正在使用美国苹果公司自2007年6月至今所上市的iPhone系列任何一款产品的用户。

报告关键数据：

- 70.5%的苹果iPhone用户年龄分布在18~30岁。
- 55.6%的苹果iPhone用户拥有本科及以上学历。
- 54.1%的苹果iPhone用户居住在二线及以上城市。
- 苹果iPhone用户中从事销售职业的用户比例最大，为14.1%。
- 51.4%的苹果iPhone用户的职位为普通员工。
- 47.5%的苹果iPhone用户目前使用的机型是苹果iPhone 4（16GB）。
- 25.0%的苹果iPhone用户通过中国联通营业厅购买iPhone。

- 62.5%的苹果 iPhone 用户使用中国移动通信业务，37.5%使用中国联通业务。
- 44.0%的苹果 iPhone 用户月资费水平较低，在 100 元以下。苹果 iPhone 月资费水平跟其所处职位直接相关。

本章主要学习内容：

- 实地调研的作用与必要性
- 实地调研方法与选择
- 焦点小组访谈方法及其实施
- 询问法的具体类型与实施

3.1 实地调研的必要性与方法

3.1.1 实地调研的必要性

案卷分析可以使市场研究者对研究的市场有大致的了解，例如，明确市场需求的变化趋势、市场结构、竞争对手的市场营销策略等。但是这些数据资料只能满足市场研究者对市场基本面做出判断的需要。而市场研究者只有在掌握具体的、更为细致的市场信息资料后，才能得出正确的判断并做出准确的决策。例如，根据互联网消费调研中心 ZDC 提供的信息，苹果 iPhone 产品的市场推广部门掌握 2011 年中国消费者购买苹果 iPhone 时的购买行为特征。但是在 2012 年要在中国推出苹果 iPhone4S 时，中国或者上海的“果蜜”们在购买行为特征上是否会有新的表现？看来“引导案例”所提供的信息不足以为我们提供能做出准确决策的支持。

实地调研就是各种搜集第一手市场信息的调查方法的总和。它们是市场研究者对市场做出全面、细致、准确分析判断所必须掌握的基本方法。对于实现市场研究既定目标，第二手资料是重要的依据，但这不是完成一项市场研究课题必须包括的全部信息。市场研究者之所以要开展实地调研是为了获得另一种重要的资料——第一手资料。第一手资料具有以下的优点：

（1）满足某种特定研究目的的需要。例如，在啤酒的例子中，案卷调研为我们提供说明某一城市的居民人数、人均收入水平、消费支出水平和其中用于购买啤酒的比例。但是，例如上海市青岛啤酒的市场规模有多大？青岛啤酒厂商会意识到需要再做深入的实地调研，搜集上海人对青岛啤酒的品牌偏好方面的信息。

（2）更具现实性，也就是即时性。丰富的第二手资料虽然可提供各方面的市场信息，但它们毕竟已成为过去。就是专家们的预测结果，也是站在过去立场和条件上做出的推测。而第一手资料却是现在着手调查所获得的实际资料。况且在多变的环境影响下，人们对自己获得的案卷信息的信度与效度的认可会随之降低。

（3）能更加准确地实现调研目标。与案卷信息即二手资料相比，第一手资料是由研究人员采用他们认为最为正确的调查方法、数据处理与分析方法所得到的结果，对于结果的可靠性与有效性的把握更大，于是，对字句所做出的判断和决策的准确性更有信心。

（4）满足更多、更高的市场调研目标的要求。在许多场合下，研究人员会感到自己的研究项目是“前无古人”的全新研究，一切都应该由自己“从头做起”。此时为实现市场调研的目的，只有搜集第一手资料。因为所有的案卷信息都是产生于实地调研，即第一手资料的搜集工作。

3.1.2　实地调研方法

实地调研就是市场研究者自己确定搜集第一手资料的方法后，进入现场，即调查事实的发生地，对既定调查目标实施信息搜集工作。更直接一点说就是研究人员亲自深入现场搜集信息。故而许多调查方法研究者称之为“现场调查”（Field Survey）。市场研究者在选择实地调研的具体方法时，应该考虑自己实现研究课题当前必须搜集的是哪些信息，再确定这些信息自身的特点，为选择最佳调查方法做准备。实地调查中经常采用的方法见图 3-1。

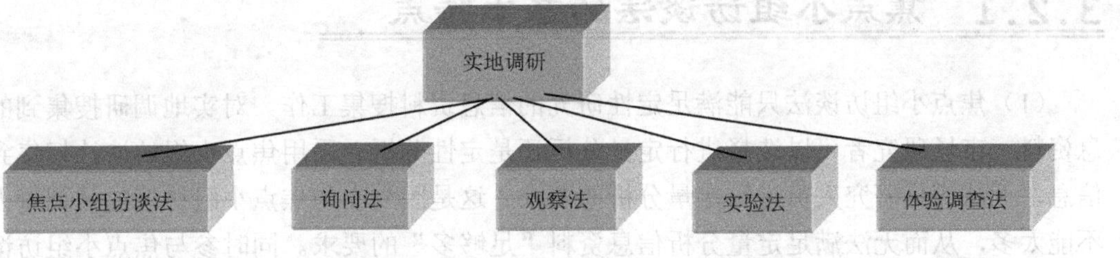

图 3-1　市场研究人员可选择的几种常用实地调研方法

市场研究者为完成研究课题而搜集下列的信息、资料：

（1）购买者的看法、观点、意图。

（2）购买者对市场上各家供应商及其提供的产品、产品品牌的认知度和忠诚度。

（3）购买者的各种重要特征，这些特征与其需求和行为有直接的关系，如收入水平、职业、受教育程度、年龄、性别等。

（4）购买者的行为，这些行为又有一定的规律，能反映购买者的某种心理特征。如是否反复比较、询问后再产生购买决定等。

（5）为证实某种假设是否能够成立，为找到各种影响因素中最重要的那个因素而进行的试验，通过试验得到对研究对象更加深入的了解。

搜集上述信息和资料有相应的最佳方法，而所谓“最佳”应该是确保搜集到的信息、资料最准确，搜集同类信息、资料所付出的代价（资金、时间、人力）最小。其实几种实地调研方法都可满足研究人员搜集上述5种信息的要求，但相比而言，各自都有自己所长。

一般而言，焦点小组访谈法最适合在较短的时间内，了解人们对某个问题的看法是否存在异同；询问法较为适合在对人们一般观点有所了解后，搜集个体在第（1）、（2）、（3）类问题上的差异信息。但是，焦点小组访谈法与询问法由于受到方法本身特征的制约，使得采用这些方法搜集获得的信息更接近定性信息资料。所以如果某项市场研究偏向定性研究，可以选择焦点小组访谈或者以面谈为主要形式的询问法。

观察法较为适合搜集第（4）类信息；实验法更适合搜集第（5）类信息。如果市场研究者希望开展的是定量研究，那么应该偏向于搜集定量数据资料，这时可以考虑采用观察法或实验法来搜集定量数据。

如果调研机构为了隐蔽自己的研究目的和身份，就需要选择体验调查法。

正是因为几种实地调研方法各具所长与不足，市场研究者经常会考虑将几种方法相结合以达到取长补短的效果。

3.2 焦点小组访谈法的组织与实施

3.2.1 焦点小组访谈法的基本特点

（1）焦点小组访谈法只能满足定性研究的信息资料搜集工作。对实地调研搜集到的信息资料，市场研究者可以选择进行定量分析还是定性分析。采用焦点小组访谈法搜集到的信息，无法满足研究人员进行定量分析的要求。这是因为参与焦点小组访谈的被调查人数不能太多，从而无法满足定量分析信息资料“足够多”的要求。同时参与焦点小组访谈的人员不是按随机原则抽取确定的，小组也非按随机原则组成。从而也就缺乏使用统计推断方法的必要条件，无法确定研究结果的可靠性与准确性。

（2）焦点小组访谈法对调研人员的技术素质要求更高。由于采用焦点小组访谈法，调研机构只能派出一位或极少量的调研人员——访问员，与众多的受访者直接沟通，这就需要每位访问员掌握更加有效的沟通技巧与方法，即如何提出问题？如何归纳受访者的回答？如何将讨论引向深入？如何鼓励每位受访者说真话？如何独立应对各种受访者的疑问？怎样控制访谈现场的环境？所以实施焦点小组访谈法，需要技术素质更全面的访问员。

（3）焦点小组访谈法在实施中，成员之间的信息交流至关重要。焦点小组访谈与个人（入户）访问、电话访问等询问法在实施中存在根本的不同，因为焦点小组访谈过程的设计思想是：通过多向沟通使小组成员彼此之间的观点、想法产生更大的相互影响，即我的想法、观念的形成或改变，受到他人想法和观念的更多影响，而我提出的想法和观念也将影响其他人的想法和观念。与个人访问不同，被调查者不仅与访问员沟通交流，互相之间也进行沟通。可见，焦点小组访谈方法的使用，能够使访问员更加迅速获得对讨论的问题哪些方面形成高度一致的观点和认识，哪些方面存在明显不同看法，以及导致这种一致或差异看法的原因。

许多供应商早就把焦点小组访谈方法用在确定新产品功能、新产品款式和新品牌的名称上，更有些企业将焦点小组访谈使用到消费者需求、广告对目标受众的影响效果等调查之中。下面是一家媒体公司的焦点小组访谈方法实际运用过程的案例。

在调研窗口 3-1 中，《家庭》杂志社读者部主管小黄策划的那次“读者意见恳谈会”实际就是焦点小组访谈。通过这次访谈，市场研究者——小黄起码获得了这样一些重要信息：

- 杂志社原来的目标市场定位是否准确？是否存在将重要读者群遗漏的情况？
- 杂志社的差异化策略是否取得了预期的效果？
- 杂志社在复杂的市场竞争中，哪些地方仍有待于提高？

◆ 调研窗口 3-1　《家庭》杂志社的一次焦点小组访谈策划

作为一本家庭娱乐休闲型杂志，《家庭》杂志社从上到下都感到竞争的压力越来越大。“只有赢得读者才能赢得竞争”已经成为共识，主编请读者部主管小黄制定一个具体的更好吸引读者的行动方案。小黄认为，要赢得读者首先要了解读者，建议召开一次“读者意见恳谈会”以掌握读者的基本态度和想法。小黄为此做了一个《读者意见恳谈会执行策划书》。

小黄的《读者意见恳谈会执行策划书》摘要

（1）参与者必须是：熟悉本杂志的创办思想，热心于本杂志的建设，会主动提出中肯意见的读者。

（2）抽选读者代表的方法：从杂志社不久前的‘读者意见问卷调查’的有效回答者中挑选。

（3）在读者意见恳谈会上拟定讨论的主要问题：

a．内容的整体设计编排是否适合 20～35 岁的读者？

b．中老年读者是否会对杂志中的某些内容感兴趣（经常阅读本杂志但仅读某些内容）？

c．文章内容是否具有明显的性别倾向（凭个人感觉而言）？

d．杂志的印刷、版面设计、开本大小、彩色插页等是否与同类杂志有明显差别？请指出。

e．本杂志还应该在哪些方面加大改进的力度，以赢得更多的读者（是否听到过他人对各种杂志、报纸的意见和抱怨）？

（4）恳谈会参与者的确定：在读者问卷调查中搜集到关于读者的地址、年龄、文化、职业、收入和阅读年数等相关信息。由此抽取上海的读者 15～20 人。

3.2.2 焦点小组访谈的策划

要使焦点小组访谈获得预期效果，就应该做好实施前的策划工作。但是，不同的调查目的、不同的调查对象、不同的访谈环境等都将导致策划上的千差万别。所以这里只能提出焦点小组访谈策划工作的基本环节。

（1）明确采用焦点小组访谈法搜集信息资料是否是最好的方法。搜集第一手资料的方法有很多，与其他方法相比，焦点小组访谈有其自身的长处也必然存在短处。市场研究者是否能确信自己能够做到用其长而避其短？

（2）确定焦点小组的构成类型。小组的组成方法有两种：第一种方法是不同类型的人分至不同的小组，即同类相聚；第二种方法是将不同类型的人分到同一组，即异类相聚。这两种小组构成设想的原理是：第一种小组构成方法是希望相对固定一些因素而观察某个因素（划分小组的那个标准）对调查结果的影响。而第二种小组构成方法是希望不同类型的人相互影响，观察是否能达到一致和达到一致的过程。

（3）确定具体的受访者人选。所有的参与者首先必须具备积极主动、勇于发表自己的见解、善于总结和发现他人的长处等条件，因为这是确保焦点小组访谈顺利并富有成效的关键。具体办法有：第一，进行一次预调研，即探索性研究，目的是掌握受访者的一些基本特征信息。第二，利用过去调研的样本，因为对这样一些样本中的具体个体的各种重要特征，自己已经较为熟悉，从中选择参与者有更大的把握。

（4）选择访问员。这些访问员应该具有激励参与者发言、归纳不同意见的差别、选择最合适的提问方式与时机、控制访谈过程和讨论话题的能力。

（5）确定向受访者提供信息的类型与时机。焦点小组访谈就是通俗的“集体讨论”。经验丰富的市场调研人员清楚地知道：人们对于某个问题、事件、人物等，持有不同观点与看法，可能是价值观念、判断准则上存在差异，而来自信息不对称方面的原因可能影响更大而更隐蔽。所以，访问员必须在恰当的时间，向受访者提供恰当的信息，以使所有焦点小组成员对将要讨论的问题有相同程度的了解，也就避免更多的因对讨论问题知晓程度不一，而引发不必要的争论。

访问员还可以通过向受访者提供新的信息、资料，暗示受访者研究将进入一个新的阶段：“各位，请注意你们刚拿到的一些材料，在阅读后我们继续讨论。”受访者都会明白：“我们将要讨论新的问题了。”这样，无须访问员再做介绍或说明。

3.2.3 访问员对访谈过程的控制

焦点小组访谈法的成功运用需要访问员对访谈过程做好严格管理和控制。

（1）访问员的提问方式。访问员必须按照调研提纲中问题的顺序逐一提问，这样做的目的主要是避免可能因受访者人数较多而必须将他们分为若干小组，如果不同小组的访问员按不同的顺序提出相同的一份调研提纲中的每项问题，将最终影响信息的不可比性。所以按照调研提纲中问题的顺序逐一提问是访问员必须遵守的原则。

（2）总结归纳一致的观点和存在差异的观点。访问者对于所有成员形成一致认识的问题，要做出归纳和说明："大家一致认为，公司过去一年的广告促销没达到预期效果的主要原因是广告预算在不同媒体间的投放比例不合理，电视媒体广告费投放过多，还有什么别的意见吗？"这样可以防止讨论走题现象的发生。

（3）关注新意见。这里的"新意见"是指在访谈过程中出现的一些调研机构事前没有料到的答案、观点、态度。这些新意见可能对所有受访者产生意料不到的影响。

例如，2007 年 6 月有记者问商务部领导为什么猪肉价格会有这样大的涨幅时，这位领导说国内外燃料油价格上涨是主要影响因素，这对记者（访问员）可能是一个始料未及的新意见。在商务部领导说明原因后，燃料油价格上涨，导致社会更加关注新燃料的开发，乙醇是燃料油的替代品，玉米是生产乙醇的主要原料但也是猪饲料，玉米涨价导致猪饲料涨价，最终导致猪肉价格上涨。对所有现场记者来说都有豁然开朗之感。

（4）控制"意见领先者"的发言，激励"意见追随者"表明意见。在焦点小组成员中，总会有个别特别想发表意见的人，他们会占用许多时间阐明自己对问题的看法、观点，由于他们率先发言，就可能影响其他成员的想法、观点，最终导致焦点小组访谈的"群言堂"成为"一言堂"，搜集的资料没有足够的代表性。

其他成员的态度会受某一位意见领先者态度的影响，出现"我与某先生的看法完全一样"，成为"意见追随者"。但是即使态度相同而形成这种态度的原因也可能存在差别。焦点小组访谈的一个重要目的就是了解各种态度形成的原因。访问员可以请意见追随者说明"刚才发言者陈述了哪些意见"，或者请他说出自己为什么赞同他的观点。

3.3　询问法的具体类型及运用

3.3.1　询问法的组织实施程序

在市场研究机构确定采用询问法搜集第一手资料后，就需要对询问法的组织实施过程做一个规划。询问法的组织实施流程由 5 个环节组成，如图 3-2 所示。

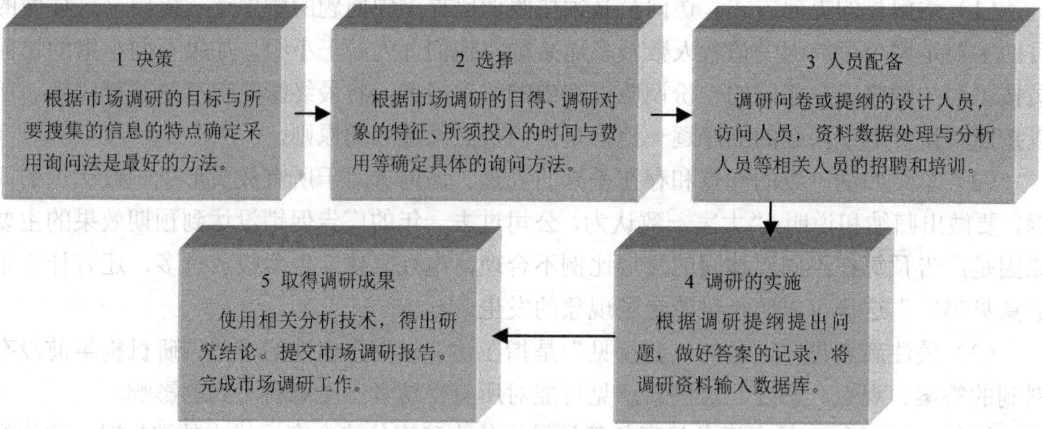

图 3-2 询问法实施的一般流程

3.3.2 询问法的主要类型

询问法是市场研究者搜集第一手资料较为常见的方法。询问法是所有通过向被调查者进行口头或问卷调查的方式来获取信息的方法的统称。常常很自然地认为那些正在通过向别人询问来搜集资料的活动是“在做调查”，这样就十分自然地把询问法称为“调查法”。

若根据调研人员是否与被调查者直接沟通，可将询问法划分为直接询问和间接询问两大类，具体的询问法分类如图 3-3 所示。

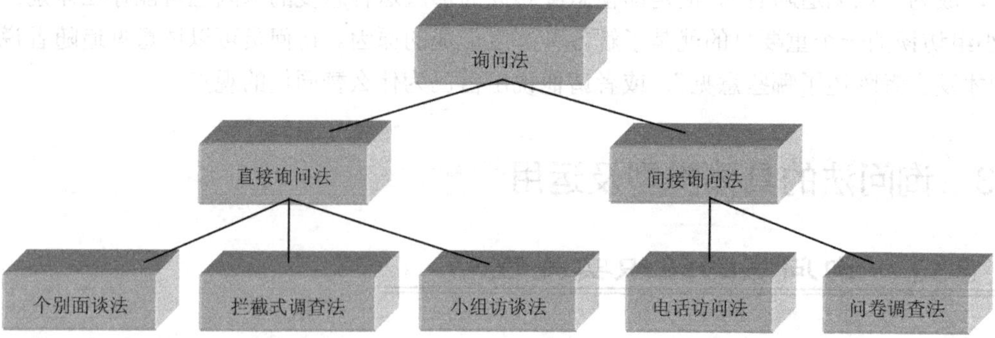

图 3-3 几种常见的询问法

（1）直接询问法。可以与被调查者直接沟通当面提问。由个别面谈、小组访谈和拦截式调查 3 种方法组成。可以在一定程度上验证回答者的身份和其回答的正确性，但是隐私问题往往得不到响应。需要投入更多的人力和财力。

（2）间接询问法。无须与被调查者直接接触，而是通过问卷或电话等工具与被调查者沟通，所以无须占用大量访问人员，花费的费用与时间都较少，但是无法对被调查者的身份与答案的正确性做有效验证。

3.3.3　几种询问方法效果的评价

几种询问方法有各自的优点和缺点。从“信息的可信度”“信息的深入程度”“隐私信息的搜集能力”等 8 项标准，对上述 5 种常见询问方法的实施效果进行评价，如表 3-1 所示。

表 3-1　5 种常见询问方法的效果评价

询问方法 评价标准	个别面谈	电话访问	问卷调查	拦截式调查	小组访谈
信息的可信度	最高	较低	较高	最低	中等
信息的深入程度	最好	一般	较高	最低	较高
隐私信息的搜集能力	较低	较高	最高	最低	一般
复杂信息的搜集能力	最高	一般	较低	最低	较高
搜集信息所需费用	最高	较高	较低	最低	一般
搜集信息所需的时间	较长	最快	最长	较快	一般
对研究人员素质的要求	最高	最低	一般	较低	较高
对调查环境控制条件的要求	较高	较高	最低	较高	最高

上述的评价是指某种询问方法在单独使用时，与其他询问方法相比所产生的效果。对于市场调研者最终选择哪种询问方法非常重要。例如，个别访谈由于访问员可以进入被调查者的家中或工作单位，与被调查者面对面地沟通，就可以借深入现场的便利，通过观察来验证被调查者是否如实回答，还可以适当对复杂问题做出解释，提高了搜集到的信息的质量。但是需要占用更多的调查人员，同时对调查员的技术素质要求很高。

3.3.4　个别面谈法

个别面谈是一种由调研人员直接与被调查者进行单独沟通获得关于个人的某种态度、观念等信息的调查方法。根据选择沟通的地点的不同，个别面谈法包括由调研人员主动上门的入户访问和双方到约定地点的个人访问两种方法。在条件许可的情况下，为提高信息的可信度而对被调查者提供的信息进行验证，调研人员会更多地倾向于选择入户访问。如果就访问技术上看，两种方法没有明显的差别。个别面谈法的基本流程如图 3-4 所示。

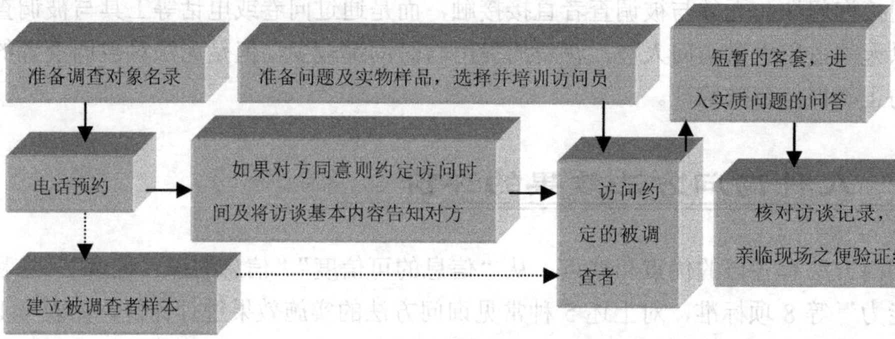

图 3-4 个别面谈流程

个别面谈能否成功与调研人员的素质高低有十分重要的联系。调研人员须具备作为一名访问员的应有的道德品质，遵循市场研究机构统一规定的访谈规则外，还应该更多、更好地掌握访问技术。完成个别面谈调查活动的调研人员应该掌握的访问技术包括下列几项。

（1）接近被调查者。如何更快地使被调查者接受自己，使对方感到自己是可以信赖的人而愿意与你进行沟通交流，这是个别面谈取得成功的首要环节。

（2）选择较为适合的提问方式。提出的问题不仅被对方理解，还不会使对方产生抵触心理，这是采用个别面谈是否能搜集到准确信息的关键。

（3）鼓励对方回答问题。正确的鼓励不同于故意的诱导，例如，强调面谈中回答问题，不同于考试作答，没有对错之分，如实回答即可。有时访问员的一个眼神、一个手势都会使被调查者产生"我讲错了"的感觉。所以正确的鼓励是决定调研能否获得更加详细信息的关键。

（4）消除对方顾虑。在回答某些问题时被调查者会产生各种顾虑，担心回答错误而被人讥笑，担心回答会暴露自己的某些隐私，总之担心回答会陷自己于不利之地。只有消除他们的种种顾虑，才有可能获得可信的资料，多做有针对性的解释是最好的办法。

（5）隐蔽自己态度、情绪以免影响被调查者。避免自己的情绪对对方想法、观念的形成发生影响，使被调查者由此而顺应调研人员的需要，做出偏离自己原意的回答，使调研人员搜集到的信息失去真实性。

（6）完成访谈记录。个别访谈要求访问员担任记录员的职责，及时记录下每位被调查者所做出的回答，记录技术在此主要是指调研人员的记录速度。这将决定信息搜集的全面、准确程度，也将直接影响调研活动的价值。

对于调研人员许多技术可以通过有关培训来获得。

个别面谈是访问人员单兵作战，因此市场研究机构不易对其行为进行监控。这就要求组织对访问人员严格挑选和培训。

个别面谈的访问员应该具备以下条件：

第一，有丰富的个别访谈经验。主要是掌握上述个别访谈工作所应该具备的各种技术，确保访问顺利完成。

第二，明确本次市场调研活动的基本目标。这样将有利于访问员发现新的问题和线索。

第三，能够遵循访问员的基本规则与职业道德。个别面谈使得市场调研机构往往无法对访问员的活动及时监控。更需要访问员自我约束，遵循市场调研的基本规则。

第四，选择最适合的访问时机、场所和控制访谈环境。个别面谈是否成功非常重要的一点是访问员对沟通过程的把握。而沟通的范围广度与深度，都与访问员对访问时机、场所和环境的选择与控制有密切关系。有专家专门对与中国人沟通的结果进行分析，发现餐馆、娱乐场所是最能获得对方响应的场所。

3.3.5　电话访问法

电话访问具有调研意图产生与得出调研结果之间时间最短的效果，但是由于通话时间有限而制约了这种调查方法搜集的信息的质量，如不能深入进行探讨、不能提问较多的问题、对对方所做的回答无法加以验证等。更多的是被选中的对象因突然接到一个陌生电话，本能地挂断电话，导致调查无法进行。图 3-5 是电话访问的一般程序。

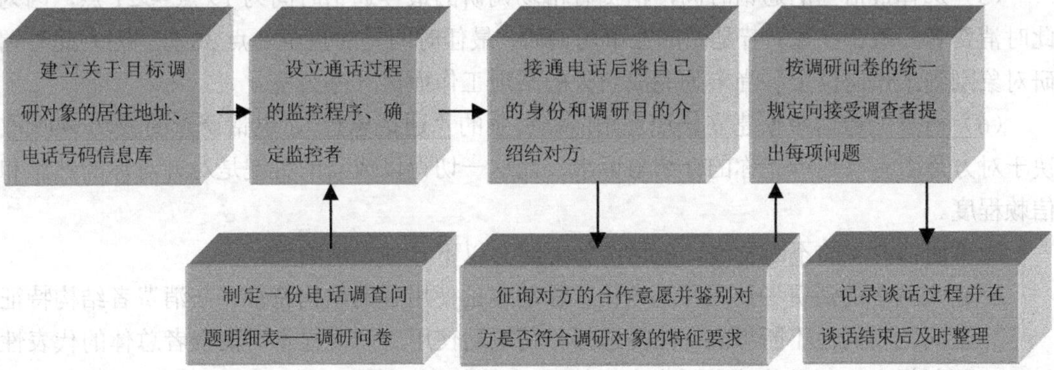

图 3-5　电话访问实施流程

要成功实施电话访问有下列几方面的工作要做好。

（1）建立一个尽可能完善的调研对象电话号码信息库。也就是确定一个较理想的“抽样框”。搜集到更多的电话号码的办法有：

- 寻找黄页电话号码簿，但目前关于家庭电话的黄页电话号码簿很少。
- 利用以往的“用户问卷调查”中得到的用户电话号码信息。
- 利用顾客关系管理部门保存的顾客家庭地址及电话号码的有关信息。

（2）制定一份更适合采用电话调查方法的调研问卷。与普通问卷不同，在电话访问中使用的问卷应该具有这样一些特点：

- 简明直接，对方在听完提出的问题后立即可以做答。
- 提出的问题不能过多，因为这样会耽误对方的时间，无疑是在考验对方的忍耐性。
- 不能提出涉及对方隐私的问题，会遭对方拒绝。

（3）设置通话监控程序的重要性。这是指调研机构应该在调研人员与被调查者的电话通信过程中设置一个“中间过渡环节”，类似于监听器这样的装置，以有效控制电话交流过程。这样的装置会起到几方面的作用：

- 使所有的被调查者听到的是同一种声音。这样可以避免被调查者因听到不同的声音，以不同的答案回答同一问题，使搜集得到的资料失去可比性。
- 使用统一的提问顺序提出问题。改变提问顺序，可能会导致被调查者对某项问题原本有一致的看法，却做出了不同的回答，也会影响资料的可比性。
- 发现并并及时制止访问人员采取诱导方式提问。访问人员有意无意之间流露的带有明显倾向性的语句，都会影响被调查者的答案选择。

（4）选择确定较好的抽样方法。若是信息库很大，如使用黄页电话号码簿来选择具体的调研对象，研究人员就会面临采用哪种抽样方法的问题。等距（系统）抽样、分类随机抽样、按区号分类再简单随机抽样等方法都不失为好的选择。

（5）选择最恰当的通话时间，消费者市场调研的最佳通话时间为 19 点至 21 点，因为此时消费者一般都在家。若是做产业市场调研，最佳时间是 8 点至 8 点 30 分，因为此时调研对象刚到工作岗位上，尚未为完成当天的某项工作而离开办公室。

（6）树立与通话对象建立长期互相信赖关系的“通话思想”。电话调查的成功 99%取决于对方是否有兴趣听完你的介绍与诉求，而这一切得以成立的关键是对方对你的熟悉和信赖程度。

随着通信业务的不断发展，电话访问方法有以下几种发展趋势：

- 越来越多的消费者使用移动电话。移动电话使用者的结构特征，与消费者结构特征之间的相同性不断提高，使得选择移动电话使用者调查样本对消费者总体的代表性不断提高，而且移动电话作为新的调研工具更加便捷。
- 将自动拨号系统与问题录音、调查结果记录系统连接，提高电话访问的效率。制定电话访问的调查提纲，并由一位声音悦耳、清晰的读诵者读出、录音；将所有相关的被调查者的电话号码输入自动拨号系统；连接调查结果录音设备。于是启动自动拨号系统，拨通每位被调查者的电话，再启动提问录音系统，被调查者听到的是一种声音，如其回答则启动调查结果录音系统。被调查者答完提问挂断电话。一位被调查者的电话访问活动结束。

3.3.6　小组访谈法

与个别面谈方法的使用者想得到关于被调查者个人观点的信息资料不同，小组访谈法的采用者希望为大家提供一个相互交流的平台，使原来意见不同的人通过沟通成为意见相似者，迅速搜集到调研对象是否有不同的观点，有哪些不同观点，以及为什么会有不同观点的信息。

小组访谈法与焦点小组访谈基本相同，若有差别也就是小组访谈的小组多是由“同类人员”组成。例如，各地销售代理小组访谈搜集各地市场发展趋势的信息，消费者座谈会了解消费者对某产品的使用感受等。

小组访谈也是直接询问法，但是与个别面谈不同，这时调查人员面对的是一组性格迥异的被调查者，启发被调查者思考、回答和控制访问过程就更困难，所以小组访谈对访问人员的素质要求比个别面谈对访问人员的要求更高。

3.3.7　问卷调研法

如果市场调研机构拥有的高素质的访问人员数量极为有限，如果与被调查者之间的空间距离很大，导致往返时间过多，如果将要提出一些不便于在大庭广众之下交谈的问题，此时问卷调研法不失是一种正确的选择。问卷调研法是采取各种书面形式的调查问卷与被调查者进行沟通交流，搜集相关信息方法的总称。与其他询问方法的显著差别是，调研人员不再与被调查者进行面对面的直接沟通交流，而是借助问卷来完成提问到作答的沟通交流过程。调研人员向被调查者传递问卷的方式多种多样，常用的问卷调研法如图 3-5 所示。

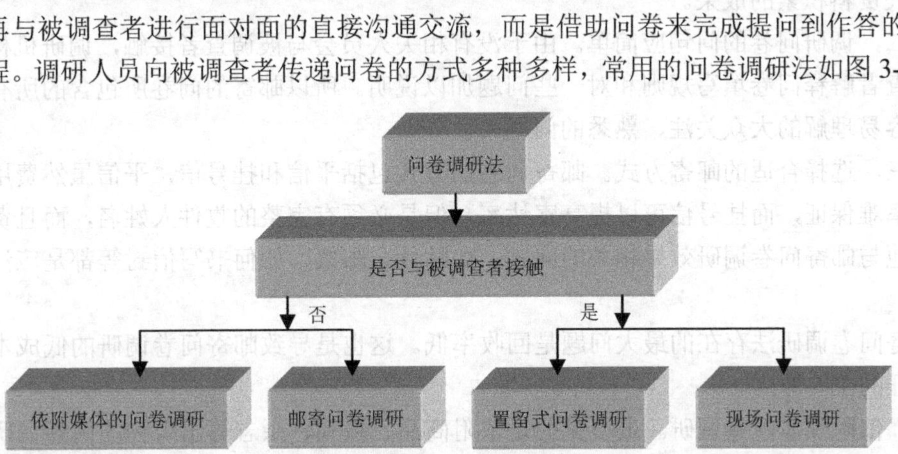

图 3-6　几种问卷调研法

1. 间接问卷调研法

市场调研机构无须派出访问人员与被调查者直接接触，而是利用调查问卷作为特殊的联系工具与被调查者沟通，搜集市场信息。这类调研方法主要有邮寄问卷调研法和依附媒体的问卷调研法两种。

（1）邮寄问卷调研。调研人员将所要提问的问题逐一列在问卷上再通过邮政系统寄送给每位目标回答者，由他们将答案写在同一问卷上后再按规定寄回，以此获得所要信息的一种调查方法，具体实施过程如图 3-7 所示。

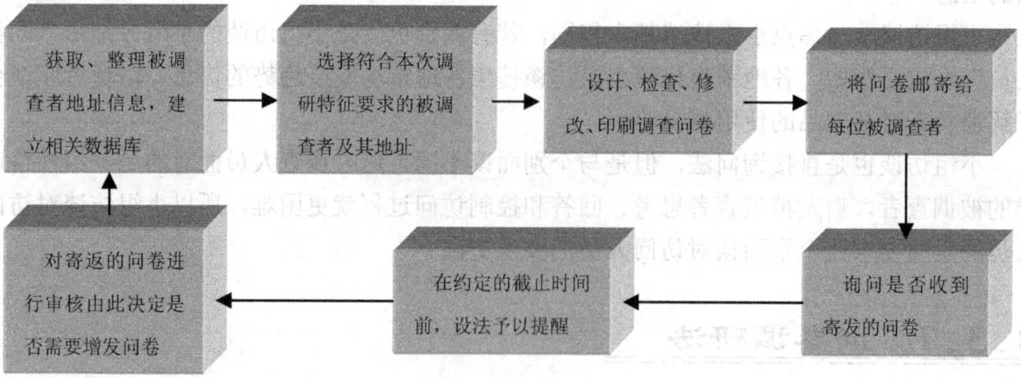

图 3-7　邮寄问卷调研方法实施过程

为确保邮寄问卷调研法的成功，需要做好下列几项工作：

第一，有一个完整、规模较大的被调查者工作单位、家庭地址的数据库。此项工作是长期相关资料积累的成果。

第二，调研问卷的问句应简单。由于没有相关人员会与被调查者接触，调研机构无法向被调查者解释问卷填写规则和对一些问题加以说明。所以邮寄的问卷所包含的所有问题必须是容易理解的大众关注、熟悉的问题。

第三，选择合适的邮寄方式。邮寄问卷的方式包括平信和挂号信，平信虽然费用少但是寄达率难保证，而挂号信可以提高寄达率，但是必须有完整的收件人姓名，而且费用较高。其他与邮寄问卷调研效果相关的问题，如贴什么邮票、如何书写信封等都是应注意的问题。

邮寄问卷调研法存在的最大问题是回收率低。这也是导致邮寄问卷调研的低成本优势难以保证的主要原因。

（2）依附媒体问卷调研。最多见的是依附商品、报刊、杂志等出版物的问卷调研。调研人员将所售商品或各类出版物作为传递调研问卷的媒体，商品或出版物的购买者也就是被调查者。例如，报刊杂志社的读者意见问卷调研、家用电器顾客意见问卷调研等，调研问卷都随商品一起送到购买者手中。这种调研问卷一般都有随送的寄返信封，使这种调查方法更加能为顾客所接受。与邮寄问卷调研方法相比，这种调研方法可以节省搜集被调查者地址的艰巨工作。同时很适合于零售业企业经常开展的市场调研活动，因为现在的购买者就是未来顾客最好的代表。对于顾客而言，在拿到公司的顾客意见调研问卷时会感到自己在购买商品后仍将被销售商所关注，从而产生对销售商的好感，提高了配合市场调研活动的积极性。

现在越来越多的问卷调查是依附于各种电子信息媒体的问卷调研，如 E-mail 、传真 、手机短信等，其优势也越来越明显。

◆ 调研窗口 3-2　**上海市消费者权益保护协会的消费者维权意识网上调研**

上海市消费者权益保护协会通过市民信箱网 www.smmail.cn 对 5 000 位消费者开展自我权益保护意识的抽样调查。结果：

- 98%的受访者知道我国有《消费者权益保护法》；
- 92%的市民会对不讲诚信的经营商家进行抵制；
- 61%的消费者在每次消费时都会索要发票，但商家不够主动。

在自己权益受损时，

- 77%的消费者首先选择与商家协商解决问题；
- 15%的消费者首选由消费者权益保护协会介入调解；
- 6%的消费者寻求媒体曝光；
- 2%的消费者选择其他措施。

2. 直接问卷调研

如果市场调研机构发现存在这样的情况：第一，拥有一定数量的调研人员；第二，希望能有效控制问卷的回收率；第三，调研问卷中含有一些需要解释的复杂问题。市场调研机构就应该选择直接问卷调研法。直接问卷调研也有两种：现场问卷调研和置留式问卷调研。

（1）现场问卷调研。在行驶途中的火车、汽车、轮船和飞机上，乘客们都有较多的空余时间，这就为市场调研人员提供了及时开展调研活动的时机。这种问卷调查其实是“问卷调研”+“个别面谈”，取两种方法之长，各补其短。问卷调研中发生的差错，多数是由被调查者不能准确理解问卷中的某些问题所导致的。而现场问卷调研可以获得调研人员对此类不能理解的问题的当面解释。对于调研机构来说，采用这种方法解决了调研人员缺乏的问题。同时这种方法对调研人员的素质要求不会很高。现场问卷调研实施的一般过程如图 3-8 所示。

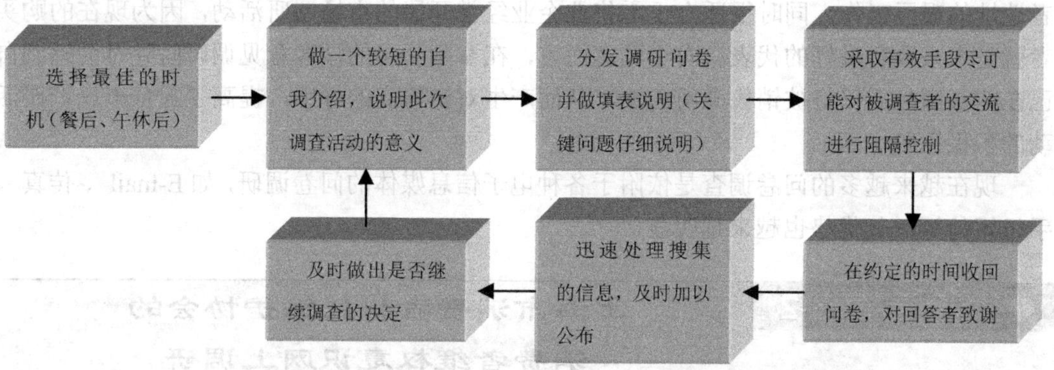

图3-8 现场问卷调研法实施的一般过程

在实施现场问卷调研的过程中，调研人员对于被调查者互相之间对问卷中的某些问题进行讨论的行为，很难找到适合的理由加以制止，可是不阻止将会导致收回的调研问卷非常相似，从而降低信息资料的价值。

（2）置留式问卷调研。置留式问卷调研是“入户访问”+“问卷调研”的结合物。所谓置留式问卷调研是指由调研人员将调查问卷送到目标调查者手中，征得同意后对填写事项做出说明，双方约定提交问卷的时间。调研人员按约定时间再次登门收取问卷并向被调查者致谢的整个搜集信息的过程。置留式问卷调研与现场问卷调研的几点显著差别是：

第一，置留式问卷调研可以选择合适的被调查者，使被调查者符合本次调查对被调查者特征与条件的要求，例如，“未来私家车的市场前景”调查，调查对象应该是“购车族”，现场问卷调查就很难鉴别回答者的身份，从而使许多收回的问卷无效。

第二，置留式问卷调研可以增加调研问题的复杂性和难度。置留式问卷调研为被调查者回答问题留出了足够的思考时间，这样就为增加问句的难度提供了机会，也提高了回答的准确率。而现场问卷调查要求被调查者即时回答，留出的思考问题的时间相对短促，使问句不可能复杂和有难度。

第三，置留式问卷调研保证问卷及时送达又按时收回，提高问卷的回收率。中国有俗语，“言必信，行必果”“君子一言驷马难追”，所以只要对方允诺填写，又迫于你按时上门收回的压力，会如约完成问卷填写任务。这是成功率最高的问卷调研。

3.3.8 拦截式调研法

采用拦截式调研法可以保证在较短的时间内搜集到所需要的基本信息。当需要通过市场调研搜集“人们对某一事件的即时态度”这类信息时，采用拦截式调研法不失为一种较好的选择。拦截式调研法按使用的调研工具不同，可分为拦截式访问调查和拦截式问卷调查。前者是拦截后直接采用询问方式搜集信息，后者是拦截后通过请对方填写问卷搜集信息。拦截式调查的实施由一系列基本环节所组成，图 3-9 显示了拦截式调查的实施过程。

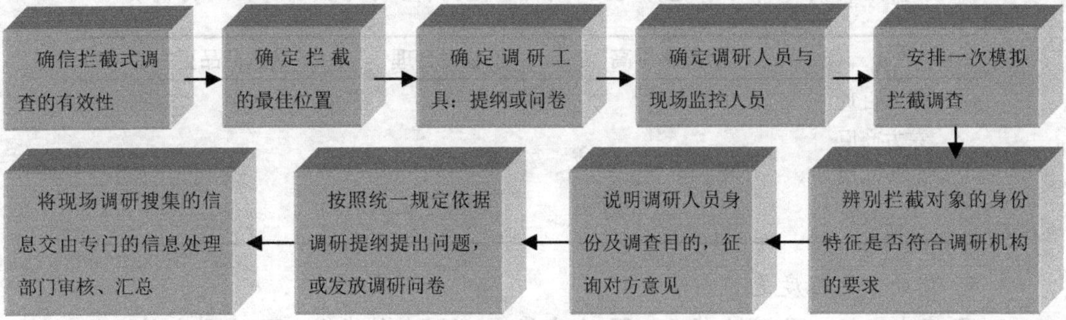

图 3-9　拦截式调研活动的实施流程

调研窗口 3-3 是一个拦截式问卷调研法实际运用的案例。

◆ 调研窗口 3-3　“汇联商厦”基本顾客的特征调研

汇联商厦需要对自己顾客的基本特征有一个全面的了解，为此准备开展一次市场调查工作。经过研究，汇联商厦准备采用店内问卷调查、店外拦截式调查和目标顾客入户访问几种调查方法相结合的方式来搜集研究分析所需的资料。由于数日后就是五一国际劳动节，于是决定利用当日人流量大的特征完成一项拦截式调查，专门搜集出现在汇联商厦门口附近的行人的态度信息。

您好，我们是理工大学的学生，为了更加了解社会，提高研究分析社会经济现象的能力，在老师的指导下进行此项社会调查实践。本项调查将会占用您一些宝贵的时间，希望能获得您的支持与合作。谢谢。

1. 今天您来这里的原因是

□ 专门购物　□ 休闲游玩　□ 两种目的都有　□ 其他（请告诉我们）

2. 哪类商店是您选择最多的购物场所

□ 大卖场　□ 超市　□ 便利商店　□ 百货商店　□ 其他（请告诉我们）

3. 您是否常来这里

□ 经常会来逛逛　□ 经常来此购物　□ 仅是上下班路过此地　□ 偶尔来此

□ 今天第一次来

4. 请就您现在的感受从以下三个方面对下属商店做一对比，哪家做得最好（几家商店在同一特征上进行对比，在最好的商店的对应项目栏上打钩）

	服务水平高	价格更合理	选购商品更方便
第六百货			
东方商厦			
汇联商厦			
大洋百货			

5. 您的文化程度是

□ 高中以下 □ 高中毕业 □ 大专毕业 □ 本科毕业 □ 大学本科以上

6. 您的年龄

□ 18～29 岁 □ 30～40 岁 □ 41～50 岁 □ 50 岁以上

7. 您的月收入水平是

□ 500～800 元 □ 801～1 000 元 □ 1 001～1 500 元 □ 1 501～2 000 元

□ 2 000 元以上

调研人员记录：

受访者性别 □ 男 □ 女

调研人员姓名__________

访问时间记录______________

（1）拦截式调研法的特点。第一，拦截式调研所要获取的信息与当时所发生的事件、时间、地点及被调查者必须存在直接的关联关系。例如，调研窗口 3-3 这次市场调研的目标是要获取在五一国际劳动节来汇联商厦购物顾客的特征相关信息，事件、时间、地点与拦截对象必须满足：在劳动节来汇联商厦购物的顾客。第二，调查必须在短时间完成。拦截要占用别人的时间，而被调查者都是行走匆匆无暇理调研人员的。所以即使停止或减缓步伐，也不会有耐心回答调研人员没完没了的问题。所以问题不但要少，还要简单，略作思考就能回答。第三，被调查者由调查人员主观判断确定。调研人员认为某人符合被调查者的特征要求，就可以将他作为自己拦截的对象。所以拦截式调查的结果的有效性，与调查人员的判断力有密切关系。例如，拦截的是一位出现在汇联商厦的消费者，他不一定是有购物准备的人，若这样，他所提供的各项信息，与调研机构的要求就会存在一定的差异。

（2）拦截地点的选择。地点的选择是由调研所要搜集的信息来决定的，而在具体确定"最合适的"拦截地点时，一般的选择有以下几种：第一，行人步伐缓慢的地方。公园、景点的出入口；人行道口；商店柜台前等，都是理想的自然拦截地。第二，歇息地，如景点附近的菜馆、餐厅、售票处等，这是调查人员选择提出较为复杂问题的理想地点。

有一点需要注意，调查人员在不同拦截地，向被调查者提出的问题不一样，即应根据地点、事件选择应该提出什么问题。

（3）拦截式调研存在的几种缺陷。与所有的询问法一样，拦截式调研也存在一些缺陷，提出下列缺陷的目的是：一是尽量减少这些缺陷发生的可能；二是在利用拦截式调研的信息时要考虑这些信息可能存在的问题，从而预设推断误差。

第一，调研人员无法对被调查者的回答进行有效性验证。行人的回答有真有假，调研人员难辨其真伪而使调研信息的使用受到限制，信息的信度也不高。

第二，拦截式调研会遇到很高的拒绝率。行人的兴趣不会是接受某些人的调查，更会为自己的行动受到别人的干扰而产生抵触情绪。对于一个缺乏经验的调查人员来说，这是对自己的耐心、自信心的一种挑战。

第三，对现场环境很难进行有效的控制。调研中虽然安排了现场监督人员，但主要是对调研人员的行为加以监控，及时纠正调研人员的差错。拦截式调研都安排在人流量较大的地方，某些行人在接受询问回答问题时极易造成旁人的围观，使原本搜集个人意见的调查，成为“大家有话好好说”。同时在公共场所进行的这种拦截式调研，极易因有关管理部门的干涉而中止。

本章小结

市场调研的第一步是搜集数据信息，搜集数据信息的方法、手段越多，就越能保证数据信息搜集的全面性、及时性和可靠性。在实地调研过程中，可供选用的方法有焦点小组访谈、询问法、观察法和实验法四种。

焦点小组访谈在实际运用时，应该注意各小组成员的人数多少与类型多少，同时，焦点小组访谈的调研人员会同时面临控制访谈节奏、调动大家发言、控制意见领先者的影响等问题，都是调研人员必须掌握的基本技能。

询问法包括几种方法，问卷调研、电话访问、入户访问各有长处，当然也各有短处，关键是调研人员在选择调研方法时要注意扬长避短。在调研人员决定采用询问法来搜集研究所需要的信息时，应该尽量多选择几种方法，使各种方法达到优势互补的效果。

实地调研是相对于专门搜集第二手资料的案头文献调研的又一种搜集资料的方式。两种调研方式搜集的资料性质不同，能够满足的分析方法也不同。同时各有优缺点。调研人员可以分别采用这两种方式中的某种方法，再对所搜集的信息做一对比，若结果十分相近，则两种调研方法具有可信性和有效性。

练习题

1. 实地调研主要是为搜集哪些资料或信息而开展的？
2. 实地调研由哪些方法组成？
3. 焦点小组访谈搜集的主要有哪些信息？各种焦点小组访谈方法有什么主要的优点？
4. 询问法中有几种具体的方法？这些方法各有什么优点？
5. 电话访问作为一种调研方法主要受到来自哪些方面的局限？现在电话访问又有哪些新的发展趋势？请列举。
6. 调研人员采用个人面谈方法搜集信息时，为保证调研成功必须掌握的询问技术有哪些？

◆ 案例讨论 3-1

2007 年“五一”上海房展会消费者意向调研

策源机构咨询研究中心在2007年“五一”上海房展会上进行“现场随机拦截式问卷调查”。3天共收回有效问卷1 268份，问卷有效率92%。

针对上海消费者的购房意愿和需求特征分析，调查项目：购房时间、购房原因、意向区域、意向房型、心理价位和配套设施等。

1. 购房意愿与购房原因

半年内购房：26%；一年内购房：42.7%；二年内购房 24%；无购房打算 7.3%。——购房意愿强烈！

改善居住条件：47.3%；购置婚房：29.6%；拆迁购房：15.1%；外省市来沪购房：8%。——自住型购房明显！

2. 购房意向区域与意向房型

内环内：18.8%；内、中环区：43.1%；中、外环区：32.5%；外郊环与外郊环外5.6%。——除性价比外，中环是首选！

多层公寓：32%（其中电梯多层：17.1%）；小高层：53.2%；高层：15%。——小区的建筑密度与得房率是关注指标。多层与小高层是购房者所爱！

1 房：4.4%；2 房：63.4%；3 房：29.3%；4 房及以上：1.5%；复式户：1.4%。——经济紧凑型成为主流。

1 房 50 平方米以下：57.1%；50～70 平方米：28.6%。

2 房 70～90 平方米：52.4%；90～110 平方米：36.1%。

3 房 90～110 平方米：35.8%；110～130 平方米：48.4%。

4 房 110～130 平方米：42.9%；130 平方米以上：42.9%。——90 平方米最多。

3．房价的心理价位

1 房：70 万元以下；2 房：60 万～100 万元；3 房：70 万～150 万元；4 房：150 万～200 万元。最接受：50 万～70 万元。

4．影响购房决策的因素

关键因素：交通、地段、房价。

作用提升的因素：周边环境、配套设施、社区规划、开发商信誉。——主流购房户是利用公交或轨道交通工具出行。

5．交房类型

毛坯标准：71.9%；全装修：23.1%；厨卫装修：5.4%。——购房户倾向自己装修。

问题讨论

1. 将现场拦截式问卷调研与邮寄问卷调查相比，对购房意向开展调研，就搜集的信息而言哪种较为有效？

2. 你认为应该怎样对被调查者的回答做进一步的验证，确保信息的有效性？

3. 大家仔细研究一下，这份由专业市场研究机构提供的调研报告存在哪些明显的错误？

◆ 案例讨论 3-2

哪种方法获取信息更合适

获取数据的方式有多种，可以用电话问卷、邮寄问卷、个人访谈等方式，也可以用网络问卷、传真问卷、电子邮件问卷等形式。针对下列几种假设情景，请问采用何种问卷方式更好？并分别给出理由。

1．健康工作者要调查北京市家庭中有大脑残疾的病人的数量

个人访谈方式。因为调查对象过于特殊，只有先通过特殊渠道知道哪些医院有相关的科室，然后再个别访问。如果采用邮寄问卷调研，你准备将问卷寄给谁？准备怎样提问？显然“你们家有大脑残疾的人吗？有几个？”这样的问题是不恰当的。

2. 香格里拉饭店想调查在过去5年间曾在香格里拉饭店居住过的客户对本饭店的服务质量的满意度（客人登记入住时须提供自己的个人信息）

邮寄问卷调查方式是可以使用的，因为曾经住过的客人有登记记录可查。但是也有障碍，登记时往往不包含“你的工作单位地址”或“你的家庭地址”信息。所以最好的办法是顾客退房前开展“顾客满意度问卷调查”。

3. 联想电脑公司想向全国的联想电脑用户征集他们对联想电脑售后提供技术支持的满意度

电子邮件问卷形式是一种可行的方法，因为这种方法可以更加快捷地从全国获取信息。但是电子邮件也要有电子信箱，有办法获得全国购买联想电脑的顾客的电子邮箱地址吗？所以最好的办法是“网络问卷调查”，因为这种方法不需要你一定要有别人的电子邮箱。

问题讨论

1. 你认为上述3种情景下应该采用哪种调研方法以获得更好的效果？

2. 个别访问与邮寄问卷调研、电子邮件件调研 3 种方法是否确实存在上面所说的缺陷？

第4章 实地调研之观察、实验与体验调查方法

◆ 引导案例

2007年"五一"黄金周
来上海观光游客数量统计

上海市假日办2007年5月7日发布黄金周统计数据：

5月1日至7日上海市共接待游客480.24万人；

铁路抵沪列车1293班次，抵达旅客132万人，同比增长5.6%；

民航进港3950班次，抵达旅客48.91万人，同比增长12.6%；

港口进港147班次，抵达旅客3.92万人，同比增长25.1%；

长途汽车抵沪26405班次，抵达旅客54.63万人，同比增长17.2%。

4月30日8时至5月6日8时沪杭、沪宁、沪嘉高速公路收费口的摄像机记录的资料表明，这段时间进出客车40万、37万和36万辆次，同比增长18.2%、14.25%和13.45%；

中国移动上海公司提供的信息显示，4月30日24时至5月6时24时，外地手机漫入上海364.49万部，同比增长38.91%；

中国联通上海公司统计，4月30日24时至5月6日24时，外地手机漫入上海278.46万部；

上海市酒店宾馆的旅客入住统计资料表明，在"五一"长假期间星级宾馆旅馆招待所接待过夜旅客207.1万人次，同比增长7.6%。

本章主要学习内容：

- 询问法的局限
- 观察法的具体类型及实施
- 实验法的具体设计及实施
- 体验调研法的具体设计与实施

4.1 询问法的局限

在实地调查的各种方法的运用中，最常见的是各种询问方法的运用，例如，在搜集消费者对市场未来变化趋势的推测信息，消费者对公司产品或服务的满意度信息，消费者的购买意向信息时，市场调研机构往往会首先考虑采用询问法中的个别面谈、问卷调查、消费者座谈会等方式。

在搜集顾客购买意向、购买动机等信息时，只要调研提纲或问卷设计得当，调查样本设计科学，询问法具有其他方法不可替代的优点。但是，询问法也存在多种其他实地调查方法所没有的缺陷，这些缺陷往往会导致运用询问法搜集获得的资料、信息无法满足市场调研的目的。这是市场调研机构在决定是否采用询问法时必须考虑的。

1．询问法搜集的是意向性资料

许多时候市场调研的目的是想获得人们未来的购买行为方面的信息，如“在新的一年您准备购买商品房吗”“请选择您心目中商品房的合理价位是多少”等。被调查者都清楚地知道“我的回答不会对我未来的实际行为有任何约束力，我随便回答应付一下”。设想市场调研得到的这种市场信息，对于自己准确判断并做出决定有意义吗？当然，作为一个有丰富市场调研经验的人，会设计一系列相关问题以更加准确获得被调查者的真实态度。可是如果市场调研活动的策划者持有“听其言不如观其行”的判断准则，就会放弃采用询问法，起码也会对搜集的资料持有怀疑的态度。最好的解决办法是通过其他手段，搜集信息加以验证。

2．依赖于被调查者的合作意愿与态度

无论市场调研机构采用哪种具体的询问方法，无论设计的调查提纲或问卷怎样科学、完整，无论市场调研机构拥有多少高素质的市场调查人员，询问法的最终效果在很大程度上依赖于被调查者的合作意愿与态度。因为只有获得被调查者的合作，同时，只有被调查者认为自己应该“说真话”，询问法才能搜集到真实、有价值的市场信息。而事实是，由于被调查者对市场调研机构缺乏信任，对市场调研活动缺乏兴趣，对经常面对市场调研者“喋喋不休”的问题厌烦，多数被调查者会选择拒绝回答的态度。当然，改进询问方式和询问的问题类型可以在一定程度上解决这些问题，但是市场调研机构是否可以考虑选择其他更为有效的方式？这才是解决问题的根本途径。

3.. 询问法在搜集定量信息上的有限性

虽然询问法可以通过量表，通过改进问句的方式，在一定程度上实现搜集定量信息的目的。但是由于种种客观原因，如设计的被调查者样本与实际得到的被调查者样本的差异，面对面访问的问句的独特性等，都会导致询问法获得的信息多数属于定性信息，如“56%的被调查者认为自己的收入有一定提高”，但是究竟“提高了多少”没有量化，无法做出更加准确的推断。而现在的管理者为了使自己的决策更有把握，对市场调研机构提供的定量信息要求越来越高，迫使市场调研机构必须采用更多的定量研究方法，而定量研究就需要有准确的定量信息。

这一切都会最终导致越来越多的市场调研机构，在搜集市场信息的技术方面，借鉴自然科学研究的方法，如观察法、实验法等。

4.2　观察法及其运用

4.2.1　观察法概述

观察法是指那种不需要与被调查者进行直接沟通交流，而是以旁观者的身份对具体事件、人物、行为模式等的特征及演变过程进行记录来搜集相关信息的方法。与其他搜集第一手资料的方法一样，使用观察法搜集信息也有较佳时机选择的问题，如果有以下几种情况出现，选择采用观察法搜集所需信息，与其他调研方法相比将是有效和迅速的。

（1）被调查者的合作率很低。采用询问法调查必须取得被调查者的合作，如果被调查者的合作诚意不高，就难以获得有价值的信息，即使获得了信息其真实程度也很难保证。所以调研人员这时选择观察法来搜集信息是一种准确的选择。

（2）调研人员需要搜集的信息是可以观察到的。有些信息是可以被人感触到的，如看到、闻到、听到的，可以在感觉的基础上做出准确的推理。但是，有的东西是感触不到的，根据感触到的东西也不可能得出准确的推断，如消费者的购买动机，通过观察是无法搜集到准确信息的。

（3）调研对象应该具有重复出现的基本特征。对于偶然发生的现象，调研人员要搜集、掌握反映其内在规律的信息，使用观察法将是十分困难的。即使需要也必须付出很大的代价、很长的时间，与其他调查方法相比，采用观察法是得不偿失的。

（4）观察法搜集信息的过程应该是快速的。从理论上讲，一定的行为背后都会存在一定的动机，通过大量的行为研究也可以获得导致这种行为发生的根本动机，但是这种研究需要花费很长的时间，如果市场调研能允许的搜集信息的时间十分有限，调研人员就会放弃采用观察法。

4.2.2 观察法的组织与实施

调研机构在选择采用观察法搜集市场信息时也应该有一个规范的流程，如图4-1所示。

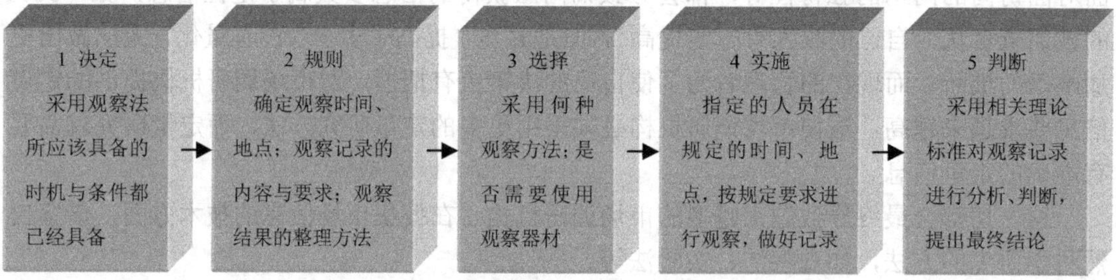

图4-1　实施观察法范的流程

在具体实施观察法时，市场调研机构需要完成下列工作。

（1）确定对搜集信息的判断准则。市场调研机构根据市场调研的目的，确定是否相信通过观察而得到的信息能达到规定的要求，“听其言不如观其行”或“通过观察被调查者的实际行为来确定其答案的可信度”，如果确实有这种想法，就可以确定采用观察法。

（2）确定所要搜集的信息的类型，制定相应的观察记录规则。在实施观察法之前，市场调研机构必须制定一份观察实施细则，明确规定观察的时间、地点、对象、观察和记录的具体内容，这将保证每位观察人员最终提交的观察记录结果有可比性。

（3）选择最好的观察方法。有许多观察方法可供调研机构选择。调研机构根据市场调研的目的，结合具体的环境条件选择合适的观察方法。

（4）确定对观察结果的判断标准。观察获得的只是人们在一定动机支配下的具体行为，而人们的动机与其行为的关联性存在一定的差异，即动机虽然一样，而行为可能有明显的差异，反之亦然。这就需要在实施观察法之前确定对观察结果的判断标准，即根据相应的科学原理，对观察所获得的信息加以推断，说明具有这类行为的人，在一般条件下会有哪种动机。

◆ 调研窗口4-1　利用录像设施搜集消费者对广告内容的关注点

市场调研机构希望获得消费者对广告内容的关注点的信息，为设计广告内容或画面提供依据，调研机构认为，录像资料能够作为记录广告受众反应的理想资料。于是，研究人员试图研究录像记录下的广告受众的面部表情的变化，来获得受众对某一话题、产品、场景、品牌等的态度及反应。在广告研究中，研究人员通过摄像头记录下受众观看平面广告或视频广告时，眼球的移动轨迹、停留时间的长短等，分析眼球的动作，确定广告的哪一位置或哪一时点的内容更能够吸引受众的注意力，从而对广告做出针对性的改进，而不仅仅依赖于受众的语言表达来做出评判。

4.2.3 观察法的各种类型及其优缺点

调研人员在确定采用观察法搜集第一手资料后，就会遇到“怎样进行观察”的抉择。观察法也有多种类型，如图 4-2 所示，调研人员应该在对以下几方面进行比较后再做决定。

（1）调研人员的判断准则。若调研人员深信“听其音不如观其行”，则会首先选择采用观察法来搜集信息。

（2）所要搜集的信息的特征。行为模式的全貌还是某个重要部分，是声音还是举止，等等。

（3）信息搜集的环境状况。要在普通、正常状态下的环境观察还是需要在经过刻意设计布置后的环境下观察，是在受观察者知晓的情况下进行观察还是在其不知不觉中加以观察，等等；

（4）调研对象正在变动或变动之后。是在研究对象的变动过程中观察还是只能在“事后”才能进行观察。

（5）调研机构使用的观察工具。是依靠仪器、设备完成观察，还是单凭人的感觉器官实施观察，是何种仪器、设备，等等。

这些不同都将决定在众多的观察方法中只有一种方法才是最为有效的。常用的观察法如图 4-2 所示。

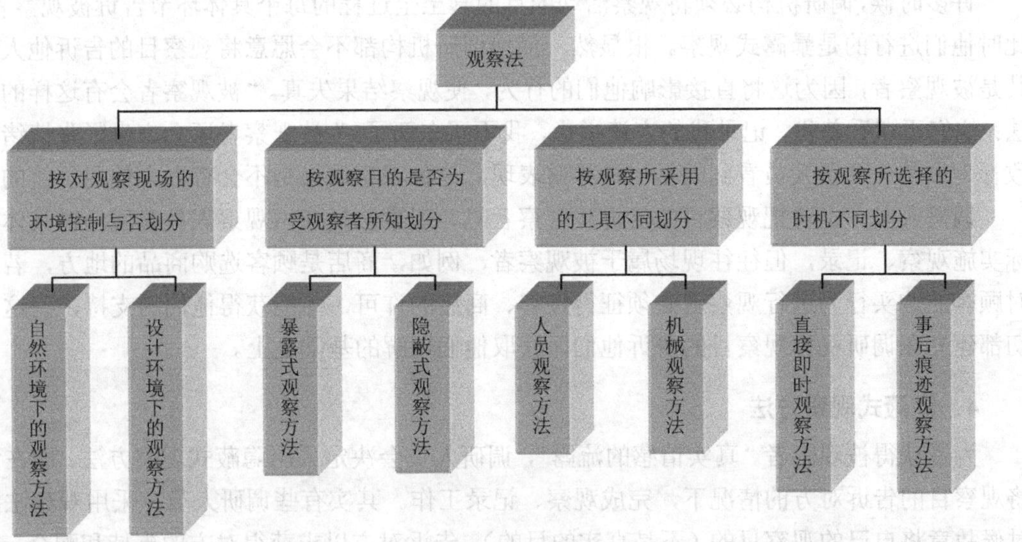

图 4-2　观察法的类型

1. 自然环境下的观察方法

调研机构对观察现场的环境不做任何修正，对被观察者的可能行为不做任何规定和制约。在这种环境下完成自己的观察活动，调研机构的意图是搜集观察对象最平常的行为举动，这种信息对于做更大范围的相应对象的特征推断具有可信性。例如，在平常的日子对普通顾客在购买某种日常生活用品时的整个过程进行观察，可以帮助推断在其他相似环境下任何一位相似的购买者在购买这种商品时会有一个什么样的过程。

调研机构在推断前必须注意这种结论成立的两个关键条件——相似的顾客和相似的环境。

2. 设计环境下的观察方法

与在实验室完成某项实验一样，市场研究机构认为，顾客的行为会与现场的某些环境因素有必然的联系，即会受某些现场环境状况的影响而做出自己最终的购买决定。于是，调研机构就会为证实哪些环境因素会产生关键影响作用而对相应的环境因素进行必要的调整。例如，商店会设置“购物引导小姐”以方便顾客迅速找到自己的选购商品，检验的目标是，是否会导致顾客的购买行为向有利于商店实现营销目标的方向发展。

这种观察法近似于实验法，其效果是毋庸置疑的。但是，调研人员必须知道：第一，这种实验结果由于无法做定量分析，所以结论本身缺乏说服力；第二，为此调研机构要付出更大的代价，如说服商店采用你的实验方案，你是否拥有支配权？若没有就要花费很大的代价去获得。

3. 暴露式观察方法

许多时候，调研机构必须将观察活动的目的甚至全过程的每个具体环节告诉被观察者，此时他们进行的是暴露式观察。很显然，任何调研机构都不会愿意将观察目的告诉他人尤其是被观察者，因为这将直接影响他们的行为，使观察结果失真。“被观察者会有这样的想法：他们正在看着我，记录我的言谈举止，我不买东西了。”被观察者还会产生紧张情绪导致行为失常，调研人员看到的是一种异常表现，这种观察结果是不会有太大使用价值的。

调研人员一定要把观察目的告诉被观察者吗？观察法只能由观察人员在现场对具体目标实施观察、记录，但往往现场属于被观察者，例如，商店是顾客选购商品的地方，若要对顾客的购买行为进行观察就必须征得顾客、商店的许可，才能获得他们的支持，而这一切都建立在调研机构观察目的告诉他们，获取他们理解的基础之上。

4. 隐蔽式观察方法

为了获得被观察者“真实情感的流露”，调研人员会决定采用隐蔽式观察方法，即在不将观察目的告诉对方的情况下，完成观察、记录工作。其实有些调研人员在采用观察法的时候故意将自己的观察目的（不是真实的目的），告诉对方以求获得对方的支持和配合。在有些场所，如商场、银行、娱乐场所等，都装有摄像设施。人们通常只是知道它们维护环境安全作用，但安装这些摄像设施还有其他作用，如记录顾客的行为，却常常不为人知。当面对摄像设施时，人们出于“我又不是歹徒，它对我不会有什么影响”的想法而忽略这些摄像设备的存在，从而行为照常流露。可见，隐蔽式观察方法搜集的信息更加真实和可信，已成为调研人员首选的观察方法。

可见，暴露与隐蔽的区别不在于被观察者是否察觉观察人员正在对自己的行为实施观察，即观察活动的存在，而在于是否察觉观察人员对自己实施观察的目的是什么。知道这一点，采用隐蔽观察的调查人员只须隐蔽自己的观察目的就可以达到预期效果。

5．人员观察方法

调研机构派出调研人员作为观察员到观察现场实施观察。在人员充足的条件下，调研机构会选择这种方法完成信息的搜集工作。由于是通过观察员的感觉器官来搜集被观察对象的某些特征信息的，在这个过程中会渗入观察员个人主观思想的因素，即观察员所记录下的信息，是经过他们自己的判断标准“过滤”而提出的认识结果。也许用谚语“盲人摸象”来解释会使人更容易理解。显然人员观察方法的缺点有：带有一定的主观色彩；长期观察会增加观察人员的感官疲劳，从而导致观察结果准确性下降等。人员观察方法的优点有：在不很长的时间内可以随时按照观察目标的变化调整观察角度，使观察所提供的信息保持较高的准确性，人眼的观察角度调整的速度快于人对摄像设备观察角度调整的速度；人员观察可以发现新问题的苗子，并主动加以关注。

6．机械观察方法

以各种观察设备、器材完成对具体观察目标的观察任务。采用机械观察方法搜集到的信息被记录在录音磁带、录像磁带或磁盘上。可见，机械观察方法最起码使繁杂的信息保存和处理工作得以简化。机械观察方法有这样一些优点：更加容易做到隐蔽；不带有个人主观判断的偏见而更加客观、公正；能够长期、稳定地工作。但是机械观察方法也存在一些缺点：仅仅是对观察对象的变化做出完整无漏的记录，即仅是人眼、耳、鼻等感觉器官的代表，机械没有头脑，对各种机械记录的信息，调研人员还要再进行“观察”才能做出相应的判断；机械观察方法所使用的机械具有很高的忠诚性，忠于职守但过于死板，不会根据观察目标的变化调整自己的观察角度，如公共场所的摄像机，观察的角度被限制在一定范围，当观察目标走出其规定的观察区域，它就会告诉调研人员观察目标“没有行为或不在现场”，显然这是错误的。

7．直接即时观察方法

在观察目标发生变化的同时实施现场观察。考虑到不同的环境下观察目标会有不同的表现或变化，或者为了证明事实确实存在，提高调查所得资料的说服力，我们经常邀请现场目击者做出说明，我们也经常问"这是你亲眼所见吗"这类问题。无疑道听途说的信息不如身临其境所搜集的信息来得准确、可靠。但是，实施即时观察要求观察者必须准时进入观察现场，在观察对象的某些既定特征发生变化前就做好一切准备，全面、准确地观察、记录下观察对象整个变化过程。略有迟缓就会失去所谓最佳观察时机，使即时观察所搜集到的信息失去价值，甚至成为误导研究分析的祸根。

8. 事后痕迹观察方法

许多人类活动、事物的发展变化都会或多或少地留下一定痕迹，这使得科学研究人员可以通过寻找、观察、分析这些痕迹，结合科学理论对某个留下痕迹的研究对象进行科学合理的推断。例如，大陆漂移学说、民族文化渊源产生的地域的推断，一直到"现在门可罗雀的寺庙通过门槛的深深的磨损痕迹推断其兴盛的过去"。实施即时观察虽能取得令人信服的信息、资料，但也会受到更多环境条件的制约。痕迹观察方法更具隐蔽性和对环境条件较低的依赖性。刑事侦察就是痕迹观察方法使用较多的特殊工作领域。使用痕迹观察方法将更加依赖观察人员的观察能力、判断能力，也就是说在提出观察结果时带有更多的观察人员主观意识的痕迹。痕迹观察方法所提供的信息的准确性取决于观察人员的经验，常听到人说"哦，是他提供的观察结果，一定是可信的，人家有十几年的工作经验了嘛。"

4.2.4 主要的几种观察方法

这里介绍几种较为常见的，也是调研机构运用较为成功的几种观察方法。

1. 特殊顾客扮演者

公司较为留意关注的对象有：竞争对手的情报人员、上级领导机构的查访人员、执法机关的执法检查人员和行为不端者，对顾客和用户相对没有那么高的警惕性。公司欢迎顾客的光临，公司愿意为顾客提供各种帮助包括信息，欢迎顾客参观和随时提出咨询。的确顾客是上帝，作为顾客可以获得更多仔细观察的机会。调研机构掌握了这种心理，向市场调研对象派出打扮成顾客的观察人员，开展全面细致的观察。这种观察活动的设计由这样一些主要环节组成，如图 4-3 所示。

经常可以看到一些学生模样的顾客在超市、大卖场像在选购商品，他们会十分留意商品的陈列特征、商品品牌与价格、价格折扣率、商品构成等。很可能他们是某个调研公司派出的观察人员。观察能力对于这些年轻人来说不成问题，关键是怎样进行记录。他们有时会不注意隐蔽自己的观察行为而十分显眼地进行记录，这会受到现场管理人员的干涉，使观察活动流产。要让观察人员学会利用记忆—事后回忆—仔细记录这样一种搜集信息的办法。

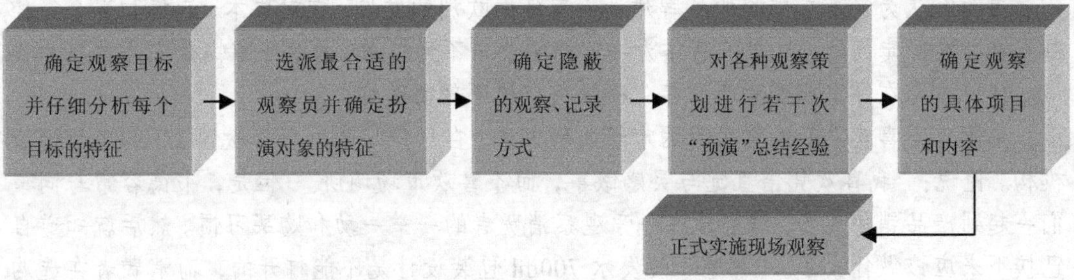

图4-3　特殊顾客扮演者观察方法的实施过程

◆ 调研窗口 4-2　对“任何经营场所都不得向中小学生出售香烟”的一次调查

调查人：胡奕默（进华中学预备（1）班）

调查时间：2006-1-6

调查目的：商店是否遵循不得向未成年人出售香烟的规定

调查地点：上海市芝川路上300米左右的店铺：捷强No.2、快客No.1336、好德No.577、烟草集团零售店等

调查结论：十有八九向未成年人售烟

2. 服务（销售）人员身份扮演者

与顾客身份扮演者观察的目的不同，服务人员身份扮演者观察的目的是利用直接与顾客、用户接触的机会观察顾客购买行为的具体进展过程，为制定相关营销策略提供依据。在营销管理活动中，营销策略制定者往往不是策略的具体执行者，营销策略是否有效、是否应该对策略进行修改和调整等，是在听取执行者的报告后，再最后决定的。这样从策略的制定到策略的实施结果之间有一个中间过渡的环节。许多策略的制定者会试图通过参加“工作劳动”的实践来获得更多对一线情况的了解。服务人员身份扮演者观察，就是由营销策略的制定者直接通过与顾客接触，观察顾客行为特征的变化而分析相应策略的效果。这种观察方法获得的非定量信息远多于定量信息。所以只能做“大概、大致上”的推断，无法提供这种推断究竟有多少准确性的依据。

◆ 调研窗口 4-3　汉高（中国）日用消费品执行总裁——韦德容

韦德容，美国人，有MBA学历，至今在中国工作和生活了17年，2002年受聘出任汉高（中国）日用消费品公司总裁。

韦德容认为汉高在中国的品牌建设一直延用欧洲的发展，在对成本、销售和资金等控制上都存在一定问题。这与汉高作为一家德国公司不无关系，严谨、审慎是汉高的基本作风。任何决定在做出前要考察两年，一旦决定绝不轻易改变。

韦德容不喜欢人们通常采用的市场调研方法，在出任汉高总裁后撤销2/3的市场调研机构。他说："我喜欢凭借直觉与灵感做事，而不喜欢市场调研。"但是，韦德容常与同事们一起到产品销售现场，静静地在一旁观察消费者的一举一动和购买习惯。然后就知道自己接下来应该做什么了。"可蒙"洗发水700ml包装设计是不能打开的，而消费者在选购洗发水时喜欢打开瓶盖闻闻香味后再做出决定。于是汉高就决定生产400ml包装的洗发水，让消费者选择。而性价比则偏向700ml的产品。

3. 保安设施的新用途

大型百货商场在搜集客流量、顾客选购行为模式的有关信息时会发现，利用摄像机摄录下的反映商场一天中各个时间段实际情况的录像带所提供的信息要比采用问卷调查方法、人员观察方法所得到的信息更加完整、可信。同时现在可以利用复制光盘的办法来长期保留观察记录，使调研人员随时可以方便地调用过去某一时间段的历史资料，为提高调研工作的效率创造了条件。现在，安装在商场各个角落的摄像机镜头，顾客已经对此习以为常而不会加以留意，影响正常行为，这又提高了市场调研机构采用这种方法搜集的信息的真实性程度，保证调研结果的准确性。

节假日各地政府为了迎接各地来客，组织好接待工作，需要掌握每天来往的游客人数。现在可以充分利用各种设施，如长途汽车站、火车站、轮船港站和机场的检票设备来获得每天由陆路、水路及航空等途径到达或离开的游客数，利用高速公路的收费口获得每天利用私家车到达或离开的游客数。如今手机已经成为最普通的通信工具，可以由各大电信运营商的手机漫游来获得更加准确的到达或离开游客数量信息。而且现在各处的这类设施都以计算机网络来实施监控管理，有此类信息需求者，如假日办，只须"链接"就可以方便获得。

4. 消费痕迹观察方法

要搜集反映几种品牌饮料市场占有率方面的信息，有的市场调研机构采用消费者意见询问调查方法，具体有电话访问、问卷调查、网上调查、个别面谈和销售商代表小组访谈等。但是这些调查不仅费钱、费时，还由于无法对消费者回答的正确性进行必要的检验而无法提高信息的真实、可靠性。调研机构其实可以试试"消费痕迹观察方法"，对几个饮料消费较为集中的地方，采用"废物丢弃箱查看法"便可掌握几种品牌饮料的大致消费情况——真实的市场占有率。消费痕迹观察方法的实施，关键要注意下面两方面的问题：

- 选择理想的观察地区。若是某种消费品，一定有较为集中的公共消费地区，挑选几个地区实施实地观察、记录。其实这种调查就是被统计学称为重点调查的方法。

- 选择适合的观察时间。即何时起到何时止实施观察活动，要注意所选择的时间上搜集的信息是否能够代表其他时间上的表现。

◆ 调研窗口 4-4　英国每天有 440 万个苹果被扔进垃圾箱

2008 年 4 月 7 日英国“废物与资源行动项目”研究组公布了一系列有关英国家庭食物浪费情况的调研报告。“废物与资源行动项目”是英国政府的“浪费”咨询机构。专门负责搜集食物浪费情况的信息，并宣传对食物浪费现象的控制，以降低二氧化碳气体的排放量。

该研究项目的研究人员对英国 11 个地区约 2 100 户家庭展开调查。在调查过程中定期检查被调查者的垃圾桶，了解各家都扔了哪些垃圾，最后整理调查结果，以此推算出全英国家庭食物浪费的情况。

在 7 日公布的这份调查报告中，研究人员指出，英国家庭垃圾中四成为食物垃圾，而且又以蔬菜水果的浪费为甚。以苹果为例，每天有 440 万个苹果被扔进英国百姓家的垃圾桶，折合为一年有 17.9 万吨苹果被浪费，而英国家庭年购买苹果总量为 60 万吨，其中近 1/3 被直接扔进垃圾桶。

除苹果外英国家庭每天扔进垃圾桶的还有 510 个土豆、280 万个西红柿、160 万个香蕉、120 万个橙子。这些都是整个没有去皮的土豆、香蕉、橙子。

这种食物浪费的后果，不仅意味着英国家庭每年光在食物上就浪费约 160 亿美元，而且由于食物被扔弃导致在大气中的二氧化碳的排放量增加 1 500 万吨，这相当于现在英国马路上 1/5 的汽车的排放量。

其实苹果是一种存储期不短的水果，但是英国家庭常用苹果与其他水果一起配制水果拼盘，用于点缀厨房或客厅。可是，苹果会释放大量的乙烯，导致其他摆放在一起的水果表皮变黑，加速它们的成熟和腐烂。

4.2.5　对各种观察方法的评述

观察法具有其他第一手资料搜集方法所不具备的优点，当然也存在它独有的缺陷。之所以指出观察法的优缺点，目的是给选择资料搜集方法的调研机构和人员提个醒：利用观察法的长处的同时也要注意避免其不利之处对研究分析的影响。

1. 观察法具有的优点

（1）无须获得被调查者的合作。这在询问调查方法中是无法想象的事，被调查者的合作与否、合作的诚意都决定市场调研活动是否能成功、是否能搜集到准确性高的信息。而观察法则相反，若是观察活动为被观察者所感觉，反而会降低搜集的信息的价值。

（2）获得的信息是现实信息。例如，搜集消费者购买意愿方面的信息，采用询问方法，调研人员就会提出：“您是否打算在今年购买商品房？”作为被调查者即使接受调查，在回答问题时。可能会想：“我说买，你就没有权利一定要我非买不可。那我选择‘购买’吧。”询问调查只能搜集到一个被调查者对自己未来某种行为的大致意向。观察法则必须到现场——售楼现场进行观察，以观察下列信息：有多少购房者提出咨询？他们都提些什么问题？有多少人只看看、听听？有多少人购买了房子？购买的房型和区域？观察结果都是事实，从调查结果的可信性上看，观察法要高于询问法。这也是房地产开发商选择在“房展会”现场进行观察加询问的方式搜集信息的缘由。

（3）可以作为入户访问调查的一种主要附加工具。在被调查者的工作现场或家中，经过一系列的沟通交流，调研人员搜集到了预期所要的各种信息。还可以利用自己身在现场的有利条件，进行必要的现场观察，这样做可以获得新的信息（不能通过语言交流获得的），又可对被调查者答案的准确性进行核实检查。

（4）观察法使市场调研人员可以选择采用更多种类的工具。选择完成信息搜集工作的工具多了不仅提高调查效率，更使得调研人员有更大的采用多种工具、手段搜集同一目标的各种信息的空间。

2．观察法的主要缺陷

（1）有些信息是观察不到的。观察法只能获得人们行为的外在表现和特征，无法搜集想法、观念等内在特征信息。观察推理即由表象特征信息推断某个相应内在特征结果，常会犯以貌取人的错误。一位调研人员通过观察法搜集“行人对公司广告牌的关注程度”的信息，为了说明广告实施效果，他提出这样一组观察结果资料：“有27%的行人会用4～10秒的时间将目光停留在广告牌上；18%的行人会停下脚步仔细观看广告牌上的内容；1%的行人会用4分钟以上的时间伫立在广告牌下观看广告的内容。所以广告实施（宣传）效果令人满意。”但调研机构的后续调查——运用个别面谈方法的调研结果，却是伫立在广告牌下许久的行人都是在等约好会面的人。由于心情焦急，虽然面对广告牌却全然没有留意广告的具体内容。

（2）观察法的一次性投资较大。观察法要提高观察效率、真实性、完整性往往要借助各种机械和工具，这就需要调研机构为此投入较多的资金。虽然完成一项调研所需要的费用不会很大，但观察机械的首次投入规模很大。这些会对经济实力相对弱小的调研机构完成一项较高质量的观察研究造成极大的制约。

（3）受观察者主观判断的影响很大。所谓人员观察是观察人员直接记录观察结果，而机械观察也是由观察人员“观察”机械记录的结果，两者的共同点是，最终都由观察（调研）人员对上述两种记录做出判断和推测，而这些推测是否准确，与观察人员的经验有直接的关系。

所以，采用观察法搜集信息要求调研机构拥有足够数量的高素质观察（调研）人员。事实上包括以上的“调研案例”中所介绍的观察法，调研机构都会忽略对观察人员的技术培训。

4.3　实验法及其运用

4.3.1　实验法概述

实验法是市场调研中搜集第一手资料的重要方法，它是市场调研人员将在自然科学领域中常被研究人员用以发现或证实自己的某项理论时经常使用的研究方法，移植到市场研究领域加以利用，以此获取相关信息的重要方法。

实验法不仅被用来搜集第一手资料，还被用以完成某项科学论证。所以实验法也是一种重要的研究方法。从研究过程与结果看，实验法多属于因果性研究。

实验法就是由市场调研人员根据研究目的的要求，在一个特别的实验环境中进行实验设计，通过实验对比确定某个实验因子对目标变量的影响程度，或者在若干自变量中确定影响最大的自变量的整个过程。实验法是一种与前述调查方法截然不同的方法。前述调查方法都有一个相似的地方，那就是调查方法只是解决市场信息的搜集任务，随信息搜集工作即调查工作的结束，市场研究即信息处理、分析工作立即开始，此时市场调研人员主要是运用各种分析方法，研究在市场调查阶段得到的信息背后的实质性问题。而在实验法的运用中，实验数据搜集、实验分析与实验结论的得到是在一起进行并完成的。

实验法在市场调研中具有独特的作用：

第一，可以发现和证实研究的几个现象之间是否存在某种关系及这种关系的密切程度。

第二，可以通过实验中获得的数据，建立相应的数量关系模型。

第三，可以用于排除某种因素对目标变量存在一定影响的疑虑，从而更容易确定主要影响因素。

实验法由于其具有的特殊作用，而被调研机构和研究人员所关注。实验法的实施应该包括哪些基本环节？如图 4-4 所示。

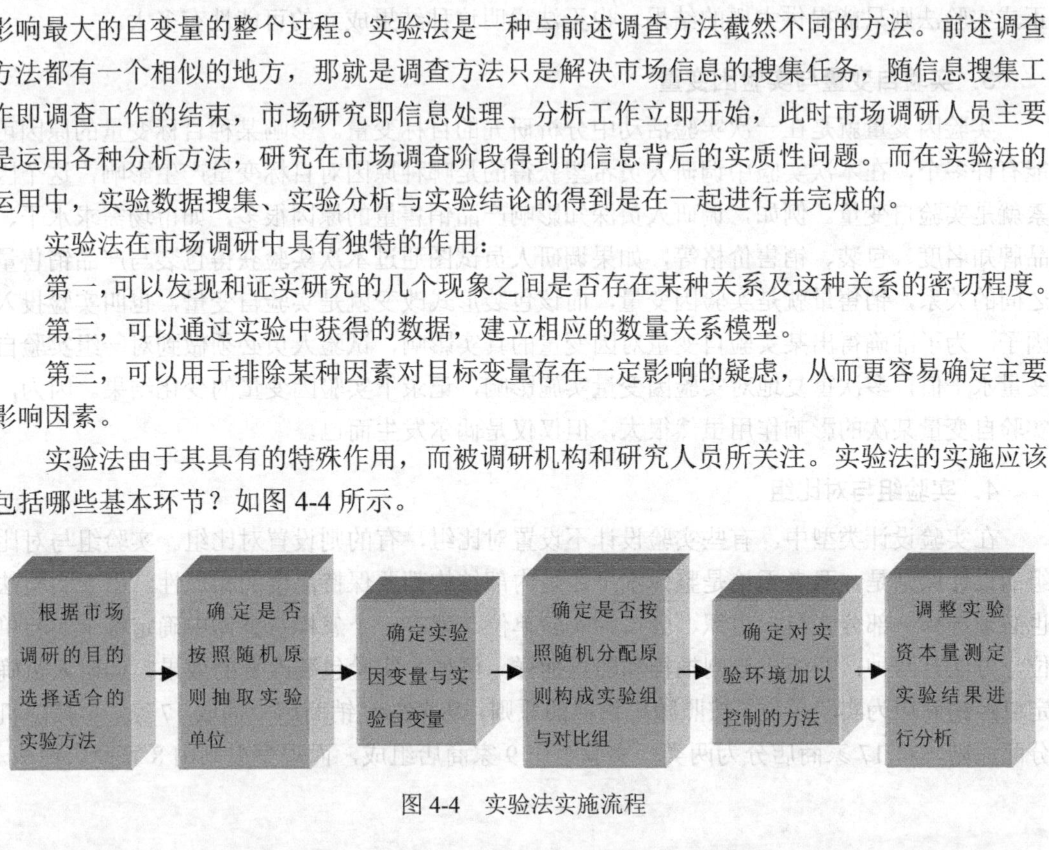

图 4-4　实验法实施流程

运用实验法来完成市场调研任务，必须注重下面几个问题。

1．明确市场调研目的

市场调研的目的决定了实验法中的因变量、自变量，决定整个实验设计的类型与实验设计方案，以及实验结果的测定方式。从实现市场调研活动的目的看，实验法可以分成两类，一类只是对影响目标变量变动的某个（些）自变量的特征及影响程度做一个大致上的了解。例如，某个传统产品的销售量总是上不去，是否与其包装策略的选择有关？通过实验得出，确实存在密切的关系，于是着手改进包装设计。另一类是掌握自变量与目标变量之间准确的数量关系，并且提供推定这种关系成立的概率保证程度。例如，要求在多大程度上修改原来的包装，将会使该传统产品的销售量增长多少个百分点？要求不同，实验设计类型当然也应不同。

2．实验法的类型

实验设计按实验单位是否按随机原则从整体中抽取，实验组与对比组是否按随机原则组成，实验因子的投放顺序是否按随机原则确定，若所有的回答为“是”就是正式实验法，反之就属于非正式实验法。而正式实验法将提供准确的有一定概率保证的数据结果。而非正式实验法则只能提供大概的结果，也无法说明这种结果成立的可能性有多大。

3．实验自变量与实验因变量

实验因变量就是在一次实验活动中分析研究的目标变量。影响某种目标变量的原因可能有许多个，在本次实验中调研人员希望获得的是哪种原因对目标变量产生影响，这个因素就是实验自变量。例如，调研人员深知影响产品销售量的原因很多，如市场需求水平、品牌知名度、包装、销售价格等，如果调研人员试图通过本次实验获得包装与产品销售量之间的关系，销售量就是实验因变量，而该包装形式改变就是实验自变量，也叫实验投入因子。为了准确得出某实验自变量对因变量的真实影响，试验人员必须做到对一组实验自变量水平值，多次重复地对实验因变量实施影响，记录下实验因变量的变化结果。因为，实验自变量某次的影响作用虽然很大，但仅仅是偶尔发生而已。

4．实验组与对比组

在实验设计类型中，有些实验设计不设置对比组，有的则设置对比组。实验组与对比组的设计原则是，两者无论是整体水平还是内部结构都要保持高度的相似性。由于实验法也必须选择一部分人员、组织、公司为实验单位，就有一个怎样从整体中确定每个实验单位，方法有两种：按随机原则抽样和随意抽样。例如，实验包装改变的效果，调研人员确定以经销商店为实验单位。按照随机抽样的原则，从全部经销商店中抽取17家。再按随机分配原则，将17家商店分为两类：实验组由9家商店组成，而观察组则由8家商店组成。

5. 实验环境及对实验环境的控制

任何一项实验活动都只能在一定的实验环境下进行。同样，与自然科学中的实验结果会受实验环境的影响一样，市场调研中采用的实验方法也要对实验环境进行控制，以使环境对实验结果的影响降至最低点。什么是实验环境？以改进产品包装设计对销售量的变动影响的实验为例，销售量不仅受其包装设计变化的影响，还受市场需求水平、价格等因素变动的影响。在实验过程中调研人员应设法控制这些因素对实验目标变量的影响。这些对目标变量也会产生影响作用的各种自变量，在实验过程中叫“非实验自变量”。全部非实验自变量的集合叫“实验环境”。实验人员必须能够将所有的非实验自变量与实验自变量同实验因变量的联系加以“阻隔”，降低它们之间的相互影响。

6. 实验效果的测定

在实验环境被有效控制后，调研人员按照实验方案的规定对投入的实验自变量的力度进行调节，与此同时测定目标变量的反应。例如，产品销售量就是实验目标变量，每个实验单位都有自己的销售量值，现在的问题是如何将它们综合，即表示实验组或对比组各自的整体销售量水平。平均法是常用的综合方法，即平均销售量代表实验组的和对比组的综合水平。平均法还可以消除其他自变量对因变量可能产生的影响。

4.3.2　实验法的基本原理

如果两种现象之间存在某种因果关系，通过主观经验判断或假设，X 是造成 Y 改变的原因。通过实验验证这种判断或假设能否成立，一般的做法是：

第一，在 X 没有对 Y 产生影响时，对 Y 进行一段时间的观察，得到结果 1（例如，在价格不变的条件下，一段时间中皮装的销售量水平）。

第二，引入 X 并使 X 对 Y 产生影响（例如，引入价格即调整皮装的销售价格水平）。

第三，观察记录 Y 在 X 的影响下发生的变化，得到结果 2（价格变化后皮装销售量达到的水平）。

第四，将结果 1 与结果 2 进行比较，证实 X 对 Y 存在影响的假设是否成立。

但是，研究并不那么简单：

第一，在 X 尚未对 Y 产生影响时，由于观察和实验行为本身对 Y 造成一定影响（销售人员的工作态度对顾客购买意愿的影响，在皮装价格调整前至少在皮装销售前就存在）。

第二，在引入自变量 X 后，在 X 对 Y 产生影响的同时 Y 还受其他因素的影响（皮装价格变化的同时气候变化、消费趋势变化等同样存在一定影响）。

4.3.3 实验结果有效性的两种衡量标准

实验结果的有效性就是一次实验所得出的某项结论，在更大的范围中使用这一实验结论有多高的把握性。其实任何市场调研活动都要通过一定的有效性检验。通常情况下有效性的衡量标准有两种：

1. 内部有效性标准

如果通过某项实验，提出实验因变量的变化主要由某实验自变量的变动引起。那么实验人员有多大的把握来证实这一结果能在一定范围内成立。例如，通过本次实验，我们能够在90%的把握程度下推断，包装设计的改变将会使该商品的销售量增长5%～8%。可见把握程度越高，推断的误差范围越小，实验结果的内部有效性就越高。

如何提高实验的内部有效性？最基本的办法是严格控制实验环境变化对实验因变量的影响。虽然无法消除实验环境的影响，但能够做到将这种影响控制到最小范围内。

2. 外部有效性标准

如果通过某项实验而得出的结果，在更大的范围内推广，市场调研人员有多大把握说这种“内部有效性”结果仍然成立。例如，我们有90%的把握保证，本次实验所得出的包装改变使该商品的销售量增长5%～8%的结果，在全市销售时能获得同样的结果。可见，外部有效性的高低，其实就是一项实验活动的实际价值的大小。

每次实验都是在一个相对狭小的范围内完成的，而实验人员的最终目的是想要证明：小范围内的实验结果在更大胆范围中推广同样能够成立。要实现这个目的，试验人员要做到样本对总体有足够大的代表性，即实验室环境与未来的社会环境最大程度的一致、相似。

4.3.4 非正式实验法的几种类型

由于各种原因，市场调研人员没按随机原则抽取实验单位，也没有按随机原则将抽取的实验单位分配到实验组和对比组中去，所以只能采用非正式实验法。这类实验法虽然也能做定量分析，但是无法说明这些定量分析结果的准确性和可靠性。

非正式实验设计按是否设置对比组和是否进行不同时间实验数据对比而分为：无对比组实验设计、有对比组事后实验设计和有对比组事前事后对比实验设计三类。

1. 无对比组的实验法

调研人员仅设置了实验组，通过对比实验自变量投入前后所测定的两个不同的实验因变量的观测值之间的差异，说明本次实验的效果。整个实验过程如图4-5所示。

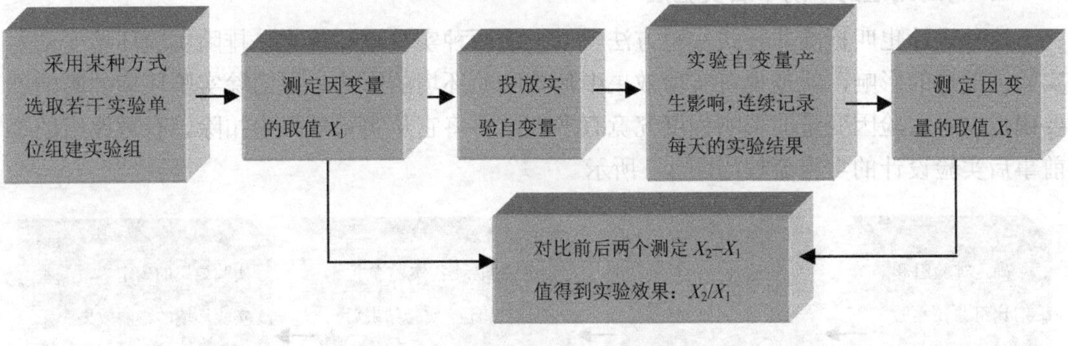

图 4-5　无对比组的实验设计流程

例如，从 127 家销售商店中选择 8 家商店，组成实验组。在实验前连续 30 天记录各店每日的销售量，计得平均日销售量 X_1=354（件）。7 月 2 日，实验开始 8 家商店同时开始销售新包装的产品，也是连续记录 30 天的每家商店的日销售量，计算出平均日销售量 X_2=402（件），这样得出包装设计改变后的实验效果：402–354=48（件）或 402/354=1.135 6（113.56%）。但是，调研人员无法说 13.56% 的销售量增长完全是由包装改进引起的。因为实验环境可能存在影响。若存在影响程度有多大？这些都无法通过这种类型的实验确定。

2．有对比组的事后实验法

调研人员在设置实验组的同时设置了对比组。通过赋予实验组实验自变量的同时，控制实验自变量对对比组的所有可能的影响。最后测定实验组和对比组的目标变量观察值并加以比较，得出实验效果。整个实验过程如图 4-6 所示。

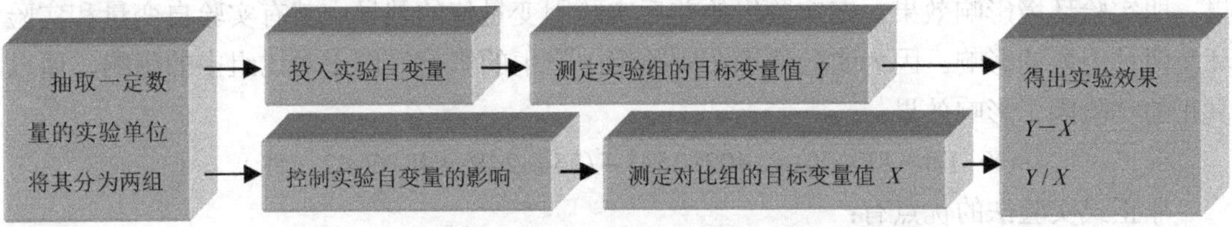

图 4-6　有对比组的事后实验设计流程

例如，经过一段时间的研究开发，公司生产出一种新产品。为了验证新产品的替代效果决定通过实验方法来完成。从所有的经销商中抽取 16 家并对等地分为实验组和对比组。实验组自实验开始就销售新产品不得销售旧产品。对比组则只销售旧产品直到实验结束。实验开始后连续 30 天逐日记录每家经销商的销售量。实验结束后，实验组日平均销售量 Y=457 件，对比组日平均销售量 X=405 件。实验绝对效果 $Y–X$=457–405=52 件，实验相对效果=Y/X=457/405=1.128 4 或 112.84%。实验结果说明，新产品比旧产品销售量多 12.84%。

3. 有对比组的事前事后实验法

这种设计也叫标准非正式实验方法。以上的两种实验设计都无法排除实验环境变动对实验因变量的影响，就是说在实验效果中包含实验环境的影响。要消除实验环境的影响就要确定它对实验因变量的影响程度究竟有多大，再将它从实验效果中扣除。有对比组的事前事后实验设计的实施流程如图 4-7 所示。

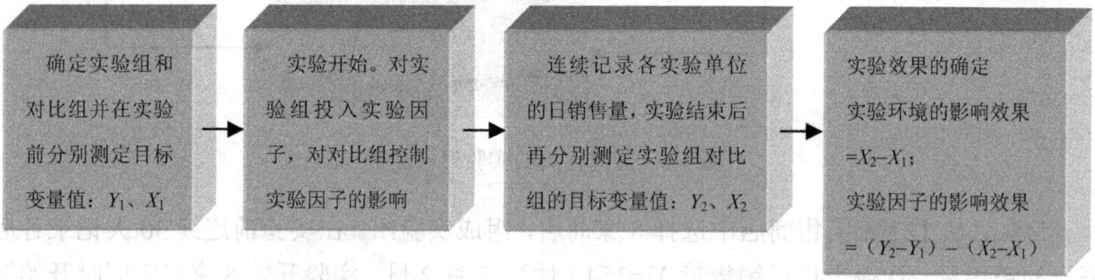

图 4-7 有对比组的事前事后实验设计流程

例如，实验时间长度为 30 天，从 127 家销售商店中抽取 16 家分别组成实验组和对比组。确定实验自 7 月 2 日开始，搜集 7 月 2 日前 30 天的销售量资料，计算出实验组与对比组的日平均销售量，Y_1=354 件，X_1=248 件。在实验结束后再算出两组的日平均销售量为：Y=402 件，X=254 件。调研人员根据：实验组与对比组在构成上十分相近，销售水平基本相等，所面临的实验环境基本一致，所以对比组在实验前后的实验因变量值上的差异可视为实验环境变动引起的效果，254–248=6 件。而实验组受到的实验环境的影响与对比组应该相近，即也是 6 件左右。调研人员继续解释：由于严格控制实验自变量对对比组的影响，所以对比组的实验因变量值的差异仅仅说明各种非实验自变量对实验因变量的综合影响效果，即实验环境影响效果。在实验组的前后实验因变量值的差异中就有实验自变量和实验环境两种因素的影响。因为实验环境在实验组中产生的影响等同于对比组中的影响，所以真正的实验因子影响效果：

$$(Y_2-Y_1)-(X_2-X_1)=(402-354)-(254-248)=48-6=42\text{（件）}$$

非正式实验法的优点有：

第一，设计与分析计算过程十分简单。从上面的几个例子可以看到非正式实验法在实际运用过程中没有涉及深奥的数学方法。

第二，实验效果含义的解释也简单明了。非正式实验法能够将实验自变量对因变量变动的影响基本解释清楚。若要解释实验自变量在不断变动中，对目标变量产生多大的影响作用，可以采用“多个实验组的事前事后实验法”。

非正式实验法的缺点有：

第一，无法继续对实验效果的准确性与可靠性做进一步的分析与说明。这是由于非正式实验法在实施时不断搜集的数据缺乏随机性特征，从而无法采用数理统计的分析方法。

第二，非正式实验法中实验组与对比组的容量受各种条件制约而不能过大，而在实验组和对比组容量都较小的情况下，就无法保证实验效果的有效性。

4.3.5　正式实验法的几种类型

正式实验法的目的是通过实验方法搜集随机数据，确保能够利用统计学的定量分析方法来处理实验记录，获得更为可信的实验结果。这里介绍几种重要的正式实验设计类型。

1. 单因素正式实验设计

实验设计的目的是获知某种因素是否对目标变量的变动存在显著的影响作用。例如，包装设计、销售价格、产品品牌乃至销售商店的商区位置从理论上说都会对商品的市场销售产生一定的影响。但是在具体的环境下，这些因素的影响作用是否显著存在，影响程度究竟有多大，这些都是市场营销管理人员需要把握的。要准确地获得上述信息，最好的方法是一一做实验。所谓单因素正式实验设计就是在实验设计中只选择一个影响因素作为实验因子，通过几组样本的同类观察数据的统计分析比较，得出实验开始前所做的假设是否成立的结论。这种实验过程的一般流程如图 4-8 所示。

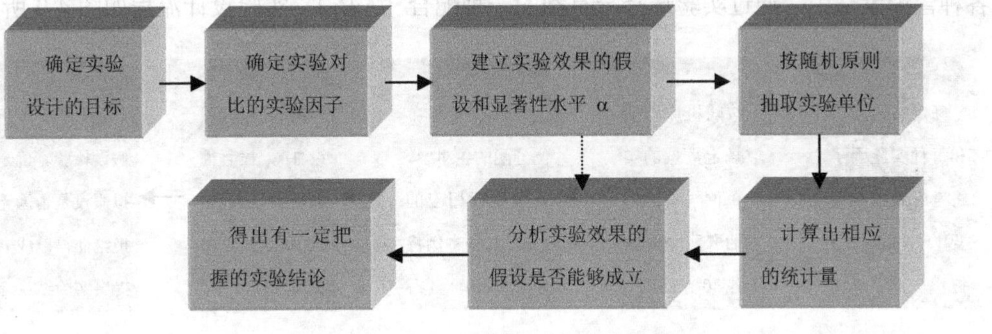

图 4-8　单因素正式实验设计的一般流程

例如，公司为某种产品确定最佳的销售渠道，选择超市、便利商店、百货商店 3 类零售商业形态的各 9 家商店为实验单位，要求所有的实验单位采用相同的价格和服务方式销售这种商品。在为期 15 天的实验期内，详细记录每家商店的该商品销售量，如表 4-1 所示。

表 4-1　几种零售业态销售差异统计　　单位：个

零售业态	超　市	便利商店	百货商店	总数
实际频数（9 家公司的平均销售量）O_i	187	152	179	518
理论频数（假设得以成立条件下的）E_i	172.7	172.7	172.7	518
$(O_i–E_i)(O_i–E_i)/E_i$	1.184 1	2.481 1	0.229 8	3.895 0

设立卡方统计量 $X^2 = \Sigma[(O_i-E_i)^2/E_i] = 3.895\ 0$。设立显著性水平α=0.05 或 0.01。建立假设，H_0：各类零售商业销售量之间的差异仅为随机性差异。对比卡方统计量的概率分布表，如表 4-2 所示。

表 4-2　一定自由度与显著性水平条件下的卡方统计量临界值分布

自由度 *k*	1	2	3	5	10	15
α=0.01	6.68	9.21	11.34	15.09	23.21	30.58
α=0.05	3.84	5.99	7.82	11.07	18.31	24.99

当 X^2 小于卡方统计量的临界值时，实验数据表现的差异属于“随机性差异”，即不能说明三种零售商业在本商品的销售量上存在显著性差异。

2. 多因素正式实验设计

如果目标变量受到几个实验因子变动的影响（实际生活中这种情况比比皆是），就要采用多因素随机实验设计方法。假定，某种商品在一种零售业态中决定采用一定的价格水平与促销方式相配合的新营销策略，现在需要从 3 种价格水平（A_i），即 A_1=12.5 元，A_2=13.5 元，A_3=12.0 元，与三种促销方式（B_i），即 B_1 买一送一，B_2 有奖销售，B_3 广告宣传，相配对的各种营销策略中，通过实验选择最有利的一种配合（A_jB_k）。实验设计流程如图 4-9 所示。

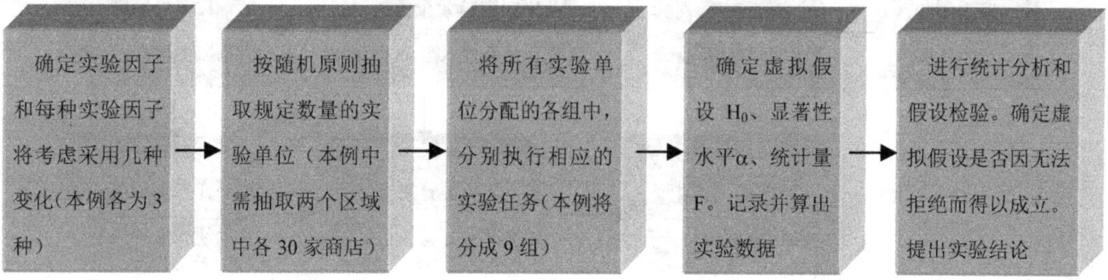

图 4-9　多因素正式实验设计的一般流程

根据实验过程中所得的数据，进行统计分析的计算如表 4-3 所示。

表 4-3　9 个实验组的日平均销售量统计　　单位：10 件

销售地区	A_1			A_2			A_3		
	B_1	B_2	B_3	B_1	B_2	B_3	B_1	B_2	B_3
滨江区	16	14	10	42	24	36	60	36	46
市南区	12	16	16	40	28	40	64	46	42
合　计	28	30	26	82	52	76	124	82	88
平均值	14	15	13	41	26	38	62	41	44

一般市场调研人员会直接凭借上述实验过程中所搜集的资料得出结果 A_3B_1 组合，即 12.0 元价格与“买一送一的促销方式”相结合是效果最好的市场营销组合。但是，这其中是否有随机因素的影响？可以采用统计分析中的 F 检验方法说明这种不同营销组合之间的差异是否显著。

首先，要建立相应的几个假设和显著性水平，具体实施如下：

（1）几种价格所导致的销售量之间的差异不具有显著性差异。

（2）几种促销方式所引起的销售量之间的差异不具有显著性差异。

（3）不同价格与不同促销方式的组合导致的销售量之间的差异不具有显著性差异。

（4）地区之间的销售量差异不具有显著性差异特征。

显著性水平 $\alpha=0.01$ 或 0.05，可以将上述数据建立一个 SPSS（社会统计分析软件包）数据文件，利用 SPSS 进行方差分析便可获得表 4-4 的结果。

表 4-4　F 检验的方差分析

方差来源	平方和	自由度	均方差	F 检验=各类均方差/残差均方差
销售地区	22.22	2−1=1	22.22	1.98
不同价格水平	3 724.00	3−1=2	1 862.00	165.92
不同促销方式	417.33	3−1=2	208.67	18.59
不同价格与不同促销	354.67	2×2=4	88.67	7.90
残差	89.78	8	11.22	—

对比 F 分布在相应显著性水平与自由度下的临界值表（见表 4-5）。在显著性水平 $\alpha=0.05$ 时，不同价格之间、不同促销方式之间及不同价格与不同促销方式交叉之间都存在显著性差异，即在实验过程中搜集的数据所表明的差异不能得出仅是随机性因素所造成的。$\alpha=0.01$ 时，不同价格与不同促销方式的配合对销售量产生的影响不显著。这样实验人员就可得出在显著性水平为 0.05 时的如下结论：

- 不同价格与不同促销方式之间的配对所产生的结果差别具有显著差异特征，A_3B_1=12.0 元价格与“买一送一”的促销方式相结合，与其他配合相比造成的实验数据上的差异，的确具有显著性差异特征。
- 不同价格所造成的实验结果数据上的差异，同样具有显著性差异特征，A_3=12.0 元价格销售这种产品确实能使销售量得到显著增长。
- 不同促销方式造成的实验数据差异，也具有显著性差异特征，相比之下 B_1 买一送一促销方式在实验数据上显示的差异，也具有显著性差异特征。
- 销售地区上的实验数据所表现出的差异，不具有显著性差异特征，故只属随机性因素影响。因此实验结论可在各地区推广，不会影响实验结论的有效性。

表4-5 两种显著性水平下的F分布临界值

自由度		1	2	3	4	7	10
a=0.01	2	98.5	99.00	99.17	99.25	99.36	99.40
	8	11.26	8.65	7.59	7.01	6.18	5.81
	9	10.56	8.02	6.99	6.42	5.61	5.26
a=0.05	2	10.13	9.55	9.28	19.25	19.35	19.40
	8	5.32	4.46	4.07	3.84	3.50	3.35
	9	5.12	4.26	3.86	3.63	3.29	3.14

3．拉丁方格原理设计

在正式实验设计中可以利用拉丁方格原理设计实验程序。若研究人员试图通过实验找出 *n* 个具体事物之间是否存在显著性差异，就必须经过 *n* 次实验，对比这一系列实验所得的数据，使用统计分析方法，才能获得具有较高准确性的结论。在此之前关键就是确定一个具有相对科学性的实验程序设计方案，较为科学的实验程序设计方案的制定方法就是采用拉丁方格原理。

例如，SEA洗发水公司设计了3种新的包装款式，现在想选择其中一项投放市场，希望通过一项实验获得哪种包装款式最受顾客欢迎。实验设计者很清楚，必须先证实3种包装款式在顾客心目中确实存在显著性差异后，方可指出其中哪款包装设计才是顾客心中的最爱，如表4-6所示。实验设计方案如下：

（1）随机抽取12位目标顾客，将其分成3组，每组4人。

（2）采用评分的方法最高分10分。

（3）考虑“先入为主”对顾客印象的影响，在3种款式的安排次序上各组各不相同。

（4）建立假设，顾客对三种款式的洗发水的评分结果不具有显著性差异。

（5）确定显著性水平，设α=0.05。

（6）采用拉丁方格原理确定实验次序。

（7）3种新款包装设计以A、B、C定名。

表4-6 顾客对3种新款包装设计的评分实验及实验结果

顾客代表小组	第一展示	第二展示	第三展示	合计	平均值
第一小组	5（A）	9（B）	6（C）	20.00	6.67
第二小组	8（B）	4（C）	5（A）	17.00	5.67
第三小组	5（C）	6（A）	9（B）	20.00	6.67
合　计	18.00	19.00	20.00	57.00	—
平 均 值	6.00	6.33	6.67	—	6.33

从表4-6的数据来看，展示的先后次序之间所产生的差异与各小组对3款包装的评价

差异都不具有显著性。而 A 款的平均分 5.33 分，B 款的平均分 8.67 分，C 款的平均分 5.00 分，在这方面的差异似乎较为明显。同样可以通过建立 SPSS 数据文件，并利用 SPSS 的相应统计分析模型，SPSS 的计算输出结果如表 4-7 所示。

表 4-7 新款包装实验数据的统计分析

方差来源	平方和	自由度	均方差	F 检验
不同包装之间	24.67	3–1=2	12.33	37.00
不同小组之间	2.00	3–1=2	1.00	3.00
不同实验次序	0.67	3–1=2	0.33	1.00
残差	0.67	9–6–1=2	0.33	

对比 F 分布临界值（见表 4-5），仅不同包装之间的差异不具有随机性差异，即顾客对 3 种新款包装的评分差异不能说是随机性差异，而是存在显著性差异。可以再由此推断 B 款包装设计给顾客的印象最好，应该率先推出。以上的计算过程都可以通过 SPSS 的有关计算功能完成。

4.4 体验调研法

现在许多市场调研机构正在开展的市场调研活动，所采用的搜集市场信息的方式，与此前介绍的调研方法都有点相似但又不属于其中某一类，有点“四不像”，它就叫体验调研法。

4.4.1 各种实地调研方法的差别

（1）各类面对面的询问法。调研机构得到的调研资料——访问记录，是由调研人员通过访问从被调查者那里记录的有关他们对调研问题的感受、态度。调研人员的记录是否准确，对于调研项目是否能够顺利进行关系重大。

（2）各种问卷调查。调研机构得到的调研资料——调查问卷，是被调查者将自己对问题的感受、态度填写在问卷上，通过规定的方式传送到调研机构。所以被调查者的回答（填写的问卷）是否准确直接关系到调研的成功与否。

（3）各种实验法。调研机构得到的调研资料——实验记录，是由实验人员根据实验设计，记录的实验单位的某个实验因变量，在实验自变量的刺激下所产生的变化过程。所以实验人员对实验结果的判断是否准确，以及对实验因变量变化过程的记录是否准确和完整，直接决定实验的成功与否。

（4）各种观察法。调研机构得到的调研资料——观察记录，是由观察人员对既定的观察目标的规定行为进行观察，再根据自己的判断准则确认观察到的内容特征，加以记录。所以观察人员的观察过程与判断准则是否正确，直接影响其记录的资料的质量，最终影响观察法的成功与否。

（5）体验调研法。调研机构得到的调研资料，包含上述几种方法所搜集到的资料的所有特征。

4.4.2 体验调研法的实施

通过“调研窗口 4-5”中的案例来介绍体验调研法如何具体实施。

◆ 调研窗口 4-5 **大学生开展的有关商圈文明程度的调研**

1. **调研目的**：商圈内商业企业文明程度。

2. **样本设计**：上海的几大商圈——徐家汇商圈、南京东路商圈、淮海路商圈和浦东商业中心。

3. **调查目标**：商圈中商业文明的实际状况。

4. **调查过程所用时间**：10 天。

5. **调研程序设计**：

（1）问询反应：在询问过程中观察营业员的态度。

由调研组向确定的商厦营业员询问相关商品的情况 4 次以上，观察其反应，得出对其态度的判断。如“买就买问这么多做啥啦”这样的回答就是营业员的服务态度差！

（2）行为反应：连续挑选商品却迟迟不购买，观察营业员态度的变化。

通俗地说叫“不购买反应”，试穿衣服 3 次以上，或反复挑选 20 分钟以上而不购买，观察营业员的态度和行为反应的变化。

（3）商场设施：商场公共厕所情况，商场标识情况，试衣间环境，商厦背景音乐等。

6. **实施**：对各项标准没有确定权重，由调查员（学生）凭个人感觉打分，再对各位调查员的评分进行简单平均。

7. **问题**：学生的特征明显，营业员很容易发现，从而态度就会出现差异。

4.4.3 体验调研法的特点

（1）有观察法的特征。在实施体验调研法的过程中，调研人员采用的观察方法有两个目的，以“调研窗口 4-5”为例，第一，观察商店在营业场所的布置、商场音乐的播放和商场公共设施的齐备与整洁状况，获得对商店文明程度的判断；第二，通过自己预先设定的语言、行为，向同一位售货员连续提问 10 个问题，或挑选商品 10 分钟还没有购买，观察售货员的反应，以获得售货员的职业文明水平信息。

（2）有询问法的特征。体验调研的调研人员，也会采用询问法，与询问法的差别是，询问法提出的所有问题都与实现调研目的有关，而体验调研法提出的问题只是想向售货员提出一些特殊的问题，如这件衣服的颜色不太好看，有多少顾客买过？测试售货员在回答调研人员的许多问题却看不到购买行为时，是否有足够的耐心，始终保持如一的态度，获知其文明程度的高低。

（3）有实验法的特征。体验调研法的调研人员，会预先设计一组问句或一组行为，在这里，这些问句或行为都是实验自变量。例如，调研人员按照规定要求，在售货员面前不断地试穿衣服而就是不做出是否购买的决定，以检验售货员的服务态度是否发生变化，获取有关售货员文明素质高低的信息。

综上所述，体验调研法的实施能否取得成功与调研人员的身份是否隐蔽有直接关系，因为一旦调研人员的身份被发现，被调查者的行为举止一定会发生波动。可见，与其他实地调研方法相比，体验调研法的成功保证之一是，调研人员的身份不能被被调查者发现，保证所进行的只是一次“选购”行为而非市场调研。

4.4.4　体验调研法的控制

与其他市场调研方法一样，为确保市场调研活动能够达到预期目标，需要事先估计在市场调研活动实施过程中会存在哪些可能导致调研活动失败的因素，然后再确定控制目标与控制程序。在体验调研法实施过程中存在的隐患，已经十分明了。

（1）搜集信息过程的设计与控制。以“调研窗口 4-5”为例，观察售货员是否“以貌取人”，因而在调研过程中，就应该注意尽量避免被被调查者发现调研人员的特殊身份，导致获得的信息没有利用价值。

（2）问询与行为的设计与控制。以商店售货员的文明礼貌为调研目的的体验调研来看，如果调研人员的行为举止非常符合商店售货员对顾客身份的判定标准，他们的服务态度就更加真实。要做到这一点，调研机构在选择、培训调研人员时要做好以下几项工作：

第一，挑选更加符合被调查者对顾客判定标准的人，担当本次体验调研的调研人员。

第二，需要对调研人员做好相关知识的培训工作，以便在被调查者面前提出问题时，不露出自己的真实身份。

第三，需要对调研人员做好其将扮演的顾客的心理活动与行为习惯特征的培训，以便让他们在被调查者面前很像顾客，提出的问题或行为表现也符合顾客的特征。

（3）确定调研内容和信息汇总的标准。调研机构必须确定：使用什么行为、语言，观察被调查者的什么反应。如果准备通过一组语言或行为，获得对被调查者的某一特定文明素质的信息，就需要规定各项问句提出后得到的反应结果，在综合评价时各自的比例，即权重。

本章小结

在被调查者不愿合作，或者调研人员希望获得更加接近事实的信息时，可以选择采用观察法来搜集信息。为使调查信息更富有公正性、客观性，调研人员可以采用机械观察法，若需要随时对观察目标做出调整，调研人员可以采用人员观察法。现在调研人员还可以选择体验调研法。

市场调研往往希望搜集具有因果关系的信息，这时可以选择实验法，若为确保研究结果更具有科学性价值，能够做进一步统计分析，调研人员可以选择正式实验设计。当调研人员只是希望验证某些因果现象是否存在，又感到自己无法完整地按照随机抽样的原则完成各阶段的实验设计时，可以采用非正式实验设计完成预期的实验。

练习题

1. 观察法包括哪些具体的类型？这些方法各有什么优缺点？
2. 实验有效性的完整定义应该包含哪些内容？可以通过哪些方法来提高实验有效性？
3. 非正式实验设计具有哪些特殊的作用？
4. 标准非正式实验方法的实施步骤是什么？
5. 体验调研法的特点有哪些？怎样对体验调研过程进行控制？
6. 与询问法相比，观察法、实验法和体验调研法有哪些优点？

◆ 案例讨论 4-1

音乐与顾客购买间的关系

英国的莱斯特大学与萨拉大学的研究人员最近共同完成了一项研究。他们选择了一家普通的酒店作为实验对象，做这样的实验安排：第一天晚上不播放任何音乐，第二天晚上只播放流行音乐，第三天晚上只播放如贝多芬、马勒等的古典音乐作品。续重复18次后，他们发现：播放古典音乐的那天晚上，顾客购买出现明显的差异，他们会多要一份甜食、一杯咖啡、一瓶好酒甚至一道正菜。

参与次项研究的心理学家诺斯教授对此解释道："人们在听到古典音乐时会感到自己很有教养或很高雅，这种心理会导致他们购买那些原来认为奢侈的东西。"诺斯进一步说道：

"在英国的酒店、餐馆，若是播放德国音乐或德语歌曲，顾客会更多选择购买德国产的酒，当然如果播放法国音乐或法语歌曲，顾客则会更多选择法国产的香槟酒。这次实验结果也证实了这种假设的成立。"

另外一些心理学家有不同的解释，他们认为古典音乐的节奏较为缓慢，在节奏缓慢的音乐中人们容易产生时间过得相对更快的感觉，而会延长就餐时间，节奏快的流行音乐则恰好相反，它会向顾客提供更多的信息，会对时间产生缓慢的错觉，从而导致其缩短就餐时间，购买少也就十分自然.

问题讨论

1. 案例中，研究人员从设计实验程序到得出结论的过程中存在什么问题？为什么这么说？

2. 你有没有准备尝试采用这种方法完成一项市场调研任务？

◆ 案例讨论 4-2

观察法在研究购物行为上的新趋势

店内购物行为成为目前消费者行为学研究的一个新方向和热点，很多研究发现，店内因素（如店内陈列、促销工具等）对顾客购物行为及最终决策都有重要的影响，具体体现在保持品牌忠诚度，说服消费者更换品牌或购买更大价值的产品等方面，甚至有一些研究提出 70%左右的购买决策都是在店内做出的。

从研究内容上看，店内购物行为研究主要集中在：购物者店内决策过程及影响因素，店内促销活动的效果及陪同者的影响等方面。 在研究方法大多采用入门和出门访问（Entrance & Exit，E&E），即在购物者进店前和出店后分别进行问卷访问收集数据的方法。这种方法的优点是容易执行，受环境限制较小，应用范围比较广泛，输出的结果可以对店内影响因素做定量评估，并提供改善建议。

这种通过访问收集数据的方式起源于对消费者心理进行研究的"推导性模式"，在应用于购物行为研究时有几个不可回避的缺点，具体表现在：

首先，由于店内购物行为的复杂性，很多行为都无法转变为简单的问题来询问。例如，在购物过程中，陪同者和促销员甚至与陌生人在货架前的互动对购物者最终的购买决策都可能起作用，但是通过访问，我们却无法得到互动行为真实直观的结果（William D. Wells，1966）。

其次，购物过程中很多行为往往是潜意识的，在访问时往往没有办法被很好地回忆起来。同时消费者在访问过程中也经常下意识地掩饰自己的真实倾向（Wimmer and Stiles，

2001）。例如，我们在2005年在对调味品进行的研究中就发现，店外访问时，仅有19%的购物者表示他们曾经阅读过包装背后的文字，但实际店内观测中发现大约53%的顾客在购买该品类产品时会仔细阅读包装后的说明文字。

最后，在访问中收集数据，无论是问题及分析方向都是从研究者的角度为出发点的，收集数据的过程经常会因为回答者的理解能力和出发点不同出现偏差，最终导致结论不准确。

而通过对购物者店内购物行为进行直接观测则可以很好地弥补这些缺点，本文的第一部分将对观察法在购物行为研究中的重要应用实例进行简单回顾，并讨论观察法在应用过程中的优缺点。

1．通过自然观察法对购物行为进行研究的文献回顾

自然观察法就是在不干扰购物者的情况下，通过对购物者的行为进行直接观测来研究消费者的购物行为的方法。

自然观察法收集数据的方式一般有两种：一是观测人员在固定位置或对购物过程进行跟踪，详细记录顾客的整个购物过程，然后再对记录的内容进行量化处理获得数据；二是使用事先设计好的行为表格，由观测人员根据顾客的购物行为在相应的位置进行记录，收集数据。两者的区别在于前者记录整个购物过程，后者则只挑选其中的重要行为进行记录。

定点自然观察法就是观测人员在固定的地点（通道）记录顾客的购物行为。

自然观察法和店外访问方法结合研究了顾客在店内购物过程中与价格、促销工具、陈列和其他店内因素的互动行为。通过设置不同的情景，比较了按原计划购买产品与未按计划购买的购物者在购物时间、经过的地点和与店内因素互动程度上存在的差别，从而为零售商如何改善自己的店内陈列提供了建议。

观察法对购物者店内购买行为研究的优势非常明显，主要体现在以下几个方面：

首先，通过观察法可以发现在购物过程中顾客没有提到或意识到的有价值的潜意识行为，为研究者提供探索性的发现，并通过其他的研究方法数据进行证明。

其次，通过对自然状态下的真实购买行为进行观测，有效避免了因为被访者对问卷理解不同，或者顾客有意识掩饰自己的行为等原因造成的数据偏差。

最后，观察法可以准确描述影响购物行为各影响因素的作用过程，提高店内环境与顾客的互动效率，也可以帮助零售商改善店内摆设。

长期以来，观察法都没有被大多数的研究者所重视，很少被作为独立的研究方法。究其原因，主要有以下三方面：

（1）由于购物行为的复杂性，如何从中提炼出有价值的关键行为，也就是如何把观测到的复杂购物过程，转化为客观数据，从而进行分析就成为一个难题。为了更简便地获得数据，有些实证研究使用事先制定的行为表格，但这样会导致获得的行为数据过于简单，

很容易遗漏有价值的购物行为，限制观察法的探索性价值。

（2）由于观测本身具有很大的主观性，现场的观测记录主要依靠观测人员个人的主观判断，很容易导致最后收集的数据有偏差。同时由于购物过程的场景无法重现，需要观测者在短时间内做出判断，所以对现场观测人员要求较高，但数据结果也很难达成一致。

（3）尽管观察法在行为学研究上已经得到了广泛应用，但是由于成本昂贵和时间较长，样本量一般较小，因此无法回避抽样误差的问题。所以如何进行大样本的行为研究，从而寻找到复杂购物行为背后的一致性，也是观察法要解决的问题。

对购物行为进行拍摄，然后对获得的视频进行分析，是解决上面所说的3个限制非常重要的尝试。

2. 观察法在技术上的革新

很多研究探索了对视频分析获得数据的操作性。在总结以往实践的基础之上，我们在观察法的执行方式和观测技术上都进行了相应革新，综合为计算机辅助观察工具，延续自然观察法的思路，更新为以下3个方面.

（1）对购物行为进行录像观测。在不干扰顾客正常购物的情况下，在购物真实场景安装微型录像设备，录像设备覆盖了整个品类的购物过程，可以全天候运作并记录持续多天的视频。录像设备非常轻便，可以实现短时间内安装和拆卸，并且可以实现远程遥控控制。同时由于视频的可重复播放性，很大程度避免了因观测人员在店内观测中受时间限制无法记录全部行为的缺点，同时视频可以使更具丰富经验的研究人员参与并控制数据处理过程，提高了行为数据的质量。

（2）对视频进行编码分析。开发专业的视频编码软件，对视频的购物行为进行编码分析。在对购物行为视频反复研究讨论的基础上，制作标准行为码表。经过针对性设计的编码软件也可以在编码过程根据设定好的逻辑进行自动查错，使所有编码过程的质量控制更加标准化和智能化。软件还实现了多人同时对同一视频资料的读取，从而大大减少了时间成本，实现规模化和标准化的行为数据产出。通过编码不仅可以记录购物行为出现的次数，也可以精确地统计购物行为的持续时间、购物行为的对象、先后顺序及不同购物行为之间的关系等。

问题讨论

请效仿实施一次案例中提出的新的观察方法，能否获得新的感受？

第 5 章

市场调研问卷设计

◆ 引导案例

飞利浦公司的一份市场调研问卷

飞利浦电子有限公司服务部准备对其特约维修站的顾客做一次调查，下面是公司设计的一张调查问卷。

亲爱的顾客：

感谢您于近期光临飞利浦特约维修站！

为了不断提高我们对客户的服务水平，请您花费宝贵的几分钟时间提出一些想法和建议。

谢谢！

1. 您对故障的解决是否满意：是□　　否□

2. 您对下列各项的满意程度：	很不满意	不满意	可以接受	满意	很满意
• 您的等待时间	□1	□2	□3	□4	□5
• 维修所花费的时间	□1	□2	□3	□4	□5
• 维修的质量	□1	□2	□3	□4	□5
• 服务态度	□1	□2	□3	□4	□5
• 服务人员的专业技能	□1	□2	□3	□4	□5
• 技术能力	□1	□2	□3	□4	□5
• 故障原因及修复的解释	□1	□2	□3	□4	□5

3. 如果您需要购置或更新产品，您是否再次愿意购买飞利浦产品？

□1 肯定会　□2 可能会　□3 不一定　□4 可能不会　□5 肯定不会

4. 您最近一次光顾的特约维修站名称是________________________。

5. 其他建议________________________________

再次感谢您的合作！请您将问卷装入回邮信封寄出。

本章主要学习内容：

- 市场调研问卷的定义与基本功能
- 市场调研问卷的设计流程
- 掌握问句设计的基本方法
- 了解问卷设计中经常存在的错误

5.1　市场调研问卷概述

5.1.1　市场调研问卷的定义

市场调研机构预先将准备向被调查者询问的问题，逐一列在一份表格上，在市场调研过程中，这份表格就是市场调研问卷。从这个定义来看，在所有的实地调研方法中，都会看到市场调研问卷的影子。

（1）狭义的市场调研问卷。在各种问卷调查中看到的就是这种问卷，此时被调查者是从问卷中“看到”调研机构向自己提出的每项问题。

（2）调研提纲。在各种访问法的运用中，被调查者是“听到”调研人员根据一份表格向其提出每个问题，这份表格被称之为调研提纲。

（3）调研量表。在一些问卷调查中，调研机构为了更加准确地测量被调查者对某对象的态度上存在的差异程度，或者为完成定量分析而采用的特殊问卷——调研量表。

（4）观察记录表。在结构式观察法的实施过程中，所有的观察人员都根据调研机构规定的记录表，如实记载观察目标的实际状态。观察人员根据自己的观察、判断，替被调查者回答了所有问题。

（5）实验记录。由实验人员根据调研机构规定的实验过程记录要求，记录下实验自变量与实验因变量的数据。实验人员帮助实验单位——被调查者，回答了所有的问题。

5.1.2　市场调研问卷的基本功能

这里是指狭义的市场调研问卷的基本功能。

（1）锁定市场调研目标与相关问题。设计市场调研问卷之前，调研人员首先需要确定市场调研要达到的目标是什么，再确定实现这些目标必须搜集哪些相关信息，最后确定搜集这些信息需要向被调查者提出什么问题。所以市场调研问卷的设计人员必须遵循：在调研问卷中不能提出与实现市场调研目标无关的问句。

（2）连接调研机构与被调查者的纽带。采用间接问卷调研，调研机构无须拥有大量的调研人员，只是通过市场调研问卷与每位被调查者实现“提问—回答—搜集信息”的获取信息的过程。问卷设计人员不清楚被调查者的知识架构，不了解被调查者对调研问卷中的一些概念的理解能力，就会从而导致被调查者无法理解问句的含义，而无法回答或错误回答，使得市场调研误入歧途。可见，调研问卷的设计人员需要明白，自己所设计的问卷中的所有问句，以及问句中的主要概念能否被被调查者准确理解，将直接决定问卷调研的成败。

（3）决定研究方法能否实施。问卷中提出哪些问题，以什么方式提出问题，都将决定市场调研搜集到的信息的类型，而这又直接关系到在市场调研方案中确定的研究分析方法能否有效使用。例如，问卷若要调查人们对某商品的购买意愿、接受的程度等，这些都难以使用定量分析方法实现既定调研目的。可见，问卷设计人员在设计调研问卷的问句时，需要与市场调研信息分析人员多做沟通，确保搜集的信息符合市场信息分析方法的规定。

5.2 市场调研问卷设计的流程与方法

为了确保市场调研问卷设计的科学性，提高调研问卷的完整性，在问卷设计中需要遵循相关的设计流程，通常市场调研问卷的设计流程如图 5-1 所示。

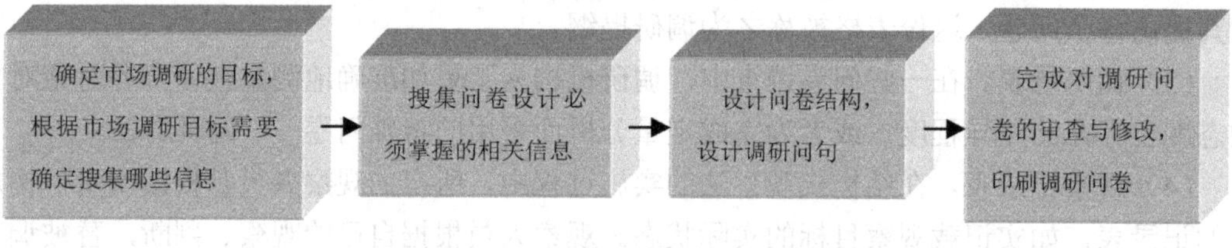

图 5-1 市场调研问卷设计的流程

5.2.1 确定市场调研的目标

调研问卷是市场调研机构为达到某种目标，向被调查者询问一些有关问题的特殊方法。所有的问卷都是由一系列相关问句组成的。那么，市场调研问卷中应该提出哪些问句呢？

（1）确定市场调研目标。只有首先确定市场调研目标，才能再进一步确定为实现这些目标必须搜集和掌握哪些重要信息。例如，市场调研目标是：2012 年中国大陆购买苹果 iPad 的消费者人数，为实现这一目标就必须获得中国大陆有苹果 iPad 情结即“果粉”的人数，这些人的收入与消费水平及他们对 iPad 功能的理解程度等信息。

（2）确定应该提出的问题。在确定实现调研目标必须掌握的信息后，就可以进一步确定全面掌握这些信息需要提出哪些问题。往往会发现要全面掌握某方面的信息，需要提出几个相关问题，例如，掌握“果粉”对 iPad 功能的了解程度，就需要提出多个问题。

所以，调研目标决定需要掌握哪些信息，需要搜集的某方面信息又决定调研问卷中应该提出哪些问题。而此时也仅仅是确定必须提出哪些问题而已，问题与问句不能等同，问句含有两层意思：提什么问题和怎样提出这个问题。

5.2.2 搜集设计问卷的相关资料

为了确保市场调研活动能够顺利进行，应该在问卷设计前全面地了解被调查者的知识水准、理解能力等相关信息。

（1）搜集被调查者的阅读与书写能力的相关信息。对于采用间接问卷调研方式搜集市场信息的市场调研机构来说，自己面对的每位被调查者必须具有一定的阅读和书写能力，因为对于他们，市场调研机构所提出的所有问题，是以问句的形式写在问卷上的，是他们“看”到的问题。只有具有一定的阅读和书写能力，才能保证他们正确理解问题，进而确保准确回答问题。在国内开展问卷调查的研究机构一定要清晰地知道，人群中有一定的文盲率，而在调研区域内被调查者的文盲率较高时，会导致样本单位减少，而使得某些研究结果的最终质量不能达到预期的水平。

（2）搜集被调查者的专业知识水平相关信息。问卷由问句组成，问句中多少都会含有一些专业词汇，这些词汇又都属于某种概念，有些概念的理解需要被调查者有一定的专业知识水平。例如，询问被调查者的收入水平，有些人就会说因为他们没有工作就没有收入。只有掌握一定经济学知识的人才会理解，收入是指从各种来源取得货币与实物收入的总称。有一部分被调查者认为收入仅是货币收入，那么就会导致调查结果的不可比。更大的隐患是被调查者的专业不同，虽然都是大学本科毕业，但对于相同的一个问句或是问句中一个概念的理解存在差异。例如，IT 高新技术产业是信息产业的缩写吗？或者 it 必须大写吗？这种理解的差别会导致得出截然不同的回答结果。其实，搜集上述相关信息是一种较为容易的工作，调研机构只须向相关区域人口普查组织询问一下，当地文盲率统计数据和目标被调查者人群的专业知识结构数据即可。

◆ 调研窗口 5-1　城市道路社会公众满意度问卷调查

- 调查方式：上海市城市社会经济抽样调查队开展全市市民的抽样调查
- 调查问卷含有三大部分

  -城市道路：测评指标有 6 方面

车行道，人行道，道路附属设施，桥梁天桥与地道，道路施工，总体评价。

—城市快速通路（高架道路）：有5项考核

路面平整，道路及附属设施整洁无垃圾，道路及附属设施维修与养护，快速清障，绿化与景观灯光。

—越江设施（与城市快速通路的考核项目相同）。

在上海市城市社会经济抽样调查队为搜集上海市民对自己生活的城市道路状况的满意度信息而设计的调研问卷中，最重要的是：问卷中提出的问题既是市民心目中所理解和实际感知的“有关城市道路现状的问题”，同时又属于研究机构想要获得的“市民对城市道路现状是否满意的信息”。而许多时候，问卷设计者所考虑的仅仅是后者，从而导致自己认为提出的“有关市民对道路交通现状的满意度问题”与市民能够感知的“有关道路交通状况信息”相差甚远。例如，根据城市交通管理法规的一些规定，行人与非机动车驾驶人员（大多数上海市民属于此类）在高架快速通道与越江隧道上行走属于非法行为，这样大多数市民就无法感受“城市高速通道和越江隧道现状”的各项问题，也就无法回答这些问句。即使得到被调查者的回答，这类信息也缺乏利用价值。

5.2.3 问卷结构设计

市场调研问卷有一个相对固定的结构。参考引导案例，一般的问卷都由4部分组成。

1. 问卷的介绍词

这是由于间接问卷调研不能直接与被调查者接触，所以必须有介绍词，问卷中介绍词应简单明了。主要包含以下3项内容。

（1）调研机构自我介绍。调研机构的声望、权威性等都会对被调查者的合作意愿产生重大影响。所以，在介绍词中要做好自我介绍。

（2）阐述调研目的。要简洁明了地告诉被调查者，开展此项市场调研活动是为了达到什么目的，最好市场调研机构在设计问卷之前对目标被调查者的兴趣、追求的利益等有一定的了解，因为如果你的调研目的与被调查者的兴趣或追求的利益有关，无疑会提高他们的参与感。

（3）对被调查者提出参与此项市场调研活动的一些要求。例如，参与此项市场调研活动的人会得到一份礼物。更多的调研机构会告诉被调查者应该在什么时候完成问卷的填写，应该怎样理解重要问句中的核心概念，等等。

2. 问卷的问句

提出为搜集各种信息而设计的具体问句。这时问卷设计者遇到的问题是如何设计问句和如何确定问句之间的前后顺序？先介绍设计问句顺序的技巧。

（1）问句的顺序安排。问卷设计者应该遵循这样几项原则：

第一，简单问题在前，复杂问题在后，这样可以预防被调查者一眼看到问题难以回答，而拒绝回答后续问题现象的出现。如果开始的问题都很简单，被调查者一旦选择参与，当随之发现问题回答的难度不断提高，也会在“不能虎头蛇尾”心态的驱使下强迫自己继续回答。

第二，先提问被调查者熟悉的问题，再提出他们陌生的问题。这样做的目的与上一条原则一样。

第三，先提问令被调查者产生兴趣的问题，随后提出可能令他们产生压力和紧张的问题。这一原则的目的也与第一条原则一样。

但是，问题随之出现，对于被调查者而言“简单和复杂”“熟悉与陌生”“兴趣与紧张”不同的人会有不同的感觉。设计者应根据谁认为“简单”来设计问句？这些人认为简单而另外一些人会感到“这些问句很难回答”。为了解决这个问题，问卷设计前需要对被调查者的特点开展细致的调查摸底。以便问句对多数被调查者而言“简单”“有兴趣”“很熟悉”。

第四，先提问行为方面的问题，再提问导致行为发生的动机、态度方面的问题。这样做的原因是行为是动机之果。看下面的例子。

你是否经常单击 sohu 网站？——有关某种行为的信息

□ 是　　□ 否

你经常单击 sohu 网站的原因是什么？——有关动机的信息

□ 页面设计独特　　□ 有许多令自己感兴趣的信息　　□ 信息更新快

第五，将可能被被调查者视为“涉及个人隐私的问题”放在最后。许多时候，有些被大家视为隐私的问题，为完成市场调研目的而无法取消，如年龄、月薪、婚姻状况等，一定要放在最后提问的问句之中。这样做的原因是，随着不断回答问题，被调查者的警惕心理会有所松懈，在不经意间回答了原本不想回答的问题，或者被调查者意识中“善始善终”的心态使然。

第六，尽量遵循人们的逻辑思维顺序提出问题。关于为什么这样做，在第四项原则的解释中已经阐述。

（2）选择问句的类型。先提出“封闭型问句”，再提出“开放型问句”。因为封闭型问句较容易回答。

（3）问句的有效连接。采用“连接”方式将相关问题连接在一起。这样做的目的是既方便回答者对比思考，提高回答的效率，同时也便于研究人员开展关联关系分析。看下面的例子。

您是否经常光顾“摩托罗拉”专卖商店

□ 是——请继续回答问句 d

□ 否——请继续回答问句 e

3. 有关被调查者的个人资信

设置这类问题的原因包括以下几条。

（1）便于调研机构对问卷的真实性开展复查审核。对于采用个别访问方式搜集到的资料，调研机构为确认资料的真实性，会开展复查审核，这就需要掌握被调查者的地址、电话号码等资料。

（2）便于对搜集到的资料做更加细致的分类工作，以便随后开展相关分析之需，如性别、年龄、职业、文化程度、婚姻状况等个人信息，在以后相关分析中会有重要作用。

（3）是调研机构以后的被调查者样本。留下更多的信息为以后开展新的研究提供调查样本。

4. 调研活动的记录

这部分内容在邮寄问卷调查等问卷调研方法中都不会存在，而在个别访问、拦截式访问、电话访问和小组访谈等询问法中都必须存在。这是为了便于调研机构对每位访问人员所提交的调研资料的真实性进行审查。

5.2.4 问卷的测试与修改

问卷设计百密一疏，要在问卷送达到被调查者手中之前，发现问卷中存在的问题，及时修改，确保市场调研目标的实现。

1. 确定问卷检测的内容

从以下几个方面对设计好的市场调研问卷进行质量检测。

（1）各项问句在提问方式上是否能够确保获得预期的市场信息。有些信息对于被调查者而言有一定的“隐私性”，为了达到搜集准确信息的目的，问卷设计人员就必须“转弯抹角”地提出一些具有密切关联关系的问句，直到被调查者在不经意之间“如实回答”。

（2）各项问句能否为被调查者准确理解。在问卷中绝大多数问句是由词汇组成，而问卷设计者在选择词汇时一定要考虑被调查者是否能够准确理解。在中国某些词汇在不同地方会有很大的理解差异。例如，燃气助动车，这是上海地区的称谓，而在有些地方称助力车、摩托车等，这种称谓上的差异，会因为被调查者的不同理解导致获得的调研资料没有任何利用价值。

（3）各项问句是否能使被调查者更缜密地思考并做出准确回答。问卷的结构设计是否巧妙，不仅可以隐蔽市场调研机构的调研目的，更能够引导被调查者按照调研机构预设的路径回答问卷中的每项问句，最终达到调研机构的目的。

（4）各项问句是否能保证获取的信息可以利用调研方案中设置的方法完成研究分析。问卷设计者应该明白，设计问句不仅仅是为了搜集相关市场信息，更应该利用研究分析方法，揭示信息背后的规律特征，而要达到一定的目标就必须使用一定的研究分析方法，很多研究分析方法对所依据的信息有一定的要求。例如，只有随机性的数值型信息才能运用统计学的研究分析方法，否则研究分析的结果没有任何意义。

2. 确定问卷测试的原则

也就是要确定根据什么原则对问卷的有效性做出判断。

（1）一致性原则。一致性原则包含两层含义：一是问卷中的问句是否与调研目标的实现有关；二是问句中含有的基本概念是否符合市场调研机构对调研目标的定义，而这个定义是否与被调查者的理解相同。例如，为掌握目标市场的规模，调研机构需要搜集购买力水平的详尽信息，问卷设计人员设计了这样的问句：

您去年的工资收入为

□ 800～1 000元　□ 1 001～1 500元　□ 1 501～2 000元
□ 2 001～3 000元　□ 3 001元以上

虽然被调查者的工资收入将成为其购买力的重要组成部分，但是对于许多人来说，他们可能没有工资收入（如个体户），或者工资收入仅是其购买力的一小部分，搜集到的这种信息无法帮助市场调研机构准确确定被调查者真正的购买力水平。唯一的解决办法是修改这个问句，也可以增加新的问句。

（2）逻辑性原则。逻辑性原则是指把相近的或相关的问句放在一起，这样做的目的有两个：一是帮助被调查者更容易思考问卷中的每项问句，做出准确回答；二是帮助市场调研机构，根据问句之间的逻辑关系，检验被调查者对每项问句是准确回答还是敷衍了事、弄虚作假。对于问卷设计人员来说，为符合逻辑性原则而将在理论上存在相关关系的问句设计成上下问句。例如，收入水平与消费结构、生活方式与购物习惯、年龄与受教育水平等都会存在一定的关联关系，设计人员就有意将这样两组问句设计在一起。看下面的例子。

A1. 当大家说起啤酒时，您最先想到的是（请从以下选项中选择3个并排出顺序）

□ 力波（BEER）　□ 青岛　□ 百威　□ 燕京
□ 世好　□ 三得利　□ 喜力　□ 其他（请指出）________

A2. 您是否知道青岛有“青岛”和“崂山”两个著名啤酒品牌？

☐ 是　　　　　　　　☐ 否

如果某位被调查者在回答A1时，选择的答案是“青岛、百威、喜力”，而在回答A2时选择的答案是“否”，则可以根据逻辑性原则得出判断：他做了一次虚假的回答，或者是“心不在焉地草率回答”。总之，这位被调查者的回答无效。

（3）准确性原则。从理论上讲，持有相同态度的两位被调查者，在回答同一问句时的答案应该是一样的，起码是非常接近的。但是由于文化上的差异等原因，被调查者的回答出现明显差别，以致调研人员将其划分为两种不同的态度，或者属于两类不同的人群。这种结果将导致市场调研的失败。因而，问卷设计者除了在问卷设计时根据逻辑性原则增加对被调查者真实态度测量的问句外，还应该注重每个问句中含有基本概念意义的词汇在不同地区是否存在表述方式不同的情况。解决这类问题通常采用以封闭型问句替代开放型问句的方法。例如，市场调研机构在某市开展公共交通工具的使用率调查时，使用了下面的问句：

你是否经常乘坐公共交通工具外出________________。

设计人员在检测问卷时发现，上述问句存在两个问题：第一，“经常”一词对于不同的被调查者会有不同的理解，是至少35%才属于经常，还是至少50%才属于经常？回答结果难以保证准确性；第二，对于“公共交通工具”不同的人也存在不同的理解。出租汽车、地铁等是否属于公共交通工具？

所以设计人员做了这样的修改：

您每天上下班或外出时要乘坐巴士、电车等公交工具的次数？

☐ 1次　　　　☐ 2次　　　　☐ 3～4次　　　　☐ 4次以上

问卷设计者需要遵循一个基本原则——就具体事实提问而且尽量搜集定量数据。这样做的原因是让被调查者理解问句所指的具体问题，同时由于是定量数据，也便于调研机构做深入细致的分析。

3. 确定问卷检测的方法

问卷检测的方法有3类：调研机构自查、专家小组审查、被调查者样本小组预答结果核查。无论采用哪种检测方法，对市场调研问卷的检测大都围绕以下几方面展开。

（1）相关性。为节省被调查者回答问卷的时间和市场调研的费用，凡是与实现市场调研目标相关的问句，以及有利于反映调研对象特征重要信息的问句都留下来，反之全部删除。

（2）完整性。检查通过相关性检查留下的问句是否能够实现本次调研的所有目标，如果不能满足这一条件，说明问句设计存在遗漏问题，就必须补充问句。

（3）表达是否清楚、准确。是否有导致产生歧义的词语出现在问句中。应该使问卷中的所有问句，问句中包含的所有概念，都能被每位被调查者准确、一致地理解。提高市场调研的有效性。

所谓调研机构自查，就是由问卷设计者的自我审核修正，问卷设计者把自己设想成市场调研信息的需求者，用其眼光审视每项问句是否为“我需要的”，以此做出是否增减问句的决定。问卷设计者还可以把自己设想成问卷的回答者，设想“这个问题我明白了吗”或“这个问题真的太复杂，难以做出回答”，然后再决定怎样修改。一旦修改就会改变问卷的长度，即问卷中设置多少问句。问卷中应该有多少问句，通常与调研目的、调研的方法、回答者的应对能力、调研的经费要求、时间的限制等有关，例如，采用电话访问、拦截访问等方法搜集信息，都严格限制调研提纲所包含的问题数量。而入户访问则可以多设计些问题。

专家小组审查是由调研机构邀请若干位市场调研专家组成专家组，请专家就这份调研问卷能否达到调研方案所规定的调研目标，以及能否利用调研方案中确定的分析方法，完成对调研资料的分析处理工作。专家需要审查的主要内容是根据相关性、完整性原则，检测调研问卷与调研目标的关联度。如果存在关联度不高的问题，专家小组需要提出如何修改和补充问句及修改和补充哪些问句的建议。

被调查者样本小组预答结果法是调研机构从调研对象范围内抽取一定数量被调查者，将设计好的问卷初稿发给他们进行试调研。例如，开展小范围的现场访问，记录访问过程中问答双方对问卷的反映和评价结果。还可以向调研对象范围内的被调查者，发出设计好的问卷，在收回问卷后检查这部分问卷中存在哪些明显的问题。例如，问卷的回答时间是否过长，被调查者是否能正确理解问卷中设置的问句，如果有10%以上的被调查者对同一问题提出质疑，问卷设计者就应考虑对该问题进行修改。在重新考虑时，设计者应站在被访者的立场上问自己：“这个问题的意思表达得是否清楚？”调研机构还可以发现问卷在传送方式上是否不便，问卷的回收率多少等信息。这些信息可以帮助市场调研机构确定问卷长度，确定向被调查者做出的占用对方时间长度的承诺，以及确定更加合适的问卷传送方式。

5.2.5 计算机辅助问卷设计

在国外市场调研活动中，问卷设计更多地采取计算机辅助技术来完成。计算机辅助问卷设计已发展成为一个全新的领域。一些公司专门着手开发一些问卷设计软件，把问卷的文字处理到最终定稿都交给程序来运作。同时，计算机问卷设计软件还与相应的统计分析软件相配合，使得问卷在搜集到相关市场数据后，就可以按照已经确定好的统计分析模式完成数据分析与处理工作。计算机辅助问卷设计系统具有以下一些特点。

（1）便利性。在典型的问卷设计程序中，设计者通常要考虑问句的形式、答案的种类，以及是否可选择多个答案、如何编码等。所谓便利性是指设计者可以将一些相对固定的程式以菜单的形式写入问卷设计软件，在设计每项问句的形式、答案类型时，就可以直接从系统中调出。便利性特点还表现在帮助问卷设计者完成问卷格式和其他部分内容的设计，如问卷的介绍词、被调查者个人信息与调研活动过程，由于这些内容相对固定，问卷设计人员完全可以将这些设计任务交给计算机完成。

（2）数据分析和报告工作的完成。大多数问卷设计软件同时兼有数据分析、图形例示及提供最终报告的功能。问卷设计软件可以列出相应问题的各个答案的百分比，并把问卷的各项调查的结果，生成表格，这些表格也可在其他软件，如 SPSS 中使用，便于进一步分析。

5.3 市场调研问句设计

5.3.1 准确设计市场调研问句的意义

市场调研问卷的设计质量很大程度上取决于问句设计的质量，准确设计问句的重要性可以表现为以下几方面。

1. 问句设计是采用间接问卷调研方法实现市场调研预期目标的关键

采取间接问卷调研方法是搜集市场信息的重要途径，调研人员无法与被调查者接触，也就无法解答问卷中被调查者无法正确理解的某些问句，或某些问句中的一些词汇和概念，市场调研问卷成为调研机构与被调查者之间联系的唯一纽带。问句又是问卷的核心组成部分，问句设计错误意味市场调研活动还未开展，就已经注定要失败。

2. 问句设计是否能够将市场调研问题转化为具体的问句的关键

问题转化为问句包括两件事：提出的是一个什么问题？怎样更好地提出这个问题？设计问题本身和设计提问方法是两件事情。例如，完成本项市场调研一定要向被调查者提问这项问题？如有关被调查者的年龄。一定要问！怎样提问会更容易被被调查者理解、接受？

您的年龄是________________

请问您贵庚________________

您的出生日期：____年____月____日

一定要先设法了解被调查者的性别、文化等特征，再做出适当的选择。

3. 问句中的核心“关键词”的含义，要能够被被调查者准确、一致地理解

这一点在阐述如何对问卷完成检测时做了说明。

问句的形式主要有两种，即开放式问句和封闭式问句。所谓开放式问句是指问卷设计者只提出问题而不提供回答该问题的答案，回答者可以针对问题的主题畅所欲言，表达自己的看法和意见。例如，你觉得中国申奥成功对中国经济的发展有哪些积极意义？而封闭式问题则正好相反，问卷设计者不仅设计问句还须设计回答该问句的选择答案，回答者只须做出某些选择即可表达自己的看法或者意见，回答者能够表达自己更为开放的观点的空间很小。

5.3.2 封闭式问句的设计

根据市场调研的目的和所需要搜集的市场信息，问句设计人员可以选择的封闭式问句主要有以下几种类型。

1. 是非型问句

此类问句的答案只有两个：“是”或“否”，而对被调查者来说，在回答时也认为就存在“非对即错”的两种选择。例如，在一次有关空调产品的市场调研中。有这样的问句：

您家购买空调了吗？（请打√）

□ 是　　□ 否

这类封闭式问句大多出现在问卷的开始，其作用是提供被调查者与调研目的有关的分类信息。如某位被调查者选择“是”，那么他就被归到“已经购买者”一类，作为空调厂商提供维修服务的“潜在顾客”，更可以作为后续展开的“用户满意度追踪调查”的样本单位。

这类问句在设计上存在的主要问题是，问句中的关键措词的含义是否准确。在上面的例子中，是询问“是否购买”好，还是询问“是否安装”好？就要结合后续问句的目的来决定。像空调这类产品可能存在厂商售后安装服务不到位的情况，如果想同时搜集这种信息，就应该选择“是否安装”。

2. 多项选一型问句

设计者在设计某项问句时，提供给被调查者选择的答案有多个，但对此有明确的规定“只允许选择其中一个”。而对于被调查者来说，回答这项问句在客观上也存在多种不同的结果。看下面的例子。

您在（或您如果在）购买空调时最关注的是下列因素中的哪个？（请打√）

□ 价格　□ 品牌　□ 款式　□ 功能　□ 售后服务　□ 其他（请指出）

这类问句设计最容易出现的错误是，设计人员“闭门造车”凭借自己的想象或猜测设计供被调查者选择的答案，导致市场调研获取的信息没有利用价值。当然，只要是封闭式问句都存在提供的选择答案不齐的隐患。解决办法是做好预调研，掌握大多数被调查者的选择结果，提高答案的选中率。例如，被调查者在选购空调时最关注的因素可能不是我们根据营销理论而提出的价格、品牌、款式、功能和售后服务中的任何一项，在预调研后，可以调整原来的选项，使之更加完善。最后一项答案“其他”就是考虑被调查者有其他关注点而设置的。

3. 多项多选型问句

与多项选一型问句不同的是，问句设计者给被调查者更大的选择空间，而对于一些问题，被调查者在选择上很难做出很好与最好之类的顺序选择。例如，很难从“功能”与“价格”两者中选择哪个是“最关注”的因素。而多项多选型问句设计就极大地方便了他们的回答。其实，有许多时候调研机构想搜集的不仅仅是“被调查者最想得到的”而是“被调查者主要想得到的”信息。

您（或者您如果）在购买空调前就下列因素中选择较关注的前三种（请打√）

□ 销售空调器的商店　□ 介绍商品的营业员　□ 提供的安装时间长度

□ 提供保修期的长度　□ 气温的变化　　　　□ 其他:（请指出）________

对于问句设计者来说，设计多项多选型问句存在的隐患与多项选一型问句基本一样，即问卷设计者以为的被调查者“关注的问题”与被调查者实际关注的问题存在明显的差距，导致搜集到的市场信息实用价值不大。所以解决的办法也是做好预调研。

4. 多项全选排序型问句

当调研机构搜集到某些采用多项多选型问句的调查结果后，遇到的最大问题是对于被调查者选择的答案，无法确定在重要性方面是否存在差异，导致分析研究无法更加深入，例如，在对上面那个问题的调研结果处理后，我们只能说：“有 38%的被调查者所选择的答案为价格、功能与售后服务。”我们无法得出这 38%的被调查者在三个选项的关注度排序上也完全一致的结论，这样就会影响此后的决策，不能确定究竟是从价格入手还是改进产品功能开始。加以改进的办法是采用多项全选排序型问句。

请按您对空调质量的要求为下列品牌空调排序（最好的为 1，最差的为 5）

□ 春兰　□ 格力　□ 海尔　□ 美的　□ 长虹

与多项选一、多项多选型问句一样，问句设计者无法将所有的答案都列出，所以总会存在“被调查者认为最好的空调品牌没有列出，使被调查者感到茫然而草草答完问卷了事”的情况，使搜集的信息质量下降。

5. 矩阵型问句

调研机构认为，将相关问句放在一起，既可以便于被调查者回答，又可以便于调研人员对比和分析。这种问句具有相同的尺度，从而可以对答案做出系统的规定。

请您根据自己的感受回答下列问题（在相应的地方打√）

	不赞同	不太赞同	较赞同	赞同	很赞同
人们对空调的哪些功能越来越关注	□	□	□	□	□
空调的价格下降十分明显	□	□	□	□	□
与价格相比人们更多会考虑品牌	□	□	□	□	□

封闭型问句存在的优点与缺点都非常明显，优点主要有：

（1）因为提供了供被调查者回答某项问题的答案，所以对被调查者来说回答就很容易，只要在相应的地方打“√”就行。

（2）设计人员需要设计供被调查者选择的答案，在设计答案的同时确定每项答案的编码，所以封闭式问句的编码设计比开放式问句在操作程序上来看更加简便。

封闭式问句存在的主要缺点是：

（1）有许多问题，被调查者在客观上会存在多种态度或选择，这导致问句设计者无法完整地列出供被调查者选择的位置答案，答案空缺无法避免。

（2）由于提供回答问题的答案，使得被调查者有“随便打勾应付了事”的态度，导致市场调研质量降低。

因为封闭式问句有这样一些缺点，设计人员在使用这种问句时一定要谨慎、小心。

5.3.3 开放式问句的设计

问句设计人员采用开放式问句的原因主要有：第一，考虑到回答某项问句的答案有许多种，无论如何处理都无法从根本上克服选项遗漏的问题，故而采用开放式问句这种形式；第二，问句设计者暂时无法确定被调查者回答某项问句的全部答案（答案种类并不多）；第三，问句设计者试图通过这种问句达到发现新观点、新态度和新结果的目的；第四，设计者想尽可能减少对被调查者的影响，回答结果可能更客观、真实。

您（您如果）在购买空调器之前会关注的广告信息来源是________________。

很显然，问句设计者在设计有关对顾客购买空调器之前会受哪些广告信息影响的问句时对可能的答案是不能确定的，所以采用开放式问句。问句设计者在选用开放式问句时，同样需要知道开放式问句的优缺点：

开放式问句的优点包括：

（1）可以发现新的线索，问句设计者可以采用开放式问句，即采用不提供回答问题的答案的方式，给被调查者更多的想象空间来掌握自己暂时不清楚的答案。

（2）希望避免由于提供回答问题的答案，而在一定程度上给被调查者以某种暗示，导致被调查者揣摩调研机构或调研人员想得到的是什么，故意迎合这种需要而偏离自己的态度，使得调研机构得到的是不真实的信息。

开放式问句的缺点包括：

（1）给被调查者回答问题造成更多困难。由于开放式问句没有提供答案，可能使被调查者在回答开放式问句时所花费的时间比封闭式问句明显多。

（2）给调研机构对调查资料进行编码的工作造成困难。调研机构只有在调查工作开始后的一段时间，分析先获得的调查问卷所提供的信息，才能确定开放式问句的答案编码原则。与封闭式问句相比，仅从调查结果整理汇总这一点看，就比封闭式问句复杂。

在个别访问、小组访谈等直接面谈中，调研机构会更多考虑采用开放式问句。

5.3.4 投影技术在问句设计中的运用

在许多的市场调研问卷或提纲中，无论是封闭式问句还是开放式问句，大多属于直接问句，即提出的问题都是与被调查者的态度、感觉直接相关的。例如，您家里是否安装了空调器？被调查者马上会有所警觉："他又在做关于空调产品的调研。""您认为在收入水平提高后，人们在购买空调器时会更多地关注品牌和款式吗？"被调查者又会猜想："这人想测试我对空调器涨价状况的忍受力。"无论被调查者对这种猜想是否准确，都将使市场调研搜集的信息的准确与可靠性降低。这样，问句设计者会考虑采用间接问句，即请被调查者以别人的立场来回答某些问题，这种问句常有以下几种类型。

1. 直接联想式问句

这类问句在回答内容上会做一定的限制。

当人们在您面前提到"北大"时，您会想到的是________________。

前提条件是，被调查者对于"北大"都有一致的定义。

2. 间接联想式问句

与直接联想式问句不同的是，被调查者对问句中的核心概念可以有不同的定义。

在听到"苹果"时，您第一个想到的是________________。

如果回答"一种电脑品牌"，那么他是苹果品牌电脑的忠诚顾客；

如果回答"一种牛仔裤品牌"，那么说明他就是苹果牛仔裤的忠诚顾客。

在对品牌忠诚度、认知度、知晓度调研中，采用间接联想式问句会取得意想不到的效果。

3. 故事完成式问句

阐述一个未完成的简单故事后，请被调查者自己完成这个故事。

南京国际购物集团经过一番调研后，在上海南京西路繁华地段，开设了一家新的销品茂，经过一番广告宣传，这家销品茂终于开张了，一个月后____________________。

4. 漫画图解式问句

绘出一个简单、明了的基本情节，设计一个漫画，其中有多人对话，请被调查者帮助图中的人物，设计其可能做出的回答。下面是一个例子。

这是在“十一”长假期间发生在一家首饰商店的场景：一对情侣在选购结婚戒指，请帮助图中的那位先生，填写他会做出的思考。

当一位被调查者看到请他回答的问卷后，他首先会被这幅漫画所吸引，降低警惕性而提高参与此次市场调研的热情。同时还会有“我又不是这个男人”的感觉，而无意之中将自己的想法写出来。

◆ 调研窗口 5-2　速溶咖啡的市场调研

对于“麦氏”“雀巢”速溶咖啡现在几乎无人不晓，但是速溶咖啡在刚投放市场后的连续十年遭遇的市场冷遇则鲜为人知。

第二次世界大战结束后，世界经济得到恢复，工作节奏变化迫使生活节奏也随之加快。雀巢公司认为人们将无暇再在煮制咖啡上多占时间，但是一时又不会改变自己饮用咖啡的习惯。于是就推出无须煮制、直接冲制的速溶咖啡。但是连续十年速溶咖啡难以在市场上与颗粒咖啡匹敌。雀巢公司也曾请许多调研公司和咨询公司对自己在速溶咖啡市场推广失利进行"诊断"，但是这些"医嘱"都不见"疗效"。

在雀巢公司几乎绝望时，一家美国著名市场调查公司来与其洽谈，调查公司承诺，先着手进行调研，再为雀巢公司制定相应的脱离困境的营销方案。

调查是这样开展的。调查公司在大街上选择一家拥有宽敞大厅的餐馆，请 50 位路过的中年妇女来品尝新饮品，随后将她们分为两组，请她们阅读交给她们的购物清单。再根据自己观点对这份购物清单的购买者——家庭主妇做评价。

A 太太购物清单	B 太太购物清单
1. 牛奶 3 升	1. 牛奶 3 升
2. 面包 3 个	2. 面包 3 个
3. 速溶咖啡 2 磅	3. 颗粒咖啡 2 磅
……	……

两份购物清单仅在颗粒与速溶咖啡上存在不同，调研结果却表现出明显差异。

拿到"A 太太购物清单"的一组太太，几乎都对 A 太太做这样的评价：不节俭、不会待客、不会当家理财的太太。

25 位拿着"B 太太购物清单"的太太，共同持有对 B 太太相同的评价：是一位节省的、对客人尊重的、能赢得亲友好感的太太。

人们都有这样一种与生俱来的能力，旁观者清，对别人的评价更仔细，而在对别人做出评价的同时，也暴露出自己的想法、观点、态度及其所持有的价值准则。

请设想：这家市场调研公司会提出一个什么样的市场营销方案以解决雀巢速溶咖啡 10 多年未能解决的新产品滞销问题。

1．人们拒绝速溶咖啡，并非其口味、品质、价格、销售方式上存在问题。而是购买者在观念上有问题。如何转变人们对购买速溶咖啡就是不节俭、不会待客、不会当家理财的观念？是广告！

2．如何在人们改变原来观点后，将产品推入新的市场？还是用广告！

3．传统的颗粒咖啡现在遇到前所未有的挑战，你认为它们应该怎样办？传播新的生活方式和理念，让消费者直接参与生产！

5.4 市场调研问卷设计中常见的错误

市场调研问卷设计者经常会犯一些常见的错误，指出这些错误的目的是希望后来者不要再犯低级错误。

5.4.1 封闭式问句的答案设计错误

1．答案设计中的遗漏

许多市场调研问题有多个答案，为了控制问卷的长度和分析的简便，设计者不会将更多答案列出，以供被调查者选择更合适的答案回答，这样设计者会从“最有可能选择的答案”列出，造成答案设计遗漏的错误。

2．答案设计的重叠

现在新的词汇产生的速度越来越快，导致词汇的定义差异越来越大，而人们的理解可能跟不上概念的变化。例如，不是所有人都清楚家电与电脑、家具与家电的区别，但是这不是这里要指出的问题。

在新的一年里，您最想为自己的家庭添置的是（请在下列答案中选择并打√）

□ 家用电器 □ 电脑 □ 家具 □ 住房与轿车 □ 其他（请指出）_____

问题是“住房与轿车”，假定有 35%的被调查者选择“住房与轿车”，那么分析人员就难以说明，因为有人只想买车或只想买住房，也有人想买两样东西。这样的调研结果是无法让市场调研活动的委托者或赞助商——住房开发商和汽车制造商满意的。

3．答案设计中存在的其他隐患

为了克服封闭式问句答案设计遗漏的问题，涉及人员会采用“其他”这样的答案。但是这样设计也存在隐患。

在为自己选购住房时，您认为最好的是（请在相应地方打√）

□ 多层 □ 小高层 □ 高层 □ 独栋别墅 □ 连体别墅 □ 其他

问句设计者本意是为避免封闭式问句在设计上存在答案遗漏，但是“其他”往往可能含有丰富的内容。由于设计者仅仅设计“其他”而可能丢失大量重要的信息。

◆ 调研窗口 5-3 上海市大学毕业生择业受谁影响最大

上海有关部门于 2006 年 7 月中旬，在上海市高校毕业生就业网上进行了一项网上问卷调查，参加调查的有 8 584 人，在回答谁对自己择业影响最大时，其中回答“父母”的有 2 419 人（28.2%），选择“成功人士李宇春”的有 2 418 人，而选择“老师”的最少，只有 356 人。还有一项是“其他”，有 1 785 人，占 20.8%。由于没有补充提问。数据损失率 21%左右。

5.4.2 问句的措辞设计错误

问句的基本组成元素是词汇，即措辞，措辞设计的准确性具有重要意义，而常见的措辞设计错误有下列几种。

1. 在问句中使用“经常”和“一般”

市场调研常常需要测量被调查者某种行为发生的频率。

您是否经常选择搭乘“东方航空”的航班？（请在相应地方打√）

□ 是　　　　　　　　□ 否

设计者在设计问句前必须准确了解被调查者的认知。对于“一般”“经常”，具有不同经历的被调查者，会有不同的感受，也必然会有不同的答案选择。就如上面的问句，如果有两位乘客A先生与B小姐，A先生是一位大学教师，一年中偶尔有两三次乘坐航班，前往外地出席专业会议，其中至少有两次会有意选择“东方航空”的航班，他如实地在“是”一栏中打勾。而B小姐是公司市场部主管，每周至少2次搭乘航班前往各地子公司视察，而在往返中有1次会乘坐“东方航空”的航班。所以B小姐如实在“否”上打勾。

如果“东方航空”寄希望于通过此次市场调研活动，掌握经常乘坐“东方航空”航班的乘客特征，那么，由这份调查问卷只会得出错误的结果。因为与B小姐相比，A先生不属于“东方航空”的常客。

改进的办法是，请被调查者就某种行为的实际频率回答：

您每年乘坐“东方航空”航班的次数是____________________。

同样，许多杂志在年终“读者意见调查问卷”中常会问：“您一般阅读哪些类型的杂志？”但是只要仔细推敲一下就可以发现，“一般”阅读什么杂志与被调查者对环境的认定有关，例如，休闲时“一般”阅读的杂志与撰写工作总结时“一般”阅读的杂志会有明显的差异。而就是“休闲”对于不同的被调查者也会有不同的界定。

2. 使用具有明显倾向特征的措辞

设计者应该知道，在设计的问句中不能出现带有明显倾向特征的措辞，让被调查者能够察觉调研机构希望自己如何回答，或者感到怎样回答才是正确的。请比较下面两个问句哪个更好。

您会在周末来商场购物吗？（请在相应地方打√）　　□ 是　□ 否

您不会选择周末来商场购物是吗？（请在相应地方打√）　□ 是　□ 否

前一个问题是就被调查者的具体行为进行调查，后一个问题就带有明显的诱导色彩。

在市场调研中应该尽量避免这样的反问句。

3. 问句中核心概念的措辞含义不明

在中国尤其是南方地区，就某个具体事物的“命名”存在很大差异。市场调研机构常就某类产品的市场规模开展调查，但是此类产品在不同地区可能会有两种甚至更多不同名称。例如：

您是否赞同大城市交通对助动车开放的政策？（请在相应地方打√） □ 是 □ 否

而“商住楼”在各地的称呼也不尽相同，有办公楼、写字楼等不同叫法，在不同地区进行同一项市场调研，就应该注意这种差异，否则会导致某些地区的被调查者，对某些问句“不知所措”而没有回答。例如，在某市开展企业经营者对商住楼租金的接受水平调查。

如果想增加商住楼使用面积，您最愿意采用下列哪种方式？（请在相应地方打√）

□ 购买 □ 租赁 □ 自建 □ 改建 □ 其他（请指出）________

当时许多企业家都会问：“什么是商住楼？”当解释商住楼也叫写字楼后，他们会有恍然大悟的感觉。设计者必须知道，在不少地方商住楼就是写字楼。

4. 问句中出现道德观念或权威人士的言论

有些市场调研活动会测试人们行为举止的规范情况，而问句设计者可能直接将一些有明确道德规范约定或权威人士规劝的措辞用到问句中，使人们一看就知道作为一个被调查者一定会做出什么回答。市场调研也就失去意义。

请问您在听到股市评论专家告诫“股市存在风险，入市须谨慎小心”时，您会

□非常小心 □较小心 □不在意 □一如既往

聪明人一看就知道：“我为什么和专家过不去？”回答结果便不言而喻了。

5. 过度解释与说明

问句设计者常常会过多地替被调查者考虑回答问题便利性的问题，而在设计问句时过度地解释与说明。此种现象在个别访问、小组访谈中会经常发生。例如，市场调研机构想知道某市的企业家对商住楼租金的接受水平，设计了这样的问句：

您想通过租赁达到扩大公司写字楼的使用面积，那么您能够接受的租金是多少？

在调查人员看到被调查者对这个问题沉思良久而难以作答时，就提供在上海外滩地区写字楼的日租金水平信息，这位被调查者就选择比上海外滩写字楼租金低的租金水平回答。可是有经验的调研人员知道，这属于无效回答。

5.4.3 开始问句设计错误

许多时候，我们会看到一份问卷在一开始就存在错误，导致市场调研走向失败，这就是问句设计者开始问句设计不好的结果。

1. 开始问句自断后路

下面是一个自断后路的问句的例子。

你是否购买宝洁公司的洗发露产品？
□ 是（请继续回答问题）
□ 否（本次调研活动结束）

其实对于不购买该公司产品的顾客也应该开展另一种市场调研，例如：为什么不买？不购买公司产品的顾客具有哪些特征？

2. 开始问句的回答难度过高

从问卷设计原则来说，开始问句应该相对简单，而开始问句的回答难度将直接影响被调查者的合作率。下面是一个开始问句回答难度较高的例子。

您是否知道宝洁公司是一家美国公司？（请在相应地方打√） □ 是 □ 否

被调查者对这种出现在问卷开始的智力测试型问句非常反感，会拒绝参与此项调研活动。

3. 以搜集被调查者个人信息为开始问句

现在许多被调查者非常注重个人信息的保密问题，而在问卷开始时就询问被调查者个人特征相关信息，这往往会引起被调查者的防范心理，降低问卷的回收率。

5.5 调研数据的编辑与编码

在统计学中在统计调查与统计分析两项工作之间加入统计整理工作。这主要解决3类问题：第一，统计调查获得的数据只反映个体的数量特征，而不能说明总体的综合数量特征，通过统计整理完成数据转换；第二，统计调查的数据不规范、不系统，无法立即开展统计分析工作，统计整理使数据更具条理性；第三，检查统计调查中可能存在的错误。在市场调研中，将这种统计整理工作称为“调研数据编辑与编码”。

5.5.1 调研数据的编辑

有关人员必须对调查信息进行审核、归类，以确保分析的信息准确、系统。这些工作就是编辑。根据编辑工作的特点结合市场调研获得的过程，编辑分为两类：现场编辑与办公室编辑。

1. 现场编辑

这种编辑由现场访问人员在完成一次访问后，立即对刚搜集到的信息进行审核。采用个别面谈、电话访问、拦截访问等调研方法，访问人员就必须在采访完每个被调查者后，立即对调研记录进行审核，检查“该问的问题是否都问了”“对对方的回答记录是否齐全”“新问题有没有追问”等。在确信调研记录完整、准确后，访问人员应该根据一天的访问进展情况，写出访谈日记。访谈日记与调研记录不同，调研记录是原始信息，反映每个被调查者在每项调研特征上的具体表现；访谈日记则是对上述信息进行调整，加入访问者自己的判断后的修正信息。

2. 办公室编辑

办公室编辑又称为汇总编辑，若采用问卷调研法搜集信息，由于没有“访问人员”这一角色，就无法采用现场编辑的办法来处理调研问卷中可能存在的问题。调研机构就必须设置办公室编辑程序来专门处理这种途径获得的数据。办公室编辑的工作内容是审核每份问卷是否存在下列情况。

（1）问卷中的所有问句是否都全部作答，尤其是一些重要问题是否已经作答。

（2）每项问句的回答是否都正确，可运用逻辑检验的方法进行检验。

（3）未回答或未如实回答的问句是否可以通过其他已经回答的问句加以推断。

办公室编辑还要负责审核由现场编辑提供的各种调研信息，办公室编辑对这种信息的审核包括：

（1）对比每位调研人员的调研记录与调研日记是否存在差错。

（2）对比每位调研人员与其他调研人员针对同类问题所做的调研记录，发现是否存在问题。

办公室编辑的工作结果就是为编码人员提供准确无误的市场信息，所以，办公室编辑是挡住各种错误信息进入分析环节的最后一道“关口”。

5.5.2 调研编辑工作的内容

1. 审核

审核各种调研信息，确定信息的真实性和完整性，并在此基础上做出如下决定：

（1）是否应开展跟踪调研，掌握前一次调研的信息遗漏问题。

（2）是否应开展新的调研，证实前一次调研的信息的可靠性。

（3）调研问卷是否有效，如果一份问卷被确认无效，就会导致调研样本损失。

2. 整理

调研信息在未整理之前是凌乱的，只能说明被调研者个体的特征，这些信息无法采用预定分析方法进行分析。整理的标准包括：

（1）按照调研方案的规定，进行分类——根据不同年龄、性别的顾客在购买行为上的差异。

（2）为满足分析方法的要求，进行分类——数值型变量或非数值型变量。

5.5.3 调研数据的编码

现在统计分析都通过计算机加专用统计分析软件来完成，这样就提高了数据分析效率，但必须对调研信息进行一定的处理，这种为便于输入计算机而对信息的处理工作就是编码。

由于调研问卷、调研提纲或调研量表中的问句有两类，即开放型问句与封闭型问句，所以编码方法也有不同。

5.5.4 开放型问句的编码方法

开放型问句只有问句而没有相应的答案，因无法在编写问句的同时，确定回答该项提问的各种可能出现的答案，从而无法确定编码值。开放型编码的一般程序是：

（1）通过预调研或者对一部分先获得的调研问卷或访问记录做一定的分析，确定对某项开放型问句有哪些不同的答案。

（2）制定答案的分类标准，将相近、相似的答案归为一类，确定答案类型。

（3）将某种数值按一定的规律分配给各类答案。

◆ 调研窗口 5-4　　开放型问句的编码过程

请谈谈您对电信公司的“提前实现单向收费”的通信费降价宣传的看法________。

（1）对先掌握的部分回答者的答案，调研人员将其分为3类：

赞同　　　中立（无所谓）　　　反感

（2）调研专家认为这样分类会导致意见过于集中，或者3种意见过于均衡。

33%持有赞同态度　　34%的持有中立态度　　33%的持有反感态度

（3）将答案再细分为5类：

非常赞同、赞同、中立、反感、非常反感

（4）明确各项答案的外延范围，如“我很感兴趣”“我非常支持”“我非常同意”等都归为“非常赞同”一类。

（5）确定各类答案的数值（编码值）。多数情况下采用等距尺度

非常赞同——5 赞同——4 中立——3 反感——2 非常反感——1

5.5.5 一般封闭型问句调研数据的编辑方法

封闭型问句与开放型问句的最大差别是，设计人员已经确定被调查者在回答这项封闭型问句时，会有哪些答案产生。所以封闭型问句的问句设计人员，也可以设计各项问句的调研结果的编码值。封闭型问句根据其编码过程的简易程度分为：一般封闭型问句和复杂封闭型问句。

一般封闭型问句包括是非型问句和多项选一型问句两种。

1. 是非型问句的编码方法

这类问句结果的数据编码十分简单，每个编码值都代表一种答案。

您家中安装空调了吗？

□是——1 □否——0

对于每位回答者来说，由于只有一种选择，所以1和0两个数字中的任何一个都能代表他的意见。如果有一位被调查者的回答是“是”，那么这位被调查者的答案是1。

2. 多项选一型问句的编码方法

这类问句与是非型问句不同的只是被调查者的选择空间大了。但是，每位被调查者都清楚，回答这项问题自己只有一个答案，所以每个编码值也都代表一种答案。

如果您家中安装了空调，安装的最主要的原因是：

□ 住宅重新装修——1 □ 恰逢空调降价——2 □ 改善家居条件——3

□ 小辈孝敬——4 □ 追随生活潮流——5

如果那位被调查者此时选择 “恰逢空调降价”，则他对此项问句的答案是2。

5.5.6 复杂封闭型问句调研数据的编码方法

复杂封闭型问句也包括两类：多项多选型封闭型问句与多项全选排序型封闭型问句。

1. 多项多选型问句的编码方法

在消费者调研中经常有这样的问句，请被调查者在所设定的答案中选择自己认为较符合自己感受的若干答案回答。从被调查者的选择过程看，其实这是一个包括多个“是非型封闭型问句”的复杂问句。因为被调查者需要从调研机构给出的若干答案选项中选择几个“符合自己观点”的答案。下面的例子就是对给出的5个选项中选择3项，每个选项都是做是或否的判断，即是非选择。给出多少选项（答案）就有几个是非型问句。是——1，否——0

您在购买空调器时，主要考虑的因素是哪些？请在下列因素中选择3项最重要的，选中的打钩。

□ 产品价格——问句（1，0） □ 产品品牌——问句（1，0）
□ 产品性能——问句（1，0） □ 产品款式——问句（1，0）
□ 售后服务——问句（1，0）

如果还是原来那位被调查者，他回答这项问句时选择的是“产品价格”“产品款式”“售后服务”。产品价格——1，产品品牌——0，产品性能——0，产品款式——1，售后服务——1。

2. 多项全选排序型问句的编码方法

这类问句在消费者调研中也常遇见：与多项多选型问句调研结果的编码设计思路一样，也是将一个复杂问句分为若干个简单问句。与多项多选型问句调研结果的编码方法的不同之处是将复杂问句拆成若干“多项选一型问句”。以下问句为例。调研机构给出5个选项，要求被调查者对其做出排序，每个选项都有5种选择，但只能选一种结果。

根据您对空调器质量的理解，请就下列因素在您对质量理解中的重要性排序（最重要的为1，最不重要的为5）

□ 调节温度时间短——1 / 2 / 3 / 4 / 5 □ 工作噪声低——1 / 2 / 3 / 4 / 5
□ 维修间隔期长——1 / 2 / 3 / 4 / 5 □ 温度控制标准稳定——1 / 2 / 3 / 4 / 5
□ 受外界环境变动影响小——1 / 2 / 3 / 4 / 5

这位被调查者的选择是：调节温度时间短——2，工作噪声低——3，维修间隔期长——1，温度控制标准稳定——5，受外界环境变动影响小——4。

这样，上述问卷调研的信息编码就可以整理出所有被调查者的回答结果数据或总表，如表5-1所示。

表 5-1 某地空调器产品市场问卷调研结果汇总

问句序号＼回答者编号	001	002	003	004	005	006	007	008	009	010	011	012
A001	1	3	1	0	0	1	1	2	3	1	5	4
A002	1	2	1	1	1	0	0	1	3	2	4	5

问卷设计者实际担负着两项使命：根据调研目标的要求，设计每项问句——问卷设计；再根据问句的性质为问题的可能回答答案设计编码——设计编码表。上面各项例子的给定答案即选项后的数字，也叫编码值，编码值是由问卷设计者设计的。

调研信息的输入者也相应担负两项职责：熟悉编码表，主要是每个问句的所有答案的编码值；按规定的编码将调研信息逐一输入计算机，最后得出信息汇总表。

分析人员也应该熟悉编码表，否则他们就无法解释信息汇总表中那一串串数值究竟代表什么。

本章小结

本章主要讲述市场调研问卷设计的过程与一些基本方法。集中讨论了问卷设计的主要原则，列出了在问卷设计时的一些注意事项，强调了在问卷正式使用前最好开展对问卷的检测，以确保问卷完善和正确。市场调研机构在确定采用调研问卷来搜集市场信息后，设计调研问卷就成为他们面临的重要工作。问卷设计者应该清楚这样一些问题：

1. 一份规范的市场调研问卷应该由哪些部分组成，每部分的功能是什么。

2. 充分理解此次市场调研的目标，了解被调查者的特点，为设计市场调研问句做好充分准备。

3. 怎样设计封闭型问句。是非型问句、多项选一型问句、多项多选型问句和多项全选排序型问句的设计方法与运用价值是问句设计者需要熟悉的。

4. 开放型问句的设计与这类问句的特殊作用。

5. 在市场调研问句设计中常见的失误有哪些？怎样克服。

6. 为什么需要对调研问卷进行审核，专家小组审核和被调查者样本小组审核的目的分别是什么。

与市场调研问卷设计相关的还有一项重要的工作——调研问句编码。

练习题

1. 在进行问卷设计时要考虑哪些因素？

2. 简要地描述本章中所讲述的问卷设计的过程。
3. 列举一套完整的问卷包括哪些部分？
4. 问卷检测与修改主要从哪些方面着手进行？
5. 简述问卷设计中存在哪些问题。
6. 说明开放式问句和封闭式问句有何区别。
7. 列举几种常用的封闭式问句。
8. 在问卷设计中，哪些属于直接问句，哪些属于间接问句？
9. 说明投影技术如何在问句设计中具体运用。
10. 设计一份市场调研问卷，必须包括自己学习的各种问句。

◆ 案例讨论

TNT公司的一份市场调研问卷

亲爱的先生/小姐：

TNT是享誉欧洲的直邮专家，我们长期以来一直帮助像您这样的遍及全球的消费者获得您感兴趣的信息。为了了解您的喜好，请您花费5分钟时间填妥附上的问卷。我们将会把您的喜好提供给知名品牌，让您不会错过您所期待的新产品发布与优惠信息。此外，只要您回寄您填妥的问卷给我们，就有赢得大奖的机会——一辆POLO轿车，或双人双飞巴黎四日游。还有其他的惊喜！

感谢您参与我们的活动！

上海天地直复营销策划服务有限公司

董事长　　范登堡（签名）

请用钢笔填写，在相应地方打√，可以多选。填妥后寄回无须贴邮票。

您的兴趣

话题种类：	您对哪些感兴趣	您愿意获得哪些相关信息
美容类	□	□
商业与金融类	□	□
汽车类	□	□
电脑类	□	□
娱乐类	□	□
时尚类	□	□
健康类	□	□
新闻时事类	□	□

旅游类 □ □
教育类 □ □
烹饪类 □ □

您和您的家庭状况__________

您的性别 □男 □女

您的出生年月__________

您的婚姻状况 □未婚 □已婚

您是否有孩子 □是 □否

您是否打算在未来的12个月内出国旅游 □是 □否

您的受教育程度 □初中或以下 □高中/中专/技校/职高 □大专 □本科

您是否在国外留过学 □ 是 □否

您家中在职的成员人数为 □1人 □2人 □3人或以上

您的家庭月总收入是多少人民币

□2 000元及以下 □2 001～3 000元 □3 001～4 000元
□4 001～5 000元 □5 001～6 000元 □6 001～7 000元
□7 001～8 000元 □8 001～9 000元 □9 001～10 000元
□10 001～15 000元 □15 001～20 000元 □20 001以上

您家中现在拥有几套自己购买的房子

□ 没有购买过 □1套 □2套 □3套及以上

您目前居住的房子是什么类型的 □ 石库门老式房 □ 多层（7层以下高层）
□ 小高层（8～20层） □ 高层楼房（20层以上） □ 酒店式公寓 □ 别墅

如果您现在居住的房子是自己购买的，每平方米价格是多少人民币__________

您或您的家人是否打算搬家 □ 是 □ 否

如果打算搬家，请问打算什么时候搬家__________月内

如果打算搬家，请问打算买房还是租房 □ 买房 □ 租房

您的联系方式

姓名__________ 邮政编码__________

家庭地址__________路______弄______号______室

住宅电话____________________手机号码____________________

E-mail 地址____

您是什么时候收到这份问卷的 □□ 月 □□ 日

您最喜欢通过哪种方式获得进一步的信息

□ 电话 □ 信件 □ 电子邮件

非常感谢您填写这份问卷！

回寄地址：上海邮政—总—041—001 信箱　　邮政编码 200041

问题讨论

1. TNT 公司的问卷中存在哪些明显的错误？
2. 请通过这份调查问卷推断一下 TNT 公司开展此项市场调研的主要目的是什么。
3. 为这份调研问卷设计编码表。

第 6 章

市场调研量表的设计

◆ 引导案例

您是否很在乎别人对您的看法

——顾客个性测量量表

	从未有	很少有	曾经有	经常有	一贯有
1. 总是说别人爱听的话，即使是口是心非	□	□	□	□	□
2. 只有在独立购物时才感到轻松愉悦	□	□	□	□	□
3. 当听到别人的贬低，也不会面露不悦	□	□	□	□	□
4. 对于别人的建议，自己都会认真听取	□	□	□	□	□
5. 看到别人的冷眼，会感到紧张	□	□	□	□	□
6 别人的看法对自己很重要	□	□	□	□	□
7. 与别人一起购物、应酬的时间越长感到越累	□	□	□	□	□
8. 常有落后于潮流的自卑感	□	□	□	□	□
9. 如果所爱的、所亲近的人不悦，自己也会不悦	□	□	□	□	□
10. 不自觉地会效仿朋友的言行	□	□	□	□	□
11. 认为应该与周围的人保持一致	□	□	□	□	□

从未有——1；　很少有——2；　曾经有——3；　经常有——4；　一贯有——5。

分数讲评：

11～21 分。有点我行我素，富有个性。

22～32 分。有个性但会听取有益的建议。

33～43 分。有自己的想法，但对别人的不同看法又不愿提出自己的看法。

44～55分。完全被别人的意见所控制。

本章主要学习内容

- 市场调研量表的组成元素——尺度的类型选择
- 市场调研各种主要量表的设计方法
- 怎样对市场调研量表进行有效性检验
- 如何对市场调研量表进行可靠性检验

6.1 度量的定义与工具

市场调研中经常需要使用度量方法，对调研对象的特性做出量化或近似于量化的测量结果，而调研对象的特性可以表现为两类结果，客观特性（数量型）和主观特性（非数量型），如果市场调研机构关注的是“市场规模”“购买力水平”等特性，由于这些特性都以数量型特征存在，市场调研人员就可以采用定量度量方法来进行测量，得到自己所需的理想结果。但是，市场调研人员在工作中发现，更多的市场调研活动所要测量的对象是非数量型的，如对公司品牌的认知度、忠诚度、购买某种产品的迫切性等等。本章中所讲的主要是后者，介绍的度量方法与度量工具也是专门测量后者在不同被调查者身上的表现差异。

6.1.1 度量的基本工具

通常，只要我们度量的是客观特性，这个过程相对要简单一些。客观特性是指物理特征，如年龄、收入、购买的数量、光顾商店的顾客人数等。然而，市场调研人员常常希望能度量主观特性，它不能通过直接观察获得，因为它们往往不直接以数值特征表现出来，如人们的态度、喜好等。在这种情况下，调研者必须要求被调查者将自己的思想转化成可以用数字表示的强度差异关系。

由于许多市场调查的主要目的是了解调查对象的态度或意见，如顾客对自己购买的产品的满意程度、目标顾客对不同媒体的偏好度等，市场调研将为获得不同被调查者对调查对象的观点、看法、态度是否存在差别及这种差别是否明显的资料、信息的工具统称为尺度。

尺度的含义：在市场调研中，尺度用于表示被调查者对某项提问持有的特定意见、看法和态度。选择什么数字来准确表示态度的不同、态度的强烈程度是尺度设计的关键问题。对于那些不具有数量特征或不以数量特征表现的被调查者对具体对象态度的不同、态度的强烈程度，研究人员要用特定的数字来加以表示。某种差异应该用何种具有相应规律的数字来表示才最为准确，就是研究人员需要解决的首要问题。这种工作就叫选择尺度。

设计、选择尺度应该注意下列问题。

（1）便于记录：采用某种数字表示不同态度，是否便于记载及是否便于随后的编码和统计分析。

（2）程度：不同数字之间的差距与所测量的态度差异是否一致。

（3）区分标准：尺度所使用的数字是否能准确反映态度差异有质变的界限。

6.1.2　尺度的特征

尺度就是设计人员反映被调查者的主观特性的度量标准。不同尺度的特性决定了它的度量标准上存在明显差异。在市场调研过程中常用的几种尺度都有特定的特点，有些尺度具有更完整的比较特征，有些尺度还可以表现出度量之间的差异程度。作为尺度，应该具有以下几个基本特征。

1. 特指

特指是指用某一特定的词语或符号来代表度量的每个区分等级的特征值如“是”与“否”、“同意”与“反对”，以及受访者的年龄用年数来表示就是对简单的区分等级的特指。所有的区分等级都可以用反映度量标准的特征值来表示。

2. 比较性

比较性指的是特指的相对规模，即与某一参照体相比，受访者对特定对象所做的比较结果，包括“大于”“小于”“等于”之类的用语。受访者对不太喜欢的品牌的喜欢程度，就要“小于”他喜欢的品牌。属于同一收入类型的人有相同的收入（“等于”）。不是所有的测定对象都有比较性，例如，我们不能说“购买者大于或小于非购买者”，在这一点我们无法比较出相对大小。

3. 差距程度

有些尺度还能反映出差距程度，即尺度同时反映对照物之间的差别和差别的程度。差距表明了这种度量的尺度是什么，程度则表明了不同的尺度是多少。例如，买了 3 瓶牛奶的受访者就要比只购买 2 瓶的人要多买了一瓶；有 2 台彩色电视机的家庭就要比只有 1 台彩色电视机的家庭多拥有 1 台。当存在量度上的差异时，同样也存在相对性的区别。例如，我们不仅知道拥有 2 台彩色电视机的家庭比有 1 台彩色电视机的家庭“多”，而且我们知道它们之间的差异是 1 台。但是，对于“（1）非常喜欢　（2）喜欢　（3）不喜欢”这样的度量，相对的数字仅仅表明了不同的喜欢程度，而不能说明不同喜欢程度的差距大小。在这个例子中，该尺度就不能反映差距的程度。

由上可知，尺度的特征反映了尺度的概念，它是为了区分而设计，有特指的特征值（词语或符号)，可能具有比较性，有时能反映差距程度等，理解了这些特点，在设计尺度时就容易了。

6.2 市场调研量表的尺度设计

6.2.1 市场调研中常用的4种尺度

在市场调研中，常见的尺度有4类：类别尺度、顺序尺度、差距尺度、等比尺度。

1. 类别尺度

类别尺度的主要目的是根据被调查对象某一性质上的不同表现而做出的分类，它只是一个标记，只是提出了某种特指的类别，如性别、出生地、信用卡类型、喜欢的电脑品牌、购买者和非购买者，以及其他用“是—否”“同意—反对”来回答的问题，或者，除了性质以外，它不能用来指出其他的差别性。如果你用职业来划分调研对象——作家、医生、程序员、工程师，你用的就是类别量表。注意到这些例子只是指消费者特征，而没有提供其他信息，如“大于”“是……的两倍大”等。

例 1. 请阅读下面几句话，再选择最符合您想法的那句 □（选 1、2、3）

（1）上海的气候比北京更适合我居住。

（2）住在北京更能体验中国传统文化氛围，而上海则商业味太浓。

（3）住在上海有益于自己事业发展，而住在北京能更快地获知政策信息。

类别尺度的每类答案的代表数字只做分类使用，这些数字仅代表了某位被调查者做出了哪种选择或表示持有的是哪种观点，除此之外不具有任何可供研究人员进行比较的作用。所以，类别尺度真正的目的在于对被调查者进行相应分类。

2. 顺序尺度

如果调研人员需要测量人们对某种事物所持有的态度是否存在明显差异，仅使用类别尺度是无法解决的。尺度设计人员采用顺序尺度，其测量效果不仅能得出“某人持有什么态度”还能得出各种态度的次序。此时，顺序尺度所表现的数字，不仅说明“是什么”，还说明，“孰优孰劣”。

例 2. 据世界人口组织提供的最适宜人类居住的城市中，中国的城市有下列几个，请就您的居住理念为它们排序。（最好的为 1，最差的为 5）

□ 上海　□ 北京　□ 广州　□ 杭州　□ 青岛

如果某位被调查者的回答是：青岛 1、杭州 2、广州 3、上海 4、北京 5，可以说明的是：这位被调查者有省会城市、沿海城市居住情节。除此之外就难以得出其他结果。从例2可以看到，顺序尺度具有类别尺度所不具有的比较特性，可以比较出各项答案之间的高低次序，但是，无法知道它们的差距究竟有多大，因为它们不具有差距度量的特性。

3．差距尺度

差距尺度所使用的数字代表相应的测量对象特征上的差异大小恰与数字之间的差异相一致，这种一致也是由研究人员在测量前预先设置的。这样，差距尺度就不仅能够说明不同态度之间的先后次序，还说明相邻的两种态度之间的差异程度大小。

例3. 请对以下的论述按您的判断进行评述（在相应位置上打√）

	很赞同	赞同	反对	很反对
（1）从事业上说上海比北京有更多机会。	□	□	□	□
（2）从社会福利待遇上看北京将比上海多。	□	□	□	□
（3）从接受新观念上看上海受到的限制比北京少。	□	□	□	□

上述在尺度中设计的每个选项之间的差别是“等间隔的”。差距尺度的分数可以用来做加减运算，但不一定能够说明6分就是3分的2倍，因为差距量表上并没有一个真正的零点（真零）。

4．等比尺度

等比尺度是指存在一个真正的零起点等级，也就是说等比尺度有真零这一特征。例如，一定时期的购买数量、人的身高、孩子的数量、受教育的年数等，就可以通过等比尺度来描述，因此可以说160千克的人的体重是80千克人的体重的2倍。

例4. 设想您现在是一位学业有成的大学毕业生，面临今后人生道路选择，对下列几种去向的价值做一评价。（您可从0～100分中选择）

□国有大公司　　□私营公司　　□外资企业　　□国家公务员　　□国外发展

不过，在态度测量方面，运用等比量表就非常困难。当消费者给予某个品牌100分，而给另外一个品牌50分时，并不能说明他对前者的喜欢程度是后者的2倍。由此可见，态度测量本质上是一种顺序概念，不太适宜用等比量表或等距量表测量。

6.2.2 4种尺度测量结果的使用

（1）类别尺度。由于各项答案之间不存在任何比较关系，被调查者在选择自己的答案时也不需要对提供的答案进行比较，所以，这种尺度的调研结果一般只有做“众数”的数量分析，即选择各种答案的被调查者所占全部被调查者的比例，以及做集中趋势分析研究。

例如，56%的被调查者是男性，其中75%回答对篮球这种体育运动项目表示偏好。

（2）顺序尺度。由于各项答案之间存在一定的比较关系，被调查者必须根据自己对各项答案之间存在的差异，以自己的判断标准，对给定的所有答案比较之后，确定它们的前后次序并用数字表示。所以，对于这种尺度所取得的数据，在综合分析时可以用“中位数”的数量分析方法来处理。

（3）差距尺度。由于各项答案之间存在相近的差距，这种差距也是调研者确定并且与被调查者对事物的判断差异相似。但是，差距尺度一般不存在“零=无”的含义。所以，不能进行“除”的数量比较。在进行综合分析时，可以采用加权算术平均数的方法，得出对研究现象的一般特征的认识。但是，差距尺度对研究对象得出的测量结果，也不具有数量型特征，故许多统计学的数量分析方法无法对差距尺度的测量结果做进一步的定量分析。在统计学上，只能借用非参数估计方法研究调查资料背后所隐藏的规律。

（4）比例尺度。由于表示各项答案之间差别的数字存在更加复杂的数量关系，即这些数据可以进行四则运算，所以在说明调研数据综合特征时，可以使用加权算术平均数。同样因为利用这种尺度所测量得到的结果更具有数量型特征，因而可以使用各种统计学分析方法，来处理运用这种尺度所获得的数据。

6.2.3 尺度的设计原理

1. 强迫性和非强迫性尺度设计原理

强迫性和非强迫性尺度设计原理主要区别在于被调查者是否需要对答案的选项做出被迫选择，在被迫选择过程中，该被调查者并不一定了解该调查问题或者并不能正确做出选择。下面是2个强迫性原理设计尺度的例子。

例 5. 你认为国泰君安证券公司和申银万国证券公司的服务相比如何？（在相应位置上打√）

前者较后者好　　　　两者差不多　　　　前者较后者差

5　　　4　　　3　　　2　　　1

例 6. 你认为东方航空公司的员工的服务态度是（圈出您的答案，1=非常满意，10 = 非常不满意，在相应位置上打√）

非常满意　　　　　　　　　　　　　非常不满意

1　2　3　4　5　6　7　8　9　10

在上述第一个例子中，如果不了解两家证券公司的服务，或者对两家公司了解不多，被调查者是很难做出选择的，但由于没有其他选项，被调查者就必须被迫做出选择；而在第二个例子中，如果被调查者不能表达是否满意，他们就有可能考虑选择无法回答或者没有答案，但同样的被调查者必须在 10 个数字上划圈来完成答案，这样对调查结果的准确性就会有所影响，甚至大打折扣。

与上面的情形相反，非强迫性原理就避免了以上的缺点，因为非强迫性尺度设计原理中包容了必要的选项，或者在无法完全包容时会加上“其他”“无答案”“难以回答”等备用选项，使无法做出正确选择的受访者可以有所选择。非强迫性原理在提高被调查者答案的准确性方面有一定的优势，是调研设计者设计问卷时经常要考虑的一种尺度设计原理。

2. 单变量设计和多变量设计原理

按照测定变量的数目不同来划分，尺度设计可分为单变量和多变量尺度设计。单变量尺度设计只测定被调查者对某具体问题、事物所持有的态度或态度的强烈程度，如例 2、例 4，例 2 只是测量被调查者在选择理想居住地上的态度，例 4 测试的是被调查者在选择理想就业单位上的态度差别，而不了解被调查者为什么会首选“青岛”作为自己的居住地段原因。而多变量尺度设计是对调查对象的多个变量（若干特征）进行总体测定，如例 1、例 2 不仅测试被调查者选择居住地上的差异，还同时要求被调查者对自己选择的原因做出解释或说明，是气候还是事业发展的原因？

3. 平衡设计与非平衡尺度设计原理

平衡设计尺度原理指在答案的选项中，语义相反的词语设计的数量段是相等的，或者以中间点标为 0，在中间点左右相对应的程度相反的词语分别可以–3，–2，–1，0（也可以不存在），1，2，3 的形式表示。例如，例 7 中的答案项就是平衡量表的形式。

例 7. 你认为海飞丝洗发产品去头皮屑的效果是（在相应位置上打√）

很差	不好	一般	好	很好
–2	–1	0	1	2

非平衡设计原理则有所不同，其答案可能是倾向于中间点的左侧或者右侧，而不是正好数量均衡。如果以数值表示的话，其相加的和常常不为 0。

例 8. 您认为中国著名品牌在国际市场上的发展趋势是（在相应位置上打√）

一般	较好	好	很好
0	1	2	3

采用平衡设计原理还是非平衡设计原理的关键在于尺度测量的某个问题是否有“正反”“接受或反对”等两种截然不同的态度，相反，若人们对于某项问题只会持有“反对”或“赞同”中的一种态度，只是在强弱程度上有差别时，就应该采用非平衡设计。

6.3 量表的类型与设计

量表是市场调研机构搜集市场信息的重要工具。设计合适的量表是市场调研机构相关人员的一项重要工作。

6.3.1 量表与尺度的关系

市场调研活动时常需要对一些复杂的态度、观点进行测量，或者需要更全面地把握人们对某一问题或事物的各种特征所持有的态度，这时就需要将各种尺度（同一或不同尺度）组合起来进行测量，这就是量表。例如，上海餐饮行业在搜集上海地区消费者对早餐的理解与需求信息时，认为不能简单地询问："您用早餐吗？"或者："您早餐的食品种类是什么？"因为仅仅凭这些尺度搜集得到的信息，对于分析并得出上海地区人们对早餐的认识的结果都是非常有限的。所以，量表这种新的概念就提了出来。根据测定对象的不同，或测量目的不同，需要使用不同的量表。量表的设计过程简单地说是：

- 确定希望通过市场调研活动获得什么结果？
- 确定得出这些结果需要搜集什么信息？
- 确定要搜集这些信息应该设计哪些尺度？
- 确定所有的尺度之间的结构与关系，将它们组合在一起，形成市场调研量表。

◆ 调研窗口 6-1

生活满意度指数测量

——类别尺度构成的调研量表

1．随着年龄的增长您是否感到做事情比以前更加顺利	□ 是	□ 否
2．您是否感到自己比大多数同龄人经历了更多的变故	□ 是	□ 否
3．现在您是否感到是自己生活最沉闷的时期	□ 是	□ 否
4．您现在是否感到与自己年轻时一样开心	□ 是	□ 否
5．您是否认为生活应该比现在的状况更好	□ 是	□ 否
6．您是否认为最近一段时间是自己一生中最美好的时光	□ 是	□ 否
7．您是否感到自己做的大多数工作都非常单调	□ 是	□ 否
8．您预计未来是否会发生一些有趣的事情	□ 是	□ 否
9．您是否认为现在做的工作与过去一样使您感兴趣	□ 是	□ 否
10．您是否感到工作后很疲劳，因而感到自己老了很多	□ 是	□ 否
11．回顾过去您是否对自己的生活和工作满意	□ 是	□ 否

12．您是否愿意重新再活一次，如果这种情况可能发生　☐ 是　☐ 否
13．与同龄人相比您是否感到自己更加出色　☐ 是　☐ 否
14．您是否已经做好了今后一个月甚至一年的生活计划　☐ 是　☐ 否
15．在回顾过去您是否有错失了许多机会的感觉　☐ 是　☐ 否
16．与其他人相比您是否会有忧郁感　☐ 是　☐ 否
17．您是否感到自己已经实现了许多愿望　☐ 是　☐ 否
18．与其他人相比，您是否感到自己的生活变得越来越好　☐ 是　☐ 否

如果被调查者在第 1、4、6、8、9、11、13、14、17、18 个问题上选择“是”，说明其对自己的生活是满意的。向被调查者提供“幸福参照标准”，如果被调查者对某一项问句再对照“幸福参照标准”后，认为自己幸福，统计共有多少项，其占总问句的比例就是幸福指数。

调研窗口 6-1 是一份全部由类别尺度组成的调研量表。量表也可以由全部都是差距尺度或其他某一类尺度组成，量表更可以由多种不同尺度组成。

市场调查中常见的量表有评比量表、语义差距量表、配对比较量表、瑟斯顿量表、李克特量表。投射技术属于开放式量表。

6.3.2 评比量表

评比量表是应用极广、较为常见的量表。在这种量表中市场调查机构已经拟定好了差距尺度，尺度的两端是极端答案，中间点一般是中性答案，将一组使用同一差距尺度的不同问题列在一起，这样做的目的是简化量表的空间，同时又使相关测量问题可以近距离地安排在一起，既便于被测试者回答，又便于调研人员进行对比分析。在本章的引导案例中使用的就是评比量表。

◆ 调研窗口 6-2　**一份心理年龄测试量表**

	是	中间	否		是	中间	否
下决心后立即去做	0	1	2	对电影与爱情小说兴趣日减	2	1	0
往往凭老经验办事	2	1	0	做事情缺乏持久性	4	2	0
对事情都有探索精神	0	2	4	不爱改变旧习惯	2	1	0
说话慢而啰嗦	4	2	0	喜欢回忆过去	4	2	0
记性不断降低	4	2	0	学习新事物感到困难	2	1	0
怕烦心/怕做事、不想活动	4	2	0	十分注意自己的身体变化	2	1	0

	是	中间	否		是	中间	否
对各种活动都有兴趣，想参与	0	1	2	兴趣的范围变小了	4	2	0
喜欢计较小事	2	1	0	看书的速度加快	0	1	2
日益固执起来	4	2	0	动作欠灵活	2	1	0
对什么事都有好奇心	0	1	2	清除疲劳感很慢	2	1	0
有强烈的生活追求目标	0	2	4	晚上不如早上头脑清醒	2	1	0
难以控制感情	0	1	2	对生活中的挫折感到烦恼	2	1	0
容易嫉妒别人、易悲伤	2	1	0	缺乏自信心	2	1	0
见不讲理的事不再那么气愤	2	1	0	集中精力思考有困难	4	2	0
不喜欢看推理小说	2	1	0	工作效率降低	4	2	0

对于上述30项问句的回答结果，得出总积分后，再根据下表对照自己的心理年龄

被测者的各项测定积分	被测者的心理年龄估计值
0～30	20～29
30～50	30～39
50～65	40～49
65～75	50～59
75以上	60岁以上

虽然，上述评比量表中使用的都是“差距尺度”，但是存在明显的不同。第一，各项问题的尺度差距不尽相同。例如：

	是	中间	否
喜欢计较小事	2	1	0
不断固执起来	4	2	0

这种设计是考虑不同的问题对调研目标对象的影响程度不一样，设计答案间的差距时要加入权重，以体现这种影响的存在。第二，不同问题的尺度差距方向不尽相同。例如：

	是	中间	否
下决心后立即去做	0	1	2
往往凭老经验办事	2	1	0

这种设计的目的很明确，因为不同问句测试得出的结果对人们心理年龄的正负影响不同。第三，将上述两种影响因素都考虑到问句与尺度设计之中。

6.3.3 语义差距量表

语义差距量表是运用若干语义相反的极端形容词（短句）来测试被调查者的态度，它实现了把个人的定性判断转换为可以定量分析的方式。语义差距量表包含了一系列反映研究对象不同属性的相反的形容词，被调查者通过指出在连续序列中的定位来反映对每个属性的印象。语义差距量表能够度量不同特性在被调查者心目中的差别，通过累加各种特性所收集的分数，可以得出该答案的总分数。调研者可以设定量表上最不利的位置为 1 分，其次不利的给予 2 分，依此类推，就可以画出相应曲线，而所得总分也已包括了所有决定消费者态度的因素。

语义差距量表设计的第一步是确定要划分的概念或对象，然后选择能反映对象的各个特性的相反的词（短句）。这些意义相反的词语就是连续序列的两个端点，通常在其中分为若干数量段，被调查者通过画出适当的线来评价某个对象或品牌的形象。受访者的回答越接近端点，说明他（或她）对被度量对象的反应越强烈。

语义差别形式最受欢迎的特点是，以品牌形象测试为例，调研人员可以统计出平均值，然后对品牌或公司形象进行定位。每条线可以用一个数字来计数，通常从左面开始用 1，2，3 等，然后可以统计出每对反义词的平均值，把这些平均值用图线表示出来，那么调研人员可以在很多方面用一个很好的图线工具来解释自己的调研所得。

调研人员可以通过使用语义差距量表来调查两个或多个相对应的商店、公司或品牌。在调查中，调研人员不仅要注意如何设计出恰当的评价因素和两极化的词组，还需要注意这些两极化词的左右排列顺序。有经验的调研人员可能会注意到在语义差距量表中，两极化词是任意分布的。因为要避免将“好”的词放在一边，这种散乱的分布可以避免晕圈效应，也就是防止因根据对某个属性的印象来判断对一个商店或品牌的总的印象。假定你对 IBM 公司的印象非常好，当我们把所有褒义词放在左边，所有贬义词放在右边时，你有可能就会只衡量左边的答案。但是，完全有可能 IBM 公司的产品在某些方面并不一定比其他品牌（如联想）好，如价格太贵、购买不方便等。将这些反义词分散布置，通常会减少晕圈效应的出现。调研窗口 6-3 介绍了语义差距量表应用中应当注意的晕圈效应。

◆ 调研窗口 6-3　　如何避免晕圈效应

如果调研人员把所有的褒义词或贬义词放在左边，将会产生什么结果呢？如果放在右边又会是什么结果呢？实践证明，除非把褒义词和贬义词混合起来（左边和右边都有褒、贬两种形容词存在），否则就会出现晕圈效应。为了检验这个理论，调研者让大学生们评价他们学校的有关方面。一组的问卷是将所有褒义词放在左边，在每组词之间分了七个等级；另外一组是将所有褒义词放在右边；第三组将这些词混合。

在左边的那一组明显地观察到晕圈效应，在答案中可以看出回答中明显偏向左边的词。把所有的褒义词放在右边比放在左边产生的晕圈效应要少一些。因此，可以得出这样的结论，通过任意地混合从左到右或从右到左的量表分布，可以最大限度地减少晕圈效应，从而减少对调研结果的影响。

有些非常认真的研究人员在开展研究时，为了防止受访者先入为主而产生晕圈效应，会将问卷设计成两份。针对两组抽样特征相近的受访者展开调查，而两份调查的问卷内容是相同的，不同的只是将某些重要问题的回答顺序做了重新排列。也有些调研人员愿意通过大好多倍的样本量来减少晕圈效应的影响。这些方式都表明了防止晕圈效应是调研人员经常要注意的问题。

通过语义差距量表，我们可以对互相可以比较的两组或者多组竞争品牌或者研究对象做出比较，因为在受访者的心目中，对不同的比较对象的差异程度可以通过连点画线和计算的方式表现出来。假定某汽车公司想了解潜在购买者对该公司的甲品牌与其他两个竞争品牌（乙、丙）的态度，这时就可以采用语义差距量表，本例中使用一份9分制的评比表，如图6-1所示，左右两端是形容汽车特性的极端词。

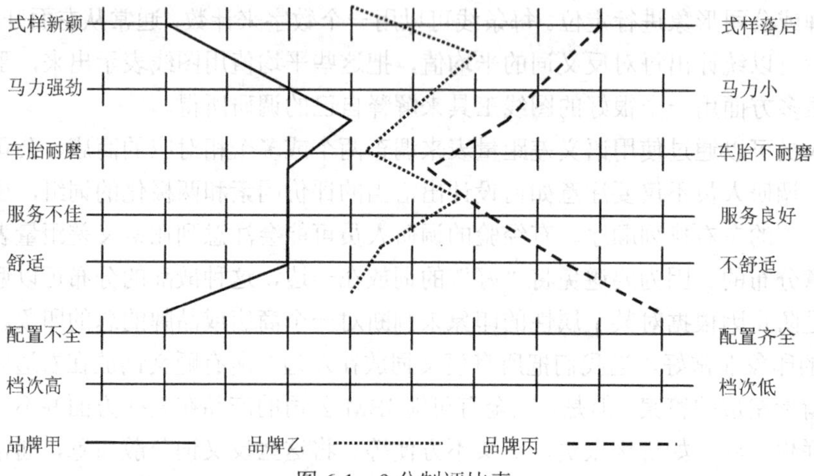

图6-1 9分制评比表

在潜在消费者心目中，3种汽车牌子的特性之间的差别，通过语义差距量表可以清楚地表示出来。将各种形容汽车特性的极端词所代表的分数相加即得每种品牌的总分数。量表上最不利的位置给予1分，其次不利者给予2分，依此类推，所得总分已包括所有决定消费者态度的因素。然后，可以用计算机统计出每对反义词的平均值，把这些平均值用图形线表示出来。调研人员可以在很多方面用一个很好的图形工具来解释自己的调研结果。

语义差距量表的作用还在于帮助管理者做出更加准确的决策。例如，某人决定经营花店，这样就需要做出“花店开设地点”与“经营的花草结构”的决策。于是，他想将花店开在医院门口，准备通过一次市场调研来验证自己的想法是否正确，设计的语义差距量表如下：

	赞同	较赞同	无所谓	较反对	反对	
送花给病中的亲友很时尚						送花给病中亲友不实惠
作为慰问品应该送鲜花						作为慰问品应该送绢花
	2	1	0	–1	–2	

如果有 50%以上的被调查者回答“送花给病中亲友很时尚”大于 0，说明将花店开设在医院附近是可取的，如果有 86%的被调查者选择“作为慰问品应该送鲜花”大于 0，则花店的经营结构应该主要以鲜花为主，可以达到 85%。

6.3.4 配对比较量表

调研人员经常希望了解几种品牌在消费者心目中的顺序地位，品牌不多时，可以采用配对比较法来测量。配对比较量表就是通过配对比较的方法来测量人们态度的量表。

例如，某运动鞋经销商非常想了解几种品牌的运动鞋在消费者心目中的地位，就可以采用配对比较法。如果将 A 品牌和 B、C、D 3 种品牌的运动鞋开展比较，可将 A 品牌和其余 3 种品牌通过排列组合方式组合成 6 个配对组，要求被调查者成对比较，并指出各配对组中哪种品牌较好。假设本次调查中选用的样本量为 100，如果 A 与 B 的比较中回答 A 佳，则在 A 较 B 为佳栏目下记录一人，如果共有 20 人这样认为，则频数为 20，全部 6 对运动鞋品牌比较后所得结果如表 6-1 所示。

表 6-1　认为牌子 i 较牌子 j 为佳的人数分布

j \ i	A	B	C	D
A	—	80	70	40
B	20	—	30	15
C	30	70	—	35
D	60	85	65	—

为了更进一步分析，可将频数转化为频率，如表 6-2 所示。

表 6-2　频数转化为频率

j \ i	A	B	C	D
A	0.50	0.80	0.70	0.40
B	0.20	0.50	0.30	0.15

续表

j \ i	A	B	C	D
C	0.30	0.70	0.50	0.35
D	0.60	0.85	0.65	0.50
合计	1.60	2.85	2.15	1.40

表 6-2 中，各品牌与自己比较的比率均为 0.5，将每栏的比率相加，就可得出各种牌子的态度值，4 种牌子的态度值相比，显然 B 品牌最受欢迎。

B（2.85）>C（2.15）>A（1.60）>D（1.40）

配对比较量表中使用最多的是顺序尺度，正如前面所讲的那样，根据顺序尺度无法得知态度间的真正差距是多少。例如，上例中的 B 与 C 的差距为 0.70，不能说它是 A 与 D 差距 0.2 的 3.5 倍。

配对比较量表适用于商品品牌或规格、花色等的比较，而且适用于消费者对各种品牌的商品比较了解的情况，在这种情况下配对比较量表能获得更好的调研效果。

6.3.5 瑟斯顿量表

瑟斯顿量表是一种间接量表，其建立的方式是由调查人员先拟定几十条甚至一两百条有关态度调查的语句，然后再选定一批特定的测试对象作为评定者，针对上述提供的数条语句由测试对象自己做出判断。瑟斯顿量表的设计步骤如下所述。

（1）由调查人员列出若干条有关态度或者评价的语句，通常可以是几十条，也可以很多，具体数量的多少以有利于说明对某个主题的完整态度为宜，而这些表述中有的完全肯定（或正面的），有的完全否定（或负面的），也有的是中立的观点。例如，在调查电视观众对电视广告的态度时，可以采用下面的语句：

- 多数电视广告都很枯燥。
- 多数电视广告都很有趣。
- 电视广告能帮助消费者选择最佳的产品。
- 电视广告可有可无。
- 我对电视广告没有特别的看法。
- 看电视广告完全是浪费时间。

……

（2）将这些表述提供给一组 20 个人以上的被调查者，要求他们将这些表述归类为若干类别，这些类别可以反映被调查者对每个表述肯定、否定或者中立的看法。如果分为 11 类，则将中立态度列入第 6 组，5 组反对态度，最反对态度放在第 1 组，5 组支持态度，最支持的放在第 11 组。调研机构再给类别赋予由 1 到 11 的变量值。最反对为 1，中立态度为 6，最支持为 11。

（3）根据被调查者所归类的各组语句的类别赋值为变量值，将同一语句归类于同一类别的人数为次数，计算其平均数和标准差。平均数反映了评定人员对某语句态度的集中程度，而标准差则反映了他们态度的离散程度。

例如，对于上面的语句中第 1 句“多数电视广告都很枯燥”有 50 位被调查者的回答，结果如表 6-3 所示。

表 6-3　对电视广告感受的调研数据

各类别赋值	被调查者人数	各类变量值总和	各类加权离差平方和
1	0	0	0
2	0	0	0
3	0	0	0
4	0	0	0
5	0	0	0
6	2	12	21.78
7	2	14	10.58
8	10	80	16.90
9	11	99	0.99
10	15	150	7.36
11	10	110	28.90
合计	50	456	66.50

50 位被调查者对该问题的答案的平均值为 9.3，标准差为 1.32。

（4）在各组中分别挑选标准差最小的几条语句，在正式量表中向被调查者作为问题提出，以获取合适的答案。

瑟斯顿量表属于间接量表，是因为这类量表数值是根据被调查者的选择做出的，而不是由调研设计人员简单设计的。正因为瑟斯顿量表具有这种特点，所以，该量表形式具有一定的科学性。瑟斯顿量表的缺点主要有 3 个方面：第一，量表的决定步骤费时费力；第二，评价人员的态度可能不同于随后正式调查中被调查者的态度；第三，不同的评价人员会产生不同的态度量表。

6.3.6 李克特量表

李克特量表是由伦斯·李克特根据一般量表方法发展而来的，该量表被许多调研者采用并改进。有人认为使用“极端”“有些”“有一点儿”这类词来区别量表强度的形式是李克特量表的主要特点。另一些人说用“同意—不同意”的选项形式是李克特量表与其他量表的明显差别。此外，也有人提出了改进的李克特量表，作为该量表的演变形式。不过，每位调研者都有自己的理解，并且在实践中不断地发展和调整，而作为一门以实用为主的科学，我们提倡的是学习如何应用某种技术来解决问题。作为一种常用量表，李克特量表的价值是显而易见的。因为受访者可以根据它来回答他们同意或不同意的程度，也就是说，这个量表捕捉了他们对某种事物感受的不同程度。李克特量表的建立步骤叙述如下。

（1）拟定一定数量的正负态度的语句，正负态度语句的数目不一定相同。每条语句的答案可分为5类，如非常同意、同意、不能确定、反对和非常反对。如果受访者认为某项选择语句是对的，他就可能从“十分同意”和“同意”中做出选择。假定他不赞成该种说法，也就是说他对该语句的态度是否定的，他就会选择与反对有关的选项。当他对该语句既不同意也不反对时，他就可以选择“不能确定”选项。表6-4是某问卷中生活方式调查的例子。

表6-4 某问卷中的生活方式调查

请在最能反映你同意或不同意程度的数字上画圈。

陈述	很同意	同意	中间	反对	很反对
1．我买了许多商品使自己保持“特殊”	1	2	3	4	5
2．我通常拥有一套或几套最新款的衣服	1	2	3	4	5
3．我的孩子们是我生命中最重要的	1	2	3	4	5
4．我总是使我的房子保持干净整洁	1	2	3	4	5
5．我总是留几个晚上在家里度过而不去参加晚会	1	2	3	4	5
6．有一个收支账目是比较好的	1	2	3	4	5
7．我喜欢收看或收听篮球、足球比赛	1	2	3	4	5
8．我认为我比大多数人拥有更多的自信	1	2	3	4	5
9．我常会影响我的朋友们购买商品	1	2	3	4	5
10．明天我可能会比现在更有钱	1	2	3	4	5

（2）将问题或语句分成正负两种态度来查询，以减少误差。如“加入WTO后中国家电企业在世界范围内会更有竞争力”的询问语句的答案可以是上述5项选择项，也可同时再设置配套的语句“加入WTO后中国家电企业在世界范围内会更缺乏竞争力”，其答案的

选项也可以是上述 5 项，只不过由于两种正负态度语句的差别，给分方法可以有所不同。正态度语句的给分办法可以是非常同意（5 分）、同意（4 分）、不能确定（3 分）、反对（2 分）和非常反对（1 分）；负态度语句的给分办法则相应地反过来，非常同意给 1 分，同意给 2 分，不能确定给 3 分，反对给 4 分，非常反对则给 5 分。也可以设计成正态度语句从非常同意到非常反对给予“2，1，0，–1，–2”，而负态度语句则相应给予“–2，–1，0，1，2”，当然分值大小的距离可以自己设定，但正负态度语句要具备对称、相反和等距离测量的特征，以利于统计分析。

调研机构经常用改进的李克特量表划分方法，被调查者可以根据一系列的“同意—不同意”的标准划分方法来回答，并且每个量表都附有一系列的解释。这种改进的量表的优点是不需要许多的语句，也不一定要考虑正负态度语句在数量上是否一定要相同等，可以方便地运用。运用李克特量表展开 AIO 调查的例子见调研窗口 6-4。

◆ 调研窗口 6-4　　运用李克特量表开展 AIO 调查

李克特量表有一个特殊的运用方式，称为生活方式调查，它可以用来计量个人在他们工作和休闲时间及在购买时的行为、兴趣和意见（AIO）。它首先是由广告专家为了了解消费者情况及更有效地设计各种广告而发展起来的，为了了解消费者的生活方式，它可以作为人文研究的补充，从而指导营销决策。

生活方式调查可以反映消费者独特的生活方式。这类问题可以用来区分某种商品的大量购买者与少量购买者、商店老主顾与新主顾、媒体工具的使用者与非使用者及消费者类型，并且可以评价顾客在价格主导、款式主导、建议者、体育爱好、有童心、以家庭为中心的或财务乐观主义等方面的倾向程度。这些属性是通过一系列的 AIO 陈述来度量的。每个受访者通过李克特量表方式来表达他们同意或不同意的程度。有时，问卷中会列出从一般的 AIO 问题到某些涉及对某特定产品、品牌、服务或其他调研者感兴趣的大量话题。实际上，就生活方式的每个方面提出一个以上的问题，确定每个受访者对相关问题的回答就可以得到综合或平均的意见。据此，可以得出每个人在每个方向的度量。叙述问题是一个非常有用的方法，它可以应用于对世界文化发展的研究。

6.3.7　一些特殊量表

在一些市场调研过程中，调研人员除运用上述量表外，还会采用一些特别的量表。这种量表对特殊的受访者或调查某些特别的态度时，往往会获得特殊的效果，调研窗口 6-5 列出了一些特殊量表。

◆ 调研窗口 6-5　　**几种特殊量表**

量表名	描述和范例
图形等级量表	运用线（框）和图形（包括字体大小）来表示反映的强度 不重要　　　　　　　　　　　　　非常重要 ☺　　☺　　☺　　☺ 是　是　是　否　否　否
常用量表	运用数字，通常用-5 到 5 来表示反映的强度 完全不重要 -5 -4 -3 -2 -1 0 1 2 3 4 5 非常重要（有中间点） 快速送货服务 -5 -4 -3 -2 -1 1 2 3 4 5（无中间点）
百分比量表	运用百分比来表示反映的强度 不想购买 0%　10%　20%　30%　40%　50%　60%　70%　80%　90%　100% 很不满意　　　　　　　　　　　　很满意 0%　25%　50%　75%　100%

6.4 量表的可靠性与有效性测量

6.4.1 市场调研量表测量误差产生的原因

市场调研机构采用量表开展市场信息的搜集工作同样存在与采用调研问卷搜集信息类似的问题，那就是调研机构获得的信息与被调查者的真实感受之间存在差异——量表测量误差。这种差异如果很严重，会导致市场调研活动失败。为什么会产生量表测量误差？只有明确原因才能有效克服量表测量误差。

（1）因被调查者的各种个人因素而导致的测量误差。这类误差的原因主要是被调查者在回答调研量表时情绪、身体状况和时间等因素限制导致其不能如实回答某些调研问题而产生的误差。

（2）因量表调查时测量现场环境原因而导致的测量误差。例如，被调查者在回答量表问题时，有其他人员同在，受他人意见影响而导致没有按照自己的感受回答量表中的某些问题，导致测量误差发生。

（3）因调研人员的各种影响而导致的测量误差。被调查者在受到调研人员的言行、举止或者各种提示、说明的影响而未如实回答自己对某些问题的真实感受、态度，导致测量误差产生。

（4）因尺度、量表的设计问题而导致的测量误差。完成的量表是否能准确地测量出所要研究对象的特征？使用相同的量表，如果重新再做一次调查，两次调查所取得的结果是否比较接近？为了回答这些疑问，就需要了解量表的可靠性和有效性，并学会从可靠性与有效性两个方面对设计好的量表进行评价。

6.4.2　量表的可靠性检验

可靠性是一个程度问题，不可靠的度量标准和量表会让有相同感受或意见的受访者产生不同的答案。产生不可靠的度量标准和量表的原因很多，例如，量表中的提示不够明确；被调查者对提示没有加以足够的重视；调查者对不同被调查者每次陈述同一问题的方式不同；被调查者对问题中的某些词语有不同的理解等，导致调研机构将这些被调查者划归为持有不同态度的人。针对这种情况，调研机构必须在进行每次调研前都应该对量表进行可靠性分析。可靠的度量标准和量表是对同一事物持有相同看法的受访者会有相同或相近的回答。市场调研机构可以用多种方法来检验度量标准和量表的可靠性，主要的方法有重复检验法、交错法和分半法。

1. 重复检验法

重复检验法就是由调研机构在获得被调查者对某项问题的回答后，再次向被调查者提出相同的问题，将先前的答案和后面得到的答案进行比较。在进行重复检验时，调研人员可以这样说："这就是我们全部的调查，不过让我再返回来看看有没有漏掉或有没有将您的答案写清楚。噢，这里有一个。"不过，在面对面的访问中，调研人员不可能重复所有的问题，因此，少数重要的问题可以通过这种方式来进行重新测试。也可由该研机构通过复核电话或者其他方式在随后进行再确认中进行上述测试。所谓重复检验就是将前后两次完全重复的调查所获得的结果进行对比核查，如果差异很小就说明这份量表具有很好的可靠性。这种方式比较适合长期的连续跟踪调查。但是这种方式存在一定的隐患，如被调查者由于时间的变化对某些测试问题的观点可能产生变动。随着计算机信息技术的发展，通过数据库管理，再辅以电话、计算机、电子邮件等新型互动式的定期追踪访问，有利于调研机构从数据库中剔除前后不一致的数据，以建立较为可靠的数据库信息资源。使用重复检验法时把握好时间间隔是至关重要的，如果前后两次提问的间隔太短，被调查者可能会记得先前的回答；但是如果时间间隔过长，受访者的观点有可能会发生变化。大多数调研者倾向于在一个短的间隔后提问前面很长的问题，并且假定受访者不会记起前面的提问。

2. 交错法

交错法可靠性分析也称为等效形式可靠性分析，研究的出发点主要从相同问题在交错位置出现时，被调查者是否能够采用相同或者相近的答案来回答。应用这种方法时，可以将等效的问题形式分散在同一份量表中。这样做是让被调查者认为每个问题都是不同的，但实际上有的问题指向相同的主题或观点。其中常用的办法是将某个问题或陈述反过来表达，如在量表的前面设置此类问题："你认为到超市去购买蔬菜是方便的吗？"而在后面设置这样的问题："你对到超市购买蔬菜有很不方便的感受吗？"而两者的答案选项都是"非常赞同、很赞同、不确定、很不赞同和非常不赞同"5 个选项。通过交错询问，如果两份量表的调查结果相同，那么量表是可靠的，否则，就是不可靠的。使用这种方法需要注意两个问题间的等效程度，避免因为等效程度不同而导致结果的不等效。

3．分半法

分半可靠性分析要求市场调研人员将总的样本分为两组，然后将两组的答案进行比较。在这里，假定这两组在组成方式和性质上都相似，即对于每项问题的答案的均值应该非常相近。另外的一种分半法是把交错法中所设计的两份量表合成一份量表，每一份原先量表中的问句作为后来量表的一部分，然后比较这两部分的度量结果，如果度量结果高度相关，则该量表就是可信的，否则就是不可信的。

◆ 调研窗口 6-6　**如何产生可靠的度量标准**

我们认为，无论用哪种方法，市场调研人员都有 4 种途径来开展可靠的度量标准。

第一，在进行实际的调研前，进行改进或重新将含有不可靠度量标准的问题除去。可靠性评价应该在问卷的形成中进行，一系列的前期测试阶段，也许要付出更多的劳动，但是通过测试问卷，形成合格的度量标准是市场调研过程中非常必要的一步。

第二，可以将分类较多的量表合并，如将 5 个选项的李克特量表的问题答案合并为"同意"、"不同意"和"没有意见"的 3 个选项；或将语义差距量表问题可以合并为 5 个等级，将第 1 与第 2，第 6 与第 7 合并在一起，这种合并通常都会增加可信度。注意，这一步通常在调查进行后而对度量标准有疑问时进行。

第三，取代第一步或第二步后，可以运用一个较个人化的过程来评价可信度。如运用重复检验法或等效法，直接检验每个受访者的问卷，这样可以更方便地发现不可信的受访者，而将他们排除在最终分析结果之外。但在将这些访问者的答案排除之前，必须肯定你的度量标准对大多数受访者来说是可信的。

第四，在前面三个步骤之后，调研者可以列出可信度的值。通常，可信度用指数来表示，如 1.00 代表完全可信。对于可接受的最小值限度存在不同的争议，对于第一次采用的度量标准 0.65 或 0.70 就认为是可接受的。但是，如果采用了先前调查的形式和方法，它被认为有较高的可信度。

可靠的量表不一定就能得到有效的答案。从量表的设计到执行的过程中会出现来自调研人员和被调查者的偏差问题，这样就会导致即使是可靠性的问题也不一定是有效的，所以还需要对量表开展有效性检验。

6.4.3 量表的有效性检验

验证量表有效性有3种常用的方法：评估量表的合理性、逻辑性判断和多重验证。

1. 评估量表的合理性

为什么说设计合理的量表是验证度量结果有效与否的重要方法之一呢？因为调研过程是从明确调研主题开始的，并经过调研量表设计、访问员培训、访问员访问、受访者回答并经过中后期的监督检验后才开始进入统计分析的。如果设计的量表过于烦琐、难度高甚至不太合理，则从访问员、受访者到督导员在内都将难以把握度量的尺度。即使回答是诚实的，但选择是困难的，或者选择的答案并不是调研人员事先期望的范围，这些都将使量表的有效性大打折扣。因此，经验丰富的调研人员所设计的答案都应该有一个“大致”和“相对合理”的范围。事先的调研测试，或者几个调研设计者相互交流对量表的设计都会有所帮助，这样也便于事后对受访者的答案进行检查时做出正确判断，这是提高量表有效性的一种重要手段。

2. 逻辑性判断

逻辑性判断是指某一问题的答案与量表中别的问题答案之间的逻辑相关程度。在后面的问卷设计章节中，我们会建议量表设计人员设计一些可以检查逻辑性的问题，因为一份完整的问卷应该是由具有一定逻辑关系的问句组成的，通过逻辑性检查，我们可以发现答案之间的相关程度，并由此可以判断某些答案是否有效。例如，某被访问者对他所购买的某品牌电脑的质量、服务和价格等方面的单个评价和综合评价都是非常满意的，可是在稍后一些的问题中，问他是否会继续选择该品牌电脑或者配件时，他的回答是“不会”，进一步询问原因后得到的答案是：该品牌的服务不佳！类似这样的问题很多，如果调研者在检查问题的答案时利用逻辑关系进行判断，就是应用了逻辑性判断来检查量表的有效程度。

3. 多重验证

所谓多重验证，指调研人员运用了两种（或多种）不同的方法或不同的数据来源比较同一个问题，以判断量表的有效性。例如，在许多调研过程中，调研公司经常用电话调查来证明他们在入户访问或者邮寄问卷调查中得到的答案，如果两种方法产生的结果相近，就可以说明该调研结果是有效的。

6.5 国内市场调研量表设计须注意的问题

检验量表的有效性和可靠性是量表设计中的重要一环，因为如果经测量发现量表不可靠或者无效，整个调研将毫无意义。

市场调研人员该如何设计有效的量表呢？有效性检验是大多数调研人员所必须面对的工作。因此，掌握和应用量表有效性的测试技术，并在不断设计量表的过程中积累实践经验，都是非常重要的。

除了上面的方法外，要想设计出一个非常令人满意的量表是一件相当费时的工作。现代调研技术已经发展到了较为成熟的阶段，调研设计者可以通过各种先进的技术或者方法来收集到许多设计得当的量表样式，通过学习、参考和吸收、改进这些范本，我们认为在实践中边学边做是一种较好的方法。当然，请教一些调研问卷的设计专家，并与他们一起讨论如何设计量表，也是非常有效的方法。

6.5.1 中国文化中的中庸之道问题

在中国开展的各种市场调研活动，现在越来越多地使用量表进行调研。此时量表设计人员不仅要注意量表的有效性和可靠性，更应该注意中国调研对象的文化特征。往往许多在国际上被证实为成功、有效的量表，在中国的市场调研中却被证明是导致调研失败的根源。中国人与西方人相比，其文化特征促使其性格、观念、行为上含蓄多于张狂。含而不露、韬光养晦使中国人个性远远比西方人更内敛。数千年的儒家文化使中国人更愿意趋大同，讲求中庸之道。例如，上海的一家家用电器公司想了解上海市民对国产家电的态度，设计了一份问卷，有这样两个问句：

中国家用电器的整体质量水平已经可与国际著名品牌相媲美。

非常同意　　　　　　　　　　　　非常反对

4　3　2　1　0　−1　−2　−3　−4

国内消费者更倾向于购买价格便宜的国产家电。

非常同意　　　　　　　　　　　　非常反对

4　3　2　1　0　−1　−2　−3　−4

在对收回的量表进行汇总分析时，研究人员发现选择中间答案的回答者人数远远超过显著性水平的临界值。“多数回答者持有相同的意见”“量表设计中存在一定的问题导致调研无法测量出被调查者在态度上存在的微小差异”这两种结论都无法用严谨的理论加以证实，这也是市场调研人员不想看到的一种结果。因为市场调研从某种意义上说就是发现存在的本质差异。对于一个有丰富的中国市场调研经验的量表设计者来说，应该可以有许多办法在设计量表时防止这种结果出现。例如，采用“倾向偏差式量表”，即在设计量表时故意将“赞同”与“反对”两类意见的评分标准设计成不平衡分布。一些专家则干脆取消“中间态度”，即没有 0 分，这种方法其实就是采用“偶数等级量表”设计法，在偶数等级量表中，设计人员给回答者选择的答案只有偶数项（个）。

6.5.2　地域文化对量表可靠性的影响

许多市场调研活动的目的是搜集各地区的市场信息，但是中国相比世界上其他许多国家来说真是太大了，不仅如此，中国各地区的文化也有千差万别的特征，地域的传统文化导致当地居民在许多问题上与其他地区的居民有完全不同的看法、态度。调研人员基本上不可能根据地域、区域的不同为不同的区域设计一份符合当地传统文化的地域量表，因为这使得最终汇总时不同地区因量表的不同而存在不可比性。为解决这一问题，调研人员可以选择以下 3 种方法来进行调整。

1. 做好预调研

量表设计人员应该想法使自己尽快成为精通各地文化的专家。在确定调研目标和将要询问的基本内容后，量表设计人员就应该设法尽快了解不同区域的被调查者对将要提问的问题中的关键字是否存在不同的理解，在相关问题上这种差别是否表现出一定的规律性等，这些信息不仅对设计者有重要的意义，对于以后的分析人员也是十分重要的。这一切都可以通过开展预调研来实现。

2. 调研区域细分法

如果各地区的被调查者确实在文化上存在巨大差异，量表设计人员就应该针对不同地区设计不同的量表，以求在同一细分区域中的被调查者对量表中的各项提问有一致的理解。最终在综合各地区的对应量表时，相同量表上表现出的差异，可以解释为不同文化的影响结果。例如，沿海经济发达地区的居民，生活节奏明显快于经济落后的内陆地区，这样对于诸如“您对出门走亲访友‘打的’的看法”，就有截然不同的结果。

3. 语义差别法

市场调研的对象更多是普通市民，应该怎样定义普通市民？最简单的是从文化程度上来界定，即平均受教育程度，初中、高中、大专毕业等。量表设计者必须知道，量表中所有的问题只有都被回答者正确理解，市场调研才有获得成功的最初保证。这就要求量表设计者务必明确自己设计的这份问卷是由哪些人来回答，他们的总体文化程度如何。倘若整体调研对象是由不同人群构成的，量表就必须在设计上有所不同，主要是在问句的用语上有一定的差别，使问句更能适合于不同的调查对象，使他们能够有一个相近的理解。例如，调研是在新老上海市民中进行的，他们对于“浦东新区”“上海市区”“浦东经济开发区”“老川沙区”会有不同的理解，调研人员就应该在设计问卷时注意这一差别，而将问卷设计成不同的类型，以更适合于不同的回答者。

本章小结

本章讨论了市场调研中对客观因素进行度量的有关概念。首先介绍了在市场调研中常用的4种尺度形式：类别尺度、顺序尺度、差距尺度、等比尺度。在4种常见的尺度形式之后，介绍了常见量表的形式，它们分别是评比量表、语义差距量表、配对比较量表，瑟斯顿量表、李克特量表。

本章介绍了量表的可靠性和有效性问题及如何对量表的可靠性与有效性进行测量的方法。量表的可靠性就是在一次调查中对相同或相近的问题有相同或相近的答案，而有效性则是指度量标准的精确度。可靠的度量标准并不一定是有效的。因此不仅要度量量表的可靠性，还要度量量表的有效性。对可靠性的测量有3种方法：① 重复检验法，要求在稍后再次向受访者提问相同的问题，将先前的答案和后面得到的答案进行比较，然后比较答案的一致性；② 交错法，比较相近问题在不同位置出现时受访者的答案是否相同或相近的可信程度；③ 分半法，比较样本中一部分的答案与另一部分的答案的一致性。对量表有效性的测量方法有3种：① 评估量表的合理性，调研人员通过检查量表设计得是否合理有效来判断答案是否有效；② 逻辑性判断，它测量某一答案与问卷中别的答案之间的逻辑相关程度；③ 多重验证，它用两种（或多种）不同的方法或数据比较同一问题。

练习题

1. 什么是量表？举一个例子说明。
2. 指出一般量表的几个基本特征。
3. 量表的度量标准分为哪几大类？
4. 分别阐述类别量表、顺序量表、差距量表和等比量表的定义，举例说明它们之间的差别。
5. 强迫性量表和非强迫性量表的定义是什么？并分别说明它们各自的优缺点。
6. 举例说明什么是等级量表。
7. 什么是平衡量表和非平衡量表？它们各自的优缺点是什么，举例说明。
8. 区分评比量表形式、李克特量表形式和语义差距量表形式。

9. 什么是晕圈效应，调研人员应该如何控制它？

10. 说明配对比较量表的优缺点。

11. 为什么瑟斯顿量表可以称为“评价人员量表”？

12. 有效性和可靠性的区别在哪儿？给出它们的定义。

13. 写出评价量表可靠性的3种方法，写出评价量表有效性的3种方法。

◆ 案例讨论 6-1

为什么两份量表的答案有所不同

罗强是一个非常认真的调研人员。他受总部派遣，到上海开展口香糖市场的前期研究工作。在他需要掌握的问题中有一个关于消费者喜欢哪种品牌口香糖的问题，他很耐心地分成了以下两种形式。

问题：你平时最喜欢吃哪种品牌的口香糖，并为依次喜欢的品牌按照从1到5的形式排序，不了解的写N（no）。

选项1:（1）品牌A__（2）品牌B__（3）品牌C__（4）品牌D__（5）品牌E__

选项2:（1）品牌E__（2）品牌D__（3）品牌C__（4）品牌B__（5）品牌A__

上述两种答案被分别放在内容完全相同，唯有该题目答案不同的两份问卷中。两份问卷分别就两组调研目标对象展开调查，每组访问250位受访者。

问题讨论

1. 上述问题所选择的量表名称是什么？该量表形式有何优点？
2. 罗强为什么要把该答案的选项分成两种不同的顺序？

◆ 案例讨论 6-2

酒店印象调查

在下面每组词中，画出最能反映你对上海A大酒店和B大酒店印象的线条。

有特色的地方	——	——	——	——	——	——	——	普通的地方
不方便的位置	——	——	——	——	——	——	——	方便的位置
价格高	——	——	——	——	——	——	——	价格低
菜单不够丰富	——	——	——	——	——	——	——	菜单足够丰富
服务态度极好	——	——	——	——	——	——	——	服务态度极差

饭菜质量不高 —— —— —— —— —— 饭菜质量较高

环境极好 —— —— —— —— —— 环境极差

观察以实线连接所有A分数的点，以虚线连接B分数点所形成的图形。

问题讨论

1. 这是一种什么量表的度量形式？
2. 这种量表形式有何特点？
3. 上述量表形式中A酒店和B酒店的比较结果需要如何计算？

第7章 人员访问管理

◆ 引导案例　访问人员在市场调查中的作用

大多数市场调研机构在开展市场调研活动时采用的信息搜集方法是询问法，它们在长期的调研活动中形成这样的共识：如果说调研问卷和提纲是确保调研成功的前提的话，那么问卷和提纲的正确执行是确保数据收集质量的另外一个重要因素。现场数据收集过程中，对访问人员的科学管理是降低现场数据收集质量的关键因素。人员是具有能动性而非标准化的，所以访问的管理，也就是对调研管理人员、现场访问人员和其他相关人员的管理的过程。现场访问需要从前期的计划，中期的控制和后期的处理来综合考虑。本章和后面一章将专门讲述人员访问管理和现场数据收集质量控制的内容

本章主要学习内容：

- 访问的不同形式和特点
- 访问指导书的作用和内容
- 访问过程中的人员和人员管理问题
- 访问过程的基本监督措施

7.1　市场调研的访问方式

在市场调研搜集市场信息阶段，有许多方法可供调研机构选择，其中询问法（也叫访问法）使用最为经常。访问的形式有两大类：口头访问和书面访问。口头访问就是由调研人员借助市场调研问卷或提纲开展的口头交流式的调查，口头交流方式有个别访问、拦截访问、入户访问、电话访问和小组座谈会等。书面访问则是在没有调研人员的情况下，通过传

递市场调研问卷的方式开展的调查，主要包括邮寄问卷调研、留置问卷和网上问卷调查等。

7.1.1 口头访问与书面访问的异同

1. 口头访问和书面访问的相同点

（1）都需要在正式实施市场调研活动前，根据实现既定的市场调研目标的需要，设计好市场调查提纲或市场调查问卷；

（2）都需要明确调查访问原则：提出什么问题？怎样提问？

2. 口头访问和书面访问的不同

口头访问是由访问人员根据调查提纲，向确定的被调查者提出问题，并由访问人员逐一记录被调查者的回答答案，以此作为市场调研所要的信息加以搜集。

书面访问是由市场调研机构将确定需要被调查者回答的问题列在问卷上，按照既定的方式和途径传递给被调查者，请他们如实填写后再按原来的方式和途径逆向传回，作为市场调研所需的信息加以搜集。

由于这种差别导致市场调研机构在决定应该采用哪种访问方式搜集市场信息时，必须考虑下列问题：

- 市场调研机构是否拥有很多合格的访问人员？
- 与每位被调查者在空间位置上是否存在很大距离？
- 本次市场调研是否能够投入充足的预算和时间？
- 市场调研中是否存在必须向被调查者做一定解释和说明的地方？
- 未达到既定的市场调研目标，是否需要借助其他非询问调研法？

7.1.2 口头询问与书面询问的执行

表7-1给出了两种访问方式在具体实施时所表现出的区别。

表7-1 口头询问和单纯书面询问的执行特征比较

	访问方式	事先管理	访问过程相关人员
口头访问	入户访问	编制访问手册	培训人员、督导、访问者、被调查者
	拦截访问	编制访问手册	培训人员、督导、访问者、被调查者
	电话访问	编制访问手册	培训人员、督导、访问者、被调查者
	小组访谈	编制访问纲要	培训人员、主持人、辅助人员、被调查者

续表

访问方式		事先管理	访问过程相关人员
书面访问	邮寄调查	编制填写细则	问卷与程序设计人员、被调查者
	留置调查	编制填写细则	问卷与程序设计人员、被调查者
	网上调查	编制填写细则	问卷与程序设计人员、被调查者

从两种访问方式的实际执行过程看，口头访问的整个实施过程可以看做由一系列“沟通环”所组成的。

- 市场调研委托者与市场调研方案设计者之间的沟通：确定市场调研的目标。
- 市场调研方案设计者与访问提纲设计者之间的沟通：确定市场调研提纲的问题。
- 市场调研提纲设计者与现场督导人员之间的沟通：确定控制的对象与目标。
- 市场调研现场督导与访问人员之间的沟通：确定如何向被调查者提出每个问题。
- 访问人员与被调查者之间的沟通：让被调查者准确理解每项问题，让访问员准确理解被调查者的每个答案。

书面访问的“沟通环”明显要少一些。

- 市场调研委托者与市场调研方案设计者之间的沟通：确定市场调研的目标。
- 市场调研方案设计者与调研问卷设计者之间的沟通：确定市场调研问卷的问题。
- 市场调研机构与被调查者之间的沟通：解释、说服被调查提高合作意愿。

7.2 口头访问的管理文件

在搜集市场信息时采用口头询问方式与采用书面方式在运作中有许多不同之处，如需要有许多调研人员担当访问员的工作，这样势必存在如下问题：在由多名访问人员同时实施口头访问过程中，如何规范、协调他们的行为，提高访问效率？如何协调访问员与访问督导员之间的联系？考虑这些问题，市场调研机构必须在每次口头访问活动实施之前，制定一系列管理文件，如访问指导书、督导员手册、访问执行表、访问实施过程情况汇总表等，明确规定各类调研人员的工作规范。

7.2.1 访问指导书与督导手册

访问指导书一般由调研主管或访问组织者与调研设计者一起协商编写。通常的访问指导书中须包括访问对象、访问工作原则、访问方法、访问程序、访问前的准备、问卷填写要求与说明、访问时间安排、费用支付标准和支付时间等一系列确保调研成功的相关内容。在访问指导书之外，为了方便调研督导员的管理，还编写了督导手册，供督导员使用。访问指导书和督导手册都是人员访问管理中事先控制的重要手段。调研窗口 7-1 是一份简单的访问指导书。调研机构应该根据市场调研的具体目标，制定内容尽量详细的访问指导书。

◆ 调研窗口 7-1　苏州市啤酒零售网点调查细则

一、调查对象

苏州市区出售啤酒的零售与餐饮行业

二、访问员的培训内容

（1）访问技巧方面的培训。

（2）访问员判断与分析能力方面的培训。

三、调查工作原则

访问须由通过相关培训的访问员完成，不得由其他人员代劳，否则访问结果无效。

在同一调查区域，不得有两位访问员实施访问，以避免重复或遗漏。

访问员在访问结束后不得擅自保留访问记录，不得泄露访问所得到的结果。

四、调查工作方法

根据苏州市区地图划分调查样本区域，再确定每个样本区域的样本调查单位，即具体实施访问的店铺。逐一与确定的样本单位联系，征求合作意愿，确定是否愿意参加本次市场调研活动。

五、调查工作程序

（1）记录店铺名称、地址和附近的标志特征。

（2）按照规定的分类标准观察店铺的类型。

（3）按照规定的访问程序对店铺管理者实施访问，按照确定的调研提纲逐一提出问题，做好访问记录。

（4）按照规定要求观察店铺的相关情况并做好记录。

（5）完成访问记录的检查，确保没有遗漏的信息。

六、访问人员需要携带的相关物品

（1）个人身份证明文件。

（2）调研提纲或调研问卷。

（3）笔或其他记录工具。

（4）其他相关资料。

访问指导书主要规范访问人员的行为，提高访问工作的效率和效果。同样，为了规范督导员的行为，提高督导员的管理效率，市场调研机构需要根据督导员的工作内容，制定一份督导手册。调研窗口 7-2 是一份简单的督导手册。

◆ 调研窗口 7-2　**某品牌跟踪调查督导手册（供督导员使用）**

一、调研方法

入户访问。

二、调查对象

（1）居民/家庭：上海市、北京市、广州市各 100 户。

（2）经销商：上海市、北京市、广州市各 50 家。

三、抽样方法

（1）在各市的市区按照随机抽样原则确定样本调查区。

（2）根据样本市区居民人口比例或经销商分布比例，确定各区的样本单位数目。

四、督导员工作程序

（1）掌握规范的访问方式、访问记录技术，能够及时发现并纠正访问人员的各类工作差错。

（2）明确督导员的工作地区范围。

（3）明确访问人员的工作程序与工作规范。

（4）对访问人员提交的访问记录及相关材料，按规定的要求进行检验（附有相关的检验规则）。

（5）对访问提纲中的一些基本概念的正确解释。

（6）对访问人员提交的访问材料登记、制册，分析被调查者拒访的原因。

7.2.2　访问员的承诺

在采用口头询问方式搜集市场信息的过程中，许多时候都是由访问人员采用“单人行动”的方式开展活动，例如，入户访问也叫“个别访谈”。此时调研机构就无法直接控制访问人员的行为，为了使市场调研活动顺利开展，市场调研机构需要规范访问人员的行为，往往会采用与每位访问员签署“访问员承诺”的文件，这种文件类似一份工作合同，明确规定访问员需要按照何种规范实施访问。例如，对于访问员明确注明：“本人清楚地知道访问人员的态度与行为举止将对访问结果产生的影响，故本人愿意遵守市场调研组中所做出的上述各项规定。”

有时访问员承诺还包括对提供信息的被调查者所做出的“将严格履行不向他人透露其提供的相关信息”。这样做的原因是可以提高被调查者的合作意愿，保证及时获取调研机构所需的市场信息。

7.2.3 访问执行表与访问实施过程情况汇总表

在访问指导书之外，为了达到有效的事先控制，还可以制定必要的访问程序指示图，在指示图中进一步明确访问人员应当在何时、何种情况下如何开展和结束一次访问。有时为了监控的原因，还可以制定访问执行表，当然还可以有其他更有创意的便于访问监控的办法，调研窗口 7-3 是一份访问执行表。

◆ 调研窗口 7-3　　某品牌跟踪调查访问执行表

访问路线____________________

访问员姓名________

访问日期_____年_____月_____日　　访问时间______至______

第一位被调查者：姓名_____单位_____访问时间_____备注________

第二位被调查者：姓名_____单位_____访问时间_____备注________

第三位被调查者：姓名_____单位_____访问时间_____备注________

第四位被调查者：姓名_____单位_____访问时间_____备注________

……

第一位拒访者　拒访原因：____________________

第二位拒访者　拒访原因：____________________

第三位拒访者　拒访原因：____________________

第四位拒访者　拒访原因：____________________

……

意外情况详细说明：____________________

____

____

为了掌握访问过程中遇到的实际问题，为随后制定解决问题的预案提供依据，也可以为市场调研机构总结经验提供翔实的资料。市场调研机构在实施访问前会制定一份访问实施过程情况汇总表，可以由访问人员或访问督导员负责填写，再按规定交给相关人员。调研窗口 7-4 就是一份访问实施过程情况汇总表。

◆ 调研窗口 7-4　某品牌跟踪调研访问实施过程情况汇总表

请根据在本次访问过程中遇到的各种实际情况，与督导员一起填写本表，完成后由督导员交给本次市场调研信息处理部。谢谢！

（1）调研提纲在内容与形式（问句设计、提问顺序、措辞设计）方面存在的问题：

（2）与抽样相关（抽样方法、样本单位数目、样本的代表性）的问题：

（3）访问实施程序方面的问题：

（4）访问过程遇到的问题及解决预案的有效程度：

（5）礼品是否合适？

（6）提出的建议。

7.2.4　访问流程示意图

为了更好地协调访问人员、督导人员及其他与此次市场调研工作相关人员之间的关系，使不同的工作人员知道：在什么环节自己需要做好什么工作，应该采用什么方法和与谁合作完成这项工作，完成的相关调查资料呈交给谁，等等。为了满足这些需要，市场调研机构应制作一个如图 7-1 所示的口头询问流程。

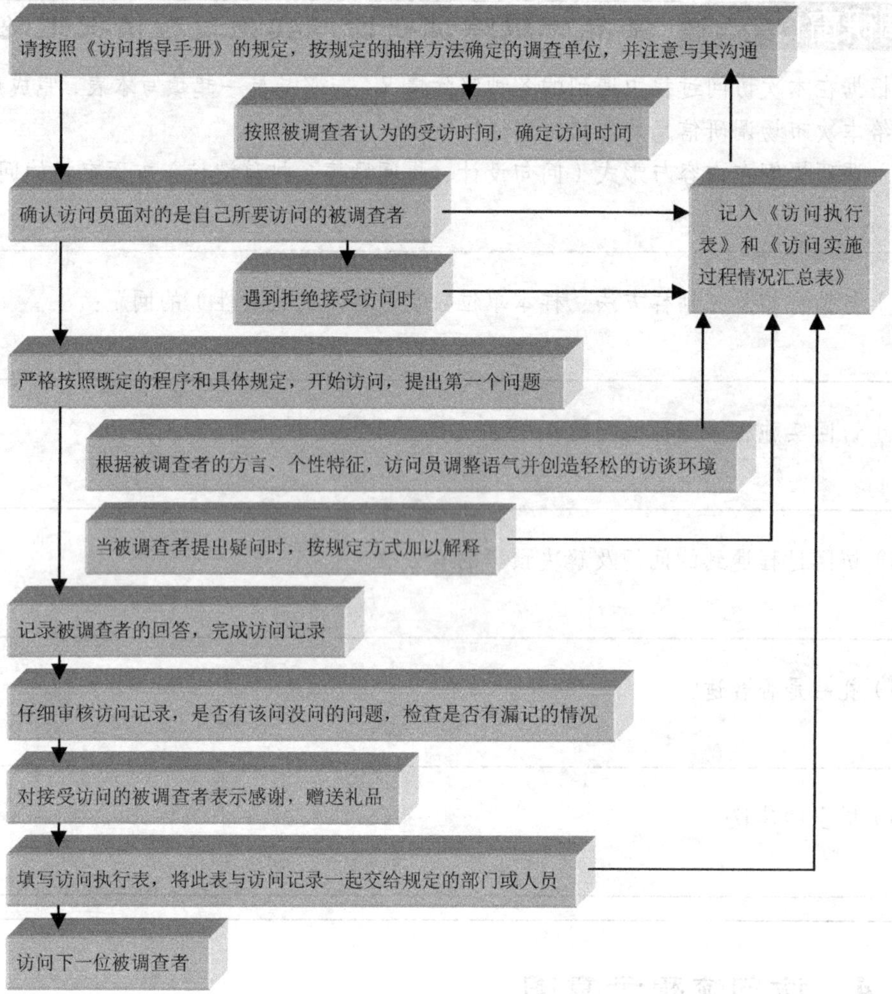

图7-1　口头询问流程

7.3　现场访问人员的管理

采用口头询问方式搜集市场信息，调研机构必须拥有一定数量并有丰富访问经验的调研人员——访问员。于是访问员的招聘、培训及任务分配、工作成绩考评与激励等管理问题也随之产生。

7.3.1 口头询问中现场访问员的地位

采用口头询问方式搜集市场信息的调研机构与管理人员应该知道：访问员是否理解调查提纲中每项提问和提问中的关键词的真正含义，能否对被调查者的种种疑问做出正确的解释，能否独立地开展个别访谈，这些问题都将直接决定一项市场调研方案能否顺利实施和能否实现预期的目标。从对口头询问法失败原因分析来看，访问员的素质是最重要的因素。

（1）调研机构制定的调研方案存在明显的缺陷。这里包括调研目标预期过高，就目前的能力难以实现；调研方法选择不当或调查提纲设计错误，无法确保及时、全面、准确地搜集实现调研目标所必须掌握的市场信息等。但是作为一名拥有丰富调研经验的调研人员——访问员，应该能够在方案实施前就发现存在的问题，提出修改建议或者在方案实施中有意识地选择最合理的方法加以调整。

（2）调研提纲中存在有难以为所有被调查者准确理解的问题。调研提纲由具体问题组成，而每个问题又是由词组构成，有些词组对于不同地方的被调查者会有不同理解，这将导致调研结果的准确性严重下降。而此时一位经验丰富的访问员就会察觉问题并运用最合适的方法来避免和克服。

（3）因各种原因被调查者拒绝合作或回答访问员的问题。从社会学原理来说，被调查者是因为接受访问员而接受调研机构的此项调研活动。所以提高每位访问员的亲和力，是提高被调查者合作意愿的根本途径。

7.3.2 访问人员应具有的素质

在访问的实施过程中，对访问员的管理十分重要，而提高访问人员的能力、素质是管理的目的。访问员需要具备的能力或素质详述如下。

（1）良好的心理素质。合格的访问员能够面对各种挫折，经受得起各种拒绝、猜测、冷嘲热讽。一位访问员在初次完成访问任务时，一定会因多次被人拒绝而受到心理打击，良好的心理素质，访问员应坚信成功的访问就在下一个。

（2）遵守行业规范与职业道德。访问员单独开展访问工作，一定要忠心于自己的组织，忠诚于自己的工作，拒绝各种“造假”。同时也必须忠于客观事实，不主观猜测。

（3）良好的人际沟通能力。访问员应该是性格外向、善于与人沟通的，能够让陌生人在很短的时间里与自己缩短距离，产生信任感。

（4）敏锐的分析和洞察能力，访问员必须能够在回答者的言谈举止中，看到问题的实质，发现新的线索。在访问前问卷设计人员不可能做到对各种情况都考虑齐全，总会有“百密一疏”的情况，此时就只有依赖访问员临时发现新的问题，使调研更加完善。

（5）灵活机智的追问技能。访问员总会发现被调查者对一些提问没有回答清楚、完整，或者答非所问，这时就必须通过追问来解决问题，但是，追问怎样才能让被调查者不仅不会反感，而且还打消顾虑回答自己的提问，这是一种技能。只有经验丰富的访问员才会有更多的方法。

（6）努力、积极的精神与充沛的体力和精力。访问员要“走千山万水、入千家万户，说千言万语、道千恩万谢，受千辛万苦”才能达到目的获得成功，这需要访问员不仅要吃得起苦，经得住骂，还要有充沛的体力和精力，否则是无法胜任其本职工作的。

7.3.3 访问员的招聘

访问员的招聘是访问开始前的一个重要环节，许多市场调研机构会存在招聘临时访问员的工作项目。调研机构招聘访问员的主要对象有两种。

（1）大专院校的学生。大学生通过系统学习，掌握较为扎实的基础理论和方法，同时，他们对未知世界充满了解与探索的兴趣。在体力与精力上都能够应付更多的挑战。

（2）专业岗位上的工作人员。调研机构可以从与调研范围相关的岗位上选聘访问员，一般这种选聘都是临时性的。对于采用口头访问获取市场信息的调研机构而言，市场调研能否被被调查者理解、接受是市场调研能否成功的关键，而如果访问员与被调查者较为熟悉，无疑将极大提高调研的成功比例。同时专业岗位上的工作人员还对调研内容较为熟悉，可以对有疑问的被调查者做相应的解释或说明。

访问员招聘的方式很多，最常见的有：

（1）到学校找有关部门配合开展招聘。这样的招聘成本相对较低，而准确率相对较高。例如，请专业课任课教师、班主任老师、学生工作办公室的老师推荐适合的大学生。

（2）在报纸、电视、广播和网站上刊登招聘广告。这类招聘的范围更大，选择的机会也大，但是成本较高，选错的可能性也较大。

7.3.4 访问员培训

为了保证访问的质量，在调查活动开始前访问员需要接受相应的培训，以保证其充分理解调研项目的要求。缺乏培训的访问员可能犯各种错误，如误解、记错答案、不做深入追问或追问提示太多，也可能满足于“不知道、不置可否”等回答。

对访问员培训的内容主要有两部分。

1. 访问技巧方面的培训

这部分培训内容又由两部分组成，即访问的技巧和解释相关调研信息的方式。

（1）访问的技巧主要包括：如何介绍自己的身份和消除对方的顾虑，在什么时间进行访问，采用什么语气和用词提问，遇到挫折时如何应对和怎样调整自己的心态，在访问中如何引导滔滔不绝的被调查者者回到正题，如何启发被调查者仔细思考和准确回答，如何记录答案，如何在访问中在不同话题之间平稳地过渡，如何赠送礼品或说出结束语。

（2）解释相关调研信息的方式方面的培训内容主要包括：调研的主题和访问目的的介绍，某些关键词或术语的含义及如何使被调查者正确理解，哪些问题可能产生分歧，以及如何沟通和解释，哪些关键的内容是必须多次追问的。

在访问指导书中应该明确规定调研机构对访问员在其进入实际访问工作之前应该接受哪些培训和由谁来做好这些培训工作。

2. 判断与分析能力方面的培训

访问员在获得被调查者配合后，不断提问不断获得被调查者的回答时，怎样利用逻辑推理等方法，验证这些答案正确与否。同时，访问员必须掌握发现新问题（访问前调研机构交待过，但是没有明确要求搜集的问题）的能力，提高调研活动的价值。

虽然市场调研机构会安排相关人员来专门负责对调研数据的分析处理工作，但是，调研机构应该重视访问员对基本分析能力的把握，例如，掌握一点基本的统计分析方法，有利于访问员评估自己访问所获得的资料是否符合随后的统计分析和其他数量分析方法的要求，以免在访问结束后，因发现所获得的资料无法满足规定的数据分析方法的要求而重新再做一次访问。

7.4 访问现场监控

在实施访问时，进行现场监督是必要的。但是，如何实施现场监督要在访问指导书或者调研方案设计中详细确定。例如，告知访问员会有事后复核，若不符合要求就会受到相应的处罚。在条件具备时会有专人陪同访问员访问，在访问过程中可有专人指导访问员的访问工作并解决访问过程中的问题。也可以发现某位访问员是否胜任，是否需要继续培养或使用。

7.4.1 了解访问的进行情况

在访问过程中，访问管理人员需要及时了解访问情况，掌握访问进程并随时做出相关决定，使市场调研最终实现既定目标。为此，访问管理员需要与现场访问员和现场督导员保持紧密的联系，在一次访问开始前，最好让访问员和现场督导员了解，如果有特殊问题或情况发生该如何与访问管理员取得联系，以利于现场访问的有效进行。同时，在某一访问现场发生的问题，也应当引起访问管理层的注意，如有必要，需要及时通知其他区域的访问员和督导员，以引起大家的关注。因此，访问员在执行访问工作期间必须将自己的联系方式提前告诉调研机构，并确保联络的畅通，调研机构掌握现场访问员联系方式的另外一个作用是便于访问管理人员监控调查进度和调整访问员的工作任务，控制和协调整个调研项目的总体进度。

了解访问的情况，还需要访问管理者懂得如何积极处理反馈信息。无论是入户访问、拦截访问还是电话访问，除非督导员现场陪同访问或现场监督外，设法保持对现场访问的控制并及时处理各种实质问题，确保访问最终成功。由于访问具有动态性，总会有许多不确定因素存在，即使访问管理者经验丰富，并且事先考虑周密，也很难把所有情况、问题都考虑齐全。因此，访问管理人员必然随时准备处理现场访问过程中的各种突发事件，并迅速做出恰当的处理。例如，在开展一项有关某产品的地域分布、年龄分布、品牌分布的品牌认知程度调查，调研机构选择拦截式访问方法来完成此项调查。在调查活动展开后，在某地域因特殊原因导致街上行人很少，无法找到合适的被调查者，而难以完成调研任务时，现场访问人员就必须将这一情况及时上报给调研管理者，以便管理者及时调整计划。

在访问过程中还会出现其他各种意外问题，例如，样本分配比例在特定区域明显不合理，过大或过小使得该地区的访问员根本无法找到规定数量的被调查者。而这些问题的解决都已经超出了访问员的权力范围，必须由调研管理者负责处理和解决。

在管理人员修改或调整了访问计划后，应该搜集有关新计划或新方案在实施时是否可行，原来问题是否得以解决，以及解决的程度等信息，以便根据调研现场的实际进展情况，判断新方案是否有效，也需要现场的访问员、督导员能够及时与调研管理者保持有效的信息沟通。

为了明确管理职责，调研机构必须在调研前明确规定：现场访问员、督导员应该在什么时候（或情况下）向调研管理者汇报调研工作进展状况；汇报应该包含的基本内容；以什么方式或途径汇报；调研管理者应该在得到现场人员的汇报后，多长时间内下达新的工作指令；应该以什么方式或途径下达指令，这些规定可以在访问指导书、督导手册、访问执行表等文件中列出。

7.4.2 明确访问执行过程中各类人员的职责

每次访问从管理角度出发都有一定的组织层次，以确保提高管理效率，一般都会包括调研访问组长、督导员、访问员。在访问活动开始前调研管理者或者访问方案的设计者应该明确规定他们之间的分工与职责。

1. 访问组长

访问组长主要负责访问的整体管理工作，并协调本访问小组成员之间的关系，协调与其他小组（如数据处理分析小组）之间的关系。访问组长负责访问指导书、督导手册和访问执行表等相关文件的细化工作，使之更具有可操作性。访问组长还应负责制定其他与访问有关的工作计划，如访问日记、访问小结、访问联络表、访问预算的编制和管理等工作。访问组长同时还负责挑选、培训和管理访问员，对整个访问的时间进度、访问总体质量和访问预算负责。

2. 督导员

督导员协助访问组长开展培训和人员管理工作，并负责现场监控和访问记录的审核。督导员有权在现场按照事先的培训计划和原则指导、监督，甚至撤换访问员，并对访问员的访问数量和质量做出评价，也可以提出对违规访问员和不负责访问员的处罚措施。对访问指导原则或指导书外发生的问题，督导员需要在取得访问组长的同意后才能加以调整。

3. 访问员

访问员的主要职责是遵守访问原则，按照事先培训的内容和访问指导书的要求，客观公正地完成规定数量和质量的访问工作。在访问过程中，如果遇到超出培训或访问指导书以外的特殊情况，须取得督导员同意后再做出决定，不可自作主张，以免影响调研的整体质量。在遵循事先规定的原则的前提下，访问员可以充分发挥主观能动性，灵活、巧妙地与被调查者交流，以保证访问工作顺利进行。因此，访问员可以发挥个人作用的最大空间是，如何通过恰当的手段，快速而有效地与目标受访者完成寒暄和提出访问要求，在一种融洽的气氛下完成一次高质量的访问。访问员受到最大限制的地方是不能随意引导被调查者回答问题，甚至在不明所指的情况下，轻易做出某种结论并以此为基础继续开展访问。因为调研设计者花费心思设计出的问题大多有特定的含义，只有在获得了访问管理者同意后才能做出取舍，也只有经过这样取舍后的访问才是有效的。

7.4.3 访问记录质量的监控

当明确了访问过程执行人员的各自职责后，就可以按照各自的职责和访问指导书、督导手册及其他访问执行要求来规范各类人员的行为。此时，监督工作就变得清楚而明了。通常情况下，访问组长监督督导员的工作进度和工作质量，而督导员则监督现场访问员的进度和质量，直接解决现场访问中的常规问题，在遇到特别问题时则须向访问组长汇报后执行访问组长随即做出的决定。由于访问组长和督导员一般都是由调研机构的专职人员或者是由调研机构委任的，所以，对访问组长和督导员的监督管理就非常明了，只要记住，在开展访问时，访问组长和督导员最重要的任务是仔细研究调研方案，并按照调研目的、调查提纲设计的精神，以及访问的实施细则，认真地指定访问管理的具体计划，在规定时间内按质、按量地完成访问管理工作，在访问执行过程中与上级、下属保持紧密的联系，以便解决突发性问题。在通常的访问监督中，主要指对访问员的监督。

对访问员的监控主要包括对访问质量的监控和对访问过程的监控两个方面，所谓访问质量，简单说主要指访问结果的可靠性和有效性。因此，对访问质量监控主要从访问的真实性、完整性和准确性3方面予以考察。

1．访问的真实性

访问的真实性是访问有效性的前提，确保访问的真实性是指在规定的时间、地点对确定的被调查者做出了真实访问，并真实地完成访问记录。一份真实的访问记录必然要包括时间、地点、被调查者、真实的记录回答，如果存在这样或那样的不真实，该记录就应被判为作废，作为不合格记录处理。

2．访问的完整性

访问的完整性确保搜集到的信息可以进一步分析使用。如果被调查者对许多问题的回答都是"不知道""不清楚"或"无所谓"，则很可能是不完整的访问。至于一份访问记录中，全部答案中存在多少个留有空白或者"不知道"的答案则判定这份访问记录属于不完整的无效访问记录，通常情况下，调研机构应该根据此项市场调研的重要性程度来确定"不完整访问记录"的标准。许多时候这项标准是：这类答案的比例不应该超过10%（所有访问记录中不能有 10%出现这种情况，某份访问记录中的此类问题也不能超过这一比例）。有时调研机构会将某些特殊问题答案完整性判定标准交给访问组长确定，即访问组长可以设定某种比例。访问组长可以凭借这个比例对访问员提交的访问记录进行审核，如果在实际访问过程中出现的不完整情况超过这一标准时予以关注，或者替换访问员重新访问。

访问管理者会经常比较多数访问员的访问记录中的不完整答案比例，而抽取差距较大的记录予以复核。另外一种不完整的情况是访问员由于粗心或者懒惰而没有把访问记录填写完整，这种情况在访问记录审核时就可以筛选出来，并退回给访员重新完成或者废弃，让别的更合适的访问员完成补充访问。

3．访问的准确性

访问的准确性是调研记录复核最重要的内容，在口头访问中存在多种影响访问结果准确性的因素。

（1）访问员对调研提纲中的所有问题是否都理解准确。因为访问员如果对提纲中的问题理解有误，在说明与解释时就会误导被调查者，最终导致调研结果差错。

（2）访问员是否能准确地向被调查者提出调研提纲上列出的所有问题。这里包括访问员的方言、语速等可能导致被调查者没有听清访问员的因素，导致调研结果存在差错。

（3）被调查者是否听清、准确理解访问员的每个提问，因为真实、完整的答案的前提是被调查者听清并准确理解访问员的提问，然后真实、完整地回答自己对问题的态度、观点。所以访问结果即使通过了真实性、完整性检验，还需要进行准确性检验。一份已经完成的访问记录具备了真实性、完整性却存在着不准确的问题是很可惜的事。

7.4.4 访问过程的监控

调研机构在对访问记录的质量检验上所做的事情，都属于事后监控，一旦发现访问员所提交的访问记录，在真实性、完整性和准确性方面存在问题，只能做出此份访问记录无效的决定。要想防患于未然，调研机构须加强对访问过程的监控。

1. 对访问技巧运用的监控

所谓访问技巧的监控，指通过在现场观察和分析，发现某位访问员是否真正掌握了访问的技巧，是否能够娴熟地打开局面、提出问题、展示图片和运用其他演示资料，是否能够使访问回到主题，是否能够记录主要观点而不是仅仅记录无关紧要的答案。如果发现存在这样或那样的问题，就要在适当的时候予以纠正，并重新进行培训或者做出现场示范，当访问员能够熟练掌握技巧并确信可以开展访问时才允许正式访问。这样做的理由很简单，如果记录答案不能抓住主题，该信息价值就不大，而被调查者在极其不情愿的情况下回答的问题，也经常是有口无心，准确性大大降低。

2. 加强对访问时间的监督

对访问时间的监督，有多种监督方法。一种可以从整体访问时间和个别访问时间分配是否合理的角度来监督，如果一份入户访问需要 25 分钟完成，而在连续的 3 小时内，某访问员居然完成了 20 份调研记录，就显得较为可疑了。除了单一时段的长短和总时段的可信与否问题外，对访问时间的监督还可以查询是否在规定的访问时间段内完成了应有的访问，并在规定的时间内是否把调研记录如期交回等，这些问题都会影响调研项目的顺利完成。

3. 加强对访问员的访问态度监督

通过研究访问员的访问态度，访问管理者可以发现访问员是否在认真地投入现场工作，是否能够胜任某次访问工作，是否容易获得正确的访问结果，是否会做出合理的记录等。对访问态度的研究可以从多个方面来实现。

（1）观察在培训时访问员是否认真听讲，是否积极提问，是否会记录一些重要内容，通常情况下，认真的访问员会仔细研究访问提纲，并会按照访问的详细规定严格执行，也就容易取得较好的访问效果。

（2）在现场观察访问员与人交流时的热情程度和耐心程度，是热情的去和被调查者打招呼，还是爱理不理或等待愿者上钩呢？是耐心地解释问题还是满脸不屑和厌倦？如果流露出无奈、痛苦和厌倦的神情，访问的质量将会受到很大的影响，访问是一次人与人交流的过程，不良的情绪会带来不良的回应。访问员带有某种不良情绪而突然增加了访问的难度，也会大大破坏访问的效果。

（3）从访问记录中发现，一个重视访问的访问员，他填写的访问记录应当是清楚、容易辨认的，而且应该是经过自我检查的，在自我检查之后有可能回避掉一些小问题。但凡有过许多付出的人，都较为慎重和珍惜自己的劳动成果，也非常希望别人能够承认自己的价值，因此，访问记录填写得清楚、容易辨认，并经过自我检查之后再上交的访问员一般是态度较为积极的访问员。

通过以上一些监督方法，访问管理者再辅以自己长期的管理督导经验，一般情况下可以较好地完成访问监督工作。

正如上面所描述的，开展一项现场访问工作，参与执行人员涉及访问组长、督导员和访问员。因此，监督访问质量，还需要强化对访问组长、督导员及访问员的管理力度。好的访问管理者必须具备严谨认真的作风，能够制定严格而可执行的行动计划和方略，在执行过程中从严管理，有不达目标不罢休的行事风格，这样才能够保证访问的高质有序进行。从严管理必须从选人、培训、现场监督、审阅访问记录、不合格人员处罚和替换、坚持既定的访问政策等方面同时着手。此外，访问管理人员还需要具备不怕挫折，善于与人打交道，并擅长解决突发事件，能雷厉风行地解决问题的高超技能。

7.4.5 组织间的监督与协调

在访问管理中，当遇到大样本量的调查项目时，一家调查公司的力量可能比较薄弱而无法胜任，这时可能就会遇到与别的市场调研机构进行协作的问题。在开展协作中，同样需要评估协作者的管理人员的素质、从事访问管理的经验等，并且在现场访问的过程中和调研记录完成后的复核中都要进行详细的监督核查。由于这种情况并不多见，而且组织间的合作要比组织内的访问管理复杂得多，在此不做进一步展开。

7.5 访问过程的其他管理

根据在访问实施过程中可能发生的问题，预设一些管理与控制的措施。将这类管理分设为访前管理、访中管理与访后管理3部分。

7.5.1 克服在访问过程中可能发生的障碍——访前管理

在市场调研的现场访问过程中可能会遇到许多障碍，调研人员在实施调研前就应该尽量全面地开展研究分析，列出各种在访问过程中可能遇到的障碍，制定相应的解决方案。就像人们常说的那样："凡事预则立，不预则废。"访问人员会遇到以下一些障碍。

（1）被调查者不配合或拒绝回答。被调查者因各种原因拒绝接受访问员的访问，或拒绝回答访问员提出的他们认为的"隐私问题"。此类障碍是口头访问过程中最常见的事情。解决的办法是事前将各种可能导致被调查者不配合的原因完整列出，再制定预防或解决方法。

（2）获取真实、准确信息时的障碍。造成这类障碍的原因主要有：

- 调研方案设计、抽样方案设计和调研提纲设计错误，问题设计中基本概念难以为被调查者理解。解决这类问题的方法是加强对各种设计、方案的检查与审核。
- 访问中的各方因语言不同导致的对一方的提问和另一方的回答无法准确理解，解决的办法是调整或另外委派合适的访问员。
- 被调查者的故意。由于各种顾虑使得被调查者不愿意正面回答访问员的某项提问，或者片面、不真实地回答某项提问，解决的办法除了做好说明与解释工作外，更应该在调研提纲中，预设一些相关问题，以便对被调查者的回答结果进行逻辑性检查来修正。

（3）其他障碍。前两类障碍可以看做访问的常规障碍，往往是事先可知和可以设法控制的，而且主要涉及调研组织者、访问员和被调查者之间的一些因素，而此类障碍则是上述两种力量之外特殊、外部的障碍，而且可能事先所不知或无法预料。其他障碍虽然出现的可能性不高，但一旦出现，则需要调研管理者迅速做出调整。例如，预约的被调查者因各种原因无法如约接受访问；采用电话访问而在访问中出现通信中断；采用在主要行人通行街道实施拦截访问时，临时发生交通管制，这些情况都会导致确定的调研方案无法顺利实施，调研管理者就必须做出启动哪种应急预案的决策。

7.5.2 访问过程管理——访中管理

访问管理者必须清醒地认识到，即使被调查者如约接受访问人员的调查请求，在访问过程中仍存在许多可能导致访问中断甚至中途失败的隐患。为了减少这些隐患成为现实的概率，访问管理者需要做好的工作主要有以下几方面。

1. 对访问环境的有效控制

在访问过程中，访问活动现场大多由被调查者确定，这就为调研机构对访问现场的控制造成了巨大的困难。在访问过程中会出现各种干扰因素，使得访问中断或无法顺利完成。

例 1：采用个别访谈法搜集公司管理层对未来市场发展预期的信息，确定的被调查者是公司的经理，访谈场所由被调查者选择在自己的办公室，访谈约定时间为 25 分钟，但是在访问开始后不断有下属来电话汇报工作、请示任务，被调查者不断向访问员抱歉，在接听电话后又询问道："对不起，刚才你问的是什么问题。"访问员在检查访问记录时，会发现被调查者的回答缺乏逻辑关系。

例 2：为完成同样的调研任务，在向接受访问的经理提问，公司在两年前决定从国外进口一批先进的设备是为实现什么战略目的，经理说自己刚加入公司不到半年，两年前的战略考虑最好问办公室主任，于是就接通了办公室主任的电话，请她回答这个问题。但是这不符合市场调研《访问指导书》的规定，可此时访问员无法阻止。

可见选择一个良好的、很少受到外界干扰、便于控制访问环境的访问场所是多么重要。

2．访问器材、相关实物的管理

为了搜集更加完整的信息，访问员想利用一些设施，如照相、摄像、录音设备，来完善信息记录的工作。为了增进被调查者对访问员提出的问题的理解程度，访问员考虑借助各种器材和实物来提高解释的效果，这样就必须做好相关的管理工作。

- 如果认为应该借助录音机（笔）、照相机、摄像机等器材完善访问材料，那么访问人员除了掌握这些器材的准确使用方法外，还需要掌握如何向被调查者提出使用这些器材的请求，以更容易为被调查者理解和同意。
- 如果试图借助实物、图片等增进被调查者对所提问题的准确理解，那么访问员必须掌握出示这些实物、图片的先后顺序与技巧，以提高展示效果。

3．提高被调查者对访问人员的保密承诺的信心

有些问题被调查者在失密上的担忧会严重影响他提供信息的质量，所以访问员应该向被调查者做出保密承诺，迅速提高陌生的被调查者对自己的信任。

7.5.3 访问记录的管理措施

经过各类调研人员的配合与努力之后，获得了调研机构在调研方案中想要得到的访问记录、访问纪要和访问信息汇总表的结果。访问管理者应该意识到，这仅仅是调查工作完成，研究与分析工作应该立即开始，此时的管理具有更加重要的意义。在这一阶段需要开展的管理工作有 3 方面。

（1）整理访问记录，撰写访问纪要。每次访问都是以提交现场访问记录或经过整理的访问纪要结束的。访问记录一般都直接记录在访问提纲上，但是由于在访问现场访问员不

仅要完成对被调查者回答的记录任务，还要向他们提出新问题，时间仓促访问人员一般采用速记的方式完成访问记录。所以访问记录较为潦草，别人很难辨认。在完成访问后，访问员必须仔细辨认，清晰地回忆，重新完成严格符合规范要求的访问纪要。

但是访问纪要与访问记录有所不同，因为在访问纪要中除了必须真实、完整、准确地表述被调查者的态度、观念，还会加入自己的推断。所以调研机构都会在《访问指导书》中明确规定，访问人员必须同时提交访问记录与访问纪要两个文件，调研机构可以通过核对两份材料之间的差异大小，判断访问员提交的访问纪要的价值。

（2）访问组长按照规定的时间收集各访问员的访问记录与访问纪要，编制访问信息汇总表。访问组长根据规定要求，将在同一时间的访问员提交的访问记录，或者是针对系统问题展开调研的访问员提交的访问记录，进行分类、整理，装订成册，并按规定格式要求，编写访问信息汇总表。

（3）将所有的访问结果及时输入计算机数据库中。这样做的原因是：第一，计算机数据库中可以存放大量信息；第二，数据库中存放的信息更加便于需要者使用；第三，数据库中的信息将成为今后市场调研的重要二手信息来源。

这里需要加强管理的是，指派专人负责将访问成果交给数据输入人员，数据交接方式与时间是具体管理人员必须正视的问题。

本章小结

本章主要讲述与访问管理有关的一些问题。列举了一些常见的访问的形式，如入户访问、拦截访问、电话访问、深度访问等。阐述了访问的安排过程，包括访问指导书及其他确保访问工作顺利进行的管理文件的准备。详细地探讨和研究访问人员应具备的素质，提出访问人员的招聘、培训的途径和基本方法。在阐述访问监控时，引入了访问质量的概念，并指出访问的质量包括了访问的真实性、完整性和准确性，对访问质量的监督除了直接监督外，还可以通过对访问技巧、访问时间和访问态度的监督来提升访问质量。在访问的障碍部分展示了访问员通常会遇到的 3 种主要障碍：被调查者拒绝回答；各种各样的错误信息——来自调研方案设计的、访问员方面的、被调查者方面的原因造成访问结果质量不理想；其他障碍，如第三方力量的干扰等。本章最后集中阐述了访问的记录问题，强调了访问记录的主要要求是易于辨认，也表明了在访问记录时可以有一定的灵活性。

练习题

1. 通常情况下，访问的形式有哪几种？
2. 采用口头访问时需要根据可能发生的问题，制定哪些相关的管理文件？

3. 访问指导书有什么作用？请列举访问指导书需要包括哪些内容。
4. 督导手册需要明确规定哪些问题的解决方法？
5. 为什么需要编制一份访问实施过程情况汇总表？
6. 访问流程示意图有哪些作用？
7. 访问员的素质要求包括哪些？
8. 访问员招聘的主要途径有哪些？
9. 为什么需要对访问员开展培训？培训的主要内容有哪些？
10. 为什么需要对现场访问实施监控？
11. 现场访问需要安置哪几种调研人员？他们各负责什么？
12. 访问过程监控包括哪些内容？
13. 访问过程的其他管理包括哪些内容？

◆ 案例讨论

家庭拜访（IHV）在耐用家电市场研究中的应用

家庭拜访（IHV）即通过预约而去用户家中进行的深度访谈。该方法对于了解用户在家庭环境中使用的产品，如耐用家电、家具、家装、灯具等有较好的效果。以家庭平板电视、电冰箱等耐用家电的市场研究为例来进行相关说明。

1. 访问流程与要点概述

（1）访问对象招募中的要点

家庭拜访项目由于需要上门访问，和普通的深度访谈或座谈会相比，取得受访者的信任与配合更显重要。要保证能够成功做好招募工作，确保后续访问工作顺利进行，一方面需要对受访者严格甄别，另一方面在招募过程中需要做好信息告知等沟通工作。

严格甄别。受访对象除了要符合项目设计中对人群的要求外，还需要保证受访者对本次调查配合度高，喜欢发表自己的意见。

充分沟通。提前告知访问主题、访问时间、参加访问的人数、访问占用时间长度，如果有录音、录像、拍照等特殊需求，须一并告知。访问前沟通到位才能保证访问时相关环节顺利进行。

（2）访谈参与人员安排要点

入户访问，比较常见的场景是只有受访对象1人在家，访问在客厅进行。因此，尽量要控制参与访问的人数，同时要合理搭配人员结构。

控制参与人数。一般2人上门效果最好，不要超过4人，否则可能会遇到没有座位等较尴尬的情况，而且1位受访者面对5个以上陌生人，对其现场发挥也有较大影响。2人上门时，可以 1 人负责访问，1 人负责记录。家庭拜访项目的访问过程中，主持人一般较难做记录，除了借助录音设施，有 1 名助理在现场协助做记录，对于提高后期资料整理效率很有帮助。多人上门时，一般都会有客户参与陪访，如果人数较多，助理可以不参加访问。

人员搭配。男女搭配的访问组合会收到较好效果，尤其是家中只有 1 人的女性受访者的场景，调查公司尽量不要只安排男性员工上门。

（3）访问要点

注意控制时间。一般控制在 1.5 小时以内为佳，在家庭这一特定的环境下，由于实物可以引导各种话题，很容易超时，甚至出现 2 小时以上的长访问。

问题要聚集，以有深度挖掘价值的问题为核心，尽量少问封闭性问题。入户访问可以获得很多用户使用产品的特殊偏好或特殊需求信息，这类信息在非现场的场景中很难被发现。在访问中，聚焦于这些方面，深入挖掘用户形成这种偏好的原因非常有价值。同时，因为时间有限，尽量少在访问中询问对定性研究意义不大的封闭题。

重视拍照片。访问中的很多实际情况很难用文字描述或者用文字描述更耗费时间，如电视的摆放及周边布置等。可以考虑用拍照片的方法来完成相关工作，不仅耗时少，而且效果会更好。操作流程上，可以在访问进行到 20～30 分钟时，开始拍照，一次性将所有需要拍照的地方都涉及，这可以更好地保证后面访问的连贯性。

重视绘制户型图。家电的摆放，不仅取决于个人偏好，而且和用户家庭住房的户型有很大关系。为了能更全面地了解用户偏好，借助户型图，在图中标出本次研究所针对的家电产品的位置，对于后期研发有很大的借鉴意义。

2．家庭拜访的优点

（1）可以直观了解家电的摆放与布局

对于了解家电与房间的色调搭配、各种家电位置的布局（尤其是厨房家电）、现有家电的布线、摆放位置都有很好的效果。例如，某次访问中有用户提到自己喜欢双开门冰箱，但是因为厨房空间有限，无法摆放，所以很遗憾。访问中，针对这类用户，通过观察其家庭目前的厨房空间，冰箱摆放等现状，将信息提供给研发者，就可以考虑设计该类人群的新款冰箱。

（2）测试模型或样品效果更好

和卖场或产品专用测试场所相比，用户家庭是最真实的使用环境，其装修效果、色调搭配、采光、灯光、其他家电的布置等具有其他场合不可比拟的优点。例如，用户购买大屏幕电视时，具体该购买多大尺寸主要取决于房间面积和观看距离。

很多用户都有购买的电视尺寸偏小或偏大的经历，造成这种情况的主要原因是用户认为在商场里看到的尺寸差不多，但买回家却发现尺寸不合适。这就意味着，如果在卖场或专用测试场地进行样机测试，也都会存在这类问题，有时候用户会产生错觉，使其表达的意思和自己的实际需求有差别。

（3）可以更好地掌握用户的使用习惯

我们在访问中遇到有用户将电脑连接在电视上看下载的电影，访问时我们就可以现场观看用户下载、连接的操作过程及实际的播放效果，访问中辅助进行了拍照、摄像，同时围绕这一场景，进行了深度追问，收到了很多有价值的信息。此外，冰箱里物品储存情况、洗衣机排水布置等信息，均可以在这种访问环境下获得。

（4）现实情景可以反映很多用户的新需求

家庭是电器最终的使用场合，在这种情景下进行访问可以触发用户很多特殊需求。比如，在某次关于冰箱的访问中，研究者发现用户家冰箱上有个液晶控制面板，问及该产品时，受访者就提到是因为自己喜欢从外面可以控制冰箱温度，而且触摸屏式操作让自己感觉很方便，此外这个面板让冰箱的外观也显得很漂亮。深入挖掘该信息，了解到有两个原因，第一是受访者年纪较大，弯腰不方便，传统冰箱很多调节温度还是在下部冷藏室内，外置调节温度的设计让自己感到很方便；第二是不用打开冰箱门就可以控制温度，减少了开门次数，能够省电。

问题讨论

1. 成功地完成一项市场研究活动，访问人员有重要的作用，应该如何招聘、培训和安排具体工作？

2. 家庭访问就是入户访问，访问员应该想到什么？做好什么？准备好什么？

第8章 消费者市场调研

◆ 引导案例 2011年国内城市家庭消费特点与存在的问题

2011年城市家庭消费的7个突出特点：

一是家庭收入用于消费的比例增加。用于消费、储蓄、投资的比例是61:26:13。消费的比例与2010年相比，增加了6个百分点。其中哈尔滨被调查者的消费比例最高，为71.8%。二是女性个人消费约占家庭消费的1/3。三是家庭旅游消费额增加近六成。四是近七成家庭有投资，股票、房产和银行理财产品，位居投资前三位。五是“服装服饰”和“与住房相关”的消费位居家庭及个人消费前两位。六是50%的女性有教育培训消费，消费额有所增加。七是近八成女性热衷于网上购物。

调查显示，2012年家庭及女性个人消费预期前三位的是：（1）服装服饰、化妆品、家用电器消费；（2）50%以上家庭有旅游消费，且额度预计超万元；（3）近八成家庭有投资计划。

2011年家庭消费中存在三大突出问题：

1. 消费安全是城市家庭消费中最担忧的问题

72.4%的被调查者对食品不放心。64.9%的被调查者对保健品不放心。42.8%的被调查者对化妆品不放心。45.9%的被调查者对童装玩具不放心。65.2%的被调查者对装修材料不放心。

2. “物价上涨”为2011年家庭消费最焦虑的事情

65.2%的被调查者选择了此项。其中，表示“影响非常大”的占21.4%，表示“影响比较大”的占45.7%。在10个城市中，物价上涨对兰州被调查者的影响最大；对低收入群体的影响最大。

3. 消费侵权事件频发，影响家庭消费

在2011年日常消费中，53.7%的被调查者遭遇过侵权事件，主要集中在餐饮(26.5%)、服装（13.5%）、美容美发（8.6%）、化妆品（8.2%）和家庭装修（6.5%）。

本章主要学习内容：

- 了解产品和品牌选择调研的内容
- 了解影响消费者购买的主要因素
- 认识不断成长的消费者满意度调研
- 学习经销商选择调研的有关知识
- 掌握消费者行为调研的有关知识

8.1 消费者市场调研的意义

市场调研机构开展的任何一项市场调研活动，总要先分析和把握市场的特点，因为不同的市场需要调研机构选择不同的市场调研方法，才能实现市场调研的目的。所以，消费者市场调研需要搜集哪些信息，抽选哪些被调查者，都需要先明确什么是消费者市场。

8.1.1 消费者市场调研定义

消费者是一切以满足个人或家庭需要，通过不同途径或方式从生产者或商业机构购买特定商品（消费品）的个人。所以，在许多地方都将消费者市场称为消费品市场或个人市场。

从市场调研的需要看，消费者市场调研不仅需要搜集与掌握消费者需求变化的信息、消费者购买决策变动的信息，还需要搜集消费品供应商的生产与市场销售计划或策略的信息。从这一点看，从事消费者市场调研的机构，不仅应该将消费者个人和家庭列为自己的调研对象，还需要将有关消费品市场和经销商也列入市场调研的对象范围。

消费者市场调研定义：以消费品为市场调研范围，以搜集和研究消费者需求及其变化信息为主要目标，同时还将搜集与研究以满足消费者各种需求为目的的各种生产商、经销商的营销策略调整信息的所有相关市场调研活动。

8.1.2 消费者市场调研的意义

（1）消费者市场的特点与地位。根据市场营销原理。市场可以被划分为两大类：消费者市场（个人市场）与组织市场。同样根据市场营销原理，组织市场的各种市场需求都属于消费者市场需求的派生需求。既然这样，就应该以对消费者市场需求研究作为研究组织市场需求的突破口。在市场调研的实际工作中，大多数市场调研活动也是以消费者市场调研为目标，即使产业市场调研、转卖者市场调研中也常包含消费者市场调研的内容。

（2）消费者市场调研的复杂性。市场调研中很重要的一部分内容属于需求动机、购买行为的调研，这些都属于个人心理与行为特征的研究，而消费者市场在这些方面具有典型性。虽然产业市场、转卖者市场和政府市场需求调研也会不时开展，但是在这些组织市场需求调研中，组织需求的实现、购买决策及购买行为等都是由具体的执行人来实施和完成的，调研机构在消费者市场调研活动中所取得的经验和方法，在组织市场调研活动中大多可以直接移植使用或借鉴使用。从一定意义上看，消费者人数更多、需求差异更大、行为表现更为多样，都决定了消费者市场调研更加复杂。对市场调研机构而言，如果能够顺利成功地完成一次或数次消费者市场调研任务，对于随之将可能开展的组织市场调研，将更有成功的把握和信心。

8.2 消费者市场产品调研

市场营销策略首先从“以什么满足目标市场消费者的需要”出发，即消费品的设计开始，而要准确确定具体的消费品，就必须搜集消费者对消费品的需求信息。

8.2.1 消费品整体概念的调研

根据市场营销学原理，消费品整体概念包括：核心利益、基础形式、期望价值、附加内容和潜在能力 5 部分。为了全面了解自己的产品在顾客心目中的真实地位，就必须采用各种方法对产品整体概念的 5 个层次进行测量，对测量结果开展研究分析。

（1）核心利益及调研。核心利益指产品能够提供给顾客的基本利益，确保满足顾客的基本需求。但是，不同顾客对特定产品能够满足自己特定需求的认识是不同的。对于空调、洗衣机、电视机等家电，顾客对其能够提供给自己的基本利益的认识较为一致。但是，顾客对于手机、数码相机、电脑这类消费品能够提供给自己的基本利益的感知差异很大。企业在开发新产品或对产品进行重新定位前，都必须把握“消费者真正想得到的是什么”和“提供的产品是否能够满足消费者的这种需求”等问题。

对核心利益的调研针对消费者的心理与思想，只能采用询问法来搜集资料，像入户访问、消费者小组座谈等调研方法是非常有效的。调研的关键是设计一个调研提纲，在设计前调研机构应该提醒提纲设计人员调研所要获取的是“目标消费者是出于获得什么利益或实现什么需要而购买特定商品的”。因为提纲设计人员往往会凭主观设想而将调研提纲设计成“产品在满足顾客各种需要方面的满足程度”。

（2）基础形式及调研。基础形式指向消费者提供的产品的实体，是消费者在确定某类产品能够满足自己的基本利益后，从众多的同类或相关产品中选择自己认为最合适的那个产品时的依据。基础形式通常由质量、功能、款式、品牌和包装表现出来，也是企业找到怎样使自己的产品与众不同的出发点。例如，手机厂商需要掌握“哪些顾客需要高清晰度摄像功能的手机”“顾客在选购手机时会关注哪些品牌”。以便制定自己的营销策略。

对产品质量、功能、性能等方面的调研也可以采用入户访问、问卷调研等方法搜集资料。但是在搜集顾客对产品款式、品牌、包装等方面的偏好、态度、购买频率等信息时还可以采用观察法、实验法、案卷调研法来获取。

（3）附加内容及调研。附加内容是消费者在购买某个产品时，希望自己能够从厂商那里获得更多的利益。有些耐用消费品厂商就会为消费者提供送货、安装、调试、维修等售后服务。例如，手机厂商需要知道，顾客需要哪些售后服务？在竞争日趋激烈的市场中，售后服务是取胜的法宝，但是许多公司没有开展顾客需要什么售后服务和售后服务的满意度这方面的市场调研，也就失去了获胜的机会。

搜集顾客对附加内容的需求信息，可以选择各种实地调研方法，经销商销售人员小组座谈法相对效果较好，因为这些销售人员经常接触消费者，掌握消费者的真实需求，同时他们还接触竞争者的产品，深晓竞争者营销策略的变动情况。例如，“顾客需要我们提供哪些服务？”“我们能够为顾客提供哪些服务？”“顾客对我们提供的服务是否满意？”“为提高顾客满意度我能够做些什么？”这些问题，每位销售人员都能回答。

（4）期望价值及调研。期望价值是指消费者在确定购买某个具体的、能够使自己某种需求得以满足的商品后，随之确定的对这个商品应该具有的各项属性的心理接受标准，如心理价位、心仪的品牌、向往的式样等。可见，期望价值将直接决定消费者的购买行为。例如，消费者购买手机之前，总会想好自己要买的是什么，在设定标准后，就依此去寻找，

对期望价值的市场信息搜集常使用问卷或量表，通过设计人员有意识地设计的一组问句，在对被调查者的回答进行分析后，可以准确地得到：目标顾客在购买前想什么。当然，消费者后来的期望价值是对前面自己购买行为的结果做出一定修改后提出的，即消费者在购买某个消费品后，随着使用而产生的新感觉，会对他们以后购买（即使是同类商品）的期望价值产生巨大影响。因而，调研人员认为购后调研对了解消费者期望价值具有重要意义。

（5）潜在能力及调研。从心理学上说，消费者在获得某种商品后，随着使用发现原来的期望价值和附加内容都得以实现。但是，接着消费者发现这个商品还隐藏着能够满足新需要的功能。这就是产品的潜在能力。可见关于潜在能力的市场调研，能够向企业提供开发新产品的创意的信息。

搜集潜在能力信息的较好办法是同龄组消费者座谈。这种多人交流可以促发参与者的灵感，说出自己对当前消费品在某些方面的“幻想”或未来发展的期盼。例如，手机如果能这样就更好了……

8.2.2 消费品需求调研

市场需求是一定时期在一定地区某行业一定营销投入水平下，市场对某具体商品所表现出来的需求。市场需求也就是可量化的市场规模。获取市场需求的信息是为了准确测量市场规模，说明某个消费品市场规模的指标主要有 3 项：

（1）消费者人数。消费者人数与消费品市场规模大小呈正比。要掌握消费品市场规模，可以通过搜集各地人口普查或抽样调查资料，再进一步确定有购买该类消费品意向的人数比例，做出推算。

（2）消费者购买力水平。决定消费者购买力水平最主要的因素是收入水平。为了掌握消费者购买力水平，必须搜集其相关的收入信息。主要方法是从各地城市或农村居民收支情况抽样调查数据中查取。

（3）消费者对该产品的购买欲望。消费者对某商品的购买欲望是否强烈，也会影响该商品的市场需求水平。但是购买欲望是一种非数量型变量，从许多统计数据中找不到相关信息，只有通过实地调研，搜集所需资料。

搜集上述 3 种资料不可能马上确定消费品市场需求水平，因为此时仅仅是揭示了开展消费品市场需求调研的第一个层面必须把握的数据或资料。而随之又会提出新的层面上必须获取的信息。

- 与人口数相关的信息：家庭数量、家庭的人口结构；人口的性别、年龄、文化、职业等比例构成等。
- 与购买力水平相关的信息：消费者的收入水平、消费者各种收入的比例；市场价格走势、消费者对价格走势的判断；消费观念、消费结构（恩格尔系数）；储蓄观念、储蓄率等。
- 与购买欲望相关的信息：社会文化特征（重视饮食或服饰）、宗教民族等。

为了最终掌握对某种消费品市场需求的准确结果，调研机构必须先确定采用什么方法来获取上述信息。其实有许多数据与信息，当地人口统计或经济统计部门那里有非常完整的相关数据、资料。对于无法从统计部门获取的信息，调研人员就应该寻找是否有其他案卷资料来源，最后再决定采用哪种实地调研方法能够最好地解决信息搜集的问题。

在所有数据都已经搜集齐全后，调研机构就可以利用事前确定的分析软件，对所获取的数据进行处理、分析，提出最后的结论。关于数据处理、分析、研究要采用的方法，调研窗口 8-1 介绍了几种消费品市场调研方法。

◆ 调研窗口 8-1 消费品市场的常用调研方法

在对消费者开展研究时，公司应该对销售的主要决定因素（如消费者的试用、首次再购买、采用和购买频率等）进行必要的测试。在测试的过程中，公司可能发现许多消费者试用过某种产品，但并不再购买，这表明消费者对产品不满意；也可能发现首次购买量很高但再购买量急速下降；也可能发现有较长的持久采用率，但购买频率很低。

下面是一些在试销过程中针对消费者展开的调研方法。

1. 销售波调研方法

所谓销售波调研是公司开始以免费提供产品给消费者试用，然后以低价再次提供该产品或竞争者的产品。这样重复提供该产品3～5次（销售波），公司密切注意有多少消费者再次选择购买本公司的产品和他们对这些产品的满意程度。公司也能采用使消费者看（听）到一组或几组公司产品的相关广告，以观察广告对他们重复购买的影响。

2. 模拟市场调研方法

模拟市场调研方法要求找到30～40名熟悉品牌和有偏好的购买者，邀请他们观看简短的商业广告电视片。这些广告片中将会包括各种混杂在一起的不同公司的产品广告，研究者把即将推出的新产品广告也放在其中，但事先并不说明。看完广告片后，公司发给每个人少量的钱并邀请他们到一家商店去，他们可以买或不买任何物品。公司注意有多少消费者购买了该产品和竞争品牌的产品。接着研究人员再次把这些消费者召集在一起，请他们回答买或不买的理由。几个星期后，再次通过电话询问他们，以确定他们对产品的态度、使用情况、满意程度和再购买意图，同时，公司为他们再购买任何产品提供机会。通过模拟市场测试，研究者可以在很短的时间和少量成本下，对广告效果和使用率（延伸下去就是重购率）得出更有把握的结果。

3. 控制营销调研方法

调研机构选择了一个连锁商业下的，在给予一定费用为条件后调研机构获得了一定的控制权，即同意经销某新产品。调研机构依照预订的计划，把该产品交给这家连锁商店的各家门店，并且由调研机构负责安排货架布置、商品陈列和门店的促销活动等。销售结果能够从各家门店的POS系统中获取。在试销期间，调研机构还设计一些其他调研内容，如开展广告效果的市场调研等。

4. 市场试销调研方法

市场试销调研方法是一种测试新销售方式能否成功的调研方法。公司选定少数几个有代表性的试销城市或市区，在那里，公司将自己设计好的准备在全国市场推广的销售方式或模式，在这些试销城市或市区加以运用，通过在试销地区的营销实践，达到检验原来的设想与方案，是否完整、可行，或者形成一些新的方案。

8.2.3 消费品包装调研

包装对于市场营销管理人员来说，不再是简单地保护商品使其不会在搬运、装卸、运输和储存中变质或损坏，而更多的是为引起消费者的关注，刺激其需求的产生。包装的作用能否得以实现，需要在确定包装设计前准确把握消费者（客户）对某消费品包装的真实需要，这就要开展有关消费品包装需求的调研。这类调研应该包含下面的内容：

（1）消费者对消费品包装需求的信息。包括包装物材料、包装外观、包装内部布局、包装物的色彩或图案等。月饼若作为礼物赠送亲友，包装就不可或缺，那么消费者会更多选择哪种包装的月饼？

（2）经销商对消费品包装需求的信息。当消费者对包装要求的信息传递到经销商那里，经销商会认为包装也是一种重要的促销方式，从而提出自己对包装的需求。经销商也会根据自己陈列展示商品的要求，提出自己对消费品包装的要求。这些都是包装需求调研的重要信息。再想想为什么鲜奶用长方体盒而可乐用瓶、罐做包装物？

对设计好的包装必须进行必要的测试，这些测试包括了工程测试、视觉测试、经销商测试和消费者测试。在各种包装测试中，消费者测试就是对消费者开展的一种包装认知和选择情形的调研。通过调研，营销者将选择消费者较为满意的包装，而撤换或者放弃消费者摒弃的包装。在竞争越来越激烈的今天，针对产品包装问题开展的消费者调查日渐增多，而且，对已有包装是否需要更换而再次调查的时间间隔也不断缩短。为了更好地迎合消费者的口味，引导消费者为某种产品支付更多费用，通过市场调查来改换包装或设计包装将是营销人员要考虑的一个重要问题。调研窗口 8-1 介绍了几种消费品市场调研的常用方法。

8.2.4 消费品服务调研

在激烈的市场竞争中，企业除了在产品上取胜外，以服务赢得消费者的事例举不胜举。有时企业还可以以服务之长补产品质量之短。随着社会经济的发展，消费者收入的增长与消费观念的改变促使社会各界尤其是消费者会越来越多地提出对服务的需要。这样就使得消费品生产企业也会改变传统的重产品、轻服务的观念。现在对消费品厂商来说，主要问题是选择自己应该向消费者提供什么服务。公司需要马上了解：消费者需要自己提供哪些相关服务？自己已经向消费者提供了哪些服务？竞争对手为吸引消费者提供了哪些服务？与竞争对手相比消费者对服务的满意度上存在哪些差距？对于一家已经建立了完整的市场营销信息系统的企业来说，马上就可以通过启动相关子系统获得所需信息，回答上面的问题。

（1）通过营销调研系统搜集：顾客对企业服务质量的评价、服务项目与内容完整性评价、服务人员的态度的综合评价、服务的价格水平的评价、服务效率评价、顾客对服务的满意度评价等重要信息。

（2）通过营销情报系统搜集：行业内同类企业的服务项目与内容、顾客对其服务的满意度评价、提供相似服务的效率等信息，与企业的营销调研系统的结果进行对比即可发现公司在服务上的优劣势。

8.2.5 产品品牌调查

品牌是基础形式的重要组成部分，品牌是企业开展市场竞争的重要工具，对于企业而言品牌是其无形资产的重要组成部分。很难想象作为一家著名的企业，会没有一个著名品牌。对于企业而言，采用品牌策略可提高自己的形象，建立顾客忠诚，更顺利地进入新的细分市场，完善产品订货管理系统等好处。所以，许多企业都重视自己的品牌建设工作，关心自己的品牌在目标顾客心目中的地位是否不断提高和如何设计更能被消费者理解的新品牌等问题，这样品牌调研也就成为市场调研的一项重要工作。

品牌调研主要服务于品牌决策，因此品牌调研的内容集中于品牌设计、品牌发展和品牌价值相关问题调研。

1. 品牌设计调研

品牌设计相关问题都是在品牌创建时会遇到的问题。通过开展市场调研，主要研究品牌的命名和品牌的内涵设计等。品牌的命名是品牌调研中经常要面对的问题，是采用公司名来代替产品品牌名还是采用一个新品牌？是取一个新名字还是沿用老名称？是采用一个个性化很强的名称还是一个通用性强的名称？是采用家族名称还是采用公司名加个别品牌名？这些问题都让决策者煞费苦心。这时，让消费者对各种备选品牌名做出一些自己的评价和建议，或者让消费者帮助设计好名称等形式是非常有用的。在调查中还会有更多的发现，例如，每个初步设计的品牌名称在消费者心目中所代表的品牌含义（形象）是什么，这些含义对企业决策人员制定品牌概念很有帮助。

品牌含义的调查主要是了解在消费者心目中某品牌是否能表达出自身的特定含义，即品牌的属性、品牌的利益、品牌所体现的价值、品牌象征的文化、品牌代表的个性及品牌使用者的特征等，这些调查所获得的信息可以帮助企业开展相应的分析：被调查者对企业品牌形象的理解是否是企业提倡和传播的，这样的一种品牌特征是否是消费者能够认同并能够促进目标顾客不断重复购买的。

例如，如果奔驰汽车代表了高技术和成功的品牌形象的话，就不应该定位为廉价车来销售。同样，如果使用某种品牌的产品会使人联想到老年人的形象，则本来使用该产品的一部分年轻人很可能就会考虑放弃该品牌，在这种情况下，企业要么改变目标市场和传播策略，要么就要改变相应的诉求特征。调研窗口 8-2 是一个品牌特征调研的例子。

◆ 调研窗口 8-2 品牌特征调研——消费者对手机品牌形象的认知调查

下面 A1、A2 是关于部分国产手机品牌特征调查问卷中的相关内容，通过这种方法可以测试出消费者对这些品牌的认知状况，有利于营销决策者做出相应的品牌决策。

A1 **出示评分卡片**

下面，我会读给您听一些他人对手机品牌的意见和评价。当我读的时候，希望能了解您对各个品牌的感受和态度。请用 1～5 分表示您的看法。5 表示这句陈述非常符合您对某个品牌的看法，1 表示完全不符合您对某个品牌的看法，您可以使用 1～5 中任意一个数字。

您认为……（读出一句陈述）对（品牌名称）描述是否贴切？

— 针对每句陈述，分别给 5 个品牌打分

— 从打钩的那句陈述开始

访问员：请注意分数

1—— 完全不符合我的看法

2—— 不太符合我的看法

3—— 一半符合我的看法

4—— 比较符合我的看法

5—— 非常符合我的看法

6—— 说不清

		科健	海尔	波导	康佳	王牌/TCL
(R1)	外观设计和风格吸引人					
(R2)	是一个值得高价购买的品牌					
(R3)	极佳的铃声效果					
(R4)	提供最新的、其他品牌没有的功能					
(R5)	产品值得信赖					
(R6)	高品质的售后服务					
(R7)	手机产品中的领导者					
(R8)	极佳的图像质量					
(R9)	技术先进					
(R10)	操作简便					

（续）

(R11)	具有创新性
(R12)	满足购买者的真正要求
(R13)	新潮
(R14)	物有所值
A2	**出示评分卡片** 请发挥您的想象，将每个品牌想象成一个真人。 请问以下的性格有多恰当地描述了各个品牌。请用1～5分表示您的看法。5表示这个形容词非常符合某个品牌的特征，1表示完全不符合某个品牌的特征，您可以使用1～5中任意一个数字。 从打钩处开始，针对每个形容词，分别给5个品牌打分。

2. 品牌发展调研

通过消费品品牌设计相关问题的调研可以掌握品牌创建时遇到的下列问题：品牌名称是否符合相应产品的功能、效用？品牌名称所代表的内涵是否能够为消费者理解、接受？品牌名称与标志是否具有新颖、独特性？但是品牌不是创建后就不再改变，品牌建设包括品牌创建与品牌扩展（延伸）。

品牌扩展或延伸的概念就是把某一既有品牌的名称应用在其他的新产品项目上，将一个著名品牌使用在一个新产品上，可以减少该新产品市场推广的费用，因此，品牌延伸是很多企业愿意选择的一种品牌策略。

由于品牌的本质是一种消费者意识中的印象或者感知，是一种概念，因此如果品牌扩展的过程中加强或扩大了这种概念，则这种品牌扩展成功的概率就高，反之，则破坏了原有品牌的概念，失败的风险就非常大。由于品牌存在这样的特点，在品牌扩展时就必须认真地研究消费者对品牌的认知情况，就品牌扩展后的概念、形象及其他相关特征请消费者做出联想或者评价。在反复多次调研后，根据所获得的信息进行品牌关联度研究，力求保证品牌扩展是朝着有利于公司发展的方向迈进而不是背道而驰。品牌认知和品牌选择方面的调研也可以参考下面要讲到的消费者认知调研、消费者购买选择调研的相关知识。

品牌延伸和产品线扩展颇多相似。当产品线的销售发展良好时，就应该及时开发新的品种拓宽这条产品线。例如，五粮液集团在“五粮液”取得巨大成功后，及时开发“五粮醇”品牌，随之再继续开发出“五粮玉液”和“五粮春”等新的品牌产品，针对不同的消费者，开发不同层次的酒类产品，使得“五粮液”的整体形象更加丰满。一条产品线的扩展应该抢走竞争品牌的销售，而不是蚕食本公司的其他产品。品牌扩展也是如此，当公司准备实施品牌扩展策略时，必须研究原有品牌与新产品的联系程度，因为品牌扩展的基本要求是品牌扩展后扩大了整体产品的销售，提升了品牌的整体形象。

3. 品牌价值调研

品牌是企业总资产中的重要组成部分——无形资产。过去一直被国内企业家忽略，从 20 世纪 80 年代开始，随着外国资本的进入，品牌资产的概念引入中国并被国人接受。2011 年 6 月 28 日在北京，世界品牌实验室（World Brand Lab）发布了 2011 年（第八届）“中国 500 最具价值品牌排行榜”。在这份基于财务分析、消费者行为分析和品牌强度分析而获得的中国品牌排行榜，中国工商银行以 2 162.85 亿元的品牌价值荣登当年度最具价值品牌榜首。占据榜单前五名的有国家电网 1 876.96 亿元、中国移动 1 829.67 亿元、CCTV1 261.29 亿元、中国人寿 1 035.51 亿元。这样的品牌排行榜评价与评价信息的调研是由具有一定声誉的专业机构来完成的，所以，排行榜的信度很高，被更多相关组织采用的机会也多，所以得到越来越多的企业、机构或组织的关注。许多企业都积极参与并利用每年一度的排行榜结果，作为检验自己名牌战略实施效果的手段。

除此之外，企业也非常重视对自己的品牌开展经常性的品牌知晓度、品牌认知度和品牌美誉度的调研。用以调整自己的品牌建设和市场营销策略。

8.2.6 新产品开发的相关调研

对于消费者市场营销者来说，开发新产品是必须关注的最重要的问题，因为与其他市场相比，作为市场的购买主体——消费者需要变化非常快。但是开发新产品存在巨大的风险，为此营销管理者会认真通过各种途径了解市场新需求，企业新发明，新产品应该具有哪些功能、款式、颜色等市场信息。这就是新产品开发的市场调研。

新产品开发的第一步是寻求创意，创意的新颖、独特对于新产品未来的发展具有重大意义。将原来功能不同又不相关的产品“配合”起来产生一个新产品，是一种很简单的开发新产品的创意。此时市场调研人员需要搜集这样一些信息：两种没有关联的产品配合在一起后，能否为消费者提供单独购买这两种产品而无法获得的利益？是有哪些新的利益？其中卖点是什么？获取这些信息可以从两方面着手进行，一方面是从企业新产品研制中心开始搜集——当两种具有不同功能的产品配合在一起后这个新产品的关键功能上会产生哪些变化；另一方面是对消费者开展的调研，主要搜集消费者对新产品所提供的新价值和新概念的理解、消费者使用新产品时需要有哪些服务支持，以及消费者对新产品使用后的感受。调研机构应该搜集有关消费者的如下信息：将两种或多种产品的基本功能集合在一起的新产品，是否会有几种基本功能都降低的感受。例如，消费者在面对一款可以拍照的手机时，是否会有它拍出的照片虽然可以直接传送给别人，但是效果一定不如数码相机好的心理感受。如果搜集到的就是这种信息，就应该及时告诉营销管理人员，以便他们迅速做出如何在最短时间内改变消费者观点的决策。

8.2.7 营销组合的其他要素的相关调研

除了上面所展开阐述的产品调研的内容外，还有许多消费者市场调研工作需要完成，如消费品价格、分销渠道与促销效果调研。在实际操作中，凡遇到和计划情况不符，尤其是差异程度较大的情形，都需要积极地开展调研活动。

（1）消费品价格调研。在推出新的消费品时，企业都会面对"以什么价格销售产品对消费者和企业都是最合理的"问题。为确定新产品的价格，须搜集目标消费者群体的购买力水平和对各种价格折扣的反应的信息。但是，就如New iPad应该在苹果专卖店购买（或销售），新产品选择哪种分销渠道和选择哪种促销工具，不仅会影响新产品的市场推广与企业的成本，也会影响消费者是否能接受新产品的价格水平。

（2）消费品分销渠道调研。虽然消费品的性质与目标消费者的购买行为特征等都已经明确，但是将同一种产品传递给同一群顾客，有许多种渠道存在。分销渠道调研就是帮助企业决策者确定最适合的分销渠道。调研主要搜集：消费者购买习惯的变化趋势、各种中间商的合作意愿与合作目的、竞争对手渠道策略的变化调整等信息。

（3）消费品促销策略效果调研。消费品市场最常看到的促销工具是广告和营业推广，或两种工具并用。但是广告的媒体多种多样，营业推广的方式也五花八门，选择哪种广告媒体和营业推广方式，才能实现企业利益最大化，是调研机构的主要调研任务。此时调研机构需要搜集：目标消费者接触媒体的习惯，各种媒体在传递产品信息时的效果，使用不同媒体的成本变化趋势。

当然，遇到消费品市场销售不佳时要开展调研，遇到销售业绩突然飙升时，同样也要开展调研。应该说，只要遇到一切非正常事件就需要引起注意，就有必要开展市场调研，准确把握引发问题的原因。为解决问题留出更多的空间。调研窗口8-3是新产品推出时将产品效用与广告内容设计相结合的实例。

◆ 调研窗口8-3 海王制药在推出"海王金樽"前的市场调研

海王制药根据社会上有一些因应付社交而常常饮酒过度，从而造成各种大家都不愿意看到的后果。为了解决这一问题，海王制药开发了一种新产品，取名"海王金樽"。海王制药对海王金樽的市场定位是"高收入饮酒多的商务人士"。接下来海王制药想通过市场调研，征求目标消费者对海王金樽的广告语。海王制药选择在上海、广州、北京、大连、杭州等城市开展调研。征求上述地区目标顾客的广告诉求是"醒酒第一"还是"护肝第一"抑或是醒酒护肝不分顺序。

本次市场调研结果是："饮酒前服用，保护肝脏"占最大比例，为45%。可见顾客对海王金樽这种产品的认知是"防止与保护"，而怀疑的是"事后治疗"。

根据这一结果，海王制药的判断是：海王金樽的广告诉求重点就是“护肝”。广告词“要干更要肝”。

海王金樽上市只有半年，销售额就超过 1 亿多元。

8.3　消费者市场经销商选择调研

经销商选择调研的主要内容是：消费者为什么选择到某家商店购物（选择动机调查）、消费者在选择购物商店时有哪些考虑和期望。在消费者选择经销商的同时，经销商也在选择消费者，因为经销商会根据自己选择消费者的标准，将消费者划分为 A、B、C 3 类，再针对不同的消费者，制定不同的措施，包括营销策略等，导致不同消费者对经销商的评价不一。因此，在这里把经销商围绕消费者所进行的市场调研作为经销商选择调研的内容的一部分。主要的经销商选择调研包括选择经销商的动机和选择因素调研、商圈与商圈定位调研和消费者对经销商满意度调研等。

8.3.1　经销商选择动机和选择因素调研

无论制造商还是经销商（这里的经销商指的是在供应链的销售环节中从事经营销售的渠道成员，包括了零售商、批发商等参与商品流通的组织，不仅指买断产品所有权的经销商，还包括各类销售代理）都希望知道为什么消费者愿意到这个销售点购买产品，为何愿意到那家店或者那个品牌的网上商店购买产品，究竟是经销商所销售的产品好呢，经销商的服务水平特别高，或是经销商所选择的地点具有一定的便利性，还是其他因素在起作用。为了找到答案，相关人员就要开展相应的消费者调研，以了解在选择经销商方面消费者是如何做出决策的，哪些因素又可能是消费者在选择具体的经销商时较为关注的。

经销商选择调研，可以包括选择经销商动机或其他原因调研，调研的主要内容包括：

（1）消费者购物习惯及习惯的转变趋势调研。日常消费品，消费者常采用的是习惯性行为，即在产生对这些日常消费品需求后就会到原来的经销商那里，以原来的购买方式再次购买。但是当通过调研发现，目标消费者的这种习惯性购买行为发生变化，那就要设法寻找原因了。

（2）消费者对购物商店的服务要求调研。对于价格昂贵、不经常购买、缺乏经验的消费品的购买行为，消费者所表现的是复杂购买行为。这种消费者选择经销商的原因主要是经销商能否向自己提供更多更好的服务。顾客需要哪些服务，提供服务的时机和方式等都是调研的重点。

（3）消费者对便利的购物地点的含义、要求的调研。这种调研要搜集这些信息，目标消费者对于便利的含义，是时间便利还是地点便利。

市场调研机构可以通过“消费者座谈会”或问卷调研来获取上述相关信息。

8.3.2 商圈和商圈定位调研

商圈是指某特定区域随着经济、政治、文化活动的不断发展，形成一个由诸多商贸、餐饮、娱乐业组织构成的经济中心。有关商圈的调研分析应该明确商圈的范围。通常情况下，商圈范围是由组成商圈的所有商贸场所的分布区域来确定的。商圈的形状和大小受到许多因素影响，如商圈的商店业态、地理条件、人口分布、交通情况及竞争状况等。所以，商圈调研与消费者的购买习惯调研，商圈的业态特征与变化调研，交通便利条件调研，顾客数量与购买结构调研等有密切关系。由此可以进一步明确商圈调研的具体调研内容。

（1）商圈顾客特征调研。搜集商圈顾客人数与顾客结构的数据。这些数据可以用于说明商圈的总体市场规模，以及各类商品或服务的市场需求的基本比例。调研机构可以通过搜集商圈各家商贸单位的日常销售情况记录，例如，现在许多商店都在收银柜上设置POS机，它能够完整地记录下每位顾客每次光顾该店购买商品的所有信息与数据。对于顾客结构分析所需的信息，调研机构会选择定时派人在商场开展观察来获取有关顾客最基本、最直接的特征，如年龄、性别、购买参与者等信息。现在更多的商贸区域会通过场内的摄像机来采集有关顾客数量、顾客特征与购买行为的信息。而调研机构又会选择访问法来搜集有关顾客内在特征的信息，如受教育水平、职业、购买偏好。

（2）商圈顾客的消费水平与特征调研。商圈顾客的消费水平与消费特征对于商圈定位具有重要意义，同时掌握详尽的消费水平与结构数据，还可以使商业企业准确制定销售计划，确保对消费者需求的满足。而搜集商圈消费者的消费水平与消费结构的数据，可以通过随机抽样方法，确定调研样本后再采用入户访问的方法来完成。而对于采用会员制以会员卡消费的商贸企业，就可以通过顾客每次刷卡购物而采集的数据，较为准确地推算顾客的平均消费水平与消费结构特征。

（3）商圈消费者的购买习惯调研。掌握商圈消费者的购买习惯信息对于分析消费者选择商圈原因有重要作用，而消费者购买习惯分析对于商业企业制定相应的营销策略也有重要意义。这些信息可以采用访问与观察相结合的方式获取。也可以先搜集以往商圈消费者购买行为的资料，再设法搜集最近有关部门的调研报告、新闻报道来修正信息。

（4）商圈的人流量调研。人流量在一定意义上代表商圈的火暴程度。可以通过观察法、拦截式访问等方法搜集信息。调研窗口8-4介绍商圈人流量调研的实施过程。现在许多调研机构利用道路交通繁忙的路口设置的一些交通通行情况监控设备所采集的信息，来分析不同时刻、不同日期同一路口人流量情况的差别，找出存在的规律。

（5）商圈定位调研。在充分掌握商圈消费者的消费水平、年龄与职业特征及商圈的商贸企业业态等相关信息后，商圈管理者就可依此对商圈进行既符合商圈经营特色的自我定位，又符合消费者心目中商圈真正形象的消费者定位。当然，商圈管理者不应该指望自己的定位一次就能成功，这样就需要不断搜集商圈在消费者心目中的形象的连续调研。商圈管理者可以将商圈定位为大众购物商圈、时尚购物商圈、国际一流品牌展示商圈或金融中心区（商圈），如上海陆家嘴金融商圈。一旦定位被消费者接受，商圈的管理者还必须不断地通过各种活动，强化消费者的这种认知，如上海陆家嘴金融商圈为巩固人们的认知，已经连续几年举办“陆家嘴中国金融发展论坛”，以符合自已的定位形象。

◆ 调研窗口 8-4　**上海“中山公园商圈”的调研**

依傍百年名园中山公园，汇集了 3 条轨道交通与几十条公交线路，主干道东西贯穿的“中山公园商圈”，不少市民却因为“不便当”而从没逛过。昨天，长宁区经委召集各路专家，为“中山公园商圈”如何繁荣发展、再续新篇开展调研。

中山公园商圈当时规划面积 1.14 平方千米，核心圈为凯旋路至定西路的长宁路南北两侧约 0.3 平方千米范围，已形成主要商业载体建筑面积超过 40 万平方米。以轨道交通枢纽型商业设施龙之梦购物中心为龙头，以多媒体生活广场、巴黎春天（百货）、玫瑰坊、上海小马路商场，以及国美、苏宁、永乐等家电专业卖场为支撑的中山公园商圈基本格局已经形成。

在调研信息分析基础上，专家认为“中山公园商圈”与本市其他市级商圈相比，在商圈特色、商业人气等方面都还存在一定的差距。主要表现在 5 方面：

- 特色不鲜明，与周边 8 个有规模的商圈同质化。
- 品牌集聚不高，业态配套不全，休闲娱乐设施还十分匮乏，商圈商业张力较小。
- 商流不“环流”，长宁路东西横贯中山公园商圈，南北受阻，虽有地铁通道勾连，但缺乏地面穿行的便捷通道。
- 长宁路两侧集中商圈主要商业设施，但主要商业建筑体互不相连，没有相连的空中廊道。
- 中山公园本身融入商圈氛围的效应不明显。

专家建议在中山公园商圈今后发展规划中应该注意：

（1）APM 的特色商圈。针对“80 后”，营造 APM 的特色商圈。APM 是把 AM（上午）和 PM（下午）融合起来，在一个营业时间特长的商场，让游客不再受时间束缚，可以尽情购物消闲。其参照对象是香港东九龙地铁观塘商圈中 APM 旗舰商场。APM 锁定中青年消费群，创造夜行消费主题，成为港岛年轻人和国内外游客的消费娱乐热点。

（2）轨交枢纽商业。龙之梦购物中心与东九龙地铁 APM 旗舰商场同属城市轨道交通枢纽型商业设施，而且建筑面积比东九龙 APM 大 3 倍。如能锁定中山公园地区每日近 40 万人次的过客流量，其消费潜力不可估量。

(3) 营造业种特色。 中山公园商圈的耐用和快速电子消费品已经具有相当的能级和辐射力，依托这一优势业种，打造电子、数字类业种的高端产品发布平台和时尚化产品推广的前沿阵地，力争形成“最具号召力”的数字化商圈。

(4) 改善交通网络。 专家建议在商圈核心地段凯旋路长宁路、汇川路长宁路、定西路（愚园路）长宁路3个节点上，选择1～2个节点建造跨街人行通道，通道如能进入商厦更佳，既可方便顾客穿越长宁路南北购物，同时可提高长宁路骨干道机动车通行速度，缓解越来越严重的道路拥堵问题。

再利用轨道高架下空间停放非机动车，解决目前商圈核心地段非机动车停放难问题。在可能的情况下，对核心地段两侧主要商业建筑进行两层步廊的勾连改造，能使顾客在商场之间“无缝隙”逛街。

8.3.3 消费者对经销商满意度的调查

开展消费者对经销商的满意度调研，可以帮助商家发现自己的优势和不足，为改善自己服务水平和提升企业竞争力提供有益的信息。消费者对经销商满意度的调研内容包括：

（1）消费者对经销商所提供的产品和服务方面的内容。对经销商提供产品方面的研究内容包括产品的质量、品牌、价格、广告、促销活动等，而服务方面的研究将包括现场工作人员的服务能力、人员形象、态度、效率、服务的价格及其他配套服务，如售后服务、客户满意度调查、企业整体服务形象的调查。

（2）消费者对经销商选择的交易场所的便利程度、交易方法的便利性方面的内容。对消费者而言交易、购买是否便利是衡量自己对经销商是否满意和满意程度的重要考量。

8.4 影响消费者购买决策的因素调研

消费者购买行为是其购买决策的直接结果，要准确把握消费者的购买行为必须对影响消费者购买决策的因素进行调研，因为正是由于存在影响消费者购买决策的某些影响因素才导致消费者的购买选择的变化。影响消费者购买决策的因素很多，但主要表现在文化、社会、个人和心理因素方面，也就是说，开展消费者购买购买决策影响因素的调研主要是要衡量这些因素对消费者在制定购买决策乃至产生购买行为的过程中究竟造成了哪些影响，以便营销管理人员制定、调整营销策略。

8.4.1 文化因素调研

开展文化因素的调研主要是了解消费者所处的文化、亚文化环境对其购买决策所产生的影响。在营销学原理中，文化被描述成人类欲望和行为最基本的决定因素。在社会中成长的儿童通过家庭、学校及其他社会组织接触并学习一套价值观，并由此形成一定的认知、偏好模式。市场调研机构可以通过对目标市场消费者的社会环境、教育体系和文化宣传等方面的调研，来掌握目标消费者群体的核心文化特征及这种特征的形成和变化过程。此类调研采用案卷调研的方法比较有效。与此同时调研机构还应该采用更多的实地调研方法，进行获取消费者认知、偏好、态度等信息为目的的调研活动，以此检验自己对目标消费者群体所属核心文化类型的判断是否正确。

而亚文化则包含能为其成员提供更为具体的认同感和社会化的范围较小的文化体系，并把包含这些成员的群体称为亚文化群体。亚文化群体包括民族群体、宗教群体、种族团体和地域习俗群体。许多亚文化特征构成了重要的细分市场，营销者经常根据他们的需要设计产品和制定营销方案，例如，在信奉佛教的地方与信奉基督教的地方，在产品、广告宣传、分销渠道设计等方面都应该有明显的差异。而开展消费者所在社会阶层的调研的意义也在于同一社会阶层内的人其行为要比来自不同社会阶层的人的行为显得更加相似。由于社会阶层具有这样一些特点，在诸如服装、数码产品、家具、娱乐活动和汽车等领域，各社会阶层会显示出不同的产品偏好。获取目标消费者群体亚文化特征的信息，可以选择将案卷调研方法与实地调研方法相结合的方式。

8.4.2　社会因素调研

消费者的购买行为同样也受到一系列社会因素影响，这些因素主要包括相关群体、家庭及社会角色地位。对相关群体的认识主要在于分析消费者在进行购买决策过程中受到来自主要的相关群体（如家庭、朋友、邻居和同事等），与次要群体（如宗教组织、工作单位和专业协会等）的影响。营销者总是努力发现消费者身边存在的各种相关群体，深入的研究其特征，并试图通过相关群体中的意见领袖，以他们的影响力影响追随者群体，促使某项产品或服务在市场上被更多人注意并接受。同样，对消费者在家庭中的角色和地位状况开展研究，这些研究对购买决策、品牌定位及整体营销策略的制定都具有不可估量的意义。由于社会因素更具有隐蔽性，即存在于消费者的思想意识之中，要获取更加详细、准确的信息，采用观察法往往是无效的，而各种询问法和实验法则会产生更好的效果。例如，消费者社会地位与角色的定位，不可能通过观察法去把握，而调研机构可采用消费者自我评价调研系统和群体评价调研系统来搜集这些信息。

家庭生命周期现象的研究对于消费者基本消费单位之一（家庭）的消费需求变化研究提出了新课题，家庭生命周期的研究结果告诉我们，不同家庭生命周期阶段，家庭消费的重点会发生显著变化，如“空巢Ⅰ期”家庭没有儿女，就不会提出对婴儿用品的需要，而“空巢Ⅱ期”是儿女长大另立门户，中国家庭的长辈会对第三代具有更多的关爱，从而会产生对婴儿用品的需要。对于上述现象的研究，可以从人口普查数据中搜集所需信息。

8.4.3 个人因素调研

个人因素主要指消费者的年龄、职业、经济收入、生活方式、个性等。开展消费者个人因素的调研主要是研究上述因素会在多大程度上影响消费者的购买决策。

不同年龄的消费者会有不同的需求，同一个消费者在不同年龄段的消费需求也会存在明显差别。初生的婴儿需要婴儿沐浴露、婴儿奶粉，到了少年儿童阶段需要玩具、动画片，再大一些则需要自行车、MP3、电脑。社会经济文化发展的差异性，导致不同时期某固定年龄段的消费者的需求也会存在一定差异，例如，20世纪70年代的18～28岁的青年追求的消费品与20世纪90年代的18～28岁的青年人追求的消费品已经发生质的改变，在社会学中这种现象叫代沟，营销管理者要了解这种代沟差别，主要目的是为当代青年人开发、提供合适的产品或服务。

职业和经济环境、生活方式、个性和自我概念都是影响个人消费的个人因素，这些因素也经常受到营销者的重视。调研机构应该有意识地将一段时间搜集到的相关资料积累起来，通过长期调研，建立一个消费者购买决策研究模型，利用这个模型可以发现上述影响因素对消费者购买决策形成的内在规律，

8.4.4 心理因素调研

心理因素的调研主要从动机、认知、学习、信念和态度方面展开。购买动机的研究是心理因素研究中的重点部分，动机研究者经常开展对几十位消费者的“深度访谈”，以便揭示引发消费者动机的真正原因。由于消费者购买动机形成的因素非常复杂，它既可能受消费者自身年龄、学历、收入水平、家庭结构、生活方式等的影响，也可能因社会经济状况、受教育程度、政治形势等因素的影响而产生差异。需要引起注意的是，同样的因素作用在不同的消费者身上，所起到的效果也不会完全一致。因此，开展消费者购买动机的调研是比较困难的，只有持续研究消费者的购买动机，并能够不断地引导消费、创造市场的企业才可能成为真正的市场赢家。

消费者购买决策研究还包括开展消费者认知过程研究。这方面的调研主要搜集消费者“选择性主义、选择性曲解、选择性记忆”的形成与发展过程的信息。研究消费者对哪些刺激会产生更加明显的反应，在形成自己新认识的过程中会运用原有的哪些概念作为参照标准，消费者在哪种刺激下形成更加完整的记忆，而这种记忆对其未来的购买决策会产生多大影响。

学习、信念和态度是认知因素之后影响消费者购买选择的重要因素。由于学习与强烈

的驱动力联系在一起，营销者通过研究发现，可以运用刺激性暗示和提供积极强化等手段来建立消费者对产品的需求。人们的信念和态度往往由学习和实践而来，它们反过来也会影响消费者的购买行为。由于上面的一些原因，更多的营销人员都将认真地开展学习、信念和态度方面的研究。

较为常见的消费者认知调研有：消费者对特定产品质量、功能的认知调研；消费者对特定消费品品牌认知度调研；消费者获取消费品认知信息来源的调研。采用最多的是量表与问卷两类工具。

在对消费者购买决策影响因素的研究中，常常将上述因素放在一起开展综合分析，因为这样才能对消费者决策做出全面的分析。调研窗口 8-5 就是一个具体的案例。

◆ 调研窗口 8-5　京沪穗三地城市居民 2007 年消费趋势透析

2007 年宏观经济走势：四成市民看好，超过五成对生活质量的提高抱有信心

走访中我们调查了三地居民对国家经济、社会发展的信心。调查发现， 46%的市民认为我国宏观经济发展形势比较乐观，将继续前行，42%的市民则表示一般；只有 12%的市民对宏观经济发展不甚有信心，持不乐观态度。此外，市民对未来 5 年，国家构建和谐社会、百姓生活质量得到提高普遍抱有信心，持“信心非常大”或“比较大”乐观态度的受访者占了受访者总数的将近六成（59%），而表示“信心一般”“信心不大或根本没有信心”的仅占 29%、12%。

预期 2007 年家庭消费支出变化：前三项支出依然上涨，后五项基本持平

当预期未来一年家庭消费支出变化时，63%的市民普遍认为教育文化娱乐和服务类支出将继续有所增加，56%认同交通和通信类支出会增加；51%认为食品类将增加；对于医疗保健类，31%认为将增加，58%将持平；对于房租水电燃料等居住类，44%认为将增加，51%持平；对于衣着类、家庭设备和服务类、杂项商品和服务则分别有 56%、58%和 67%超过半数的人认为将持平。

就业压力、社保因素减弱即期消费，“攒钱养老”仍为家庭储蓄首要目的

调查中发现，京沪穗三地市民对我国现行社会保障体系满意度偏低，仍存在一定忧虑。仅有三成（31%）认为现行社会保障体系“很健全或者比较健全”，超过四成调查者对现行社会保障制度评价“一般”，“有 18%的消费者评价“比较差”，甚至有 3%则干脆认为“非常差”。

在对就业形势的判断上，总体呈现“两头小、中间大”的态势。41%的人认为就业形势一般，26%认为国家宏观调控比较得力，就业形势比较良好，33%则感到就业形势“严峻甚至是非常严峻”。在对就业形势严峻的担忧上，广州市民尤为突出，超过四成（45%）市民觉得就业形势“情况严峻甚至是非常严峻”。

就业形势严峻、医疗费用高涨、社会保障体系尚未完善，上述情况一方面增加了社会不稳定因素，另一方面严重弱化了消费者的信心，驱动了储蓄。调查表明，尽管市民对经济形势看好，但仍然捂紧钱袋，40%市民表示，家庭储蓄的首要目的是准备攒钱养老、其次是攒教育费（22%）、买房装修（18%）、预防意外（9%）、其他（11%）。此外，有11%的市民参加了一些商业保险作为社会保障体系外的补充。在医疗、教育、住房费用高涨，社会保障体系尚不完善的大背景下，居民在未来相关领域支付的不确定性风险增加。居民更倾向于增加预防性储蓄以应对未来可能出现的大额支出。

从长远来看，健全社会保障制度，极大减少居民扩大消费的后顾之忧。改善消费环境，出台鼓励消费等利好政策，是增加国内消费者的信心，拉动国内消费的有益途径。

（备注：调查样本总量606，样本分布，广州202，上海200，北京204；男女比例1:1.23）

8.5 消费者购买行为调研

消费者购买行为调研主要研究消费者购买角色、购买行为与购买行为决策过程及购后行为。当开展消费者购买行为的调查和分析时，一般需要了解这样一些信息:购买什么（what），为什么购买（why），购买者是谁（who），何时购买（when），何处购买（where），购买多少（how much），如何做出购买决策（how to make a decision），信息渠道来自何处（where），同时还需要进一步了解有关消费心理和消费观念的信息。

8.5.1 购买角色调研

在购买决策过程中，参与购买过程的消费者在购买角色上主要可以分为5类：

- 发起者，提出购买某种产品或服务意向的人。
- 影响者，其看法或建议对最终决策具有一定影响的人。
- 决策者，有权做出是否买、为何买、如何买、在哪里完全或部分决定的人。
- 购买者，购买决策的执行者。
- 使用者，实际消费或使用产品、服务的人。

有些购买活动不需要进行复杂的决策，或者购买决策失误对于消费者也不会造成很大的损失，这样消费者可能独自“扮演”这5种角色。反之，消费者对于购买价格昂贵或因很少购买而缺少经验的消费品时，担心购买决策失误会造成巨大损失，就会更加注重听取他人的意见和建议。而此时，自己的最终决定就会更多地受他人观点、态度的影响。购买角色调研很大程度上通过协调各项调研工作，掌握在消费品购买过程中，会有哪些人参与决定，这些人扮演什么角色。搜集相关信息主要采用各种询问方法。

8.5.2 消费者购买行为调研

根据同类产品不同品牌的差异大小和消费者在购买决策时投入的精力大小可以将消费者的购买行为分为：复杂购买行为、不协调的购买行为、多样性的购买行为和习惯性购买行为 4 种。品牌差异大小是消费者对品牌认知后的个人感觉，对某一产品开展品牌差异大小的调研，应该从消费者品牌认知度调研入手，确定衡量品牌差异大小的指标后，通过询问法来搜集数据。而消费者投入的精力大小则可以考虑采用观察法，因为观察法对于搜集人们在特定时间和地点上的行为特征的信息是非常有效的。

消费者购买行为的特点及其影响因素是消费者调研的重要内容之一。消费者购买行为除了包含上述购买行为研究外，也必须结合购买决策因素方面的调研共同展开，通过调查来发现消费者选择的购买地点、购买时间、购买数量、购买频率、决策方式、支付方式、信息来源信息，以及找出影响购买行为的因素，如消费者自身的因素、产品的特点、社会文化环境、市场竞争状况等。

8.5.3 消费者购买过程调研

消费品市场营销管理者制定和调整市场营销策略的目的是希望能够对消费者的购买行为产生有效的刺激，使目标消费者群体的购买行为朝自己设想的方向发展。这就使营销管理者希望掌握目标消费者群体的购买过程已经发展到什么阶段，同时也希望知道自己的营销策略是否产生了预期效果。这就是开展消费者购买过程调研的目的。

从理论上说，一个完整的购买过程包括 4 个阶段 7 个步骤。第一阶段，是认识需求阶段，包括认识需求一个步骤。第二阶段是判断选择阶段，含收集信息、初步决定和寻求能满足自己需求的对象 3 个步骤。第三阶段是购买决定阶段，包括购买决定和购买完成两个步骤。第四阶段是购后评价阶段，包括购后评价步骤。在不同阶段消费者会有不同的需要，需要的主要是信息，即帮助自己做出下一步的决定。对于营销管理者而言，通过调研了解消费者购买过程已经发展到哪一阶段，然后决定自己应该提供什么信息帮助消费者做出对企业有利的决定。其实，购买过程调研也是为企业提供自己应该做什么的信息。如调研窗口 8-6 就是说明对消费者购后行为调研的意义。

◆ 调研窗口 8-6　　消费者购后行为调研

购后行为是消费者购买产品以后的一系列可能行动的总称。消费者在购买商品后，随着使用而产生对购买的产品的感受，再将这种感受与自己在购买前对该产品的感受比较后，形成对所购产品或自己的购买决定的满意感。如果满意他们会把这种感觉告诉周围的人，自己也会重复购买，反之则相反。而这些都属购后行为的具体表现。通过开展下游的市场调研能够获得准确的信息。

消费者购后行为调研，能够帮助企业改进产品和营销策略。当海尔通过用户访问发现有些消费者利用洗衣机来洗毛毯而弄坏了洗衣机后，它们改进了自己生产的洗衣机，推出了一款既适合洗衣服也适合洗毛毯的洗衣机。当番茄酱公司通过观察发现装番茄酱的瓶口太狭小，消费者很难把汤匙伸进去直接取食时，就改进了瓶口设计，结果满足了消费者使用时求快的心理，也促进了产品的销售。当宝洁公司就洗衣粉的使用过程开展中国消费者问卷调研，掌握了消费者是如何使用洗衣粉或其他除污剂洗涤衣服的信息后，推出新型洗衣粉产品。音响公司通过顾客家庭访问、问卷调研等各种方式了解消费者是如何摆放音响和如何与其他家电配合使用音响的，音响公司改进音响的规格、色彩、性能使得自己的音响更符合音响消费者的要求。类似这样的购后行为调研将有助于企业更好地取悦消费者。

8.5.4 消费者满意度调研

提高消费者满意度对市场营销管理者来说具有重要意义，如可以使自己的市场更加巩固或减少顾客流失，可以更多地获得消费者的“口头传播”支持等。由于对消费者满意度作用认识的提高，进一步推动对消费者满意度的市场调研活动的发展。消费者满意度调研的方法有许多种，除了在调研方法、分析方法上的不同之外，还更多地表现在由于对消费者满意度含义的定义不同，致使虽然都是采用问卷调研方法搜集相关数据，在问卷中提出的问题却有很大不同。

有人从经济学“最大效用”角度出发将消费者满意度定义为：消费者购买前对特定消费品的价值预期与自己购买后通过使用而获得的实际感受加以比较后的结果。并定义消费者满意是购后感受好于购前预期。反之则不满。按照这样的思路，消费者满意度调研设计人员就会从定义哪些可以量化的特征可以较准确地说明消费者购前预期与消费者购后感受指标。再根据这些特征重要性确定各自权重后开展调研得到相应的数据，计算得出代表购前预期和购后感受的值。这种调研所得到的结论可以运用于下列几个方面：

（1）企业为使消费者满意度提高而实施的营销策略是否产生预期结果。

（2）掌握企业在提高消费者满意度方面还存在的不足：除了企业需要开展消费者（顾客）满意度调研，行业乃至社会都会重视消费者对行业的满意度，政府也需要开展各种市民对政府服务的满意度调研，随着这种趋势的发展，调研机构更具专业性，调研量表更具科学性，调研结果更具权威性。调研窗口 8-7 就是专业市场研究机构对全国 7 个大城市居民满意度调查结果。

◆ 调研窗口 8-7　**七城市居民生活满意度调研**

居民生活满意度研究就是一项能够发现居民生活中存在的问题的一项社会研究，通过有针对性地发现影响居民生活满意程度的重点内容并进行改进，可以较快地提高居民的满意程度。

益普索公众事务研究部于 2007 年 3 月，对中国 7 个城市（北京、上海、广州、天津、沈阳、青岛、秦皇岛）的年龄在 15～60 岁的常住居民生活满意度进行了调研，调研采用随机抽样的方式，使用 CATI（电脑辅助电话访问）进行访问，共完成有效样本 2 248 个。调研具体发现如下。

1．80%的城市居民对生活表示满意，但城市之间差别较大

调查表明，目前城市居民对生活的满意程度较高，80%的人表示满意。认为目前生活比半年前生活有所提高的居民约占 46%，认为有所降低的为 6%，认为不变的约 48%。居民生活满意度最高的 3 个城市：青岛、秦皇岛、上海。引人注意的是，同为超级城市，上海的居民生活满意度明显高于北京和广州，众所周知，超级城市会产生一般大中城市不会遇到的特殊而难以解决的问题，而上海居民生活满意度与青岛和秦皇岛不相上下，说明上海在超级城市的“经营管理”方面有相当成功的经验。在过去半年生活质量提高方面，表现最好的是青岛，约 58%的居民认为过去半年生活有所改善，沈阳和秦皇岛表现也还不错，广州表现最差，仅 28.6%的居民认为生活有所提高。值得注意的是各城市居民在该问题上的差异相当悬殊，表明各城市之间居民生活的变化差别很大。

2．低收入人群生活质量令人忧虑，如何弥补因收入不同引起的社会裂隙发人深省

研究表明，家庭月收入在 1 500 元以下的人群生活满意度明显偏低，而收入越高，生活满意度越高，家庭月收入高于 8 000 元的居民对生活的满意率接近 90%，呈比较理想的状态。研究发现，在与半年前的对比中，家庭月收入越低的人，越多地认为生活比过去半年有所下降，认为生活变好的人数比例也明显低于高收入人群，在贫富差距不断拉大的当前社会中，低收入者越难以摆脱生活的困境，说明社会分层问题越严重，社会不安定因素就积累得越快。不同家庭收入水平的居民对未来半年生活状况的预期也有所不同，其中家庭收入 8 000 元以上的人群信心最足，相信会变得更好的人数占 61%，信心最差的仍然是在 1 500 元家庭月收入以下的低收入人群，相信会变得更好的人数只占 42%。

3．教育费用成为影响居民生活满意度的重要因素

教育费用近年来已经成为社会普遍议论和批评的热点问题，本次研究发现，7 个城市的居民对教育费用的不满意比例超过了 50%。调研结果显示，天津、沈阳对教育费用的不满意率超过 55%，是 7 城市中不满意率最高的，上海、广州居民超过五成的人对教育费用不满意，北京、青岛有近一半的居民表示对教育费用不满。在大城市中，居民收入越高，对教育费用的不满意程度越高，这与人们通常认为的收入越低越对教育费用敏感的观点相反，深层原因可能来源于教育需求的刚性，越是相对比较富有的城市家庭在教育方面的投入也越大，呈现出部分教育“贵族化”的特点，各项费用极为高昂。这也是值得整个社会进行反思的一个问题。

4．医院成为城市居民最不满意的方面，医疗体制改革势在必行

7个城市居民最不满意的是医院，57%的居民对医院不满。7城市居民均对医院表现出极大的不满意。北京、青岛、沈阳、天津4个城市中均有六成左右的居民对医院不满意，在上海、广州、秦皇岛等城市也有一半以上的居民对医院不满意。与医院的情况相反，人们普遍对药店的满意度较高，六成左右的居民表示对药店表示满意。而且各城市之间差别不是很大。同样是对医疗体制不满意，为什么老百姓对药店的认可程度要比医院高呢？由于医院和药店的药品购销渠道不同，加上医院药房的15%加成率，导致医院药房的价格要高于药房里的同类产品。

5．环境质量已经成为影响居民生活满意度的一个重要因素

调研结果显示，7个城市中近一半的居民对环境质量不满意。首先，天津居民对于环境质量的不满意程度最高，不满意率达到61%；其次，北京、上海、广州居民对环境质量的不满意率也较高，分别为54%、48%和57%。再次，沈阳、青岛、秦皇岛居民对环境质量的不满虽然不是十分强烈，但也有超过四成的居民表示不满。

经济水平越是发达的地区，环境质量表现越低，居民也越不满意。

消费者满意度调研的流程由以下几个步骤组成。

（1）确定消费者类别划分的标准。不同的消费者在相同指向的满意度上可能存在显著差异，可能是身份的差别造成其在同一满意度指向上存在明显差异。例如，对于某个品牌，男女消费者存在截然不同的满意度，在寻找缘由后发现是该品牌在身份差异上制定的不同营销策略所致。

（2）确定评价指标体系。满意度是衡量企业、行业在服务对象心目中的综合印象的评价指标体系，所以必须是完整的。建立这个体系应该从两方面开展调研：内部员工与职能部门进行的满意度应该包括哪些内容及各项内容的满意度标准；消费者（顾客）的满意度内容调研及各项满意度的标准。一般而言，满意度指标体系中由产品满意度和服务满意度两部分组成，产品满意度中应该有能准确测量产品质量、功能、款式、品牌、销售渠道和促销方式等内容的指标；服务满意度中应该含有对顾客需求的响应性、便利性，服务的完整性与及时性，营业场所的环境设计，售后服务的跟进等内容的指标。

（3）对消费者需求或要求开展调研。搜集消费者真实需求及什么才是满意的信息，其实这就是做好对消费者期望价值的信息搜集工作。可以用询问法来搜集资料。

（4）开展消费者满意度调查。将从第3步获取的资料与第2步的各项标准进行比较，提出消费者对企业或行业各方面满意度水平的调研结果。

（5）满意度高低的跟进措施。满意度是与忠诚度有密切关系的因素。满意度高忠诚度高，企业的市场相对稳定。而满意度低就要准备好接受、处理消费者的各种抱怨，因为如果做好抱怨处理工作，也会提高满意度。

8.6 消费者市场的交错调研

消费者市场需求的变化很快，为及时获得市场变动的信息，以便及时调整营销策略，把握更多的机会，消费者市场调研的开展频率也明显高于其他市场的调研活动。于是就产生了能否充分利用过去的调查结果的问题。

8.6.1 交错调研的定义

交错调研是指具有下面两种特点的前后两次或连续几次的市场调研活动。

（1）调研目的虽不同，但在一些具体的研究项目上相同，即随后开展的市场调研活动中有些调研项目就是此前已经调研过的。这种调研内容的确定在消费者市场调研中表现得更加典型、充分。例如，对于公司生产的某品牌消费品，接到消费者投诉后就会启动某种顾客投诉响应机制，此后就会每隔一定时间征询消费者的意见，以检验企业的补救措施是否有效。

（2）前后的调研活动在调研目的或内容上不完全一样，但是所采用的是同一样本，即同一群消费者被市场调研机构作为“被调查者”已经调查、访问过两次或多次了。

由政府专门负责搜集各种社会、经济现象数据的部门——统计系统，有两支分别负责搜集城市居民和农村居民家庭收支变化情况数据的抽样调查队。它们都采用一种叫“固定样本随机抽样调查”的方式搜集上述数据。其实这也是交错调研，所不同的是，调查样本每隔一定时间后调整固定比例的样本单位，但是从整体上来看，仍然遵循同一原则——保证样本的代表性和保证不同时期的调查数据的可比性。

8.6.2 消费者市场交错调研的意义

消费者市场调研常常会采用交错调研的方式来搜集市场信息，这是因为每次调研虽然都有自己的目的，但需要获得更多的准确信息与调研机构有限的经费和时间会发生冲突。成功开展过多次消费者市场调研活动的市场调研机构会发现，如果采用交错调研方法，将能很好地解决这对矛盾。

（1）交错调研可以很好地帮助消费者市场调研活动的组织者，继续完成对过去调研活动中设定的各项重要目标的追踪调查，使信息保持连续性。例如，同一群消费者对品牌的认知度和忠诚度是否随着公司营销措施的调整而改变或提高？同一群消费者在不同时期的购买行为、决策过程是否发生了变化？

（2）完成建立各种数量模型对特定数据的搜集任务。在设计交错调研方案时，调研人员往往会将某些因素确定为目标变量，即因变量，而将另外一些变量定义为影响变量，即自变量。这种变量之间的影响和被影响关系的确定往往与几次连续开展的市场调研所得出的结果有关。例如，在对前一次“消费者购买行为特点”的调研活动分析后发现，“价格”是决定消费者购买行为发生变化的主要因素。而在对此后继续开展的市场调研的目标设计中，调研人员就会有两种预期：一是通过随后的市场调研，检验“消费者的购买行为的调整与其对消费品价格变化的感受无关”的假设是否能够成立？二是如果上述假设成立，预测消费者对消费品未来价格变化的预期会对其购买行为产生多大影响？

8.6.3 消费者市场交错调研的实施

消费者市场交错调研的实施方法主要有以下几种。

（1）确定一份调研量表、调研问卷和调研提纲，在以后不做修改或调整可多次使用。

（2）按照随机或非随机抽样的方法，抽取样本，而这个样本将在以后的调研中多次使用，因为各项调研的内容、目标可能不尽相同，但是调研机构希望获得的是同一群消费者的态度、看法和意向的数据。这类调研可以在各种消费者市场调研中看到。

（3）制定一份统一的、准备以后多次使用的调研问卷、量表或调研提纲，在实际调研中被调查者会不一样。这种调研在研究不同特征的消费者在品牌认知、购买行为和决策、忠诚度等方面的差别时经常采用。

（4）调研问卷、量表或调研提纲，以及调研样本都采用固定不变的原则，但是具体的调查方法会有所不同，例如，以电话访问、拦截式访问在对调研对象有一定认识或取得了一些基本信息后开展入户访问，而前后采用的是相同的提纲，或者是访问的是同一群消费者。调研机构选择这种调研方法的目的主要是希望通过比较采用不同方法搜集到的数据是否有足够的准确性，或者是想从各种方法中选择相对较好的调研方法。调研窗口 8-8 试图说明消费者市场交错调研方法的一种——固定样本调研方法。

◆ 调研窗口 8-8　消费者固定样本调查

消费者固定样本调查是消费者调研中一种重要的调查方式。由于这一调查可以迅速而正确地获知消费者市场的各种动向，被有些学者认为具有透视市场的功能。通过消费者固定样本调查，可以帮助营销决策人员获得以下信息。

1. 新产品渗透情形

由于固定样本连续调查是长期连续不断地进行的，所以可随着时间的推移，调查出新产品到达消费者手里的时间，以及其渗透的过程。

2. 广告投入量与购买的关系

营销人员非常想了解广告费的投入对市场的影响程度究竟有多大，非常想了解投入的广告费对促使消费者购买方面的作用又是怎样的，但这些信息通过一般的调查是不易获得的。消费者固定样本连续调查虽不能完全获得全部的信息，却可以通过对连续不断的资料变化情况的分析，取得非常客观的调查结果。

3. 品牌忠诚度

品牌忠诚度包括了购买者的诚意和意志，这些资料最可能从连续不断的固定样本连续调查中得到。品牌忠诚度的高低，受被调查者家庭特征的影响很大，在研究分析中须将忠诚度与家庭特征综合考虑在内。

4. 购买路线、购买方法的推定

消费者的购买路线、购买方法等购买习惯，具有某种特征，但这种特征不是绝对恒定的，而是动态的。因此，持续地关注消费者在购买路线、购买方法方面的变化，是营销人员必须研究的课题之一，固定样本连续调查也非常有利于持续地追踪消费者在这些方面的变化特征。

5. 购买周期、累积购买率

单个的调查资料所获得的调查信息往往只是代表家庭个别的购买率、使用率，因为这些调查仅仅了解了某段时期内的消费者相关信息。固定样本连续调查在对于持续的量化研究方面就具有非常明显的优点，该种调查能够获知每隔几天购买一次，一定单位量可使用几天，以及累积使用和平均使用情形等问题。

6. 每户购买率、每户购买金额分析

通过固定样本调查每户购买率、每户购买金额分析的优势是显而易见的。

7. 知名度分析

一般而言，知名度高的商品，表示广告效果高或者商品品质好，反之则相反。

8. 购买理由分析

本章小结

本章讲述了消费者市场调研的有关内容。主要从产品和品牌选择调研、经销商选择调研、购买决策过程调研、消费者行为调研及消费者满意度调研几方面逐一阐述。

在产品和品牌选择调研中，分别就产品概念测试调研、产品需求调研、产品包装和服务调研、产品品牌选择调研做了较为详尽的介绍，其他与产品调研有关的内容，如产品价格研究。产品传播媒介研究，则列入了与产品调研相关的内容。

经销商选择调研的主要内容是消费者为什么要选择某家经销商（选择动机调查），为什么不选择某些别的经销商和消费者在选择经销商方面有哪些看法、期望和建议等。

开展消费者购买决策调研，主要是从研究影响消费者购买因素的角度展开的。影响消费者做出不同购买决策的因素主要集中在文化、社会、个人和心理因素方面，开展影响消费者购买因素的调研主要是要衡量这些因素对消费者的影响程度。

消费者购买行为调研主要研究消费者的购买角色、购买行为与购买行为决策过程。

消费者调研常常交错进行，这是因为每次调研虽然都有一定的主题，但需要更多的准确信息的期望值和经费时间的有限性是调研中难以回避的一个问题，因此，针对消费者的一次调研往往要包含上述调研内容中的所有或者很大部分，除非在该调研中是无法同时完成的。

练习题

1. 产品整体概念调研具体包括哪些内容？对产品整体概念的调研结果将对企业有何帮助？

2. 为什么企业要开展品牌调研？品牌调研活动应该采用什么调研方法？

3. 消费者市场以价格策略、渠道策略、促销策略的设计为目的的相关调研有哪些方法可以选择？

4. 消费者选择购买地点原因和动机调研应该包含哪些主要内容？应该采用哪些调研方法？

5. 商圈调研的内容主要包括哪些？为搜集商圈的信息调研机构能够选择的方法有哪些？

6. 影响消费者购买决策的因素有哪些？为了掌握这些影响因素对消费者购买决策的形成与改变的影响作用的信息，可以采用哪些调研方法？

7. 消费者购买角色的种类，以及通过什么方法掌握目标消费者的购买角色的准确信息？

8. 为什么要进行消费者购买过程的市场调研？这类市场调研的具体方法有哪些？

9. 什么叫交错调研？为什么在消费者市场调研中可以选择交错调研？

10. 消费者市场常见的交错调研有哪些？它们各有什么特点？

11. 为什么只研究消费者市场调研方法？难道其他市场就不需要继续市场调研？

12. 为更全面地掌握消费者市场的特征及对这些特征变化趋势准确把握，需要开展哪些方面的市场调研？

◆ 案例讨论 8-1

马来西亚亚洲航空公司的机票价格策略

消费者追求消费越省钱越好，经营者争取越赚钱越好，两者看似完全对立，不可调和，可是马来西亚的亚洲航空公司，却找到它们的契合点，达到了双赢。

亚洲航空公司，是目前全亚洲最廉价，也是最赚钱的航空公司。以 2011 年 3 月 10 日为例。

广州—吉隆坡 439 元

吉隆坡—伦敦 2 090 元

吉隆坡—澳大利亚黄金海岸 1 159 元

中国—马来西亚、泰国，来回不足 1 000 元

中国—澳大利亚、英国，来回只要三四千元。

这么低价，能赚钱吗？能！

主要办法：

（1）公司官方网站卖票，节省代卖机票的提成成本。

（2）网站只要工程师维护，节省销售人员的成本。

（3）一切自动化运作，节约管理人员开支。

（4）飞机在马来西亚境内，在 25 分钟内，完成落地再起飞，节省机场租金。

（5）飞机不用廊桥，而且大多停在外围，节约租费和停泊费，还利于起飞快，节约燃料费。

（6）只有极少数机型设公务舱，绝大多数是经济舱。

（7）飞机上不供应食物，节约地面的清洁人员的开支。

俗话说，集腋成裘，亚洲航空公司就是这里节约一点，那里增收一点，累积起来，就是增收节支，惠及顾客的一个不小数目。

凡乘过飞机的人都知道，飞机上虽免费供应饮用水、咖啡和低度酒类，还免费供应一餐，甚至还赠送纪念品，说是“免费”，其实费用都计算在机票之内，那是“羊毛出在羊身上”，而且，“出”得比在市场上还要多！因此，除了公款乘客欢迎以外，自费乘客还是情愿机上无免费饮食和纪念品之类的“小惠”的。

而亚航的做法，为航空公司节约了成本，因此可以降低票价，吸引顾客。到 2011 年 1 月底，卖出机票超 1 亿张。而对消费者来说，也就是有 1 亿位乘客节省了开支。

这样的“双赢”，何乐不为？消费者欢迎亚航的“双赢”商业模式，希望有更多的企业

复制它。

问题讨论

1. 亚洲航空公司低价机票策略的成功需要开展哪些方面的市场调研？

2. 亚洲航空公司通过降低成本获得降价的空间，降低成本能获得预期效果吗？须进行哪些方面的调研？

3. 上述市场调研活动都属于消费者市场调研吗？为什么？

◆ 案例讨论 8-2

让“微博”说出民声

冰箱门关不严，微博投诉！汤圆吃出创可贴，微博曝光！三亚旅游被宰，微博举报……随着微博的日益普及，微博已成为网友维权主流平台，关心民生话题的讨论阵地。

1．微博，开辟维权新渠道

新浪微博调查结果显示，企业微博已成为电话之外又一受到用户认可的投诉渠道，60%的新浪微博用户表示，如果企业开设了微博账号，自己会通过微博与其沟通投诉事宜，在高学历人群中这一趋势更加明显。一项名为“作为消费者你最希望企业微博提供什么”的微博投票则表明，超过74%的消费者最希望企业微博能给用户提供及时的客户服务，帮用户解决求助、抱怨、投诉等问题。

在新浪微博平台中，网友自行发起维权组织和活动等现象更是屡见不鲜，微投诉已成为网友维权的主要手段之一。按照不完全统计，新浪微博网友已发起超过140个投诉类活动，组建了近一千个与投诉维权相关的微群，投诉类关键词微博搜索结果超过500万个。与此同时，包括北京市工商行政管理局、广东省工商行政管理局及浙江省消费者权益保护委员会、黑龙江省消费者协会、昆明市消费者协会等在内的近500个工商税务部门，陆续开通新浪官方微博，公开受理消费者投诉，吸引了大量网友的关注。

2．微投诉，为消费者争取话语权

与通过传统客户服务中心向企业进行投诉沟通不同，微博裂变式的传播方式，使得消费者在维权过程中能迅速聚集朋友和相同遭遇网友的关注，自发形成强大的话语权力量。对企业来说，如果应对处理不及时或处理不当，消费者的负面情绪可能在瞬间裂变式扩散，对品牌口碑形成较大损害。

从目前的情况来看，面对消费者维权意识的增强，不少企业被迫提升服务意识。不过，一份对社会化媒体的调查显示，仅有约50%的消费者对企业的评价或投诉会得到回应，而

80%收到回应的消费者会购买商品，同时还有用户会在购买商品时通过微博等社会化媒体搜索用户对企业的评价。由此可见，如果能合理地运用微博平台，企业不但能实时解决消费者投诉、维护企业品牌，还能为公司赢得更多的潜在用户。

3. 民生话题，微博网友最关心

除了成为投诉的又一阵地，微博也让网友第一时间晒起了民生。近日由广东的全国人大代表林道藩进行的一场 10 元购买力调研活动在网络上掀起了一场轰轰烈烈的晒单运动。腾讯微博上由“新闻哥”发起的“10 元能买什么”成为当日热点话题，微博参与转播和评论量达到 56 923 条。民生“微”话题，依然是老百姓最关心也最愿意参与讨论的事情。这场经由微博发起，民众广泛参与的微话题直击社会民生问题，反映普通民众的心声。

两会期间，全国人大代表林道藩利用会议间隙到北京西绒线菜市场进行调研，他用 10 元钱在北京分别购买到 3 个苹果、7 个西红柿、21 个鸡蛋，对此，他表示，做这个调查，不但真实记录了当前的物价水平，通过横向比较，还能够发现政府在公共交通等民生领域的投入。

人大代表 10 元购买调研，百万网友热情参与。“10 元能买什么”这个话题同一时间迅速在各大微博上被全国网友热议，各地网友将各大城市“10 元钱能买到的东西”一一晒了出来。虽然有的网友认为挣钱的增幅赶不上物价的增长，但大多数网友还是怀着乐观、理想的心态，提出聚“微”力，放大 10 元钱价值的想法：“全国每人 10 元钱，就能拿出 130 亿元，就能让中国教育出数倍的人才，就能让中国边防多一道铜墙铁壁，就能挽救千万危重病人，就能帮助千万孤寡残贫……”

对此，很多网友表示，10 元钱，看你怎么支配，保持知足常乐的心态，把很多个 10 元汇到一起，也能成就很多事情。

问题讨论

1. 企业若想找到一个新的获取消费者需求信息有没有更理想的渠道？

2. 企业开设微博账号是否可以开展更多的市场调研活动？你认为它能帮企业搜集哪些信息？为什么？

第 9 章

现场调研数据偏差与控制

◆ 引导案例　**城市住户调查记账误差产生的主要原因及分析**

1. 记账误差产生的主要原因

（1）有的单位记账户不配合，拒绝记账，不愿意记账，不认真记账，收入较高的家庭户故意隐瞒收入，以及一般中等收入的家庭户无意扩大支出，因而产生各种漏记和虚记。

（2）在抽查记账户中大多由于工作繁忙，事务较多，时间比较紧张，记账的连续性受到一定的影响，使记账质量相对较差，因而产生误差。

（3）个别记账户由于思想认识不够，社会上有关统计数据真实性的片面说法依然存在，使记账户或多或少地受其影响，于是每月草率地应付几笔流水账就此作罢，使其产生误差。

（4）有的调查员在编码、录入、汇总过程中，由于工作不认真而产生误差。

2. 记账误差的主要原因分析

记账误差的主要原因是影响城市住户调查数据质量问题的主要因素，也是目前城市住户调查工作中的难点。例如，在样本中抽取经常性调查户时，应考虑记账户的文化素质、思想意识、道德水准及记账户的责任感。因此，有相当数量的家庭因怕露富、怕烦琐、怕别人知道或工作繁忙等原因而拒绝记账或不愿意记账。目前的调查方案对这些家庭的换户比例做了严格的规定。

本章主要学习内容：

- 现场调研搜集的信息、数据中存在哪些偏差
- 各种非抽样偏差产生的原因和控制方法
- 各种不响应偏差的引发原因与降低这类偏差的方法

9.1　市场调研中的非抽样偏差

无论是调研结果的提供者还是调研结果的使用者都会问：这份市场调研的结果是否存在偏差？存在哪些偏差？偏差有多大？哪些偏差可以忽略不计？要回答或者解决偏差问题，首先要统一对偏差的定义。简单地说，市场调研结果的偏差有两类，一类是市场调研所搜集获得的信息或数据与该现象客观实际之间存在的差异，这种偏差也叫“调查偏差”；另一类是假定搜集获得的信息与数据是真实的，是在对信息与数据分析研究过程中由于各种原因（如分析方法选择不当，计算过程中四舍五入等），导致市场调研的结论与所要反应的客观现象的实际水平、特征等存在差异，这种差异也叫“推断偏差”。而后一种偏差的控制从方法上讲比前一种容易做到。所以这里的“偏差”就是专门指“调查偏差”，将这种偏差定义为现场调研中的信息与数据偏差。

9.1.1　现场调研中的各种偏差形成来源分析

现场调研过程中存在各种偏差，从导致它们发生的原因不同，可分为两类。

1. 随机抽样偏差

由于随机抽样设计有误而导致搜集获得的信息和数据存在的偏差。抽样的意义在于帮助我们在可能的情况下控制随机抽样偏差的扩大。为了有效地控制市场调研的时间与预算，调研机构往往会采用非全面调查的方式来搜集信息与数据。随机抽样调查根据统计学原理的解释，是可以达到通过对样本（部分单位构成的小总体）的特征信息与数据的分析，实现了解整体（全部单位构成的大总体）的相应特征的目的。但是，无论采用哪类非全面调查方法，包括随机抽样调查方法，在搜集获得的信息与数据中，都会存在调查误差。只不过采用随机抽样调查的方法，可以将随机抽样调查误差（叫抽样误差）的大小控制在可接受的范围内。随机抽样误差的大小与随机抽样方法的正确选择有关，因为对同一客观现象，采用不同的随机抽样方法，会导致样本对整体的代表性不同的后果，最终抽样误差大小明显不同。随机抽样误差大小又与抽取的样本容量大小有关，当其他条件相同时，样本容量大小与随机抽样误差大小成反比。要使抽样误差控制在允许的范围内，唯有完善抽样方案设计阶段的工作。

2. 非抽样偏差

非抽样偏差也叫非随机偏差。此类偏差产生的来源就很复杂，因为导致存在非随机抽样偏差的原因很多，并且这些原因并非相互独立地对调查偏差的发生产生作用，而是彼此交错在一起影响调查偏差向调研人员难以控制的方向发展。此类偏差主要有：

（1）非全面调查的方法选择错误。调研机构知道应该采用随机抽样调查方法却弃而不用，导致偏差无法确定。或者认为自己是随机抽样，但没有遵循随机抽样调查的基本原则，导致自己得出的所谓抽样误差与真实的调查误差失之千里。

（2）调研方案设计错误。主要是调研提纲、问卷和量表的设计问题，导致调研人员搜集得到的信息和数据无法反映所要研究、揭示的客观现象的真实、完整的特征，导致推断结果偏差巨大。

（3）由于现场访问人员的故意或非故意原因导致的调查偏差。即使调研机构选择的搜集信息和数据的方案再科学，如果现场访问人员不执行或不理解地执行，同样导致偏差很大。

（4）由于被调查者不配合或不理解，不准确理解便回答导致的调查偏差。现场访问能否成功，获得的信息和数据是否有用，在很大程度上取决于被调查者的合作与配合意愿。

如上所述，许多非抽样偏差发生在信息与数据的搜集过程中。通过对市场调研方案的设计程序加强管理和控制，可以做到有效控制第一类、第二类误差，即非抽样偏差中的来源于非现场访问人员方面原因的偏差和被调查者方面原因的偏差。目标已经十分明确，就是克服各种由于访问人员工作失误和由于被调查者不合作所造成的各种非抽样偏差。

9.1.2 访问人员故意偏差

所谓现场访问人员的故意偏差，是指现场访问人员故意违反必须遵守的调研规则，使其搜集的调研信息和数据与事实真相发生的各种偏差。这类偏差主要有以下几种。

1. 访问人员的欺骗

主要指访问人员故意谎报被调查者的情况，例如，虚假地制作了一份访问记录，或者以被调查者的身份填写了一份应该由真实的被调查者填写的调研问卷。导致发生这类偏差的根本原因是访问人员缺乏职业素养和职业道德。对于负责开展此项市场调研活动的调研机构来说，没有完善的奖惩制度，例如，明确规定访问人员如果作假，一旦被证实处以罚款、停止其访问员的工作、记入档案等。如果访问人员真实地完成了规定的访问任务，给予一定的物质或精神奖励。

还有其他方面的原因也会导致访问人员产生欺骗行为，例如，由于访问人员缺乏社会经验难以在规定时间找到或者访问到规定特征的被调查者，被调查者不愿回答问题，不愿接受访问等，迫于心理压力或不愿放弃调研机构所提供的报酬的诱惑而导致虚假行为。

2. 访问人员的诱导

访问人员通过各种违规语言、行为举止影响被调查者的回答，使得被调查者不真实地提供了自己对问题的看法或态度从而产生的各种偏差。属于访问人员诱导的具体情况有以下 3 类。

（1）访问人员擅自改变调研提纲中问题的用词而造成诱导。例如，在调研提纲中有问句“你认为 2012 年消费品价格会有多大幅度的上涨？”而在实际访问时将问题改为：“你认为 2012 年消费品价格上涨幅度会不低于 4%吗？”这肯定会影响被调查者的回答。

（2）访问人员向被调查者透露自己所期望的回答。例如，一位被调查者对“你在新的一年中最想为家庭添置的是什么”问题的回答“我最想购买的是轿车”，访问人员赞许地说：“嗯，大多数人都是这样选择的。”这样的一句评论，向被调查者传递了一种观念：他的判断与大多数人的态度一致，同样也是这个访问人员认为“正确的”回答，于是，这位被调查者就会继续以这种思路来回答后面的各项问题，哪怕答案不一定是自己真实的感受。

（3）访问人员向被调查者做了过度的解释或说明。例如，在某沿海城市开展的企业最高管理者对以租赁方式扩大办公室面积的看法的市场调研中，调研提纲中有一项“您能够接受的在理想区域租赁办公楼的租金是多少”的问题，访问人员如实提问，但是看到被调查者很长久的思考，怕会增加他的压力或者延长调查的时间，对其解释道：“在上海外滩附近办公楼的日租金是每平方米 2.50 美元/天。”这位高层管理者立刻回答：“我们这里不能与上海比，我们能够接受的租金是每平方米 2.50 元人民币/天。”这种结果的准确性是很低的。因为被调查者不知道他所在城市办公楼租赁市场的真实行情。

3. 访问人员的懈怠

访问人员可能会因厌烦情绪或激励机制不完善，以及疲惫的情况下进行访问，就可能对访问内容自作主张地删减，明知在规定访问期限内如果没按规定完成一定数量的访问，将会影响整个调查活动的顺利完成，依然懈怠偷懒。例如，在做一次关于 7 月 1 日～15 日北京、上海、广州展览会现场调查的过程中，访问人员由于自己的原因遗漏几场展览会而使调研结果因样本容量不足而缺乏对总体的代表性。

另一种工作懈怠表现为访问人员对某些来自被调查者的新问题、新观点没有加以关注，没有开展“追问”而丧失了重要信息搜集的机会，导致访问偏差存在或扩大。

9.1.3 访问人员非故意偏差

调研人员错误地执行调研方法或程序，却认为自己执行的是正确的调研方法与程序时，就产生了非故意偏差。非故意偏差有 3 类，因访问人员的个人特征、访问人员的误解和疲劳导致的偏差。

1. 由于访问人员的个人特征而导致的调研偏差

访问人员的个人特征（如口音、性别及行为举止等方面的特征）与被调查者的审美情趣相去甚远，导致从情感上无法接受访问人员，最终使得他们不能很好配合访问人员，导致调研偏差发生、扩大。对这一问题请参阅调研窗口 9-1。在某些情况下，访问者的性别也是产生偏见的根源。

◆ 调研窗口 9-1 **回避访问者的口音影响**

由于中国地域辽阔，人口众多，方言也相差悬殊。常见的地方语言有北京话（接近普通话）、上海话、广东话、四川话、温州话、客家话、闽南话、湖南话等，几乎每个省、市都可能有自己的一种或几种方言。如果访问者无法与受访者通过相同或相似的语言交流，将会遭到更多拒绝或是被迫中止调查。而且除了不接受调查之外，如果被调查者觉察访问人员带有口音，就会对访问者和调查本身产生先入为主的偏见。不过，由于国家已经开展了大力推行普及普通话的一系列行动，以及随着 9 年制义务教育的良好推行和教育改革的发展，语言问题对调研访问的影响会减少到较低程度。

2. 访问人员误解而导致的调研偏差

访问人员在经过一段时间的培训后自认为知道应该怎样进行一次访问，如在个别访问、电话访问中，访问人员知道要按照规定顺序、语气来提出每个问题，知道应该怎样记录被调查者的每个答案。但是，在具体执行时遇到了一些特殊情况，访问人员可能会以为自己应该有一定的临时应变处置权，但是这种变更可能导致偏差。访问人员的误解还有另一种表现：被调查者需要访问人员解释调研问句中的一些概念，而访问人员可能恰好对这一概念没有准确理解，做了错误的解释，导致被调查者因误解而回答出现偏差。

3. 访问人员疲劳导致的调研偏差

市场调研的访问人员需要走千家万户、讲千言万语、吃千辛万苦，访问人员十分容易身心疲劳，这样极易导致访问人员精力不够集中，思考与反应的敏锐性大大降低，这很容易造成疏漏和错误。例如，访问人员或许跳过了几个重要问题，或者忘记检查被调查者回答的答案，或草草完成问卷的某部分，或表现出厌烦，使得那些本来愿意接受调查的被调查者的配合与参与度大大降低。

可以设想，一位在校大学生为勤工俭学而参与市场调研公司的某项市场调研活动，即使调研机构对他们做了一定的培训，并考核合格后委派其作为入户访问人员，搜集市场信息。此时即使该同学十分努力，但是由于缺乏经验，从而难免会存在各种偏差。

当市场调研在一个电话不发达、教育文化程度存在巨大差距的地区进行时，访问者偏差又有了新的含义，参考调研窗口 9-2。

◆ 调研窗口 9-2　在中国进行现场访问可能遇到的问题

在中国进行现场访问可能会遇到什么问题，以下是在调研从业人员交流中获得的一些信息。政府保密制度和相关管理人员的限制是其中的一个问题，由于有些国外机构以市场调研为名，得以获取国家机密，国家和地方法律机构已责成统计局管理涉外市场调查，并制定了访问问卷必须审批的审查制度，异地开展访问异地审批，而没有审批的访问者和调研机构将可能受到法律处罚。同时，如果访问者在上海的南京路步行街开展街头拦截访问的话，就会有挂着红袖章的管理人员出来审核证件，遣散访问者，甚至处以罚款，因为这是禁止街头访问的区域，是为了提升上海的国际化形象。类似的情况在中国其他城市同样存在，这是访问计划的制定者和访问者都必须注意的。

对访问者的疑虑也是访问者遇到最多的问题。由于对市场调查性质的不了解，以及受到借调研之名推销甚至行骗等行为的不良影响，都让访问者为打消受访者的疑虑不得不对自己的行为目的要解释良久。一般而言，学生较其他人被盘问的时间较短，女性较男性受到的疑虑也较少。而受访者的素质问题也是访问者难免会遇到的问题，面对受教育程度低的人员开展访问，会遇到较多的交流困难和信任危机。而造访忙碌的白领阶层，则可能会遇到难以预约、访问中断或断然拒访等困难。

有无礼品问题，已经逐步成为是否遭到拒访的一个重要问题。在一些大型城市由于调研开展较多，大众对调研的认识程度也较高，在配合访问的过程中，先问有没有礼品的情况越来越多，有些人会因为没有礼品或礼品不合适而转身离去，或者在调研中不积极配合。

9.1.4　被调查者故意偏差

被调查者因各种缘由不愿意回答访问人员的某些问题，或者不愿真实回答某些问题，从而导致调研机构搜集到的信息缺乏真实性，不能满足研究分析的需要。

1. 被调查者不真实地回答

被调查者因考虑自己如果真实地回答访问人员提出的某些问题，会使自己处于不利的位置而做出的行为。例如，猜疑该访问人员是在从事某种商业情报搜集工作。某些调查项目本身就隐含着使被调查者说谎的可能。例如，对许多人来说，收入水平是一个敏感话题，因此一般人不愿真实地说出自己的收入水平。年龄也是敏感问题，对有些被调查者提问有关个人经历、态度、意愿的问题可能会使其反感。但是，被调查者认为拒绝回答也可能对自己不利，导致被调查者不说真话。

2. 被调查者不响应（包括拒绝回答）

不响应是已被确定的被调查者不愿参与本次调查或不愿回答访问人员的某些提问。各种类型的不响应是调研人员遇到的最常见的被调查者故意偏差。所以，如何提高被调查者的响应率是调研机构面临的共同问题，随着市场调查活动的蓬勃发展，除访问调研外，邮寄问卷调研、电话访问和网上调查等方式将来可能得到更快的发展，而传统的访问调研方式可能会逐渐减少。但是被调查者不响应的情况仍时有发生。其中有些调研机构自身的不正常行为造成的被调查不响应。如调研窗口 9-3 所示。

◆ 调研窗口 9-3　　在线薪资调研

国内某网络机构在 2000 年开展了在线英才薪资调查，在控制方面的基本操作有：

1. 问卷填写控制

被测试者不须填写姓名，系统只将 E-mail 地址作为唯一识别号，这就减小了被测试者的作弊动机，并且通过技术手段，3 层筛选，确保同一回答者不能回答同一问卷两次及更多次。

2. 数据处理和分析

a. 前期数据修整

- 年薪原始数据修正

if 年薪≤月薪，或者年薪≤6×月薪，则年薪=12×月薪

按年薪升序排序，剔除年薪≤1 000 元的数据。

- 剔除少量缺失数据

考虑到样本容量已经足够大（此次分析的样本容量为 36 291），剔除少量数据对分析结果的精度影响微乎其微，并为了利于处理，以下数据不在处理范围内。（任职时间 7 个，职务类别 15 个，城市 10 个，现单位性质 11 个，性别 2 个，年龄 7 个。）

- 根据年薪的分布情况，截取数据

由于年薪明显呈右偏分布，均值明显受极值影响（方差很大），截取 3%～98%的数据，确保剩余数据能涵盖 95%回答者的薪金状况，且众数和中位数值不变，并消除极值的影响。

b. 样本容量确定

通过对原始数据的修整和截取，此次分析的样本容量为 36 291，年薪大于 200 000 元的回答者的数据另做高薪者分析。如果此次调查数据通过简单随机抽样取得，则所得分析结果精度可达到 99.98%，月平均薪金估计误差小于 50 元人民币。

c. 统计分析

采用简单描述统计和分层交叉分析，得出网民的薪金概况和各层次网民的薪金水平。由于国外的同行业的薪金水平明显高于中国，而本次薪金调查主要针对于中国大陆各行

业的雇员，除分城市薪金分析外的其他分层分析，薪金分析结果均以中国大陆的薪金水平为准。

资料来源：互联网。

9.1.5　被调查者非故意偏差

被调查者提供了无效的答案，而他们自己却认为提供的是事实，这种情况就属于被调查者非故意偏差。被调查者非故意偏差有 5 种情况：被调查者的误解、猜测、缺乏兴趣、干扰和疲劳。

1．被调查者的误解

被调查者的误解是指被调者在没有正确理解问题或没有按规定要求回答问题。这样的误解包含多种类型。

（1）简单的错误。要求被调查者回答一个多项选一型问题他却选了两项答案。

（2）误解问题的基本概念。这是一种较难发现的偏差，例如："请问您去年的月收入水平是多少？"被调查者认为收入就是工资收入，于是做出回答。

（3）简称。现在社会上流行"简称"，如称中国人民大学为"人大"，当被调查者被问及"您听说过人大吗"，他一定会莫名其妙。

（4）语言差别造成的偏差。更加难以发现的被调查者误解偏差是因为被调查者由于与调研人员之间的语音差异而没听懂、听清问题或问题中的关键词，就回答问题。

2．被调查者猜测偏差

被调查者猜测偏差是指被调查者在没有确切把握的情况下回答了问题。被调查者可能会被问到一些他们知之甚少或已遗忘的问题，但他们又觉得有必要做出回答，这时他们就会猜测答案。猜测引起的偏差主要有：如果被调查者需要回答一个诸如"您去年购买了多少支牙膏"的问题，被调查者不想被调研人员认为连这么简单的问题都回答不了，他只能估计，一种特殊的猜测。偏差就在于这个答案仅仅是他认为"应该是"而不是"确实是"。

3．被调查者对调查活动缺乏兴趣

这种偏差被称为注意力减弱。一般的被调查者并不像调研者设想的那样对调查有兴趣，或者由于被调查者多次参与市场调研活动，对调研活动的热情不断降低，导致其产生敷衍的心理，甚至拒绝参加市场调研活动。

4．被调查受到各种干扰

例如，进展到一半的访问被人为打断，或者在回答提问时接听电话而导致注意力转移，这些都可能会使回答问题的思路出现异常。虽然不一定会导致偏差发生，但是延误市场调研的时间却是非常明显的。有时被调查者还会说："有关这个问题我不如张副总清楚，我请他来回答。"于是不征得调研人员的同意而将问题交给别人来回答。

5. 被调查者疲劳而产生厌倦

被调查者因参与两次间隔很短的市场调研活动，或者回答一场耗时很长的现场访问都会备感身心疲惫，受访者对调查感到厌烦时，其思考与反应能力就会降低。因为对回答问题感到厌烦，为了快点做完问卷，受访者甚至选择"没有意见"敷衍作答。

9.2 现场数据搜集的质量控制

对各种源于访问人员或被调查者的故意与非故意失误而导致的调研偏差进行分析，使调研机构基本明确了克服这些偏差的具体措施，找到提高现场数据搜集质量的方法。各类调研偏差的控制方法见表9-1。

表9-1 现场调研偏差的控制方法

	偏差类型	控制方法
访问人员故意偏差	欺骗 诱导受访者 懈怠和不重视	监督 验证 替换和超额抽样
访问人员非故意偏差	访问人员个性特征 误解 疲劳	选择和训练访问者 实习和角色训练 休息或改变调查
被调查者故意偏差	谎言	确保匿名和保密 激励 复核 投影技术
	不响应	确保匿名和保密 激励 投影技术
被调查者非故意偏差	误解 猜测 干扰 疲劳	周密设计的问卷 直接性的问题 回答选项，如"不确定" 程度极端词的调整

9.2.1 对现场访问人员故意偏差的控制

有两种方式用来防止访问者故意犯错误，一是监控，二是验证。

1．各种现场监控措施的制定与实施

这是指派管理人员对现场访问人员的工作进行监督。几乎所有的调研机构都会安排督导员或其他监督人员进行现场监督，这成为保证现场访问质量的一种必然途径。

（1）电话访问过程的监控。大部分采用电话访问的市场调研机构都设有监听系统，即监督人员可以在所有调研人员进行的电话访谈过程开展旁听和监督。被调查者和访问人员可能都不知道被监听，如果访问人员正在诱导或不负责任地影响被调查者，监督人员可以及时采取行动制止这种行为。

（2）个别访谈过程的监控。调研机构可以指派监督人员跟随访问人员一起进入访问现场，在访问现场观察并控制访问人员的行为。当发现访问人员有故意偏差行为时，就及时加以提示和制止。或者做好记号，此次访问记录不能采用。但是由于访问人员知道有监控人员在场，故意偏差可能会有所收敛。同时由于每组访问都有至少两位人员同行，会使调研机构人员短缺的情况进一步加剧。

（3）拦截式访问过程的监控。与上述两者相比，监督人员更易更加隐蔽地对现场访问人员的各种行为进行监控。例如，选择访问对象是否符合规定要求，是否在规定时间与地点完成访问工作，在访问过程中是否诱导、不按提纲顺序提问，是否认真记录被调查者的回答。

所有的监控都会导致调研机构在调研人员数量不足方面的压力，而调研现场监督人员往往很难通过临时招聘获得。

2．对访问人员提交的调研记录开展验证

这种方式专门用于检验访问人员篡改访问记录或提供一些虚假的访问记录欺骗调研机构或委托者的行为。调研机构常用的验证方法有以下几种。

（1）不同样本调研结果互验法。针对同样的调研目标，调研机构会抽取几个样本同时开展市场调研。在取得有关调研人员提交的调研数据后，检验同一调研问题不同样本的数据之间是否存在显著差异。如果存在，那么这份调研数据就不能使用。

（2）同一样本调研数据之间的验证法。在抽样设计时将基本特征相近的被调查者划归为同一个样本之中，在对该样本实施调研后，对不同样本单位（被调查者）在同一个提问上的回答进行对比，查看是否存在明显的差异来判断该调研记录是否存在虚假成分，并确定其利用价值。

（3）逻辑对比方法。问卷和调研提纲设计人员在设计问句时，就将彼此有关联关系的问句设置于同一份问卷之中。当每位访问人员提交的访问记录中，这些相关问题的答案符合既定的逻辑关系，则这份调研记录是真实有效的。反之，则说明访问人员故意偏差存在。

使用验证法能否成功，关键在于有些回答差异是由于被调查者的个人特征、调查环境等原因导致的，所以要确定“显著差异”的标准，对比中发现的差异若小于这种差异就属

于可以忽略的差异，而只有大于这种差异，才属于不能接受的差异，才能判断这份调研记录或数据是不可使用的资料。

9.2.2 对现场访问人员非故意偏差的控制

市场调研机构在处理现场访问人员非故意偏差问题时常用的方法有3种：培训、选配访问人员、调整访问工作强度。

（1）对访问人员开展培训。这种培训可使访问人员掌握更多的访问技巧，所以培训应该有针对性。所以在每次市场调研活动开始前，要组织访问人员认真学习，理解调研提纲的每项问题。避免因访问人员缺乏经验或不理解调研问卷的内容而误导被调查的现象。

（2）调整访问人员使之能更好地被被调查者接受。被调查者在一定程度会根据自己对访问人员个人行为或特征的喜好，决定是否配合这位调研人员的此项市场调研工作。所以在每次市场调研活动开始前，要对被调查者的性别、年龄、受教育程度、籍贯等特征做深入了解，并以此作为分配访问人员的依据。

（3）调整访问人员的工作强度。在一段时间的连续访问后，原来对调研活动的兴趣、工作劲头和热情等已经大大降低了，这样的工作状态很难保证调研活动的质量。所以调研机构要让每位访问人员有足够的休息与调整时间。有些市场调研机构非常注重保持访问人员对研究对象的研究兴趣，因为这样对于保持访问人员的工作积极性有极大帮助。

9.2.3 对被调查者故意偏差的控制

为了控制被调查者故意偏差，将被调查者的不说真话和不响应降至最低对保证数据质量尤为重要。具体方法有：采用匿名调研方式，如保密承诺、鼓励被调查者配合、检查比较答案的逻辑性、投影技术。

（1）采用匿名调研方式。这是指在访问过程中不提问“您的姓名、您的工作单位、您的家庭地址”等对被调查者而言非常隐私的问题。其实经验丰富的市场调研机构有许多方法搜集或获得被调查者的上述信息，若是没问被调查者的姓名，被调查者在心理上就会更加放松，就会回答更多的原来不想回答和不会正确回答的问题。

（2）保密承诺。这是指向被调查者保证他们的回答将不予公开。在有些市场调研项目中，未达到预定的目标而必须掌握被调查者的各种个人信息。例如，有关消费者在油价上涨后的购车意愿调研中，就会涉及被调查者的收入水平、工作性质、家庭住址等详尽的信息。此时调研机构的声誉对于被调查者是否说真话影响非常明显。被调查者认为不同调研机构对保密承诺的履行情况是不一样的。相对中老年被调查者，对政府色彩的调研机构的确信度较高，而青年被调查者对网络机构的确信度明显高于其他年龄层的被调查者。

（3）鼓励被调查者配合。在被调查者参与调查后，调研机构将给予一定的物质奖励。这时，调研机构必须知道被调查者是否要为获得调研机构的物质奖励而参与此项市场调研活动。当然调研机构的奖励对被调查者的刺激力度越大，就会有更多的人参与此项调研活动，但是由于刺激力度很大，就会增加调研成本，这是调研机构必须考虑的问题。但并不是所有的市场调研都需要设计“物质奖励刺激项目”。因为兴趣也是一种吸引人们参与调研活动的有效激励因素。

（4）检查比较答案的逻辑性，即对被调查者所提供的信息进行确认。在调研提纲或问卷设计时，可以有意设计一些彼此存在关联的问题，以便当获取被调查者的回答后，可以据此检查被调查者的回答的真实性程度。

（5）投影技术的使用。投影技术是指访问者不直接向被调查者提出征求其对问题的看法、态度和观点的问题，而是将问题制作成针对与被调查相似的第三者，让其以第三者的身份回答。例如，调研的目的是想掌握“你在油价上涨的情况下还会选择自驾车作为交通工具吗？”现在改成“在油价不断上涨的情况下你的同事会选择自驾车作为自己的交通工具吗？”在投影技术的运用下，大多数被调查者将根据自己的态度来回答问题，但因为问题的主体是一个“第三者”，问题本身就不会被视为私人问题。换句话说，通过谈一个虚构的第三者，被调查者可能忽略个人信息或隐私会暴露而拒绝回答调研人员提出的问题。投影技术既可用来减少“说谎”，也能用来减少“不响应”。

9.2.4 对被调查者非故意偏差的控制

对被调查者非故意偏差的控制有多种形式，主要包括提高调研提纲与问卷设计的正确性和简便性，增加调研提纲或问卷的解释与说明，对被调查者的答案进行检验审核。

（1）提高调研提纲和问卷设计的正确性和简便性。在设计调研提纲和问卷时，设计人员往往会从自己的立场来考虑被调查者可能会怎样理解这些问题及问题中包含的重要概念，但实际上往往会有差异。这样就产生被调查者没有准确理解问题而做了无效的回答。所以问卷设计者应在对被调查者的理解能力有充分了解后，设计每项问句和问句中包含的概念的完整含义。

（2）增加调研提纲或问卷的解释与说明。在调研问卷的设计中，尤其是间接问卷调研的问卷设计，设计人员一定要充分考虑被调查者在无法获得更多来自调研机构的咨询与解释的情况下，只能通过调研问卷中有限的“调研问题说明与解释”来做出自己的判断，填写完成调研问卷。此时调研机构应该充分理解，在回答某些问题时，被调查者可能会发生哪些误解，而需要在调研问卷中根据难度大小，适当增加对调研问题或概念的说明与解释。而在现场访问中调研机构应该明确访问人员的“解释与说明权限”，使得访问人员能够在被调查者产生疑惑时及时做出适当的解释。

（3）对被调查者的答案进行检验审核。可以参照在克服被调查者故意偏差时所采用的方法，这种方法对于调研机构来讲较容易实施和完成。

9.2.5 对数据搜集偏差的评论

市场调研的数据搜集阶段，访问人员和被调查者的各种失误都会导致产生各种各样的非抽样偏差。同样，针对各种偏差产生的原因而提出不同的方法来克服偏差，希望这些偏差能够消除或降至最小。但是，每次调研活动都有其独特之处，因此不可能提供一套能够解决所有市场调研中的非抽样偏差的有效方法。这里指出非抽样偏差的类型与解决方法是希望市场调研机构、调研问卷设计人员、现场督导人员注意在搜集市场数据时，存在各种偏差的隐患，强调一份设计周密的调查问卷在减少各种偏差方面的重要性。同样，市场调研机构清楚地知道，自己的生存依赖于是否能有效控制访问人员和被调查者的偏差，提高调研活动的质量。最后，技术的发展正在让数据搜集工作发生翻天覆地的变化，同时也将帮助人们预测数据搜集中的各种偏差。

9.3 不响应与不响应偏差分析

在各种现场访问中，尤其是问卷调研中，会存在各种各样的不响应偏差，怎样评估不响应偏差，以及有关对调查中的不响应偏差的弥补措施，对不响应问题进行必要的确认、控制和调整，对于调查成功与否都非常重要。不响应问题是市场调研中最令人头痛的问题之一，并且在各种调研活动中都存在。调研活动日益增多，意味着人们被要求参与调查的可能性增加，就使不响应问题越发严重。如果几个调研机构的调查对象是同一群人，这些调研机构就得付出更多的努力，来防止响应率下降。一些研究人员认为，导致不响应的主要问题在于被调查者对隐私可能受到侵犯的担心，对调研结果是否真的能够给消费者带来好处及调研机构是否会利用调研结果达到某种商业目的心存疑虑。

不响应是指预先选好或确定的被调查者，拒绝参与调研活动或拒绝回答调研问卷中的某些问题。在任何一个调查中至少有3种潜在的不响应问题：拒绝参加调查、访问中断和拒绝回答某些具体问题。

9.3.1 拒绝参加调查的原因及纠正方式

拒绝参与某项调研活动的发生概率与不同地区的人文差别有密切关系。拒绝的理由有很多，如人们说自己很忙，对参加调查不感兴趣，访问人员的口音或举止使他们反感而拒绝。拒绝接受访问或回答调研人员提出的问题，可能由于被调查者不想花时间思考或他们认为此项调研没有多大实际意义。

解决拒绝参与市场调研的一个方法是使用物质激励方式。在一项已经完成的研究中，曾经对 15 种不同的邮寄问卷调查予以评估，那些赠送小礼品（如一支 2 元的圆珠笔）的调研可以提高 14%的响应率。另一个导致拒绝的因素是调研问卷过长和问句过多。研究表明，回答问卷的时间每增加一分钟，响应率下降 0.85%。在采用邮寄问卷调研时，响应率还受到信件形式的影响，如是打印还是手写的、是盖“邮资总付”印戳还是贴邮票的。市场调研机构的社会声誉对响应率高低的影响就更加明显。一项研究表明，教育机构发起的问卷调研响应率高于商业组织。商业机构开展市场调研的目的不同，响应率也会有很大差别，当调研内容是“市民对本公司服务质量的评价”时响应率就远远超过“市民未来的购买倾向”调研。

9.3.2　访问中断的原因及纠正方式

中断是指在采用现场访问搜集信息的过程中，访谈进行到一半时，被调查者决定不再回答剩余的问题。中断的理由主要有：访谈的时间超过了被调查者最初的估计；某一问题的内容令人不愉快或过多涉及私人问题；访问人员对被调查者所做的解释不理解；被调查者受到突然的干扰，如被调查者中断访问以便接听电话。

聘用受过良好训练的访问人员来执行调查任务是克服这类问题的好办法。响应率很高的市场调研机构认为，邀请现场访问人员一起参与调研活动的设计过程，也是解决响应率不高问题的有效办法，因为访问人员清楚自己为什么要提问这些问题，为什么要提出这么多的问题后就会调整自己的访问方式或节奏，提高响应率水平。

从尊重被调查者的角度出发，调研机构应该在条件许可的情况下，在访问前将自己想要提出的问题告诉被调查者，这样做的目的有两个：一是可以让被调查者有一个准备，可以缩短实际访问的时间；二是可以让被调查者感受到调研机构的人性化运作，对调研人员来说，他提出的每个问题都是能被对方接受而且可以获取结果的。

9.3.3　问卷回答不完整的原因及克服办法

即使没有拒绝参与或中断访谈的情况发生，调研机构有时也会发现有些问题的响应率低于其他问题的响应率。尤其是在问卷调研活动中，经常会收到没有完整作答的问卷。改进提问方式是防止和降低此类现象发生的有效办法。例如，陌生的被调查者一般都不愿意回答诸如“您的月收入是多少”这样的问题，当掌握被调查者群体的收入水平是实现调研目标的一项不可或缺的信息时，使用投影技巧是解决问题的好办法，可以这样问“与您从事同样工作的人他们月收入应该是多少才较为合理？”“您的收入是否合理？为什么？”当然，还可以使用“相关因素推断法”来搜集收入水平的真实信息。

曾经拒绝接受某项市场调研活动的人都会有相似的理由：“这些问卷用语晦涩、题目太偏、太多，而且结构也不利于思考作答。”可见改进问卷设计工作的重要意义。

9.3.4 其他原因造成的不响应与解决方法

不少市场调研机构会发现，原先已经约好的被调查者因家庭搬迁或临时有事等原因无法如约接受访问。如果是消费者家庭访问，遇到这类问题的概率还是很高的。这类问题不属于被调查者不愿意接受访问，也非调研机构和调研人员的问题。所以，解决方法应该也较为简单，主要是缩短事前约定的时间间隔，因为时间长变数也大，最好的办法是即时通知，即在按约前往访问前约对方再确定一下。

9.3.5 测量调查中的不响应偏差

大部分市场调研报告中都会列出调研的响应率，例如，通过电话访问调查某个节目的收视率时，调研机构都会说明，有百分之多少的电话无人接听，有百分之多少的电话虽然接通但对方拒绝接受访问等。响应率是指在调研样本总量中完成全部问题的被调查者的百分数。如果响应率为75%，那么不响应率为25%。

多年以来，对响应率没有一个统一的让大多数人都接受的定义，不同的市场调查公司用不同的方法来计算响应率。请参见调研窗口9-4 。事实上，通用的相关概念（如完成率、合作率、访问率和拒绝率）都有明确的界定，在国内的市场研究中，对响应率的计算方法还没有定论，这方面的专门研究和讨论也比较少见，在此引用美国调查研究组织 CASRO 出版的一份特别报告，以期给响应率确定一个统一的定义和计算方法。

根据 CASRO 的报告，响应率就是完成访问的被调查者数量与被选中的被调查者数量的比例，计算公式如下：

$$响应率=\frac{完成访问的被调查者数量}{被选中的被调查者数量}$$

◆ 调研窗口 9-4　2008 年央视调研的春节晚会收视率

2008 年 2 月 16 日央视市场研究 CTR 公布其采用电话调查方式对春晚收视率的调查结果为 96.5%。而尼尔森调查机构 AGB 公布其对上海、杭州居民春节晚会的收视率分别为 17.4%和 19.3%。

CTR 在全国 406 个区县进行 3 个多小时的电话调查，成功访问了 2 063 个家庭，其中

1 899 个家庭回答收看了春节晚会。由此推断全国平均收视率达 96.5%。但是：

（1）分母中不含不在家而无法接听电话的观众。

（2）在分子中无论回答只收看 1 分钟还是完整看完长达 4 小时的春节晚会都包含在内。

对此，央视春晚总导演陈临春解释：如果 2008 年 2 月 16 日全国有 4 亿台电视开着，其中有 96.5%的在看春节晚会。而深圳大学传播学院王旭说，这是"收视份额"，它与收视率是两码事。假设，某地有 1 万台电视，深夜仅 1 百台开着，其中有 96 台播放央视春晚。真正意义上的收视率是 0.96%。

9.3.6　有效访问的定义

可能会在现场访问中碰到访问中断和问题回答遗漏的情况。在何种条件下，中断的访问仍被视为一次有效访问？在何种程度上某些调研问题遗漏能确认这次调查是无效的？必须给有效访问下一个定义。几乎所有的访问都有一些被调查者不愿（或不能）回答的问题。然而，仅有几个问题没有回答，并不意味着这不是一次有效访问。但是，若一次访问是有效访问，必须回答多少个问题呢？这就因每项市场调研活动情况不同而不同了。在一些情况下，所有问题必须回答。在另一些情况下，只需要某些问题获得准确答案就是一次有效访问。例如，在大多数调查中，有些问题是围绕实现调研的目标而设置的，也叫主要问题。另一些问题是为达到在逻辑上验证这些答案而提出的，也叫次要问题。例如，为了解消费者的购买力水平，设置月收入水平的问题，为了验证又设置工作职位描述的问题，如果某位被调查者回答了所有问题，访问可以定义为有效访问，因为调研机构既获得了主要问题所需的数据，也掌握了关于次要问题的大部分数据。调研机构也可以告诉访问人员只要被调查者回答了月收入水平这个问题就可以算一次有效访问。在各种问卷调研中，调研机构必须为调研问卷中调研项目遗漏哪些和遗漏多少确定一个标准，以供编辑人员计算本次调研的有效问卷数量。

9.3.7　降低不响应偏差

采取什么措施来确保将不响应率降至最低呢？每种数据收集方式都存在着一些导致不响应问题发生的可能性。从整体上看，邮寄问卷调研的不响应率最大，然而即使在这种调研中，调研机构也可以采用许多方式来提高响应率。这些方式包括用电话或明信片的事先通知、物质激励和再次访问等。在邮寄调研问卷之前先与被调查者进行联系达成约定，确认双方的承诺将使调查的响应率有所上升。除了与被调查者进行确认之外，如果能事先确保被调查者的合作意愿，响应率还可以更高。有些调研机构用其他的数据收集方法，如传真、电子邮件等，来提高响应率。

为了减少不在家、电话忙音和没有回答的情况，应该尝试再次访问。应该记录下被调查者不在家、电话忙音或没有回答的日期与时间，再访就应该选择错开时间或日期进行。

在考虑响应率时可以使用替换样本的办法，替换样本又可以有很多方法。从本质上讲，它们都是在调查中用一个相似的被调查者来替换一个不响应者（没有取得联系或遭拒绝）。例如，如果给电话访问人员一本电话簿，并告诉他每隔50个电话号码抽选一个进行访问，他可能会发现有那么一两个人拒绝参与调查。为了替换不响应者，可以建议访问人员用“转入下一个”的替换程序。也就是访问人员给接下来的那一个人打电话而不是再跳到第50个。访问人员可以一直这样进行下去，直到找到被调查者的合适的替换者为止，在寻找替换者的过程中，原来的50个名字的替换应当继续下去。处理不响应问题的基本方法是在进行调查的过程中明智地激励、劝说被调查者与自己合作，锲而不舍地与最初的可能的被调查者进行联系，用系统的方法替代那些因故没有参加调查的人。

9.3.8 调整样本以减少不响应偏差

应该经常地测量不响应偏差，如果我们认为不响应程度已构成问题的话，有两种方法可以用来抵消其影响：加权平均和超额抽样。

（1）加权平均。如果市场调研是采用分类（层）抽样方式进行的，而各层的抽样中都有不同程度的不响应率存在，加权平均就是根据各层样本单位在样本中的比例，在得出各层样本指标数据后，运用加权平均法调整各层的不响应偏差。加权平均的计算公式为：

$$x=\left(x_a\times 权重_a\right)+\left(x_b\times 权重_b\right)+\cdots+\left(x_m\times 权重_m\right)$$

x_a、x_b……是各层样本的平均数，权重 a、权重 b 等反映了各层样本单位在样本总量中的相对比例。

（2）超额抽样。这种处理不响应偏差的成本更高，但是在某些情况下也被运用。调研者利用超额抽样的方法，也就是取一个比要分析的人群更大的样本。所指的是一种最终抽取的样本比原先要抽取的样本大很多，而不是抽取大量的可能的受访者以达到目标样本大小的水平。

9.4 调研提纲与问卷检查

实践中的每次调研活动都有不响应现象。这些不响应率可能是调研提纲或问卷设计问题导致，所以有必要强调调研提纲或问卷使用前的检查的必要性。有些被调查者提交的调研问卷的真实性也令人心存疑虑。

9.4.1 调研提纲或问卷的使用前检验

在完成调研提纲或问卷的设计后，调研机构必须对其进行必要的检验，这些内容在此前已经做了介绍，这里主要介绍如何克服由于调研提纲或问卷的设计问题而导致的被调查者不响应。

（1）多做说明。有些隐私问题是调研机构认为要达到预期的调研目标而必须提出的，但是设计人员提出这些问题会遭到被调查者的拒绝。现场访问时访问人员可以多向被调查者进行解释、说明，以求获得被调查者的理解。同时，访问人员应该清楚，提出这类问题的方式、时机掌握在自己手中，可以等待时机成熟后再提出，或者利用其他方法，如投影技术，获得对方的真实答案。

（2）改进提问方式。在采用问卷调研搜集市场信息时，调研机构就不拥有上述主动权，唯有改进问句的提问方式，或者将一些可能导致被调查者不响应的问句推迟到稍后或最后提出，因为这样可以在被调查者在填写或回答问卷的稍前一部分问句时，原来的防御和警惕心理会得到一定的释放和松懈。在回答到最后即使对自己的隐私有侵害，也会因“不要虎头蛇尾”“好事做到底”的潜意识影响而予以回答。

有些问题如“年龄”直接提问可能遭到拒绝。访问人员可以根据被调查者的可能年龄，通过当时的某个重要事件来加以引导，如“您也当过知青”“什么时候插队的”“那时你才多大啊”，不经意间对方就把自己不愿意回答的问题告诉了你。

（3）增加刺激力度。许多市场调研机构都能顺利完成市场调研的任务，原因除拥有一定的社会影响力、经验丰富的调研人员和足够数量的愿意配合的被调查者外，有极具诱惑力的刺激诱因是其不响应率明显低于其他调研机构的重要原因。而刺激因素的选择应该与目标被调查者的需要有关，有些愿意接受访问的人只是希望获得一份市场调研结果报告。

9.4.2 对完成调研记录和问卷的检查

除了在数据收集过程中由监督人员检查访问人员完成的每份调研记录以外，对调研问卷进行一个更完整的检查也是很重要的。有两种可行的选择：非系统检查和系统检查。用非系统方式检查的话，检查人员只是随便地浏览这些调研记录或问卷。而用系统的检查方法，检查人员用随机和系统的方式选择一些调研记录或问卷进行检查。当然，他们是从访问人员提交的全部调研记录中抽样检查还是对全部调研问卷进行全面检查，这取决于时间、资源和必要性。

对调研记录或问卷进行检查的原因是，检查并排除完成的调研记录或问卷中仍然存在的各种问题，对完成的调研记录或问卷进行检查的目的在于决定“不完整”的调研记录或问卷的比例。接下来的问题就是，能否将那些存在明显缺陷的调研记录或调研问卷排除出去。有问题的调研记录或问卷主要是指回答不完整——存在不响应现象的调研记录或问卷，如表 9-2 所示。

表 9-2　问卷检查过程中发现的不响应问题类型

问题类型	描　述
不完整问卷	问卷没有填完，受访者在某一点上明显地停止了回答问题
对某些具体问题不响应	受访者拒绝回答某些问题，但回答了其他的问题
全赞成或反对模式	受访者对每一问题表现出一致肯定或否定的趋势，而没有考虑问题的实际情况
中间路线模式	受访者对大多数问题回答“没有看法”
逻辑不符	受访者在测试—重测，以相似的形式或其他的可靠性检查中表现出不一致

本章小结

调查研究中的总体误差包括抽样偏差与非抽样偏差。抽样偏差可以通过样本方案和样本大小来控制。调研者必须知道非抽样偏差产生的来源和怎样使其对总偏差的影响最小。

在数据收集阶段最有可能产生非抽样偏差。其中包括访问人员和被调查者的故意偏差和非故意偏差，必须对它们加以控制，现场工作人员的影响因素的主要是欺骗、误解和疲劳；而对被调查者产生影响的主要是说谎、拒绝、误解和疲劳。我们阐述了几种克服上述偏差来源的方法和程序。

在数据收集阶段还会遇到各种不响应偏差。不响应偏差用响应率来衡量。有几种方法可以提高响应率从而降低不响应偏差。可以运用加权平均和超额抽样的方法将样本还原到与总体保持一致。一旦访问结束，调研人员必须进行浏览以查找偏差。未完成的调研记录或问卷总是会有的，也会存在像倾向于全“赞成”之类的回答。问卷录入也是重要的环节，如果把它作为现场管理的结束环节，处理不当则可能让现场执行成果大打折扣。

练习题

1. 非抽样偏差的种类及引发的原因有哪些？
2. 不同类型的现场访问人员故意偏差及控制其发生的手段有哪些？
3. 不同类型的现场访问人员非故意偏差及控制其发生的手段有哪些？
4. 不同类型的被调查者故意偏差及控制方法有哪些？
5. 不同类型的被调查者非故意偏差及控制的方法有哪些？
6. 什么叫“不响应”？列出调查中常见的不响应类型。
7. 如果发现一个调查产生了比较严重的不响应偏差，调研者应采取什么措施？

8. 为什么有必要对完成的调研记录或问卷进行预查？

9. 列出调研者在对调研记录或问卷进行自查时可能出现的 5 个不同的问题。

◆ 案例讨论

调查机构控制访问质量的问题

1. 引言

在开展一项市场调研活动时，最为重要的工作是管理好调查项目的直接执行者——访问员，在调查工作中，调研机构很难分辨哪些错误是由访问员的无意造成的，哪些错误是访问员在项目中作弊所引起的，其实这个难题不仅使各位督导员头痛，还致使研究人员花费大力气在检验完成调查问卷的质量上。目前还没有比较有效的措施来控制访问质量，当遇到有访问经验的访问员时，根本就无法确认问题来自访问员还是来自被调查者，抑或是一种无意的错误。这里想从统计质量管理的原理中找出一种检验访问员访问质量的方法。

2. 调查机构面临的问题介绍

（1）调查机构面临的问题及其会带来的影响

调查机构面临着许多问题，最重要的问题是信息质量问题，访问员是收集市场信息和数据的实施者，所以如何更好地管理访问员便变得十分有意义，而对访问员的管理成功与否直接意味着调查问卷是否有效，而恰巧市场研究公司的兼职访问员大多都不是有市场调查背景的专业人员，大多不知道调查的意义所在，也没有认识到他们的行为会给项目带来什么影响，所以给完成调研任务带来了很多的麻烦。

仔细分析一下研究报告的生成过程，不难得出如图 9-1 所示的影响因素。

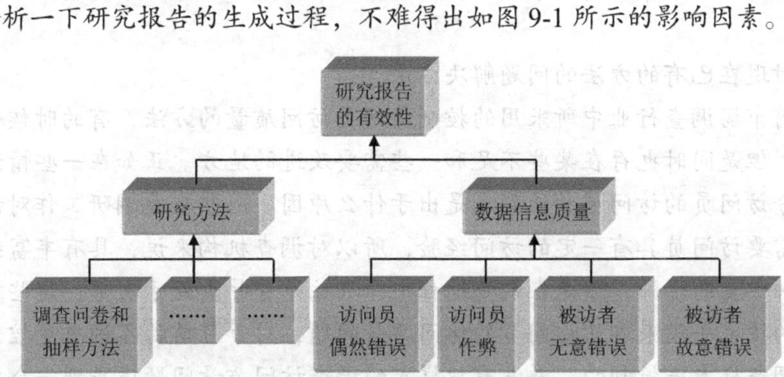

图 9-1　影响研究报告的因素

从图 9-1 中知道，影响研究报告有效性的因素其实很多，例如，来自研究方法的原因可能是调查问卷不合理或样本框选择不合理，来自数据信息质量的原因是访问员在访问过程中有作弊行为等，于是要保证研究报告有高度的有效性变得很难，当研究方法合理时，数据信息质量便成为一个很重要的影响因素，此时访问员和被访者在调查项目中的特殊身份，使控制数据信息质量变得很有难度也很重要，在访问过程中，由于多数采用自愿原则，即被访者决定是否接受整个访问，所以假设接受访问的被访者没有故意隐瞒真实想法的行为，即图1中的“被访者故意错误”不存在，此时便只剩下“访问员偶然错误”“被访者无意错误”和“访问员作弊”3个原因，从统计学的角度来说，这3个原因中的前两个属于不可避免的，即所有问卷都会存在，称二者为共有原因，所以如果想减少数据信息质量较差而带给研究项目的影响，就应该加大对“访问员作弊”的管理，这个原因会使某些问卷表现出一种异常情况，称这个原因为特有原因，即作为调查执行部门应该加大对访问员的管理力度，防止访问员作弊。

（2）调查机构的解决方法及其优缺点

目前，多数市场研究公司都有自己的多种方法来对访问员的访问质量进行监控，有两种常被采用的监控方法：① 对调查过程进行录音，为了更好地监控访问员的访问过程，这种方法虽然全程记录了访问员的访问过程，但是当样本量比较大时，很难对所有录音进行监听。② 让访问员填写一系列表格，这种方法多数用于入户调查，这样由于访问员需要按照要求去进行逐户访问，这些家庭可能有些是成功接受访问的，有的是因为不符合被访问者特征的原因没有被访问，以及一些拒绝接受访问的，这样为了很好地监控访问员的行走路线，访问员会被要求填写一些关于访问地址信息的表格。这种方法把访问员的访问路程和访问情况以表格方式直接显示出来，方便督导员监控访问情况，并且可以方便研究人员及时更改抽样方法，如在一个需要大样本的调查项目中，“不成功访问”比例过大，导致不可能在规定的时间范围内完成访问任务，这时应该及时更改抽样方法，以完成所需要的样本量，但是这种方法给访问员带来了诸多不便，从而使本来任务就很重的他们需要完成的工作更多。

（3）针对现在已有的方法的问题解决方法

对于目前市场调查行业中所采用的控制访问员访问质量的方法，有的时候确实可以达到控制目的，但是同时也存在某些不足和一些需要改进的地方。正如在一些情形中，调查督导很难区分访问员的访问质量低到底是出于什么原因。一些重要调研工作对访问员要求很高，有的需要访问员具有一定的访问经验，所以对调查机构来说，具有丰富经验的访问员其实是一种重要的资源，于是在调查过程中，往往是督导员处于劣势，这些督导员们首先没有先进的技术手段来确认访问员的访问质量问题，对于目前的各种质量控制方法大都是对于单个调查样本来控制的，并没有把样本的调查访问质量问题提高到一个更高的层次来控制，目前调查机构都是单从某个调查样本出发关注某个调查样本是不是出错了，而并没有把访问员的调查访问质量情况作为整体考虑。所以挖掘调查质量内部的关系很重要，并且可能会更好地发现访问员的问题，而这种技术则要应用六西格玛质量管理知识，特别是六西格玛知识中使用数据内部的关系来区别使调查问卷存在调查误差的共有原因和特有原因。

3. 利用六西格玛的理论来解决在调查执行部门中存在的问题

（1）关于六西格玛的介绍

六西格玛是一项以数据为基础，追求几乎完美的质量管理方法。“西格玛”是一个希腊字母σ的中文译音，统计学用来表示标准偏差，用“σ”度量质量特性总体上对目标值的偏离程度，其数学公式见式（1）:

$$\sigma=\sqrt{\frac{\sum\left(x-\overline{x}\right)^{2}}{n-1}} \qquad (1)$$

如果有 68%的合格率，便是±1 Sigma（或 Standard Steviation），±2 Sigma 有 95%的合格率，而±3 Sigma 便达至 99.73%的合格率。在 20 世纪 70 年代，产品如果达到 2 Sigma 便达到标准。但在 20 世纪 80 年代，品质要求已提升至 3 Sigma。这就是说产品的合格率已达到 99.73%的水平，只有 0.27%为次货。又或者解释为每 1 000 个产品中只有 2.7 件为次品。虽然合格率已达到 99.73%的水平，但相信如果大家认识到上面所描述的情况后，可能对以上品质要求并不满意。所以有很多公司已要求“6 sigma”（六西格玛）的品质管理。就是说其品质要求是“3 sigma”的一倍。其合格率为 99.999 66%（Motorola 所谓的 5“九”了），每 100 万（简记为 PPM）个产品中只有 3.4 件是次品（非常接近零缺点要求）。

六西格玛的管理方法重点是将所有的工作作为一种流程，采用量化的方法分析流程中影响质量的因素，找出最关键的因素加以改进从而达到更高的客户满意度。

（2）针对调查机构面临的问题的解决方法

对于如何控制访问员调查访问质量的问题，现在尝试从先进的六西格玛质量管理知识入手，建立一套能够填补目前市场调查部门在控制访问员调查访问质量方法的不足，这种方法与目前市场调查部门所使用的控制方法相比，更加注重从问卷总体来看待访问质量，而不是单个样本的访问质量，从而发现问卷中存在的特有原因，然后从特有原因出发来更好地培训访问员和做好市场调查工作。六西格玛包含着 DMAIC 5 个步骤。下面针对这 5 个步骤进行讨论。

① D（Define）定义调查执行部门存在的问题。在六西格玛管理知识中，六西格玛的目标是减少缺陷率，及时反映生产线中的问题，以防问题的扩大。在 DMAIC 环中，D 即 Define 是第一步，意味着首先应该了解并确定现在存在什么问题，于是 D 这一环节的核心便是要求发现问题并且定义问题，市场调研中最主要的工作便是实施问卷调查，已完成的调查问卷作为调查机构的产品。调查问卷作为一种产品，它的最主要特性是：是否真正衡量或代表了被调查者的意愿，于是问题就可以被描述为：收集上来的调查问卷是否反映被访者的意愿。再进一步讨论，如何反映收集上来的调查问卷是否反映了被调查者的意愿这个问题，其实在调查执行部门中，质量控制人员的工作职责便是检验收集上来的调查问卷

是否与被调查者所描述的一致，质量控制人员的复核工作是把调查问卷的信息与复核问卷的信息相对比，以此来检验收集上来的问卷是否真正代表了被调查者的真实意愿，但是由于要考虑被调查者记忆上的误差及访问员记录上的误差，所以并不是说一旦发现某个调查问卷的信息和复核问卷的信息不一致，便判定这个调查问卷是无效问卷，这一点也是现今调查机构在判定调查问卷是否有效时的难点，无法判定某个调查问卷的问题来自被访问者还是来自访问员，来自有意的还是无意的，于是在D这个环节中，问题可以被描述为存在于复核问卷和调查问卷之间的信息不一致的条数，也可称为缺陷数，在六西格玛知识中，记为CTQ数（关键质量系数）。那么实施六西格玛方法的改进目标就是，尽量降低调查问卷中存在的缺陷数，提高数据的质量水平。

② M（Measurement）根据对过程中问题的定义，给出对问题的测量方法，并且计算出当前流程中的sigma质量水平。当明确定义了问题之后，接下来需要做的便是对问题的相关指标进行测量，以发现是否真的存在上面定义了的问题，在一个改进项目开始之初，应该首先测量计算该项目目前的质量水平，即sigma水平，这便要求首先解决测量单位的问题，针对缺陷数定义，可以有两个测量单位，其一是把调查问卷作为测量单位，只要调查问卷中存在信息的失真，则判定该调查问卷是有缺陷的，例如，共组织调查467份调查问卷，其中有5份问卷中的个别信息失真，则认为有5个缺陷，此时的缺陷数为5，而这时的质量水平可以由计算得出Z=3.80，计算方法见式（2）：

$$Z=Z'+1.5 \tag{2}$$

其中，可以根据每单位缺陷数（DPU，5/467=0.010 71）对应的正态分布表查得，为2.30。

另一种测量单位是把调查问卷中的信息条数作为单位总数，仍以上例为例，但知道每份调查问卷的信息条数，即问卷中的问句项数为10条，其中5份缺陷问卷中的不一致信息条数分别为6、7、8、6、5，则式（2）中的DPU=(6+7+8+6+5)/(467×10)=0.006 852，则此时的Z=3.90，上面介绍的这两种测量单位在本质上有着巨大的差异，第一种测量单位用于当发现信息错误则把调查问卷视为废卷，而第二种测量单位用于当发现信息错误则把该条信息视为无效信息，此时的调查问卷并没有被视为废卷，这样企业在选择测量单位时应该考虑本身的实力及调查研究对信息的要求程度。下面使用第二种测量单位，测量单位被定义为调查问卷中的信息条数。测量方法则是质量控制人员在对调查问卷进行复核时，记录信息不一致的条数。

③ A（Analysis）和 I（Improvement），分析过程中存在的问题、提出解决方法。在measurement环节中，有时由于各种共有原因和特有原因的影响，导致过程的关键质量系数CTQ较大，这时在生产部门中，往往会使用各种统计工具找出影响因素并给出影响较大的因素，在这一过程中，有帕累托图、回归分析、试验设计等定量分析知识，由于市场调查机构调查质量的特殊性，不需要使用这些定量技术予以处理分析和调整，当发生质量问题时，需要对问题进行定性分析，以确定是否该对访问员进行再培训，以及是否应该调整访问程序

等。

④ C（Control），对已改进的过程的控制，随时监测过程运转状况。在上面的 4 个环节中，始终都在为 improvement 做准备，这一节则是在继 improvement 之后，该怎样保证产品或服务的 CTQ 的稳定，实时对 CTQ 进行检测，以及发现存在的问题，在 SPC（statistical process control）中使用不合格品数控制，不合格品数也就是涉及的 CTQ 关键质量系数，由于在测量阶段已经定义了测量单位，所以采用第二种计量单位方法。质量控制人员在电话复核后，记录下了 25 个产品即调查问卷的 CTQ 数序列，其中前 20 个 CTQ 数是属于有调查督导陪访时调查问卷的关键质量系数，而后 5 个 CTQ 数是那些没有被调查督导陪访时，访问员完成的调查问卷，数据见表 9-3（简化起见，把调查问卷的问卷编号设置为 1～25，其中后面 5 个调查问卷其实是从当天完成的调查问卷中按照随机抽样原则抽取出来代表当天所有问卷的调查问卷）。

表 9-3　25 份调查问卷相对应的 CTQ 数

CTQ 数	问卷编号	CTQ 数	问卷编号	CTQ 数	问卷编号	CTQ 数	问卷编号
4	1	5	8	5	15	8	22
5	2	6	9	5	16	7	23
6	3	5	10	4	17	10	24
5	4	6	11	5	18	14	25
5	5	5	12	5	19		
6	6	6	13	6	20		
4	7	6	14	7	21		

根据表 9-3 中的数据，利用 SPSS 统计软件可以做出质量控制图的 C 图，步骤见图 9-2。

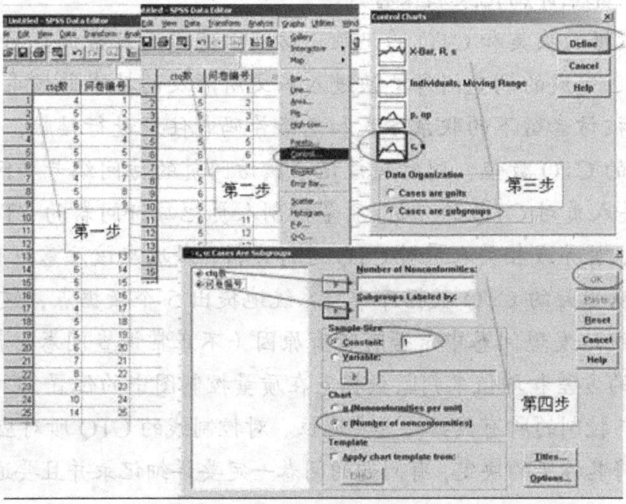

图 9-2　质量控制图的 C 图的步骤

按照上面的步骤执行完成之后就可以得出 C 控制图，如图 9-3 所示。

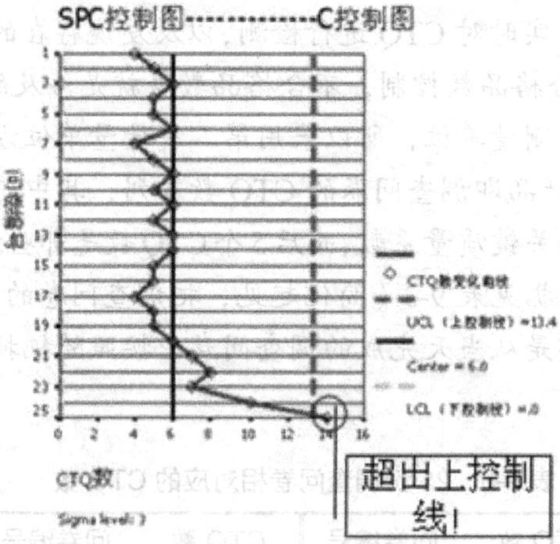

图 9-3　C 控制图

从上面可以看出，编号为 25 的调查问卷，CTQ 数超出上控制线，说明编号为 25 的调查问卷存在特有原因，所以可以判定其为异常，此时可以判定在该问卷实施过程中，访问员的访问技巧有问题或者可以判定访问员在作弊，这样就利用了统计学的原理很简单地把调查问卷的特有原因从共有原因中区分出来。

（3）实施的具体工作方法

① 项目标准调查问卷的 CTQ 收集。项目前 20 份问卷必须全部被调查督导参与陪访，以保证作为标准衡量尺度在以后被使用。质量控制人员对这 20 份问卷进行正常复核，记录 20 份问卷的 CTQ，并且详细记录和保存。

② 项目日常数据的收集和 CTQ 的记录。访问员完成的日常调查问卷，应该每天都上交至公司，以缩短已完成的调查问卷尽快进入本文所涉及的技术监控系统所需要的时间，质量控制人员根据被访者留下的联系方式和电话号码或住址进行接触，对问卷进行复核，记录每份调查问卷的 CTQ 数值，同时应该记录该访问员的访问编号和问卷编号。

③ 督导或相关人员对 CTQ 的分析。质量控制人员把每份问卷的 CTQ 和相关信息传送给督导或相关人员，督导或相关人员对 CTQ 进行分析，每次应该注意把有陪访的前 20 份问卷加入系统，然后从当天的 CTQ 数据库中，系统地提出 5 个数据点，这样做的意义是用比较经济的方式来系统地发现问卷中是否有特有原因（不正常调查问卷）存在，因为 6sigma 技术使用数据总体的方差和均值来判断数据点在质量控制图中的位置，所以应该确保没有特有原因的数据占参与控制的所有数据的重要地位。对控制线的 CTQ 所对应的调查问卷应该视问题情况给出是否将其作废的决定，有问题的问卷一定要详细记录并且要通知访问员，提醒他

以后要注意，毕竟本文做的一切关于质量控制的讨论，目的始终都是为了保证访问员的访问过程不再存在问题。当然了，对于每个项目的每期，尽量要做到做得好的访问员让他继续保持，并且组织他们做经验交流，而目前做得仍不够好的访问员，要尽量使他们提高访问质量。

（4）对这个新方法的评价

在上面，可以看出上面的方法已经可以将调查问卷的共有原因和特有原因区分出来，但是，由于质量控制人员在对调查问卷的 CTQ 进行计数时，并没有考虑复核问卷的长度问题，如以前面采用的测量方法，则会有较长的复核问卷中的 CTQ 数比较短的复核问卷大，这种问题很有可能发生，因为在一个项目中，复核问卷并不是固定不变的，所以为了解决这个问题，下面将会给出一个考虑复核问卷长度的统计质量控制方法，即使用 U 图，这两个控制图的区别是 C 图的复核问卷长度相等，而 U 图的复核问卷长度不要求相等，仍使用前面的数据，不同的是在原先的数据基础上多加一列复核问卷长度的指标，数据见表 9-4。

表 9-4　考虑复核问卷长度的 CTQ 和问卷编号

CTQ 数	复核问卷的长度	问卷编号	CTQ 数	复核问卷的长度	问卷编号	CTQ 数	复核问卷的长度	问卷编号
4	16	1	5	20	10	5	16	19
5	20	2	6	20	11	6	16	20
6	16	3	5	20	12	7	18	21
5	18	4	6	20	13	8	16	22
5	16	5	6	18	14	7	20	23
6	18	6	5	18	15	10	16	24
4	18	7	5	16	16	14	20	25
5	16	8	4	16	17			
6	18	9	5	16	18			

同样使用 SPSS 软件，第一步录入时多添加一列复核长度，第二、三步设置与 C 图的设置相同，第四步设置见图 9-4：

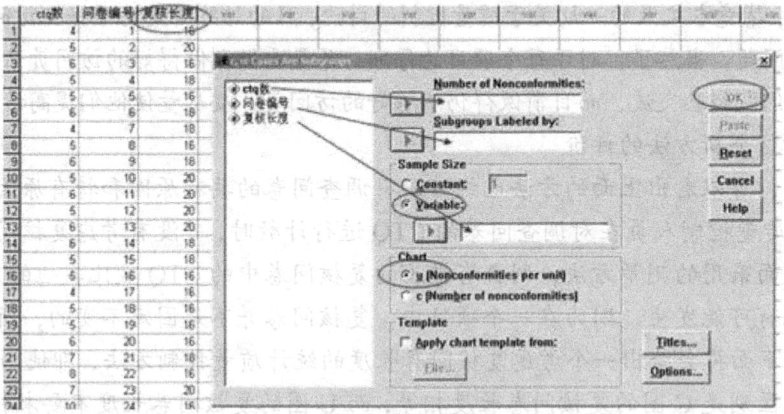

图 9-4　U 图的第四步设置

控制图见图 9-5：

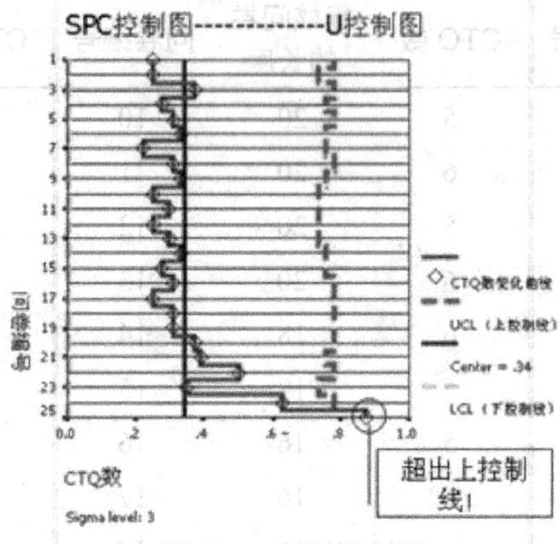

图 9-5　U 图控制图

如此便解决了上面复核问卷长度不一致可能带来的问题。

问题讨论

1. 如果让你选择入户访问方式搜集资料，是否也能借鉴案例中的方法？

2. 如果让你选择邮寄调查来开展此项调查，但你选择用案例中介绍的问卷质量检验方法对收到的问卷开展质量检验，能解决问题吗？为什么？

第 10 章 市场信息分析与预测方法

◆ 引导案例

2012 年中国经济发展

2012 年 3 月 27 日国家统计局公布的数字显示，1～2 月工业利润出现大幅下滑，表现在钢铁、汽车、计算机等领域。例如，化学原料和化学制品制造业下降 28.8%，黑色金属冶炼和压延加工业（钢铁）下降 94%，汽车制造业下降 6.5%，计算机、通信和其他电子设备制造业下降 40.8%，石油加工、炼焦和核燃料加工业由同期赢利转为亏损。受此影响全国规模以上工业企业利润 6 060 亿元，同比下降 5.2%。这是 2 年多来首次出现工业利润大幅下降的情况。

国家统计局和中国物流与采购联合会在 4 月 1 日公布最新的制造业采购经理指数（PMI）数据。4 月 9 日统计局还公布了 3 月的工业、投资、消费等统计指数，经济是否大幅下滑，已见分晓。

上述公布的数字还显示，1～2 月全国规模以上工业增速只有 11.4%，比 2011 年 12 月回落 1.4 个百分点。中国宏观经济学会秘书长王建判断，一般经济增速相当于工业增速的 7 折，按此看一季度经济增速可能在 7%左右。这比起去年全年 9.2%经济增速大为降低。

经济硬着陆担忧再起。王建认为，由于今年 1～2 月比去年多一天，去掉此因素后，实际 1～2 个月规模以上工业增加值增速只有 9.5%左右，对应的经济增速只有 7%。王建在近期清华大学举行的一次论坛上说："可能要警惕在一二季度，今年出现经济突然萎缩下滑的格局。"1～2 月通用设备制造业增加值增长 8.6%，相比去年同期的增加值增速几乎下降了一半。而通用设备主要用于固定资产投资的安装，因此这可能意味着投资增速也在下降。而从 2011 年到 2014 年，经济每年按照 9、8、7、6 增速的下滑趋势，不会改变。

不过，由于中国目前的经济增速主要从生产数字来测算，目前工业生产仍呈现加快的态势，因此最后公布的经济增速不会太低。

本章主要学习内容：

- 调研信息的分析方法
- 预测方法的性质
- 购买者意图预测法
- 专家意见预测法
- 季节预测法
- 时间趋势预测法
- 回归预测法
- 马尔克夫链预测法

10.1 调研信息分析方法

市场调研机构在完成对市场信息的搜集工作后会根据调研方案的规定，开展对市场信息的分析工作。搜集调研信息不是调研的最终目标，而是希望通过对调研获得的信息的分析，揭示与把握信息背后的本质。

10.1.1 调研信息推理方法

1. 演绎推理

演绎推理是从一般前提推断个别结论。例如，所有产品都有生命周期特征，即由引入期走向衰退期（大前提），手机是产品（小前提），手机总有一天会从市场消失（推理结论）。演绎推理结论的正确与否取决于两个前提的正确与否。

2. 归纳推理

与演绎推理不同，归纳推理是从采用各种方法（如观察、实验、询问调查等手段）获得的一系列个别前提，并结合其他前提组合形成的结论。例如，对100个消费者采用各种方法得出其中有60个表示会购买手机（个别前提的综合），大部分（60%）回答者会购买手机（结论）。

在市场调研中利用样本信息，推断总体未知的特征，多数使用归纳推断方法。统计学告诉我们，遵守随机原则确定的样本，如果调查手段正确，样本信息就有对总体信息充分的代表性。

3. 演绎与归纳推理的结合

归纳推断的结论可以作为演绎推断的某种前提，例如，通过对多年、多个人群的调查所得的数据（个别前提）得出“夏季是旅游旺季”的结论。可以将这个结论作为演绎推断的大前提，夏季是旅游旺季（大前提），今年夏季又将来临（小前提），旅游市场的竞争与丰收到来了（结论）。

10.1.2　数据整合方法

不同地区搜集到的同类数据，由于受经济水平、币值等因素影响而不能直接比较。此时需要利用一定方法对上述数据进行整合。例如，各国经济发展水平的对比经常运用“人均购买力水平”指标。此项工作的权威是瑞士银行。它每年根据对全球 71 个城市的人均购买力水平的综合调查，得出“全球城市人均购买力排行榜”。

但是历年其公布的数据总会引起一定的争议。2006 年瑞士银行根据工资、物价、购买力、工作时间等多项指标的综合比较后得出较为准确的购买力水平。调查首先计算出每个城市 14 个代表行业“小时工资”的加权平均值，然后用当地一个麦当劳“巨无霸”的售价除以这个加权平均值，就是当地购买一个“巨无霸”的工作时间。

例如，当地一个巨无霸的售价为 10 元，而该城市加权小时工作平均值为 20 元。则该城市的工作时间为 10/20=0.5 小时=30 分钟。

根据上述方法，全球平均值 35 分钟，居于首位的是东京 10 分钟。上海 35 分钟，北京 44 分钟，最后是哥伦比亚首都波哥大 97 分钟。

10.1.3　市场信息简单分析方法——列表分析

1. 单因素列表分析法

将调研信息制作成简单的分组表格并进行分析说明。例如，A 市对驾驶人员的事故率开展调研后编制出表 10-1。

表 10-1　A 市驾驶员事故率统计

分　类	百分比（%）
开车至今无事故	61
开车至少有一次事故	39
样本容量（驾驶员人数）	17 800 人

对表 10-1 中的信息只能做最简单的分析，有近 40%的驾驶员有一次以上的事故。事故率不低是唯一的结论。若要分析原因就必须掌握更详细的分类数据。

对于分析人员来说，驾驶员的性别是否与事故的发生有关？这样就引入性别变量，制作表 10-2。

表 10-2 A 市驾驶员性别与事故率统计

分　类	男性驾驶员	女性驾驶员
开车无事故（%）	56	66
开车至少有一次事故（%）	44	34
样本单位数目（人）	9 320	8 680

对于上述列表分析的结果，得出“男性驾驶员驾驶不安全”的结论——事故概率要比女性驾驶员高 10 个百分点。但是这种结论是否正确？

2. 二维表格信息分析法

为了做出更加完整的推论，调研机构继续增加新的调研信息，得到表 10-3。

表 10-3 A 市性别与驾驶里程驾驶员事故率统计

分类	男性驾驶员		女性驾驶员	
驾驶里程	>1 万公里	<1 万公里	>1 万公里	<1 万公里
开车至今无事故（%）	51	73	50	73
至少有一次事故（%）	49	27	50	27
样本单位数（人）	7 170	2 150	2 430	6 050

表 10-3 是一个多维表格，即包含“性别”与“驾驶里程”两种因素。若只看性别差异的事故率，“无事故率”男性达 56%，女性达 66%，似乎“性别”是“事故”的重要影响因素。但是，再结合“驾驶里程”看，“性别”就不是“事故率”的重要因素。“驾驶里程”才是事故的“杀手”。

由于样本已经足够大，调研数据服从正态分布，就可以利用统计推断与假设检验的相应方法，得出准确性更高的分析结论。

10.1.4 非统计分析方法

许多时候市场调研人员取得的信息属于非数量型信息，对这类信息就应该采用非统计分析方法。常用的非统计分析方法有 3 种。

1. 企业市场形象分析

对 100 位市民进行有关 A、B、C、D 4 家同类型企业的“知名度”“美誉度”的调研。知名度调研结果：A(80)、B(15)、C(30)、D(85)。而美誉度的调研结果如表 10-4 所示。

表 10-4　100 位市民对 A、B、C、D 4 家企业的美誉度调研结果

标准	很好	好	较好	一般	较差	加权平均
权重	0.8	0.6	0.4	0.2	0.0	
A（人）	20	60	20			48.0
B（人）		12	75	10	3	39.2
C（人）	60	25	15			69.0
D（人）			40	55	5	27.0

可见，A 企业的知名度与美誉度相对是最好的，而 C 企业与 D 企业在知名度和美誉度都恰好相反，B 企业则知名度和美誉度都是最差的。调研人员可以以知名度与美誉度为两维，设计一个坐标图，如图 10-1 所示，第Ⅲ象限，知名度与美誉度都是较低的，而第Ⅰ象限则都是最好的，所以落在第Ⅰ象限的企业是最好的。

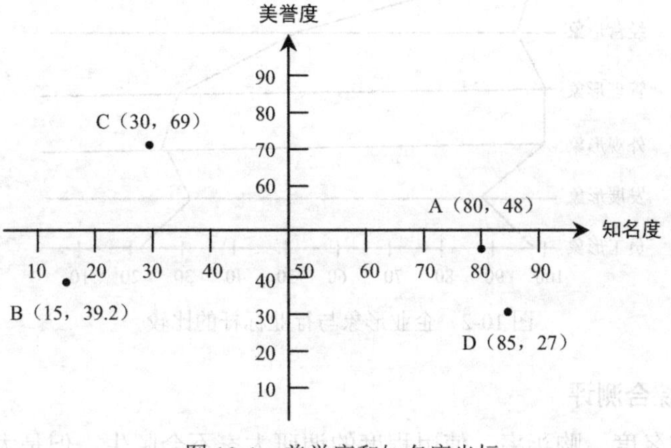

图 10-1　美誉度和知名度坐标

2. 对企业形象的市场调研

通过一段时间的企业形象创建活动，企业需要对活动的效果开展测评。对 100 位消费者开展对本企业形象的综合调研。综合形象包括产品形象、经营形象、管理形象、外观形象、发展形象、员工形象。调研结果如表 10-5 所示。

表 10-5　企业对企业形象的测评调研分析

标准	非常好	相当好	较好	中等	较差	相当差	非常差	分值	行业中最好企业的指标
权重	1.0	0.8	0.6	0.5	0.4	0.2	0.0		
产品形象	65	25	10					91.0	97.0
经营形象			25	65	10			51.5	93.0
管理形象				15	25	60		28.5	98.0

续表

标准 权重	非常好 1.0	相当好 0.8	较好 0.6	中等 0.5	较差 0.4	相当差 0.2	非常差 0.0	分值	行业中最好企业的指标
外观形象				10	20	60	10	25.0	98.0
发展形象			10	20	60	10		32.0	88.0
员工形象					25	55	20	21.0	97.0

企业形象究竟怎样？一般企业会以同行业最好的企业为标杆进行比较。如果企业必须赶超最优秀的企业，由于时间、资源、条件的种种限制，企业只能选择一个方面赶超最优秀的企业，应该从最大差距上着手，如果从表10-5看，即在员工形象上开始缩小与最优秀的企业之间的差距，如图10-2所示。

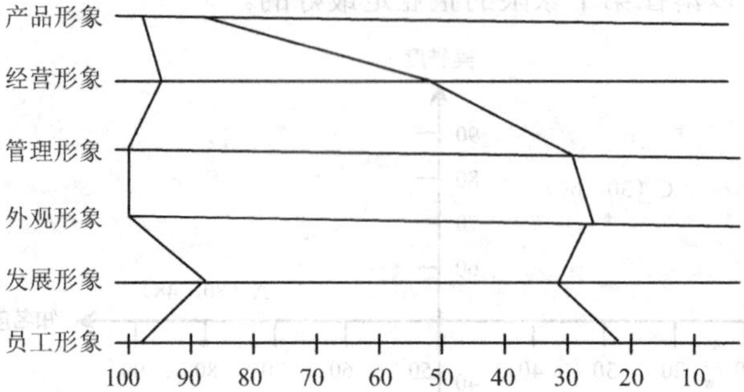

图10-2　企业形象与行业标杆的比较

3．品牌质量综合测评

相信对品牌知名度、购买率、使用程度的调研大家不会陌生，但是大家对所获取的信息是否进行了充分的分析，以发现它们背后所隐藏的重要信息。假设，在某一市场有A、B两家生产同类产品的企业，而且两家企业的市场定位非常相似，于是为掌握顾客满意度的知识，请一家专业市场调研公司帮助搜集相关信息，调研结果如图10-3所示。

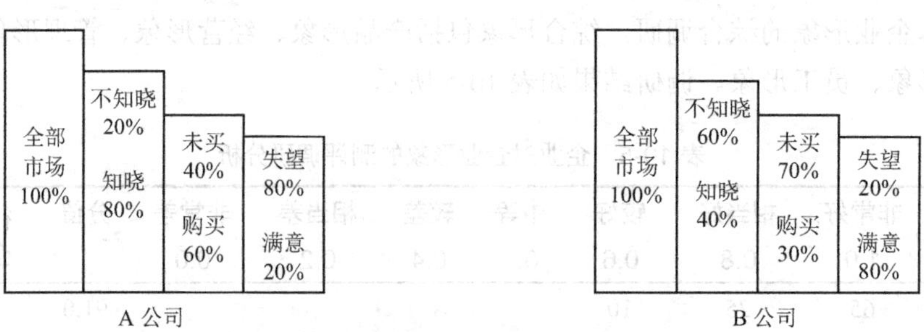

图10-3　A、B公司的顾客满意度调研结果

A公司产品品牌市场知晓度为80%，在这些顾客中购买或使用者60%，在使用者中对

A 公司产品满意的回答者为 20%。这样该市场中的顾客对 A 公司产品品牌的真实满意度为：80%×60%×20%=9.6% 。

B 公司产品品牌市场知晓度为 40%，在这些顾客中回答购买过的有 30%，而使用这种回答对 B 公司产品满意的有 80%，这样该市场顾客对 B 公司产品品牌的真实满意度为：40%×30%×80%=9.6%。

于是，调研公司就说："两家企业的产品品牌真实满意度都一样，但是彼此都存在最快提高满意度的空间，而如何实现这个目标，两家公司的努力方向是不同的。"对于 A 公司而言，眼下最重要的是设法提高"使用者的满意率"。对于 B 公司来说，则最需要做好的工作是提高"知晓者"的比例。

10.1.5　统计分析方法

如果采用随机样本搜集的信息，调研人员可以用统计分析方法对调研信息背后的问题展开分析。常用的统计分析有相关分析、回归分析、因素分析等。由于上述统计分析方法，有关人员会利用统计分析软件来提高数据处理与分析的效率，所以统计分析方法在第 11 章详细介绍。这里介绍一种利用非数值型变量调研信息进行的相关分析方法。

市场调研中搜集的信息往往不是数值型的信息，常采用顺序或差距尺度对调研对象的某种特征进行测定，若还是使用皮尔逊相关系数进行相关分析，所得的结果就存在较大的误差。例如，对家用电器品牌忠诚度调研，购买前的调研只能是"知晓度"。购买后随使用感觉的产生，就是"美誉度"或"满意度"。如果前后两次调研是采用排序的"顺序尺度"（如名次）排序。调研结果如表 10-6 所示。

表 10-6　五种空调品牌的购前购后评价结果

品　牌	购前评价名次	购后评价名次	名次差	名次差平方
A	5	1	–4	16
B	1	5	4	16
C	3	3	0	0
D	2	4	2	4
E	4	2	–2	4
合计	—	—	—	40

序列相关系数的计算公式：$r=1-6\Sigma d^2 / [n(n^2-1)]$

其中，d 是两次的名次之差，如 A 品牌购前与购后评价之差 1–5=–4；n 是成对数据的对数，如本例中有 5 个品牌的购前购后 5 对数据。

序列相关系数：$r = 1-6\times40 / [5\times(25-1)] = 1-240/120=-1$。表示购买者在购买前后的

态度发生了完全逆转。由于这里是介绍序列相关系数的计算方法 $r=-1$，这个结果说明，购前知名度高低与购后满意度高低呈完全的相反关系。从理论上讲这类结果发生的概率极小。$-1<r<1$，而 $0<r<1$ 最为常见。

10.2 市场预测方法的性质

10.2.1 市场预测的科学性

前期的市场调研活动为后期的市场信息分析提供了充分的依据。但是如果市场研究人员缺乏信息分析的方法，势必造成信息浪费。市场预测从根本上说是一种市场信息的分析方法。 市场预测的最简单定义就是：人们使用各种具有一定科学性的方法或工具对市场特定目标的未来进行估计与推测。市场预测有许多具体的方法，供市场调研人员在充分掌握市场调研的信息后，选择最为适合的方法加以使用。市场预测方法可根据是否以有关数学模型为其方法的核心内容，而分为数学模型预测方法和非数学模型预测方法。

1. 数学模型预测方法

这类预测方法利用某种数学模型对特定预测目标进行定量推测，所以，在预测前建立数学模型是此类预测方法的核心内容。数学模型预测方法所依据的各种模型本身都经过严格的定量推理和论证。所以在方法论的科学性上都能得到较为可靠的保证。在这里的时间趋势预测法、回归预测法等都属于数学模型预测方法。在那里所使用的各类模型都是经由数学或数理统计学严格论证的，它们常成功地被使用于市场预测工作之中。

其实问题的关键，也是一个常常引起人们争议的问题，就是对于同一预测目标使用相同的数学模型所得出的结论可能不一定相同，例如，一种说法：“是的，今年市场销售量同比增长 5.6%，说明整个市场再次进入一个新的增长期。”另一种声音则是：“没错，市场销售是同比增长 5.6%，但这仅仅表明市场急剧衰退被有效地遏制，市场从整体上看仍处于一个低迷阶段。”可见，数学模型的科学性不能保证在使用这一模型的基础上做出预测结论的科学性，数学模型预测方法还应设立对预测结论的科学推断或评价标准，只要是相同结果就会得出同一个结论。

2. 非数学模型预测方法

不使用数学模型对特定预测对象进行定量的推断。从预测程序的科学性、预测推理的逻辑性来证实所使用的非数学模型预测方法的科学性。这种例子在气象预报中最为常见。但是，气象台在做出气象预报前，是有严格的预测程序规定的，而最后的预测结果也基于科学的逻辑推理之上。对照本章的引导案例，中国宏观经济学会秘书长王建判断，一般经济增速相当于工业增速的 7 折，由于 2012 年 1～2 月比 2011 年多一天，去掉此因素后，实际 1～2 个月规模以上工业增加值增速只有 9.5%左右，对应的经济增速只有 7%。这比起 2011 年全年 9.2%经济增速大为降低。要警惕在一、二季度出现经济突然萎缩下滑的格局。这种预测就是非数学模型预测。对于非数学模型预测方法，其预测结果是否能够让更多的人信服，取决于两点：

- 此项预测是由哪些人做出的，他们以往成功的预测比例是多少。
- 此项预测结论是基于哪些理论得出的，即做出这一结论的判断标准的科学性程度。

无论对预测目标进行的是定量还是定性预测，也无论是采用数学模型预测方法还是非数学模型预测方法，预测方法的科学性最终应该由预测结果本身是否符合一定的科学理论所阐明的事物发展的基本规律来确定。已经有几家著名的大公司，通过对它们的由盛极而迅速衰败的发展轨迹的探究可以发现，这些公司的决策者不是不注重市场调研与预测，而在于他们选择了根本不具有科学性质的所谓预测方法，来估计未来的变化趋势，并在这种错误的预测结果上做出了决策。

10.2.2 市场预测的局限性

市场预测由于是对未来的不确定性市场表现做出估计和推断，虽然任何事物的发展都受其内在规律的制约，从而使我们只要对客观事物做长期的全面观察，就可以把握制约它们发展的内在规律，或影响它们发展的各种因素，最终对其未来的发展做出准确的预测。预测方法被人们最成功地加以运用同时也被证明是最准确运用的领域，首推天文学与气象学，现在的人们可以预测数百年后的某一时刻会下一场多大规模的“流星雨”。各种气象卫星的出现，使我们在天气预测上不仅准确度提高，而且在预测的提前量上也大大延长。由此可以推断，市场预测的成功与否取决于两点：

- 对制约预测目标的事物内在规律的把握程度，把握越准确，预测的准确性越高。
- 对所有与预测目标相关的影响因素是否都清楚了解，了解得越清楚预测也越准确。

从预测结论的准确性上看，市场预测与天文预测、天气预测相比要低很多。根本原因在于制约或影响市场变化的规律与因素不是难以把握就是难以预料，就拿制约中国彩色电视机市场发展的规律来看，价格、需求，以及生产技术的发展规律复杂，有人说是各种规律的综合影响。影响中国彩色电视机销售量的主要因素有价格、品牌、功能、质量、售后服务等，哪个为主，哪个为次？彼此之间又有什么关系？若在市场预测前对各种因素之间的因果关系、相关关系、主次地位关系都不能逐一准确把握，如何提高预测的准确性。

任何预测都是对未来做出的估计，预测对象的不确定性将直接决定预测风险的大小。从这一点来说，任何预测都是一项风险性工作。不过与天气、天体对象相比，市场预测的对象市场有太多的不确定性，所以市场预测的风险一定更高。

2009年年底中国消费价格CPI出现了波动，这种在2009年的“价格略有波动”到了2011年演变成“通货膨胀”的事实。此间不断有抑制通胀、控制房价过度上涨的政策出台，而效果却没有预期的那样显现。究其原因各家说法都各有偏颇。

在进行市场预测之前，预测工作者都应小心谨慎，要认识自己所掌握的科学知识的有限性，能使用的预测方法的局限性，多问问自己，是否对预测对象的变动规律或基本趋势有了充分的认识与把握？是否掌握对预测目标产生影响的各种因素的影响程度及变动特征？这些因素之间的关系是否有准确的定义？

许多成功或失败的市场预测，从两个方面证实了市场预测方法的科学性与局限性。指出市场预测方法的科学性，是为了将市场预测方法与算卦等迷信伪科学方法相区别，同时也是告诉市场预测工作者，进行市场预测前必须首先要有能够说服自己的科学预测方法，在向市场预测结果的需求者提供市场预测结论时，也要提供预测所采用的具体方法及其科学性。指出市场预测方法的局限性是为了打破对市场预测方法的迷信，这种迷信导致一些企业决策者将自己的经营成功的赌注压在市场预测之上，即以为只要经过市场预测，做出的决策一定能够成功。我们想告诉他们，作为一门科学，市场预测允许预测的结论中存在一定程度的误差，也就决定此项决策在多大程度上存在失败的可能。

10.3 购买者意图预测法

10.3.1 购买者意图预测法的科学性及实施所需的条件

公司产品和服务的购买者是维系公司生存与发展的基础，因为购买者的需求就是公司产品和服务的市场，这种需求目前表现出来的水平代表市场发展至今所达到的相应规模，而这种需求在未来可能发展、变化的态势，实际上也就是市场未来的变化趋势。所以任何公司都会十分自然地注意搜集、掌握自己产品和服务的购买者的需求状况及变化趋势的信息资料。在此前的大多数购买者意图预测，都是由预测者凭借自己的经验，在搜集和充分掌握来自购买者的各种信息后，对未来某个阶段的购买者意图做出估计和推测。所以，这种预测属于非数学模型预测方法，也叫经验判断法。或许公司的决策者在对未来需求趋势的把握上，认为通过建立数学模型来做出推断而获得成功的概率远低于凭借自己经验做出的判断，导致他们认为非数学模型预测方法在预测市场需求上是一种更好的方法，起码不必掌握复杂的建立数学模型的方法。

购买者意图预测法的科学性基础是预测者拥有的经验是否正确，但这不是最主要的。因为影响经验预测法结论的准确性的最关键决定因素是预测者为进行预测而搜集或掌握的信息的准确与可靠性程度。当预测者的经验是正确的，但是其所依据的资料和信息是差错百出的，就难以相信他们所做出的预测结果有多大的价值。所以，购买者意图预测法的科学性说到底就是搜集信息的方法和手段的科学性。在使用所有的经验预测法前，预测者都必须理解自己将借以进行推断的那些资料是否能够通过由自己设置并可以鉴定的各种科学标准的评价与论证，从而确保自己做出的预测的准确性。

怎样鉴定搜集资料方法的科学性？预测者可以通过对搜集资料的主要工具（如调研问卷）的科学性来做出评价。可见调研问卷设计是否遵守一定的科学性原则是非常重要的。为保证购买者意图预测方法准确有效，使用时有一定的条件规定：如果公司的产品或服务仅被少数几种类型的顾客购买，或者在市场上仅有少数几家公司满足顾客的某些产品和服务的需求。在许多情况下，预测者认为各种影响预测结果准确性的市场环境因素都是“难以预料”的，而对于自己顾客的购买意图的变化不仅相对明了，而且稳定，他们就会采用购买者意图预测法。这种往日并不被人们看好的预测方法，此时却可以起到特殊的功效。

10.3.2　购买者意见测试法

在一般情况下，购买者的真正意图被许多由他们自己有意或无意而设置的假象所掩盖。例如，渴望摆脱市区喧嚣的环境而欲购近郊住宅的市民，他们不愿在有关房地产开发公司进行的一次次市场调研活动中表明自己的真实购买意图，而会表现出对私家车异常浓厚的兴趣。所以要真正了解购买者内心的真实意图，需要预测者对有关购买者进行若干次意见测试。使用购买者意见测试法时，市场调研人员务必事先明确规定购买者会对哪些具体对象发表自己的意见，如产品的外观、功能、性能，或未来新产品应具有的特征等。

介绍 3 种购买者意见测试的具体方法。

1. 交易现场顾客意见测试

供应商可以在销售现场对市场上正在交易的各种产品按品种、款式、品牌、功能、规格等加以分类，或以成交量、签订的销售合同量作为了解和掌握的关键信息，再用它们作为预测购买者未来购买意图的依据。

有一些调研机构已经将民意预测方法引入顾客意见测试之中，即在交易现场向购买者代表发放“选票”，了解他们心目中理想的产品应具有的款式、功能、规格、色彩等。为预测购买者将来的购买倾向提供充分的依据。

令许多生产商最感困惑的问题是，未来购买者的需求到底是什么？未来的市场上产品应该具有哪些功能、款式？品牌与生产地是否会成为购买者做出购买决策的关键。调研窗口 10-1 告诉我们应该怎样搜集信息和分析信息。

◆ 调研窗口 10-1　信息家电功能的市场调研

有关产业协调部门与生产企业为掌握消费者对“维娜斯”和“机顶盒”两种家电在消费者心目中的定位信息而在网上和展销现场对消费者进行了连续调研，主要搜集消费者对信息家电的功能定位方面的信息。

功能类别	被调查者提及率（%）	功能类别	被调查者提及率（%）
廉价的电话通信	33	直接网上购物	17
玩游戏	18	电子邮件网上交流	32
文字信息处理	26	视屏点播	49
子女的网上教育	51	播放 VCD 或 DVD	32
网上购物信息的获取	28		

预测者的结论：新型的信息家电应在子女网上教育与视屏点播两大功能上努力。随着收入水平的提高，家庭在子女教育与娱乐上的支出会快于其他方面的消费支出，使新型的信息家电更具市场前景。

2. 用户意见征询法

交易现场顾客意见测试法的实施往往会受到各种限制，例如，此法较适用于消费品市场，产业用品市场上购买者对产品的款式、功能、规格的要求变化不大，同处一个市场的几家供应商同时进行顾客意见测试可能导致顾客折中意见而使各家公司的调研结果同时失真。同时，在交易现场进行“选票”发放会影响市场交易的正常进行而被有关部门制止。而由于每家公司都有自己的用户群，他们是公司关注的主要对象。经常进行用户意见征询可以提高和巩固供需、买卖双方的关系。同时，由于这种调研在内部进行，具有隐蔽性不会受到外部的干扰（调研信息中的“杂音”，它们的存在和扩大会使预测误差扩大）。此种调研主要用于收集用户对产品质量、功能、包装方面的需求变化信息，为预测产品更新换代的最佳时间提供依据。

◆ 调研窗口 10-2　消费者选择洗发水所重视的因素对比分析

洗发水生产商为掌握消费者需求的变动趋势，利用因特网对消费者进行网上问卷调查，从而避免消费者在同一时刻收到几家公司对同类问题的调查，引发消费者的调研恐惧心理。

消费者对洗发水产品的重视因素调研分析表

因素	内　涵	提及率（%）
功效	使用效果、功能、香型	54.7
价格	价格水平、经济实用程度	20.3
品牌	品牌知名度、产地、促销力度	16.2
外包装	包装精美、使用便利性、容量	5.8
方便性	购买便利性、售后服务水平	3.0

随着用户意见征询法的不断推广，人们发现了影响预测效果的一个重要原因，那就是在对未来购买者的购买倾向调查时，难以确定潜在用户的划分界限。对于现实用户，预测者可以很快地准确界定，但潜在用户则难以界定，而预测的是未来用户的购买意图，届时必然会有一部分现实用户流失，而又有一部分潜在用户转化为未来一定时期的新用户。因此不能准确界定潜在用户，也就无法准确预测未来用户的购买意图。

3．新产品试销（用）法

开发新产品是一家公司保持既有市场占有率的基本措施，但是新产品开发要求公司有巨大的投入，而新产品开发计划是否能够成功是一个不确定问题，所以新产品开发是一件带有一定风险的事。为降低市场风险，公司都会在正式推出新产品开发计划前，对市场做全面的调研预测。

利用新产品试销（用）法对今后的市场特征进行预测必须注意：

- 市场需求有时会发生出乎意料的变化，而市场调研到信息归纳、分析，到最后做出预测有一个时间差，使刚做出的预测结果就已经“过时”。
- 试销（用）的用户对象可能由于多种原因使得他们与整个用户群体产生一定的偏差（试用者代表性不高），从而影响预测结果的准确性。

◆ 调研窗口 10-3　何种家电将在中国市场走红

国家有关决策部门和联想、长虹、海尔等厂商进行深度访谈，又在京、沪、穗等大城市的消费者进行抽样调查，获得了“维娜斯”与“机顶盒”两类产品今后在中国市场的发展前景资料。关于消费者抽样调查的有关信息整理结果在调研窗口 10-1 中列出。关于“维娜斯”与“机顶盒”的产业状况调研资料如下：

对比项目	维娜斯	机顶盒
产品功能	通用计算功能强、Internet 接入方式成熟 但 Internet 带宽小、视频功能差	视屏功能强、网络带宽大 Internet 接入方式不成熟、计算功能差
产品价格	1 000～3 000 元（估计）	800～1 500 元（估计）
市场表现	产业链组织严密高效、市场推广易形成合力 新产品开发技术难度小而易迅速引发激烈的市场竞争	与前端系统联系紧密，市场进入难度大，竞争相对缓和，但产品标准不统一，产业链难以形成或产生效果
其他	面临家用电脑的竞争挑战	视屏信息源丰富、开发难度小，受传统电视节目改善和 VCD 普及的挑战

预测者的结论：

（1）市场形成的前期由于两类产品市场行业都拥有大量的厂商，竞争主要来自行业内部，其中“维娜斯”产品的特征导致其内部竞争更加激烈。

（2）消费者的消费倾向变化将直接决定两类产品的未来竞争的胜负。近期人们关注教育且受电脑的神秘性的影响而偏向“维娜斯”，但随着电脑普及且更注重娱乐而将选择“机顶盒”。

10.3.3 购买者意图主观概率预测法

在已介绍的预测方法中都有一个相同的问题存在：在对同一目标进行预测时，往往几个预测者的预测结果都不尽相同，究其主要原因是他们所使用的预测方法不尽相同，而各种方法都具有自己独特的优点，使决策者无法做出取舍。此时，主观概率预测法不失为一种“综合”的好办法。

◆ 调研窗口 10-4 燃气热水器预计销售量

海风牌燃气热水器在中国沿海经济发达地区的市场销售量在今年已经过去的三个季度中呈连续递增的势头。公司总部要求销售部、市场部尽快拿出第 4 季度的销售计划，以便更好地组织生产。现在，第 4 季度的产品销售量预测数得出来了。

公司“海风牌”燃气热水器第 4 季度销售量预测估算表　　单位：百套

预测人员	估算值						期望值
	最高销售量	概率(%)	最可能销售量	概率(%)	最低销售量	概率(%)	
销售部经理	2 500	32	2 400	45	2 300	23	2 409
市场部经理	2 150	25	2 000	50	1 950	25	2 025

续表

预测人员	估算值						期望值
	最高销售量	概率(%)	最可能销售量	概率(%)	最低销售量	概率(%)	
分销商 A	3 000	30	2 400	47	2 200	23	2 535
分销商 B	2 610	28	2 300	45	2 200	27	2 360
驻店销售员	2 580	30	2 300	48	2 210	22	2 364
消费者代表	2 360	30	2 210	50	2 100	20	2 233

预测者的结论：如果每位参与者的估算结果的作用相等，最后对每位的期望值采取简单算术平均就可得出预测结论（2 409+2 025+2 535+2 360+2 364+2 233）/6=2 321（百套）。

其实，所谓主观概率是每位参与者对预测目标未来的发展趋势及可能达到的水平的一种本能直觉或信念程度，而若谈到他们各自判断的准确性，在很大程度上取决于他们各自的经验和对信息的把握。主观概率预测法从方法论上看，由于个人在提出对预测目标的最大、最低和最可能 3 种估计值及其相应的概率时，都表现出很大的随意性，而这将对最后的预测结果的准确性产生重大影响，所以对这种预测方法的科学性产生怀疑。实际上，只要保证参与预测活动的人“足够多”，在“大数法则”的制约下对来自每个个人的主观判断结果进行综合，可以获得非常接近客观真实的最终效果。

10.4　专家意见预测法

购买者意图预测法是由预测者在对购买者调研所得的信息加以综合后再对预测目标未来进行的判断和估计。预测者能否对未来做出准确的估计，信息的准确和可靠性是十分重要的。预测者除从购买者那里获得市场信息外，还可以有其他途径，如各种专家那里。根据专家对某个市场目标得出的预测结果进行综合归纳，最终形成自己的市场预测结论，这类预测方法叫“专家意见预测法”。这种方法又可根据对专家意见的反馈方式的不同而分为“面对面的专家小组座谈预测法”和“背对背的专家独立意见预测法”两类。

预测方法的设计目的若是通过讨论，使专家的多数意见对某位专家个人意见的形成或改变产生影响，即一部分人的看法对个人的看法产生影响或启发作用，使大家尽快对同一预测目标达成一致，这种设计思想的结果会导致决定采用专家小组座谈预测法；而方法设计的目的若是想杜绝某些权威的意见对弱者意见的形成施加的有意或无意的影响，或者消除人群中存在的“从众心态”，试图创造一个独立的无任何外部干扰影响的环境，使每位专家对同一预测目标做出自己的估计，这种设计思想导致决定采用专家独立意见预测法。我们这里介绍的专家意见预测法就是后一种方法，也称为德尔菲法。

10.4.1 德尔菲法的特征

德尔菲法（Delphi Method）是一种无论在理论上还是在实践中都经得起推敲的预测方法。由于没有使用数学模型来服务于预测，所以德尔菲法也属于非数学模型预测法。德尔菲是古希腊的一座城市的名称，以拥有一批能对求惑者准确预料他们提问的各种未来状况答案的神职人员的阿波罗神庙而闻名天下。在20世纪40年代后期，美国空军委托美国著名的兰德咨询公司，替自己研究一套方法，可以通过有效的反馈控制而使专家意见的收集工作更加富有成效。当时这项研究冠名为“德尔菲计划”。兰德咨询公司最后真的提出了一套被大家公认确实能提高专家意见有效性的调研方法，该方法也就被叫做德尔菲法。经过数十年的实践运用，德尔菲法也在不断走向成熟。完善的德尔菲法应该具有以下特征。

（1）匿名性。俗称“背靠背式”，由市场预测机构按一定的原则选定若干名专家，市场预测机构直接向每位专家发放4～5轮的意见征询表，以求得专家的意见。在此期间专家直接与预测机构的指定人员联系，专家之间不得有横向的交往和沟通。这样做的目的是消除彼此间的影响，确保意见是由专家在独立思考、判断后得出的结论。

（2）反馈性。在严格控制下重复进行多次专家意见征询。这一过程由以下几个环节构成：意见征询—意见整理—整理结果反馈给专家（同时进行再一轮的意见征询）—意见趋于一致而调研终止。多次意见征询和信息反馈，使每位专家在这一过程中知道其他专家的意见是什么，并对如下一些问题做出解释：

- 在本轮意见征询中自己对哪些问题的看法做了修改，并指出这样做的原因何在。
- 在本轮意见征询中自己继续坚持的有哪些意见，并说明继续坚持的原因是什么。
- 在本轮意见征询中自己赞同哪些意见及赞同的原因。

这样做的目的是，开拓每位专家对研究问题的思路，同时又能掌握专家们持有某种意见、看法的原因，以便对专家的意见做归纳整理。

（3）综合性。在对每轮专家意见资料的归纳整理中采用一定的定量分析方法，以确定意见集中和分散的程度。常用的方法是四分位数法。中位数表示意见集中的趋势，而上、下四分位数则反映意见分散的程度。通过不断征询意见、归纳整理，最后达到意见统一。

10.4.2 德尔菲法的运用

德尔菲法的运用是一个完整的过程，它由3个阶段所组成：准备阶段、实施阶段和预测阶段。每个阶段都有必须完成的工作目标和相应的具体工作。

1. 准备阶段

这一阶段的工作目标是将所有在预测工作实施过程中必须使用的工具准备齐全，确保德尔菲法能够顺利实施。具体要做好的工作有：

（1）确定市场预测目标和准备向专家提出咨询的具体问题。例如，今年公司某类主要产品出口量的预测。具体咨询的问题有西欧和北美市场的前景预测、东南亚各国市场前景预测、国内该产品生产商的出口战略特征、政治环境的影响等。

（2）确定向专家提供的背景性资料。此前要了解每位专家在做出判断前，可能会要求预测机构提供哪些背景性资料。在实施前将专家所需要的这些资料收集齐全，及时提供。

（3）设计专家意见征询调研表。专家意见征询调研表就是调研问卷。在设计每项提问时要做到概念准确。

（4）选择与预测目的相适应的专家人选。专家人选可以是公司销售部经理、市场部经理、驻进口国的公司代表、进口国销售代理等。入选的条件是熟悉业务，有使用德尔菲法的调研活动经历，对市场预测有热情，有敏锐的分析判断能力与文字叙述能力。专家人数可以少则七八人，多则数十人，视预测目标自身的复杂性和预测结果的精确性而定。

2. 实施阶段

这一阶段的工作目标是确保对专家意见的整理归纳结果有较高的可靠性，具体工作是重复进行专家意见征询、意见归纳整理、将整理结果反馈给每位专家并再次征询其意见的工作。具体做法如下：

第一轮专家意见征询。预测机构向每位专家寄发意见征询调研表和各种背景性资料，向专家提出各项问题，规定回答的方式及寄返意见征询调研表的截止时间。当预测机构收齐全部调研表后对各种意见进行归纳（常用的办法是四分位数法），并确定准备再次向专家们征询的具体问题，制定下一轮意见征询调研表。

第二轮及以后几轮专家意见征询。预测机构将前一轮专家意见征询的整理结果反馈给每位专家，同时传送给专家们的还有这轮专家意见征询调研表和专家们提出的需要再提供给自己的各种背景性资料。调研机构在这轮意见征询中向各位专家提出的问题主要是：对突出的不同意见详细阐述自己的观点。在这之后的每轮专家意见征询中都应将上一轮专家们达成一致的意见及原因，突出的不同意见和引起不同意见的原因都转送给每位专家，提请专家们仔细分析上述信息后，慎重考虑做出回答。与此同时，调研机构在每轮专家意见征询前，都要详细了解在下一轮意见征询中每位专家需要哪些背景资料并予以满足。这种对提供不同背景资料的需求，会随意见征询的不断进行而逐渐减少。直到专家们对所有提出的咨询问题都有统一意见时，专家意见征询调研工作即告结束。

3. 预测阶段

当专家们在最后一轮意见征询调研表中得出的看法仅存在不明显、可忽略的差别时，调研机构可使用简单平均法对每位专家通过的估计结果进行综合；相反，则认为每位专家在上述各方面存在明显的差异，应先根据这种差异的大小程度确定相应的不同权数，再利用加权平均法来综合所有专家的估计结果进行综合。预测机构还可根据每位专家在地位、知识水平、预测经验、以往预测结果的准确度等方面的不同确定不同的权数，最后使用加权平均法，对各位专家的估计结果进行最后综合，实现对预测目标的估计推测。

通过调研窗口10-5，对德尔菲法可以做这样3条评价。

（1）当预测者对预测目标的变化规律缺乏了解而无法准确把握时，选择德尔菲法是正确的。因为来自专家的意见和判断是唯一可靠的。

（2）预测者确信选择的专家能够帮忙达到目标。

（3）对于本次预测活动的预测目标，各位专家不会有很大的预测差异，因为只有这样才能提高预测结果的精度。

所以，德尔菲法能否得到准确的预测结果很大程度上取决于专家的判断，而即使专家也会由于各种原因而对某一特定事物的未来做出不同的判断结果。市场调研机构认为：若大多数专家做出的判断结果是非常一致的，那么它应该就是调研人员探寻的事物未来真实的特征。

◆ 调研窗口 10-5　公司未来究竟需要多少名采购员

一家规模较大的全国性零售集团公司为寻找一种更为准确地确定明年公司应该招聘多少名采购员的方法而忙碌。公司普遍认为采购员是一个最为重要的工作岗位，最终一致认为用德尔菲法是最好选择。一种折中的说法是德尔菲法可能不会使招聘决策达到最佳效果，但却可以招聘到真正需要的采购员最佳人数这个目标。

公司确定的专家有七人，他们分别来自公司各有关职能部门。确定采用五轮意见征询，每轮的间隔时间为一周。每轮发给专家的意见征询调研表都提出同一组问题："您在对我们为您提供的背景资料的仔细分析后，认为明年公司需要增聘多少采购员？在您得出上述判断时是借助于哪些信息？借助的各种信息在您做出的判断中各自起什么作用？"

每轮意见征询中都将上一轮专家的意见综合结果，以及不同意见的形成原因分析反馈给每位专家。公司的预测机构发现，专家们在每轮意见征询中索取的背景资料的种类在减少。从下表可见：

各轮意见征询时专家提出的背景资料情况统计表

专家索取的资料类型	专家意见征询轮次					合计
	1	2	3	4	5	
公司明年预计总销售量	7					7
历年公司采购员人数	7					7
历年采购员的决策自动化程度的提高状况	4	1				5

续表

专家索取的资料类型	专家意见征询轮次					合计
	1	2	3	4	5	
历年采购员工作效率的状况考核指标	4	3				7
历年公司零售机构数量统计表	4	2	1			7
明年计划新增零售机构数量	2	3	1			6
历年公司零售机构平均规模指标	2		1			3
历年公司总销售量	2	1	1			4
历年公司零售机构平均营业额	1	1				2
总计	33	11	4	0	0	48

公司的预测机构对每一轮专家意见征询所得的专家对预测目标的估计都加以登记，编制相应的统计表，如下表：

每轮专家对需要增聘的采购员数目的估计统计表

专家意见征询轮次	专家代号及估计值							中位数	本轮调研做出变化的专家数	每轮专家估计值极差
	A	B	C	D	E	F	G			
2	55	35	33	35	55	33	32	35	—	23
3	45	35	41	35	41	34	34	35	5	11
4	45	38	41	35	41	34	34	38	2	11
5	45	38	41	35	45	34	34	38	1	11
每位专家的意见变化次数	1	1	1	0	2	1	1	—	7	

因为第 1 轮各位专家的观点不同，导致次轮所得到的结果只能作为第 2 轮调研时预测专家可能的提供的参考。公司预测机构同时还需关注专家们在每轮提出的对以前意见的改变的原因。编制以下的统计表：

每轮专家意见改变的原因统计表

专家代号	各轮估计值		意见改变的原因
	第 2 轮	第 3 轮	
A	55	45	获取采购决策自动化程度将进一步提高，以及前轮自己四分位数差距过大
C	33	41	获取公司零售机构的规模将进一步扩大的资料
E	55	41	获取采购决策自动化程度将进一步提高
F	33	34	获取公司零售机构将会增加的资料
	第 3 轮	第 4 轮	

续表

专家代号	各轮估计值		意见改变的原因
B	35	38	获取公司将有增设零售机构的计划
G	32	34	获取公司总销售规模将有所扩大的资料
	第4轮	第5轮	
E	41	45	公司零售额的预计增长率超过此前的估计

公司预测机构最后采用四分位数方法，综合最后一轮的专家估计值（此时各位专家的估计值极差已经连续2轮保持为11人，故此可以视之为最后答案）做出最终预测为：明年需增聘采购员38人，误差区间范围是34～45人。预测者还可以采用其他预测方法对同一预测目标进行预测，若各种预测方法所得结果相差不大，便可认为这一预测结果为可靠。

10.5 季节预测法

10.5.1 季节预测法的使用领域

大多数消费品都有明显的季节性痕迹。日用品、衣着类、食品等自不必说，娱乐市场、旅游市场、体育市场也有季节性特征。既然产品与市场都有季节性特征，作为市场营销管理人员就应该有这样的意识：是否存在我们可以加以利用的机会，至少可以根据季节变动的规律制定更为有效的市场营销规划？将季节变动规律分析的结果用于预测和估计未来某季节，特定产品和市场将会达到的购销水平的方法就是季节预测。季节预测法一般运用于两种市场预测工作之中。

（1）运用于了解并把握预测目标是否具有一定的季节变动状况，再分析这种变动是否具有规律性特征，最后把握这种规律的所有特征将其用于对未来进行预测。调研窗口10-6中所描绘的结果如实反映了季节变动规律，饮料供应商在冬季到来前要及时调整产品生产结构，减少夏季畅销的碳酸饮料，转产果汁饮料。

（2）在趋势预测中季节变动是一种“干扰因素”，因为它在某种程度上改变了趋势变动的方向和程度。为准确地进行趋势预测，就必须消除季节变动的影响。此时就必须先对未来特定时间上的预测目标做出季节预测，确定季节变动预测值，再对该预测目标做趋势预测，得出趋势预测值（包含季节变动影响的趋势值），最后再用它除以季节变动预测值，得到一个较为单纯的趋势预测值。

◆ 调研窗口 10-6　**冬夏季饮料消费差异明显**

北京麦肯特市场推广咨询公司在 2000 年 11 月 4 日和 5 日两天，采用等距抽样方法对北京市 8 个城区 312 户家庭用 CATI 系统进行了一次市场调研。发现消费者冬夏两季的饮料消费选择上存在明显差别。

冬夏两季选择的饮料类型对比表（%）

季节	碳酸饮料	茶饮料	果汁饮料	水饮料	乳酸饮料
夏季	61.5	14.7	10.3	8.3	5.1
冬季	21.8	16.0	39.7	4.5	10.3

同时，调研结果还表明，有 46%的消费者夏天喝得最多的品牌占夏季全部饮料消费的 91%～100%，而 39%的消费者在冬天喝得最多的品牌占冬季全部饮料消费的 91%～100%。夏天选择“可口可乐”的消费者有 71%在冬季会改变自己饮料的品牌选择。冬季饮料消费量只占夏季的 30%。只有 4%的消费者回答冬季绝不会饮用各种饮料。

预测者的结论：冬夏两季饮料市场存在明显的需求变化特征，对于饮料生产商要及时调整生产节奏，把握机会。对于饮料经销商同样要及时调整进货结构，降低滞销品的库存积压。

10.5.2　按月平均法季节指数

各种季节预测方法都须先计算出预测目标在相应时间上的季节指数，再结合实际达到的水平，利用相应的季节指数推算未来特定时间的预测值。季节指数（Season Index）是一个说明该预测目标在相应时间上季节变动大小的统计指标。按月平均法季节指数是特指在计算前没有考虑要剔除预测目标的季节变动中可能包含的趋势变动的干扰影响作用。在对调研所掌握的数据做初步分析后，发现数据在一定时间跨度为周期的对应点上的数值没有异常的变动，例如，各年按月排列的销售量调研资料中，各年同月的销售量相差无几，就可以选择用一般计算方法来最简捷地算出季节指数。计算过程如下：

（1）将各年按月（季）排列的时间数列，按同月（季）编制表格，如表 10-7 所示，各年 4 月平均数=（21+20+23+21+19）/5=20.8（千套）。

（2）计算各年月（季）平均数，以消除同一时间上可能存在的偶然因素的影响，在表 10-7 中，2011 年 12 个月平均数：（35+35+24+19+16+…+13+19+29）/12 = 17.925（千套）。

（3）计算各月（季）总平均数，以消除数据中可能存在的趋势变动、偶然因素的综合影响，总平均数=按年平均数之和/5=同月平均数之和/12=（17.417+17.417+18.250+18.083+18.417）/5=17.925（千套）。

（4）计算各月（季）的季节指数，季节指数=按月平均数/各月总平均数×100%。

例如，4 月的季节指数=（20.8/17.925）×100%=116.04%。可见，棉织内衣的市场呈现明显的季节波动。

表 10-7 某纺织品公司的棉织内衣的历年销售统计表 单位：千套

	1月	2月	3月	4月	5月	6月	7月	8月	9月	10月	11月	12月	本年月平均数
2007年	35	37	23	21	17	10	6	4	6	10	15	25	17.417
2008年	31	36	24	20	15	9	7	5	7	11	18	26	17.417
2009年	34	38	21	23	16	12	5	4	8	13	18	27	18.250
2010年	32	36	25	21	18	11	8	3	6	12	17	28	18.083
2011年	35	35	24	19	16	12	5	5	9	13	19	29	18.417
每年同月平均数	33.5	36.4	23.4	20.8	16.4	10.8	6.2	4.2	7.2	11.8	17.4	27.0	17.925
季节指数	186.89	203.07	130.54	116.04	91.49	60.25	34.59	23.43	40.17	65.83	97.07	150.63	

季节指数在说明各时间上的季节变动特征时，有 3 种具体表现。

- 当某月的季节指数接近 100%时，说明季节变动在这一时间上存在的影响十分弱小。
- 当某月的季节指数小于 100%时，说明季节变动因素有巨大的抑制压缩影响力。
- 当某月的季节指数大于 100%时，说明季节变动因素有强烈的增长推进影响力。

计算季节指数除把握季节变动规律外还有预测目的。假设已经掌握 2011 年 12 月的销售量为 29（千套），预测 2012 年 9 月和 10 月的销售量：

预测期的销售量=（最末一期的实际销售量/最末一期的季节指数）×预测期的季节指数

9 月销售量 =(29 / 150.63) × 40.17 = 7.73（千套）

10 月销售量 =(29/ 150.63) × 65.83 = 12.67（千套）

另外，在年初编制下一年的全年销售计划，要预测各月的销售量时也可利用季节指数。例如，2012 年计划销售 210 千套内衣，预测 2012 年 9 月和 10 月的销售量：

9 月销售量= (210 / 12) ×40.17%= 7.03（千套）

10 月销售量= (210 / 12) ×65.83% = 11.5（千套）

10.5.3 剔除趋势变动影响的季节指数

如果仔细分析一下表 10-7 就可发现，某纺织品公司的棉织内衣销售统计资料中含有微弱的趋势变动。这样，得出的还是一个不太精确的季节指数。剔除趋势变动影响的季节指数的计算步骤如下：

（1）计算 12 个月（或 4 个季度）的简单移动平均数，以此作为预测目标相应时间上的

趋势值 y_c, 如表 10-8 所示。

（2）用各月实际值 y 除以相同期的趋势值 y_c，消除季节变动的影响，如表 10-9 所示。

（3）重新编制各月 y / y_c 数据表，计算同月 y/y_c 之平均值，即各月季节指数，如表 10-10 所示。

表 10-8　某毛线公司历年逐月毛线全国销售量统计　　单位：千克

	1月	2月	3月	4月	5月	6月	7月	8月	9月	10月	11月	12月
第1年	745	590	380	731	60	640	940	1 012	1 652	1 108	630	1 140
第2年	1 021	973	790	842	107	750	1 150	1 378	1 788	1 385	1 020	1 215
第3年	1 812	1 008	810	1 011	113	780	1 079	1 534	2 005	1 594	1 891	1 741
第4年	2 057	1 109	978	1 540	248	943	1 148	1 992	3 132	2 833	2 934	2 633
第5年	2 239	1 202	1 063	1 684	379	1 071	1 301	2 175	3 538	3 320	3 418	3 244

表 10-8 中的各项数值是相应时间的实际销售量，即 y 值。

表 10-9　某毛线公司历年逐月销售量 12 个月移动平均数（趋势值 y_c）　　单位：千克

	1月	2月	3月	4月	5月	6月	7月	8月	9月	10月	11月	12月
第1年	—	—	—	—	—	—	813.5	841.0	874.0	896.0	903.0	909.5
第2年	922.5	946.5	967.5	984.5	1 012.5	1 032.0	1 068.0	1 102.5	1 104.5	1 112.5	1 120.0	1 121.5
第3年	1 120.0	1 123.5	1 239.0	1 156.5	1 201.5	1 260.0	1 292.0	1 306.0	1 317.0	1 346.0	1 374.0	1 386.5
第4年	1 396.0	1 418.0	1 484.0	1 582.5	1 677.5	1 758.5	1 803.5	1 815.0	1 825.0	1 834.5	1 843.5	1 854.0
第5年	1 865.5	1 879.5	1 904.0	1 941.5	1 982.0	2 027.5	—	—	—	—	—	—

表 10-9 中的各项数值是各时间上的趋势值，即 y_c 值。由于是 12 个月的移动平均数，所以第一年前 6 个月和第五年后 6 个月的移动平均值无法获得。剔除趋势影响（y / y_c）的结果见表 10-10，例如，7 月的季节指数=940/813.5=1.156。

表 10-10　剔除趋势影响的各月某毛线公司销售量季节指数（%）

	1月	2月	3月	4月	5月	6月	7月	8月	9月	10月	11月	12月
第1年	—	—	—	—	—	—	115.6	120.3	189.0	123.7	69.8	125.3
第2年	110.7	102.8	81.7	85.5	10.6	72.7	107.7	125.0	161.0	124.5	91.1	108.3
第3年	161.0	89.7	65.4	87.4	9.4	61.0	83.5	117.5	152.3	118.1	137.6	125.6
第4年	147.3	78.2	65.9	97.3	14.8	53.6	63.7	109.8	171.6	154.4	159.2	142.0
第5年	120.0	64.0	55.8	86.7	19.1	52.8	—	—	—	—	—	—
平均值	134.8	83.7	67.2	89.2	13.5	60.0	92.6	118.2	168.5	130.2	114.4	125.3

平均值是将 4 年同月季节指数进行简单算术平均得出，例如，1 月季节指数=（110.7+

161.0+147.3+120）/4=134.8。

若某毛线公司要对第六年4月和5月的实际毛线销售量进行预测，可以利用已经掌握的第五年12月的实际毛线销售量3 244千克，结合3个月的季节指数来进行：

4月毛线销售量预测值=（3 244 / 125.3）×89.2 = 2 309.4（千克）

5月毛线销售量预测值=（3 244 / 125.3）×13.5 = 349.5（千克）

此种预测方法与同月平均法存在一个共同的缺陷，即利用的实际信息只有一个，这样在预测中包含了许多偶然性因素的影响。一般解决这种问题的方法是尽量多用已知的信息。我们用第五年10月、11月、12月3个月的实际销售量对第六年4月的销售量进行预测，结果如下：

4月毛线销售量预测值=［(3 320+3 418+3 244）/ (130.2+114.4+125.3)］×89.2

=2 407.1（千克）。

上面我们采用（y / y_c）d 的方法来剔除原数据中包含的趋势变动影响，人们将 y / y_c 的平均值称为季节比率。其实要剔除趋势变动影响，还可以采用 $y-y_c$ 的办法来进行，先算出各月的 $y-y_c$，再计算其同月平均值，这一平均值叫季节变差。

预测者在确定使用某种季节预测法前，应注意这样两点：

- 季节预测法在揭示事物发展的季节变动规律时有效性高于其作为预测方法来预测事物发展的未来的有效性，原因是，影响事物发展的因素有许多，而季节变动因素仅是其中之一。
- 选择季节预测法必须首先得出预测目标的以往变动存在明显的季节变动特征——特殊的周期性波动，因为只有这样使用季节预测法方可获得最好的预测效果。

10.6 趋势预测法

趋势预测法指利用时间数列（时间序列）所提供的数据特征，建立相应的定量预测模型，利用这个模型对预测目标的将来进行推测和估计。趋势预测法的前提是建立能够准确代表预测目标趋势变动的某种规律，只要预测者能够很好地把握这种规律，预测结果就会十分准确。在国内外趋势预测法的成功之例举不胜举。

10.6.1 趋势预测法的理论依据与局限

任何事物之所以呈现出现在的色彩、状态，都与它们此前一个较长的发展过程有着千丝万缕的联系。预测明日的证券市场走势，要看 K 线图，计算5日、10日、30日均线。可见现象过去的发展轨迹，将对其未来的发展趋向产生巨大影响。这就是趋势预测法被人们接受的理论依据。有人将物理学中的惯性定理挪用到对市场现象的预测中来，这种对现象发展有着显著推动作用的"惯性"在市场预测中被解释为"趋势"，或许这样做能够使更多的人了解并接受趋势预测法。

只要将市场预测方法中的趋势预测法与回归预测法进行对比，就可发现趋势预测法就是将"时间"作为影响预测目标变化的唯一"自变量"。有许多例子，如国家或地区的综合经济实力每年按预期的增长率发展，人们的收入和生活消费支出的年变动率从长期来看趋于某个常量，时间确实是影响某个预测目标的唯一变量，或者是在诸多影响因素中作用最显著的那个。由此，预测者会在选择预测方法时较多地选择趋势预测法。

趋势预测法也有数学模型预测方法与非数学模型预测方法两种，前者叫时间趋势模型预测法，后者叫动态变动率推算法。利用时间趋势模型预测法获得的预测结果可以用相关的统计学方法来确定其准确性和可靠性。由此可见，时间趋势模型预测法是有一定的科学理论依据的。

但是，与自然科学研究中的研究对象相比，市场预测的对象具有许多不可预测性。

（1）它们受更多因素的影响，若要建立回归模型，就要同时包括许多自变量，模型建立的复杂性是自然科学某些课题所无法比的。

（2）影响市场变化的因素虽可以列举，但影响作用的变动很大且具有随机性特征。例如，政府的一项政策会对市场产生重大影响，但是同样的一项政策，不同时间推出对市场的影响差别又十分明显。更成问题的是，市场变化受购买者、中间商、供应商的心理因素影响。此时怎样才能证明，时间是影响预测目标的最显著因素？所以，使用趋势预测法的预测者应该清楚，趋势预测法的局限是仅将时间作为预测的唯一因素，而考虑的影响因素越少，预测中的风险越大。

10.6.2　非数学模型趋势预测法

早先，人类对事物未来的预测大多建立在这种思维定势上："过去一直是这样的，所以今后也会这样。"现在我们在预测未来的方法上比起我们的先人有了巨大的进步，但许多时候，在我们的预测中仍然可以看到先人使用的方法的痕迹。这类趋势预测方法被称为"朴素的趋势预测法"，包括以下几种。

1. 同比速度推算法

如果能做出明年的市场环境与过去一年相比不会有显著差别的推论，就可以用刚算出的今年与上一年的同比发展速度，乘上今年的实际水平，即可估计出明年同一预测目标的预测值。x 是与去年实际水平相比的今年的同比速度，y_n 是今年的实际水平，则明年这一预测目标的预测值 $y_{n+1}=y_n \cdot x$。

2011 年全市的出口额比 2010 年增长 9.2%，而 2011 年的出口额为 197 亿美元。照此推算，2012 年的出口额预计为 197×109.2%= 215.1（亿美元）。

2．平均速度推算法

只按一年的速度推算未来，多少会受到偶然因素的影响，使得预测结果的周期性受到一定影响。所以人们会用一段时间的平均速度来估计未来将达到的水平。设：$\bar{x}$ 为若干年的平均发展速度，y_n 是当年的实际水平，则下一年预测目标的预测值就是：$y_{n+1}=y_n \cdot \bar{x}$ 。如果通过对时间数列资料的观察，发现预测对象在近些年的变化呈现出一定的波动，为谨慎起见，平均速度推算法比同比速度推算法更加可靠。同上例，4 年的平均发展速度为 8.2%，则 2012 年出口额预测值：197×108.2%= 213.2（亿美元）

预测者会将上述两种方法结合在一起，即在以往数期的发展速度中选出最高、最低的两个，用于预测未来最大和最小的两种水平，而平均发展速度推算的则是最有可能达到的水平。

3．移动平均预测法

任何事物都在其内在规律的制约下发展变化，同时又受到各种外界因素的影响。如何尽可能地消除外界因素的影响，使事物发展的规律呈现出来，移动平均法是其中的一种办法。

（1）简单移动平均预测法。假设各时间上的实际数据对后一期的水平影响作用是均等的，可以使用简单移动平均预测法来估计今后的数据水平。

设 y_{n-4}、y_{n-3}、y_{n-2}、y_{n-1}、y_n 是预测目标连续五期的实际水平（观察值），$\hat{y}_{n+1}$ 是预测目标下一期水平的预测值。则 $\hat{y}_{n+1} = (y_{n-4} + y_{n-3} + y_{n-2} + y_{n-1} + y_n) / 5$。但是，事实上不同时间的观察值对预测期水平的影响作用是不同的。此时应该采用加权移动平均预测法。

（2）加权移动平均预测法。认为越是接近预测期的观察值对预测期水平的影响作用越大，根据时间的逐渐后移，影响作用也随之衰减。故此对各期观察值应予以不同的权数，以加权平均数来预测市场目标的预测值。

设α_1、α_2、α_3、α_4、和α_5是预测者给各期观察值 y_{n-4}、y_{n-3}、y_{n-2}、y_{n-1}、y_n 进行移动平均时的权数，并存在$\alpha_1<\alpha_2<\alpha_3<\alpha_4<\alpha_5$的数量关系。加权移动平均预测法对预测目标下一期水平的预测结果是：$\widehat{Y}_{n+1} = (\alpha_1 y_{n-4}+\alpha_2 y_{n-3}+\alpha_3 y_{n-2}+\alpha_4 y_{n-1}\alpha_5 y_n)/(\alpha_1+\alpha_2+\alpha_3+\alpha_4+\alpha_5)$

例如，某自行车集团 2009 年至 2011 年各月销售量统计在表 10-11 中列出，各期采用加权移动平均法求得预测数据，它们计算时的权数为 1、2、3、4、5。这种确定权数的办法，唯一的优点是方便。但是，令人困惑的是，最靠近预测期的那个观察值 y_n 它对预测期水平的影响真的比最早那期的观察值 y_{n-4} 要大出 4 倍？所以在市场预测理论中，有人认为，对于加权移动平均法使用哪种权数确定法，也是一个重要的研究课题。较为成熟的观点是：设各期权数α是一个小于 1 的小数，第 $n-i$（i=4,3,2,1）期观察值的权数 $2i$ 而$\sum 2i=1$。这样很好地控制各期权数，使相应的观察值对未来的预测水平的影响更加合理。

两种方法对 2011 年 12 月的销售量进行的预测结果分别如下：

简单移动平均数=3.2+3.68+4.12+4.35+4.05/ 5 =3.88（千辆）

加权移动平均=（3.20+2×3.68+3×4.12+4×4.35+5×4.05）/（1+2+3+4+5）=4.04（千辆）

究竟应该采用哪种移动平均预测法？要看预测估计平均误差，选择平均误差较小的那种移动平均法。

表 10-11　2009 年至 2011 年 11 月集团各月自行车销售量统计　　单位：千辆

时间		1 月	2 月	3 月	4 月	5 月	6 月	7 月	8 月	9 月	10 月	11 月	12 月
各月实际销售量	2009	4.23	4.02	3.57	3.25	3.02	2.98	2.87	3.21	3.58	4.07	4.76	4.85
	2010	4.02	4.62	3.98	3.50	3.00	3.01	3.10	3.24	3.87	4.10	4.15	4.25
	2011	4.00	4.35	4.02	3.65	3.25	3.43	3.20	3.68	4.12	4.35	4.05	—
5 个月简单移动平均数 $\hat{y}$	2009	—	—	—	—	—	3.62	3.37	3.14	3.07	3.13	3.34	3.70
	2010	4.09	4.10	4.46	4.45	4.19	3.82	3.62	3.32	3.17	3.24	3.48	3.69
	2011	3.92	4.07	4.17	4.15	4.05	3.85	3.74	3.51	3.44	3.52	3.76	3.88
5 个月加权移动平均数 $\hat{y}$	2009	—	—	—	—	—	3.41	3.19	3.03	3.05	3.22	3.53	4.01
	2010	4.39	4.37	4.49	4.33	4.01	3.61	3.34	3.17	3.14	3.38	3.66	3.89
	2011	4.08	4.10	4.34	4.14	3.98	3.71	3.57	3.39	3.44	3.67	3.94	4.04

移动平均预测法更多地被用于测定现象变动的规律上，对股票、证券的交易价格变动趋势的判断就常常用移动平均法，得出 5 日、10 日、30 日移动周期长短不同的移动平均数变动曲线，以此判断各种股票、证券价格的走势。

对于决定采用某种移动平均预测法的预测者，要注意两点：

（1）移动平均预测法在描述事物的以往变动轨迹时的有效性高于预测该事物未来水平的有效性。因为在移动平均过程中，对过去数据中的极端异常波动进行了修正，消除偶然因素的影响，使事物发展的趋势更准确地呈现出来。

（2）移动平均预测法都是依据预测期前的一段时期的观察值，对之后最近的时间上预测目标可能达到的水平做出预测。显然移动平均预测法作为短期目标预测工具是合适的，而作为长期预测工具就会导致较大预测的误差。

10.6.3　直线趋势预测及其数学模型

直线趋势预测是诸多数学模型预测法中最为简单的一种。这种预测方法所借用的数学模型也就是一元一次数学方程式：$\hat{y} = a + bx$。将该方程式移植到市场预测模型中，则称其为直线趋势预测模型：$\hat{y} = a + bt$。此中 $\hat{y}$ 是预测目标在确定时间上的预测者，又叫趋势值，a 和 b 都是待定的未知参数，a 是当 $t = 0$ 时预测目标的预测者，又叫初始值，b 是说明时

间变量 t 每增长一个单位（如一个月、季度或年）预测目标将平均比前期增长（减少）的绝对量。

直线趋势预测法在市场预测中运用时要解决两个问题。

（1）确定现象以往的变动趋势是否具有直线发展的特征。因为这将决定使用直线趋势预测模型是否能较好地模拟预测目标的变动轨迹。简单而又有效的办法是，分析预测目标过去发展变化的时间数列，若各期的逐期增减量接近于某个常数，则可断定该预测目标呈直线发展趋势。

（2）建立预测误差最小的趋势预测模型。对同一事物即使使用相同的直线趋势预测模型，a、b 参数不同，出现的预测误差不同。预测误差的大小是判断预测方法（或模型）有效性的根本标准。用数学公式来表述这一标准：

$\Sigma(y-\hat{y})=0$，使用该趋势预测模型得出的各期预测值与观察值的总误差等于0。

$\Sigma(y-\hat{y}^2)$=最小值，利用该预测模型所得各期预测值与观察值的误差平方和为小平方和。

由此标准来求得 a、b 两待定参数的取值的方法，也叫最小平方法。利用判断函数是否存在极值点，应看其一阶导数是否等于0，对函数 $Q=\Sigma(y-\hat{y})^2=\Sigma(y-a-bt)^2$ 求出关于 a、b 的一阶偏导数并令其等于0。这样，可以获得求解 a、b 的标准方程组。

$$\Sigma y = na + b\Sigma t \qquad (t=1,\ 2,\ 3,\ \cdots,\ n)$$

$$\Sigma ty = a\Sigma t + b\Sigma t^2$$

采用坐标原点移动使 $\Sigma t=0$，公式计算时就十分简单。

表10-12显示了某城镇居民在2003—2011年历年的彩色电视机购买量。

表10-12 某省城镇居民历年彩色电视机购买量统计表 单位：万台

年度	年彩电购量 y	逐期增减量 y_i-y_{i-1}	时间变量 t	时间移动 t'	t'^2	yt'^2	$\hat{y}$ 趋势值	各期预测误差平方 $(y-\hat{y})^2$
2003	25.2	—	1	−4	16	−100.8	26.620	2.016
2004	27.3	2.1	2	−3	9	−81.9	27.265	0.001
2005	29.0	1.7	3	−2	4	−58.0	28.110	0.792
2006	31.3	2.3	4	−1	1	−31.3	28.855	5.978
2007	30.0	−1.3	5	0	0	0.0	29.600	0.160
2008	28.5	−1.5	6	1	1	28.5	30.345	3.404
2009	30.1	1.6	7	2	4	60.2	31.090	3.073
2010	32.0	1.9	8	3	9	96.0	31.835	0.027
2011	33.0	1.0	9	4	16	132.0	32.580	0.176
合计	266.4	—	45	0	60	44.7	266.300	15.627

从表 10-12 的逐期增减量对比可以确定，该时间数列基本符合直线发展的趋势，可以配合直线趋势模型来预测未来居民彩色电视的购买量。将表 10-12 的计算结果代入求解 a、b 的标准方程组中，即得 $a = 266.4/9 = 29.6$，$b = 44.7/60 = 0.745$。建立直线趋势预测模型：$y = 29.6 + 0.745t$ 表 10-12 中最后一列数据是各期的预测误差平方，将其除以 $n-2$，再开平方根，结果叫趋势预测模型的估计标准误 S_y ，S_y 越小，所建立的趋势预测模型越有效。

同时，S_y 还有另一种作用，利用趋势预测模型对未来进行的预测只能做“点估计”预测，如果 S_y 值在数据足够多时，S_y 满足正态分布的特征。这样在一定的置信度条件下，就可对预测目标做出有一定把握程度的区间估计。仍以表 10-12 为例，2012 年的全省居民彩色电视购买量为：$29.6 + 0.745 \times 5 = 33.325$（万台）。$S_y = 1.494$（万台），在 95.45%的概率保证下，置信度为 2。这样 2012 年该省城镇居民彩色电视购买量的区间估计范围是：$33.325 - 2 \times 1.494 = 30.34$（万台），$33.325 + 2 \times 1.494 = 36.31$（万台），即 2012 年该省城镇居民彩色电视购买量在 30.34 万～36.31 万台的可能性达 95.45%。

10.6.4　非直线趋势预测及其数学模型

任何事物的发展轨迹呈直线趋势变化属于偶然，而呈曲线、波浪形发展变化才是它们的根本特征。所以在趋势预测模型设计时，除直线趋势预测模型外还有更多的曲线趋势预测模型。在市场预测和其他经济预测中较为常见的曲线趋势预测模型有：

（1）抛物线型趋势预测模型：$y = a + bt + ct^2$。显然对预测目标以往的发展轨迹的观察就能发现存在一个明显的转折过程。

（2）指数增长型趋势预测模型：$y = ab^t$。数据呈以近似的速度递增或递减。

（3）修正指数趋势预测模型：$y = a + bc^t$ 当 b 大于 0 或小于 0 都将以 a 作为渐近线。

（4）逻辑曲线趋势预测模型：$y = 1/(a+bc^t)$。显然它是修正指数预测模型的变形。

在经济学界有许多经济发展理论是通过特定的数学模型来描述的，如基尼曲线。我们可以通过调整以上几种预测模型中的有关参数，来近似模拟或替代它们。

此时我们再次回到原来的出发点上，回到测定时间数列呈何种类型的趋势变动的方法、确定建立相应趋势预测模型的方法这两个问题上。这里只介绍前两种趋势预测模型的特征及其建立方法。表 10-13 反映了如何由观察值的数据对比做出选择曲线趋势预测模型的决策。

表 10-13　由观察值的数据对比做出选择曲线趋势预测模型的决策

时　间	观察值 y	逐期增减量	二级增减量	环比发展速度
1	y_1	—	—	—
2	y_2	$y_2-y_1=c_1$	—	$y_2/y_1=k_1$
3	y_3	$y_3-y_2=c_2$	$c_2-c_1=m_1$	$y_3/y_2=k_2$

续表

时　间	观察值 y	逐期增减量	二级增减量	环比发展速度
4	y_4	$y_4-y_3=c_3$	$c_3-c_2=m_2$	$y_4/y_3=k_3$
…	…	…	…	…
趋势预测模型判断	—	—	若 $m_1=m_2=\cdots=m_k$ 抛物线形趋势预测模型	若 $k_1=k_2=\cdots=k_n$ 指数增长形趋势预测模型

当预测目标的时间数列各期二级增减量接近某个常量 m，就可确定预测目标以某种抛物线形的趋势变动。若须对它的未来做出预测，应该选择抛物线形趋势预测模型。如果预测目标的时间数列的各期环比速度十分接近某个常量 k，就说明这一目标以往的变动轨迹呈指数增长型趋势变动，而要对它的未来做出准确预测最好选择指数增长型趋势预测模型。

抛物线形趋势预测模型 $y=a+bt+ct$ 中待估参数有 a、b、c3 个，方法与上面直线趋势预测模型中的 a、b 参数的确定方法一样，也是最小平方法。待估参数的求解标准方程组：

$$\Sigma y=na+b\Sigma t+c\Sigma t^2$$

$$\Sigma ty=a\Sigma t+b\Sigma t^2+c\Sigma t^3$$

$$\Sigma t^2y=a\Sigma t^2+b\Sigma t^3+c\Sigma t^4$$

对 t 进行调整使 $\Sigma t=0$ 则 $\Sigma t^3=0$，计算就会十分简便，t 值为-3，-2，-1，1，2，3。其和为 0，其立方和也为 0。

对于指数增长型趋势预测模型中的 a、b 两个参数的确定，不能直接采用最小平方法，而是应该先做变量转换。具体的步骤：

（1）对 $y=ab^t$ 的等式两端同取对数，这样得：

$\lg y=\lg a+t\lg b$，此时须对各期观察值 y，做 $\lg y$ 的转换。

（2）进行变量转换，令 $\lg y=Y$，$\lg a=A$，$\lg b=B$，则上式转换为 $Y=A+Bt$ 即直线方程式。

（3）利用最小平方法得 A、B 的求解方程组，

$$\Sigma Y=nA+B\Sigma t,\quad \Sigma yt=A\Sigma t+B\Sigma t^2。$$

（4）最后再由 $A=\lg a$ 得出 a 值，$B=\lg b$ 得出 b 值，建立指数增长型趋势模型。

有时会遇到时间数列趋势变动特征的“测定值”，即数列的逐期增长量、二级增长量、环比发展速度，都似乎近似于各自某个相应的常数，但又非那种显见的近似，都属于似是而非的状况。最好的办法是，同时建立几种曲线趋势预测模型，在对同一现象进行预测后，计算各自的估计标准误差 S_y 值，取其中 S_y 值最小的那个预测模型。

◆ 调研窗口 10-6　对中国今后的商品出口走势的预测

对于中国商品出口走势问题的研究是当前国内外许多机构和专家最为关注的问题之一。我们这里仅是为如何选择较合适的预测模型提供一个案例，以此说明选择预测模型的方法（见表 10-14）。

表 10-14　中国历年商品出口额统计表　单位：亿美元

年　度	世界各国商品出口总额		中国商品出口额		中国出口额占世界比例（%）
	绝对额	环比速度（%）	绝对额	环比速度（%）	
1988	28 171.1	—	475.2	—	1.7
1989	30 149.9	107.02	525.4	110.56	1.7
1990	33 936.4	112.56	620.9	118.18	1.8
1991	35 300.0	104.02	720.0	115.96	2.0
1992	37 000.0	104.82	849.4	117.97	2.3
1993	36 870.0	99.65	917.6	108.03	2.5
1994	41 683.0	113.05	1 210.4	131.91	2.9
1995	50 200.0	120.43	1 487.7	122.91	3.0
1996	52 540.0	104.66	1 510.7	101.55	2.9
1997	54 550.0	103.83	1 827.5	120.10	3.3
1998	54 050.0	99.08	1 837.6	100.53	3.4

表中世界各国商品出口总额与中国商品出口额都存在明显的增长速度趋缓的状态，但中国商品出口额在世界各国商品出口总量中的比例呈增长趋势。所以预测中国商品出口额的未来不能采用指数增长预测模型。

修正指数趋势预测模型：$y=a+bc^t=a+K$，$K=bc^t$。此时不能再直接使用最小平方法求解待估参数 a、b、c。对于修正指数趋势预测模型的原数列进行修正，即各期 y 都应减去修正值 a，使之趋近指数增长模型。a 值的计算步骤为先将全部数列分为 3 部分，再计算 3 部分中国商品出口额 y 的平均数。

1988—1991 年：$y_1=\Sigma y/n=475.2+525.4+620.9+720.0/4=585.38$；

1992—1995 年：$y_2=\Sigma y/n=849.4+917.6+1\,210.4+1\,487.7/4=1\,116.28$

1996—1998 年：$y_3=\Sigma y/n=1\,510.7+1\,827.5+1\,837.6/3=1\,725.27$

给出 a 的计算公式如下：

$$a=\frac{y_1\times y_3-{y_2}^2}{y_1+y_3-2{y_2}^2}$$

$a=(585.38\times 1\,725.27-1\,116.28^2)/(585.38+1\,725.27-2\times 1\,116.28^2)$

$=-236\,142/78.09=-3\,024$。

表 10-15　中国商品出口额趋势预测模型计算表

时间	中国出口额 y（亿美元）	t	各段均值	修正数列 $y_i=y-a$	$\lg y_i$	$t\lg y_i$	$\lg K$	修正数列的趋势值 K	预测模型的预测值 $K+(-3\,024)$
1988	475.2	−5		3 499.2	3.544	−17.720	3.531 2	3 397.82	373.82
1989	525.4	−4	y_1=585.38	3 549.4	3.550	−14.200	3.547 4	3 526.96	502.96
1990	620.9	−3		3 644.9	3.562	−10.686	3.563 3	3 658.47	634.47
1991	720.0	−2		3 744.0	3.573	−7.146	3.579 2	3 794.90	770.90
1992	849.4	−1		3 873.4	3.588	−3.588	3.595 1	3 936.41	912.41
1993	917.6	0	y_2=1 116.28	3 941.6	3.596	0	3.611 0	4 083.19	1 059.19
1994	1 210.4	1		4 234.4	3.627	3.627	3.626 9	4 235.45	1 211.45
1995	1 487.7	2		4 511.7	3.654	7.308	3.642 8	4 393.39	1 369.39
1996	1 510.7	3		4 534.7	3.657	10.971	3.658 7	4 557.22	1 533.22
1997	1 827.9	4	y_3=1 725.27	4 851.9	3.686	14.744	3.674 6	4 727.16	1 703.16
1998	1 837.6	5		4 861.6	3.687	18.435	3.690 5	4 903.43	1 879.43
合计	—	0	$a=-3\,024$	—	39.724	1.745	—	—	—

$K=bc^t$，此时 K 是代表修正后的数列的变化趋势，即 y_i 的变动趋势，按指数增长模型的参数求解方法，将等式两端同取对数。$\lg K=\lg b+t\lg c$ 成为直线趋势预测模型，得：

$\lg b=\Sigma\lg y_i/n=39.724/11=3.611$，$b=4\,083.20$。$\lg c=\Sigma t(\lg y_i)/\Sigma t^2=1.745/110=0.015\,9$，$c=1.037\,3$，代入上式：$\lg K=3.611+0.015\,9t$，再将 $t=-5$，-4，-3，-2，-1，0，1，2，3，4，5 代入这一方程，再求反对数值，即可得到修正指数模型的各期趋势值（表 10-15 中的 K 值）。最后减修正值 $a=-3\,024$，就是这个预测模型对各期所做的预测值。若与各期观察值相比，能够得出。S_y 值被很好地控制在较小范围，该模型的模拟效果是较为理想的，此处不再详细介绍。

我们最终得到的修正指数趋势预测模型为：$y=4\,083.20\times 1.037\,3^t-3\,024$

如需要对 2001 年的中国出口额进行预测，$t=8$，$y_{2001}=5\,473.13-3\,024=2\,449.13$（亿美元）。

同直线趋势预测方法一样，各种曲线趋势预测模型所得到的预测结果也仅仅是一个"点估计"值，应该计算预测模型的估计标准误差 S_y，再由此得出预测值的所在区间和确定预测模型是否最佳模型。

10.7 回归与相关预测法

世上任何现象都有其发生变化的因果，所谓因何而起，又以何为结果，是人们分析研究的出发点，当然是市场营销管理者在制定任何决策前思考、判断问题的思维过程的基本要素。在自然科学领域有许多现象的变化早已被人们认识，其变动规律也被用数学公式定理化了。可是还有许多现象，尤其是在人们的视点伸向经济学、管理学领域后，更多现象的变动规律难以定理化，虽然我们知道它们变动的基本形态或趋势，却永远无法做到更加准确。例如，人们可以利用地球和月球运转规律非常精确地计算出潮汐的变化时间，甚至推定潮位的水平。人们虽然知道施肥与农作物产量的变动有关，却可能永远无法在农作物生产过程中，通过设定一定的施肥量，准确估计收获季节来临时最终能获得的产量。

事物之间除了存在因果关系外，还以相关关系作为互相联系的方式，即当人们观察到 A 现象发生变化后，发现 B 现象也会做出相应的改变，但同时人们发现 A、B 两种现象并非属于某种因果关系。例如，消费者的年龄与某种商品的购买量，消费者的居住区域与某种产品的消费需求水平等都属于相关关系现象。

我们总想利用已经掌握其变动规律或者做了完整市场调研的那个现象来预测与其存在某种联系的另一现象，对于存在因果关系的现象，根据已知现象预测未知现象的方法叫回归预测法，而利用存在相关关系的现象进行预测的方法叫相关预测法。两种预测法都须建立预测模型，而建立模型的方法基本相同。所以本章单对回归预测模型的建立进行介绍。

10.7.1 回归预测方法的科学性基础

人们会有这样的疑虑，预测目标虽与已知现象存在因果关系，但不是一一对应的函数关系，这种预测会达到理想的效果吗？我们用表 10-16 所示的例子来进行说明。

表 10-16 氮肥的施肥量与粮食亩产量对照表　　单位：千克

施肥量	各块试验田块上的粮食亩产量	平均亩产量
5	380，430，470，495，506	456.2
8	452，485，508，532	494.3
10	430，498，505，550，565	509.6
13	470，490，530，570，600	532.0

单从每块试验田的亩产量来说，难以看出施肥量与亩产量之间存在什么关系，但是对同一施肥量水平下的试验田亩产量进行平均，就能发现两者之间的关系。由于事物在发展过程中会同时受到多种因素的影响，亩产量的高低就受到地块本身的质量、气温、降水量

和施肥量等的共同影响，只是其中有些因素的影响作用更加显著。通过对“结果因素”即因变量的平均处理，使其他因素的影响作用被削减，从而突出影响最为显著的那个因素（自变量）与因变量之间存在的关系。所以，要发现现象之间是否存在某种数量关系，把握这种关系的密切程度和特征，最后利用这种关系进行预测，都会使用“平均法”。回归预测和相关预测方法都是以“平均分析”作为核心方法的。

利用数理统计学的相关理论，在掌握两个或两个以上现象的变动发展的观察值数据资料后，按照数据所呈现的变化特征，建立相应的数学模型以近似模拟变量之间的联系变动特征，这种数学模型就叫回归预测模型。回归预测方法实际上属于数理统计学的一个重要分支。

10.7.2 简单的一元线性回归预测法

利用一元直线方程式来模拟两个相关现象在变化中呈现的数量特征，这种方程式就叫一元线性回归模型。在市场营销管理实践中，许多现象具有某种因果或相关关系。只要全面收集有关现象的数据，就可建立模拟它们变动关系的回归模型，最简单的是一元线性回归模型。

$y = a + bx$ 在这个回归模型中，a 是截距，当 x=0 时，y 的预测值。b 是斜率，也叫回归系数。确定 a、b 两个参数的取值，基本的方法也是最小平方法，求解的步骤如下：

$$\Sigma y = na + b\Sigma x$$

$$\Sigma xy = a\Sigma x + b\Sigma x^2$$

解上述方程组得出：

$$b=\{\Sigma xy - \Sigma x\Sigma y/n\}\ /\Sigma x^2 - (\Sigma x)^2 / n$$

$$a = \Sigma y/n - b\Sigma x/n$$

收入与支出存在明显的因果关系，而消费者下期的支出水平将直接决定市场的规模。所以市场调研都会将掌握消费者支出水平作为一项重要预测课题。当我们利用图表法，将某地区的消费者收入—支出水平数据在图中绘出，发现收入与支出一一对应的点，在图中呈直线发展，便可用一元线性回归模型来说明收支的变动规律（见表 10-17）。

表 10-17　对某市 20 户家庭月收支数据的回归与相关系数计算表　　单位：千元

调研编号	收入 x	支出 y	xy	x^2	y^2	$\hat{y}$	$(y-\hat{y})^2$
01	4.02	4.05	16.28	16.16	16.40	3.87	0.032
02	1.52	1.82	2.82	2.40	3.31	1.59	0.053
03	3.12	2.79	8.70	9.73	7.78	3.05	0.068
04	5.79	5.44	34.20	33.52	29.59	5.49	0.003

续表

调研编号	收入 x	支出 y	xy	x^2	y^2	$\hat{y}$	$(y-\hat{y})^2$
05	6.02	5.84	35.16	36.24	34.11	5.70	0.020
06	2.81	2.12	5.96	7.90	4.49	2.77	0.423
07	3.58	3.65	13.07	12.82	13.32	3.47	0.032
08	3.90	3.63	14.16	15.21	13.18	3.76	0.017
09	3.65	3.14	11.46	13.32	9.86	3.53	0.152
10	4.41	4.25	18.74	19.45	18.06	4.23	0.001
11	4.01	3.92	15.72	16.08	15.37	3.86	0.004
12	3.90	5.00	19.50	15.21	25.60	3.76	1.538
13	2.73	3.53	9.64	7.45	12.46	2.69	0.706
14	2.37	1.69	4.01	5.61	2.86	2.36	0.449
15	2.59	1.72	4.45	6.71	2.76	2.57	0.723
16	3.80	2.94	11.17	14.44	8.64	3.67	0.533
17	5.32	4.39	23.35	28.30	19.27	5.06	0.449
18	1.88	2.69	5.06	3.53	7.24	1.91	0.608
19	5.15	4.45	22.92	26.52	19.80	4.90	0.203
20	4.82	5.81	28.00	23.23	33.76	4.60	1.464
合计	75.42	72.87	301.67	313.85	297.47	72.84	7.478

$$b= (301.67-75.42\times72.87/ 20)/ 313.85-75.42\times75.42/20 = 26.88/29.44 =0.9130$$

$$a=72.87/20-0.913\ 0\times75.42/20 = 3.643\ 5-3.442\ 9=0.2006$$

$\hat{y} = 0.200\ 6+0.913\ 0x$。当给定一个 x 值后就可利用这一模型预测相应的 y 值水平。不过此时只是对 y 做点估计。要更加准确预测 y 的所在区域，就必须计算 S_y 值。近似的计算公式如同趋势预测中所提到的 S_y 值的公式一样。本例中 S_y=0.415 4。以 95.45%的把握预测 y 所在的区域（置信区间），即 $y-2S_y$ 至 $y+2S_y$。

就这样一个回归预测模型的经济意义看，a=0.200 6 说明，设当地的居民收入为 0，即 x=0，则仍然有消费支出 0.200 6 千元发生，这应该是当地的最低社会福利保险补助水平。而 b= 0.913 0 说明当地居民的收入中有 91.30%会用于消费支出，而储蓄和积累仅为 8.7%。这是几个重要的宏观经济监控指标。

10.7.3　相关系数、可决系数的意义

一元线性回归模型只能告诉我们，已知对象 x 与将要预测的对象 y 两者的数量变动关

系可以通过一元直线方程式来近似地模拟。同时还可以通过 S_y 的大小分析这种模拟效果的好坏。但是在做回归预测前，必须要确信 x 与 y 之间存在一定的线型相关关系，即必须对 x、y 之间是否存在及存在何种程度的线性相关关系进行论证。

数理统计学为说明 x、y 之间是否存在和存在何种程度的线性相关关系提供了相应的方法，这就是计算相关系数 r。r 的计算公式如

$$r=\frac{\sum(x-\bar{x})(y-\bar{y})}{\sqrt{\sum(x-\bar{x})^2}\sqrt{\sum(y-\bar{y})^2}}$$

该市居民收支的相关系数 r=0.8761。

要检验回归预测模型对原数据的拟合程度，数理统计提供另一种方法，即计算可决系数 r，用较为直观的说明，可决系数是说明 y 的变化中可以用 x 来解释的百分比。这个百分比越高，建立起来的回归预测模型用 x 对 y 进行预测的准确性也就越高。本例中 r^2=0.7676，即在 y 的所有变动中有 76.76%是可以用回归预测模型中的 x 来解释的，即来自收入的变化引起的。

10.7.4 一元曲线回归预测法

具有因果关系或相关关系的因素，不会只存在一种线性关系，更多的时候我们会发现因素之间保持曲线关联关系。如果将关联的两个因素一一对应的数据（x_i，y_i）用散点图绘出，即可发现它们的变动轨迹的形态。若呈非直线变动，就应该选择曲线回归模型加以模拟。使用一元曲线回归模型对未知变量进行预测就叫一元曲线回归预测法。在市场营销管理中，某种商品的市场促销成本与销售量之间就呈 $y=a+b(1/x)$双曲线型变化。其他的一元曲线回归模型有：

（1）对数曲线回归模型。$y=a+b\lg x$，令 $X=\lg x$，$y=a+bX$ 成为直线回归模型。

（2）指数曲线回归模型。$y=ae^{bx}$ 等式两端取对数，$\ln y=\ln a+bx$，令 $Y=\ln y$，$A=\ln a$，$Y=A+bx$ 成为直线回归模型。

（3）幂函数曲线回归模型。$y=ax^b$ 等式两端取对数，$\lg y=\lg a+b\lg x$，令 $Y=\lg y$，$A=\lg a$，$X=\lg x$，$Y=A+bX$ 变成直线回归模型。

在建立曲线回归模型后就不能再用相关系数 r 来说明 x、y 之间的相关关系的程度。r 只能说明具有线性相关关系的变量之间的相关关系程度。可见相关系数 r 很小，说明变量之间存在的线性相关关系很低，但无法说明变量之间不存在相关关系，因为可能存在较高的曲线相关关系。

将曲线回归模型转变为直线回归模型的目的是可以采用最小平方法确定 a、b 参数的数值。

10.7.5　多元线性回归预测法

对于某个现象（因变量 y）产生影响的往往不止一个现象（自变量 x），而是有若干个 x_i 在同时影响 y 的变化。若这些自变量对 y 的影响关系都近似于线性关系，就应该建立相应的多元线性回归模型来综合说明各 x_i 与 y 的变化特征，如果以此模型对未来 y 的变化进行预测，效果会更加理想。

多元线性回归模型的一般式：$y=a_0+a_1x_1+a_2x_2+\cdots+a_nx_n$，利用最小平方法得出确定各参数 a_0、a_1、a_2、…、an 的标准方程组。解此方程组便可得到所要求的各个参数。

例如，销售员培训学校十分关注自己的培训效果，它们认为在学校的课程考试成绩 x_1 与实习成绩 x_2，与学员今后到销售岗位的销售额业绩 y 存在密切关系。于是，采取随机抽样的办法，选取从该学校毕业在销售岗位上工作一年左右的 5 位销售员，根据有关数据编制了表 10-18。

表 10-18　销售员在校考试成绩与实习成绩对其未来的销售额的回归分析

周销售额 y（千元）	课程考试成绩 x_1（分）	实习成绩 x_2（分）	y^2	x_1^2	x_2^2	x_1y	x_1x_2	x_2y	$\hat{y}^2$	$(y-\hat{y})^2$
5	4	2	25	16	4	20	8	10	5.35	0.12
12	7	5	144	49	25	84	35	60	11.06	0.88
4	3	1	16	9	1	12	3	4	3.45	0.30
8	6	4	64	36	16	48	26	32	9.15	1.32
11	10	6	121	100	36	110	60	66	11.01	0.00
（合计）40	30	18	370	210	82	274	130	172	40.02	2.62

多元回归模型 $y = a0+a1x1+a2x2$ 模型中的三个参数 $a0$、$a1$、$a2$ 的求解标准方程组如下：

$$\Sigma y = a_0 n + a_1 \Sigma x_1 + a_2 \Sigma x_2$$

$$\Sigma x_1 y = a_0 \Sigma x_1 + a_1 \Sigma x_1^2 + a_2 \Sigma x_1 x_2$$

$$\Sigma x_2 y = a_0 \Sigma x_2 + a_2 \Sigma x_1 x_2 + a_2 \Sigma x_2^2$$

$$40 = 5a_0 + 30a_1 + 14a_2$$

$$274 = 30a_0 + 210a_1 + 130a_2$$

$$172 = 18a_0 + 130a_1 + 82a_2$$

解之，得：$a_0 = 3.5$，$a_1 = -0.975$，$a_2 = 2.875$。二元线性回归模型为 $y = 3.5-0.975x_1+2.875x_2$。回归模型的估计标准误差 $S_y=2.62/(5-3)= 1.31$（千元）。

使用各种回归预测法务必注意以下几点：

- 可决系数与相关系数只对线性回归模型的拟合效果及说明模型中的各自变量 x 与因

变量 y 之间的相关关系的密切程度有效。

- 预测 y 的未来水平时，若使用回归模型，则各自变量值是可由预测者给定的，但其数值不能超出建立模型时所运用的自变量最大与最小值的范围。
- 多元回归模型的建立，需要花费大量的时间，用于计算过程，现在可以借助 SPSS 统计分析软件简化计算工作。

10.8 马尔克夫预测法

10.8.1 马尔克夫链的基本原理

马尔克夫是俄罗斯数学家，他所提出的数学方法也被称为马尔克夫方法。马尔克夫方法已被广泛地运用于天文、气象，在20世纪80年代又被引入经济现象的预测中。

马尔克夫链是针对一个随机系统的变动特征而言的。对于某种现象在时间上的不同变动表现而言，若每次变动都是随机的，而且每次变动后呈现的状态仅与它此次变动前一个状态特征有关，马尔克夫称之为无后效性。此类系统就叫马尔克夫链。马尔克夫链被用于预测系统未来的特征时，有下列几点需要注意。

（1）系统当前所处的状态，即初始状态的特征，由初始状态各种特征的概率表示的行向量说明。

（2）随之而产生的变化，即由初始状态可能向哪几种状态做出改变，以及这种改变发生的概率，由系统将会做出几种改变的概率表示的 $n \times n$ 矩阵（一步转移概率矩阵）说明。

（3）预测第几期后的系统特征就要计算几步转移概率矩阵，而这一矩阵是以一步转移矩阵为依据的。

10.8.2 马尔克夫链的运用

在市场营销管理中常见的现象是，针对某种需求，有许多厂家同时提供自己的产品。而顾客究竟选择购买哪家的产品，受产品质量、厂家的信誉、品牌偏好等因素影响，市场占有率反映市场上顾客整体做出的购买决策，它虽是一个随机变量，但显然受顾客对上次购买行为的评价的影响。显然购买者每次购买决策就是一个典型的“马尔克夫链”。生产商必须准确估计未来市场占有率，为此必须做好几件事情：

- 收集各种有关自己产品的市场状态特征的数据——各生产商产品的市场占有率。
- 收集购买者意图重大转移的情报——购买者可能做出哪些改变，以及这种改变的概率是多少。
- 建立相关的预测模型，如决定采用马尔克夫链预测法。

- 估计未来的市场占有率——对预测结果进行论证，最终确定。

对于一家企业来说，要掌握自己所在的市场上各竞争对手产品的市场占有率可能较为困难。但是，要获得自己的产品销往各重要市场的比率就容易多了。由于这种比率同样受产品是否为各地市场所接受的影响与制约，所以它同样具有马尔克夫链应该具备的特征。例如，方便食品在中国大陆、中国台湾地区和港澳地区都有一定的市场，而畅销中国三地的方便食品又都是三地的食品加工企业生产的。某中国大陆著名方便食品生产商对大陆方便食品的市场占有率做了连续两个季度的市场调研，提供给决策层以下数据。

根据对第一季度的市场调研数据的总结，产自大陆的方便食品，大陆市场销售了 65%，台湾市场销售了 20%，港澳市场销售 15%。

在第二季度的连续调研后得出表 10-19 中的数据：

表 10-19　第二季度各地方便食品市场变动（%）

销售地 / 产　地	大陆地区	台湾地区	港澳地区
大陆厂家	65	23	12
台湾厂家	54	28	18
港澳厂家	60	25	15

若市场调研得出三地方便食品市场变动有明显的季度周期规律。要求对三个季度后的大陆地区方便食品厂家的产品地区销售比率做出估计。步骤应该这样：

有了初始状态的行向量 $S[0.65 \quad 0.23 \quad 0.12]$，进一步转移概率矩阵：

$$p=\begin{pmatrix} 0.65 & 0.23 & 0.12 \\ 0.54 & 0.28 & 0.18 \\ 0.60 & 0.25 & 0.15 \end{pmatrix}$$

要对两个季度后的市场进行预测，必须先算出二步转移概率矩阵，即 p^2

$$p^2=\begin{pmatrix} 0.65 & 0.23 & 0.12 \\ 0.54 & 0.28 & 0.18 \\ 0.60 & 0.25 & 0.15 \end{pmatrix}^2=\begin{pmatrix} 0.6187 & 0.2439 & 0.1374 \\ 0.6102 & 0.2476 & 0.1422 \\ 0.6150 & 0.2455 & 0.1395 \end{pmatrix}$$

马尔克夫预测模型为：

$$[0.65 \quad 0.20 \quad 0.15]\begin{bmatrix} 0.6187 & 0.2439 & 0.1374 \\ 0.6102 & 0.2476 & 0.1422 \\ 0.6150 & 0.2455 & 0.1395 \end{bmatrix}=[0.6164 \quad 0.2449 \quad 0.1387]$$

这样可以预测在第三个季度中中国大陆方便食品生产商所生产的方便食品在中国大陆市场的销售比率为 61.64%，在台湾市场的销售比率为 24.49%，而销往港澳市场的约占 13.87%。

本章小结

市场调研者的最终目的或许不是仅仅掌握研究对象过去是怎样的，现在又怎么样了，还要了解将来会出现什么。只有利用调研资料、信息对研究对象的未来进行各种分析、预测，资料与信息才真正地得到了充分的利用。

市场预测有数学模型预测方法和非数学模型预测方法两大类。购买者意图预测法与德尔菲法属于后者，预测者不应该指望采用数学模型预测方法能够使自己对预测对象的未来做准确的定量预测和推断，但是，这绝不是说，非数学模型预测方法就一定不具备可信性、准确性，而仅仅是这类预测方法不可能为预测者提供有关准确性、可靠性的结论。

市场预测者可以采用数学模型方法对未来对象的可能变化做出分析、推断。同样在做这种预测前，预测者务必对自己借以分析推测的数据——调查资料、信息是否满足随机性进行论证，一切数学模型预测方法的一个共同基本前提就是调查资料必须满足随机性特征。

在采用数学模型预测方法前，预测者可以根据预测资料的特征，决定采用什么曲线以“近似地模拟”。这种方法简单而有效。

现象之间会呈现出形形色色的数量关系，可以将其归结为两类：函数关系与相关关系。而预测者正是利用相关关系很像函数关系，而将具有较高相关关系的两组数据加以整合，得出模拟这两组数据的数量联系模型——回归预测模型。

随着 SPSS 统计分析软件的不断更新发展，可以更好地满足市场调研人员的预测研究需要。

练习题

1. 市场信息分析有哪些推理方法？
2. 市场调研的列表分析方法有哪些实际运用价值？
3. 非统计分析方法的含义与方法有哪些？
4. 市场预测的方法有哪些科学性？在使用时又有哪些局限性应该引起市场调研人员注意？
5. 实施购买者意图预测方法是否有条件的限制？这些条件又是哪些？
6. 调研人员可以采用哪些购买者意图预测方法？这些方法又是为预测什么目标而决定采用的？
7. 请指出实施德尔菲法应该经过的所有环节，以及具体操作内容。
8. 调研人员在采用季节预测方法时应该注意什么？
9. 趋势预测方法的理论依据是什么？各种趋势预测方法都有哪些局限性？
10. 非直线趋势预测方法有哪些？在采用前数据应该有什么特征？

11. 数据之间具有的相关关系与函数关系有何异同?

12. 相关系数与可决系数在预测和分析中各有什么作用? 两种系数之间存在什么数量关系?

13. 马尔克夫链预测方法的原理是什么?

◆ 案例讨论

数据挖掘的 10 种分析方法

1. 记忆基础推理法(Memory-Based Reasoning, MBR)

记忆基础推理法最主要的概念是用已知的案例(case)来预测未来案例的一些属性(attribute),通常寻找最相似的案例来做比较。

记忆基础推理法中有两个主要的要素,分别为距离函数(distance function)与结合函数(combination function)。距离函数意在找出最相似的案例,结合函数则将相似案例的属性结合起来,以供预测之用。记忆基础推理法的优点是它容许各种型态的数据,这些数据不须服从某些假设。另一个优点是其具备学习能力,它能借由旧案例的学习来获取关于新案例的知识。较令人诟病的是它需要大量的历史数据,有足够的历史数据方能做良好的预测。此外记忆基础推理法在处理上较为费时,不易发现最佳的距离函数与结合函数。其可应用的范围包括欺骗行为的侦测、客户反应预测、医学诊疗、反应的归类等。

2. 市场购物篮分析(Market Basket Analysis)

购物篮分析最主要的目的在于找出什么东西应该放在一起。商业上的应用在于由顾客的购买行为了解是什么样的顾客及这些顾客为什么买这些产品,找出相关的联想(association)规则,企业通过这些规则的挖掘获得利益与建立竞争优势。举例来说,零售店可由此分析改变置物架上的商品排列或设计,吸引客户的商业套餐等。

购物篮分析基本运作过程包含 3 点:

(1)选择正确的品项。这里所指的正确是针对企业而言,必须要在数以百计、千计品项中选择出真正有用的品项出来。

(2)经由对共同发生矩阵(co-occurrence matrix)的探讨挖掘出联想规则。

(3)克服实际的限制。所选择的品项越多,计算所耗费的资源与时间越久(呈现指数递增),此时必须运用一些技术以降低资源与时间的损耗。

购物篮分析技术可以应用在下列问题上:

(1)针对信用卡购物,能够预测未来顾客可能购买什么。

(2)对于电信与金融服务业而言,经由购物篮分析能够设计不同的服务组合以扩大利润。

（3）保险业可由购物篮分析测试出可能不寻常的投保组合并预防。

（4）对病人而言，在疗程的组合上，购物篮分析能作为是否这些疗程组合会导致并发症的判断依据。

3．决策树（Decision Trees）

决策树在解决归类与预测上有着极强的能力，它以法则的方式表达，而这些法则是以一连串的问题表示出来的，经由不断询问问题最终能导出所需的结果。典型的决策树顶端是一个树根，底部有许多的树叶，它将记录分解成不同的子集，每个子集中的字段可能都包含一个简单的法则。此外，决策树可能有着不同的外形，如二元树、三元树或混和的决策树形态。

4．基因算法（Genetic Algorithm）

基因算法学习细胞演化的过程，细胞间可经由不断的选择、复制、交配、突变产生更佳的新细胞。基因算法的运作方式也很类似，它必须预先建立好一个模式，再经由一连串类似产生新细胞过程的运作，利用适合函数（fitness function）决定所产生的后代是否与这个模式吻合，最后仅有最吻合的结果能够存活，这个程序一直运作直到此函数收敛到最佳解。基因算法在群集（cluster）问题上有不错的表现，一般可用来辅助记忆基础推理法与类神经网络的应用。

5．群集侦测技术（Cluster Detection）

这个技术涵盖范围相当广泛，包含基因算法、类神经网络、统计学中的群集分析，都有这个功能。它的目标为找出数据中以前未知的相似群体，在许许多多的分析中，刚开始都运用到群集侦测技术，以作为研究的开端。

6．连结分析（Link Analysis）

连结分析是以数学中的图形理论（graph theory）为基础，借由记录之间的关系发展出一个模式，它是以关系为主体，由人与人、物与物或人与物的关系发展出相当多的应用。例如，电信服务业可借连接分析收集顾客使用电话的时间与频率，进而推断顾客使用偏好，提出有利于公司的方案。除了电信业之外，越来越多的营销管理者也利用连结分析做有利于企业的研究。

7．在线分析处理（On-Line Analytic Processing，OLAP）

严格说来，在线分析处理并不算特别的一个数据挖掘技术，但是透过在线分析处理工具，使用者能更清楚地了解数据所隐藏的潜在含义。如同一些视觉处理技术一般，透过图表或图形等方式显现，对一般人而言，感觉会更友善。这样的工具亦能辅助将数据转变成信息的目标。

8．类神经网络（Neural Networks）

类神经网络是以重复学习的方法，将一串例子反复学习，使其归纳出足以区分的样式。若面对新的例证，神经网络即可根据其过去学习的成果归纳后，推导出新的结果，乃属于机器学习的一种。数据挖掘的相关问题也可采类神经学习的方式，其学习效果十分正确并可做预测功能。

9．区别分析（Discriminant Analysis）

当所遭遇问题如其因变量为定性（categorical），而自变量（预测变量）为定量（metric）时，区别分析为一种非常合适的技术，通常应用在解决分类的问题上面。若因变量由两个群体所构成，称为双群体区别分析（Two-Group Discriminant Analysis）；若由多个群体构成，则称为多元区别分析（Multiple Discriminant Analysis，MDA）。

（1）找出预测变量的线性组合，使组间变异相对于组内变异的比值为最大，而每个线性组合与先前已经获得的线性组合均不相关。

（2）检定各组的重心是否有差异。

（3）找出哪些预测变量具有最大的区别能力。

（4）根据新受试者的预测变量数值，将该受试者指派到某一群体。

10．罗吉斯回归分析（Logistic Analysis）

当区别分析中群体不符合常态分配假设时，罗吉斯回归分析是一个很好的替代方法。罗吉斯回归分析并非预测事件（event）是否发生，而是预测该事件的概率。它将自变量与因变量的关系假定是 S 形的形状，当自变量很小时，概率值接近为零；当自变量值慢慢增加时，概率值沿着曲线增加，增加到一定程度时，曲线斜率开始减小，故概率值介于 0 与 1 之间。

问题讨论

这些分析方法各有哪些长处？需要借助哪些分析技术和软件？

第 11 章

SPSS 在市场调研中的运用

◆ 引导案例

让您的毕业生更有就业竞争力

经济的发展向教育界提出了更高的要求，学生也面临着越来越大的就业竞争压力。随着市场的进一步规范和商业竞争的日益加剧，企业越来越重视职员的数据分析能力，尤其是管理、咨询和市场营销类工作岗位对此种能力的要求几乎成为招聘、录用的必不可少的条件。

作为业界领先的统计产品和服务解决方案的供应厂家，SPSS 在统计分析方面有超过 30 年的经验，提供从数据输入、探索分析、分析报告、建立模型、预测分析到结果发布的完整解决方案，国内高校相关科系（统计学、应用数学、经济学、教育学、心理学、医学、生物学、工商管理、MBA、气象学和社会学等）普遍开设了 SPSS 课程，掌握 SPSS 已经成为学生应聘成功的明显优势之一。

——SPSS 公司在 2002 年向有关目标顾客寄发的一份贺卡广告

本章主要学习内容：

- SPSS 的基本特点
- SPSS 在描述性分析与方差分析中的运用
- SPSS 在市场调研相关分析中的运用
- SPSS 在市场调研回归分析中的运用
- SPSS 在市场调研报告绘制图表中的运用

11.1　SPSS 的基本特点

11.1.1　SPSS 的基本特点

SPSS 的全称是 SPSS for Windows。它是在 Windows 系统下运行的社会科学统计软件包（Statistics Package for Social Science）。作为当前国际最流行的三大统计分析软件之一，SPSS for Windows 被广泛运用于宏观与微观经济分析、管理决策制定、管理信息分析，以及各种数据处理与分析工作之中，取得了极大的成功。SPSS for Windows 软件深得各行各业有关人士的喜爱。其软件也在不断更新之中。本章以 SPSS for Windows 12.0 版本为例介绍 SPSS 的使用方法。SPSS 之所以吸引初学者有 4 个方面原因。

（1）操作简便。SPSS 除数据输入需要通过键盘完成外，其他绝大多数操作都是通过“菜单”“按钮”“对话框”“指令”等来完成的。

（2）完全的 Windows 界面。初学者能更快地掌握 SPSS 的基本操作及运用的技能，即更加易于掌握。

（3）多种统计分析、计算功能。随着 SPSS 版本的更新，各种统计分析功能不断增加，使分析功能逐渐强大。各种统计分析方法都通过“菜单”和“对话框”来完成，无须使用者编写相应的程序。

（4）丰富的图表表达功能。SPSS 除具有多种统计分析方法外，还有多种图表制作与表达的功能，使用者撰写的调研报告具有图文并茂的效果。

11.1.2　SPSS 的主菜单

启动 SPSS 后，在屏幕上就显示出其主画面。此时出现一个可扩展的平面二维表格，在这个表格的最上方平行排列出由 10 个菜单项组成的主菜单。当使用者利用 New Data 新数据窗输入数据，或者读入一个数据文件后，即可使用主菜单中列出的各菜单项所包含的特殊功能，进行预定的分析工作。这是一个可以由使用者根据自己的需要编辑数据文件的窗口，故称其为数据编辑窗 Data Editor。这个窗口上显示的 10 个菜单项（见图 11-1）及功能如下。

（1）File 文件操作。在这个菜单项中主要包含这样一些子菜单：New 建立新文件，Data 建立新数据文件，Output 建立新的输出结果文件，Open 打开文件、读取数据文件，Save 储存当前数据文件，Save As 另存当前数据文件，Print 打印。

（2）Edit 数据编辑。在这个菜单项中包括这样一些子菜单：Undo 恢复删除或修改数据，Copy 复制数据，Paste 粘贴数据，Clear 清除数据，Find 寻找数据。

图 11-1　SPSS 的主菜单

（3）View 观察视图。该菜单项包括这样一些主要的子菜单：Status Bar 状态栏，Toolbars 工具栏，Fonts 字体设置，Value Labels 变量值标识。

（4）Data 数据文件建立与编辑。该菜单项拥有这样一些主要子菜单：Define Variable 定义变量，Define Dates 定义日期，Templates 定义模板，Insert Variable 插入变量，Insert Case 插入个案，Split Cases 数据文件的拆分、合并组合。

（5）Transform 数据转换。对于市场研究人员来说，这个菜单项中具有一定作用的子菜单有：Compute 计算新变量，Count 计数，Recode 编码，Automatic Recode 自动重新编码，Create Time Series 建立时间序列。

（6）Statistics 统计分析。在 SPSS 中最有意义的子菜单就在于此，作为市场调研中使用的统计分析方法，如果掌握这里提供的分析方法程序，无疑将对及时得出更加准确的分析结果有很明显的帮助。在 SPSS for Windows 9.0 版中，包括 13 个子菜单，它们是：Reports 统计报表，Descriptive Statistics 描述性统计分析，Compare Means 均值比较，General Linear Model 一般线性模型，Correlate 相关分析，Regression 回归分析，Loglinear 对数线性分析，Classify 分类分析，Data Reduction 数据简化分析，Scale 尺度分析，Nonparametric Tests 非参数检验，Survival 生存分析，Multiple Response 多元分析。

（7）Graphs 统计图表建立。在撰写调研报告时若有计算机作为辅助工具，不仅可以提高图表的绘制速度，更可以使各种统计图表绘制得更加准确、精制。在这个菜单项里，包含许多具体的工具，与市场调研报告相关图表绘制有关的工具有：Interactive 交互绘图，

Bar 条形图，Line 线图，Area 面积图，Pie 饼图，Pareto 帕累托图，Box plot 箱型图，Scatter 散点图，Histogram 直方图和 Time Series 时间序列图。

（8）Utilities 实用程序。该菜单项中可以使用的子菜单有：Variables 变量列表，File Info 文件信息，Define Sets 定义设置。

（9）Window 窗口控制。主要的子菜单：Minimize All Windows 最小化所有的视窗。

（10）Help 帮助。该菜单项中设有的主要子菜单：Syntax Guide 语法程序指南，Base 基础，Regression Models 回归模型，Advanced Models 高级统计模型，Statistics 统计学辅导。

11.1.3　最初的操作：SPSS 的数据输入、调用与储存方法

调研人员必须在建立一个数据文件后，再利用 SPSS 对这一数据文件中的指定分析内容做出分析或其他处理。当然调研人员也可以对一个自己曾经分析过的数据文件，按新方法再次进行分析，这叫调用原来存入的某个文件。而调用这个文件前必须掌握储存数据文件的方法。

调研人员首先要将一个新的数据文件录入 SPSS 软件中，怎样输入一份经过其他调研人员审核、已经编制好的统计表？如编辑人员将数据交给数据处理人员，后者就要输入有关资料，建立一个新的数据文件。图 11-1 是中国 30 个省、市、自治区人均食品、人均收入和粮食单价的统计数据。操作过程如下：

（1）进入 Untitled 对话框。双击 SPSS 图标，即可进入 Untitled-SPSS for Windows Data Editor。计算机屏幕上就会出现 Untitled 对话框。如果你安装的是 SPSS for Windows 12.0 版的软件，当你打开 SPSS 后，屏幕上就出现 Untitled SPSS for Windows 的对话框。在此框的左下方有“Data View”“Variable View”两个键。

（2）逐个定义变量。在 Untitled 对话框中 Variable View 是深色掩盖的，单击后就被激活，在屏幕出现新的定义变量对话框。这个屏幕中的两维表格的最上行是 10 个键：Name 定义变量名称、Type 定义变量类别、Width 定义变量宽度、Decimals 变量值的小数位数、Label 变量标签、Values 定义变量的重要性、Missing 缺省值、Columns 数据排列方式、Align 对齐格式和 Measure 度量，如图 11-2 所示。

在将第一个变量名“地区”用键盘输入后，再单击 Type 键就出现一个 Variable Type 定义变量类别对话框。该对话框中有以下内容：Numeric 数值型变量、Comma 带豆点的数值型变量、Dot 带圆点的数值型变量、Scientific notation 科学计数法、Date 日期型变量和 Dollar 带美元符号的数值型变量。

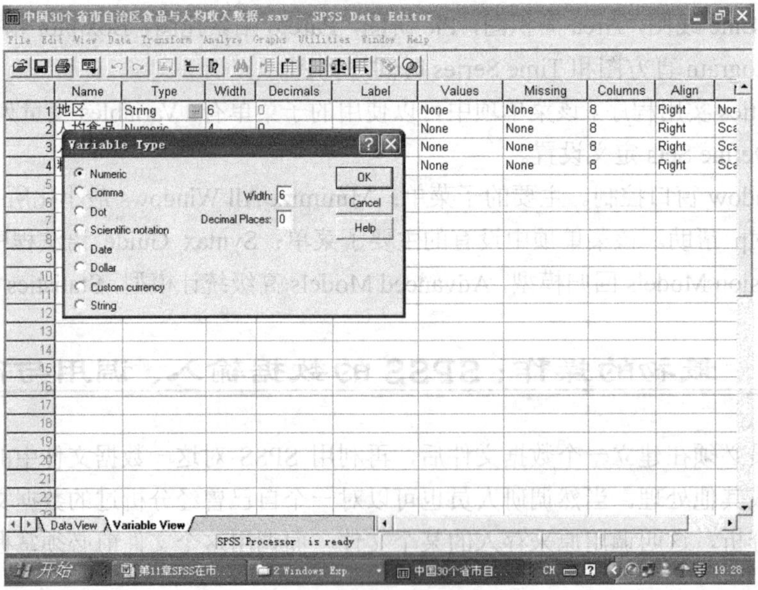

图 11-2 Type 对话框

用鼠标单击 Numeric 键将其激活。在 Type 对话框中出现 Width 与 Decimal 两个选择空格。Type 对话框默认的宽度是 8，默认的小数位数是 2。调研人员可以根据自己需要，对上述两者进行调整。例如，“地区”的宽度应该由 8 改为 2，Decimal 也应由 2 改为 0。

（3）输入数据。再用鼠标单击 Data View ，此时屏幕上出现标题为“地区”“人均食品”“人均收入”“粮食单价”4 列。可以根据实际数据一一输入。最后在计算机屏幕上出现自己想要的数据文件。

11.1.4 SPSS 的数据整理功能

SPSS 中的菜单项 Data 具有多种数据整理功能，单击 Data 后就会下拉一个菜单，具有 11 种数据整理功能。在市场调研中研究人员经常会使用的数据整理工作有以下几种：

（1）变量排序。选择 Sort Cases 即在屏幕中出现一个对话框，如图 11-3 所示。

研究人员若想得到一个按人均食品量从小到大的数据文件，可用鼠标单击“人均食品”，此时箭头呈现，单击此箭头在“Sort by”框中就出现“人均食品”。再在“sort order”中选择“Ascending”后再单击“OK”，原数据即变为人均食品自小到大的新变量。可以同时对几个变量进行排序。但此时的排序结果是首先在第一个排序变量的基础上进行的，即在人均食品排序的基础上再对人均收入高低等进行再排序。

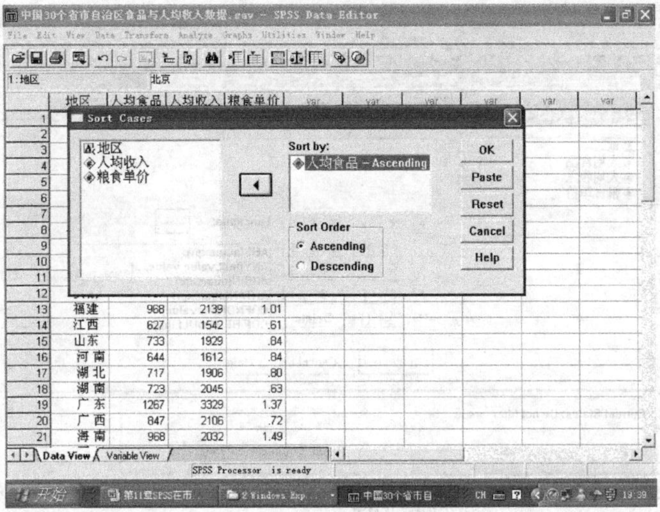

图 11-3　Sort Cases 对话框

（2）选择一定值域的变量值。研究人员在进行统计分析时往往需要取一定值域的变量值，进行某种数量分析。同样在“Data”菜单中选择“Select Cases”，单击此键就出现一个“Select Cases”对话框。如图 11-4 所示。用鼠标单击“人均食品”，单击箭头使框中出现“人均食品”，再单击“If condition is satisfied ”的“if”键，就出现一个“Select Cases if ”对话框，如图 11-5 所示。此对话框中设有多种运算公式的符号，研究人员可以按预定要求，确定“人均食品”变量的值域范围，完成后单击“Continue”键，再回到“Select Cases”对话框。

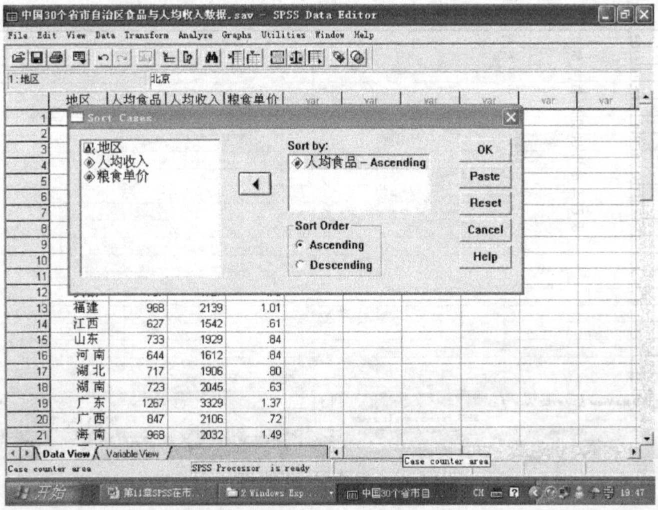

图 11-4　Select Cases 对话框

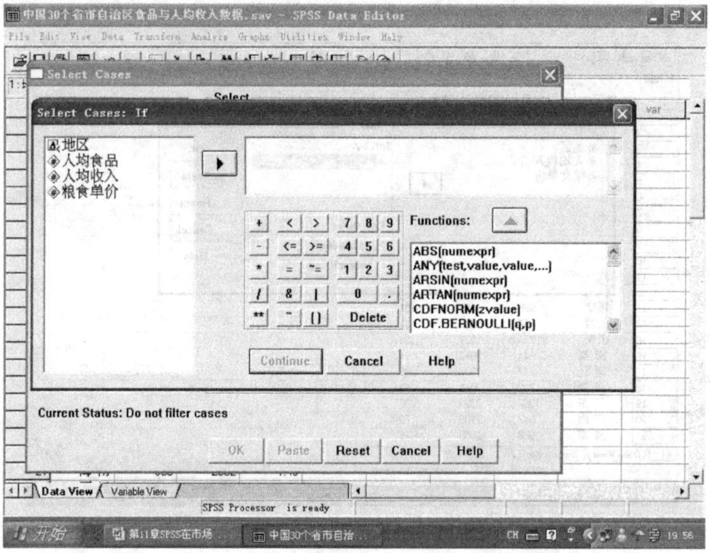

图 11-5 Select Cases：if 对话框

（3）变量加权。在统计分析中常需要对变量计算“加权算术平均数”或对这种数据进行频数分布分析。我们可以利用 SPSS 中的某些功能来完成这项分析任务。假设有一项这样的数据资料，日平均生产量为 X，相应的工人数为 f。先输入上述数据，建立好一个新的数据文件，如图 11-6 所示。

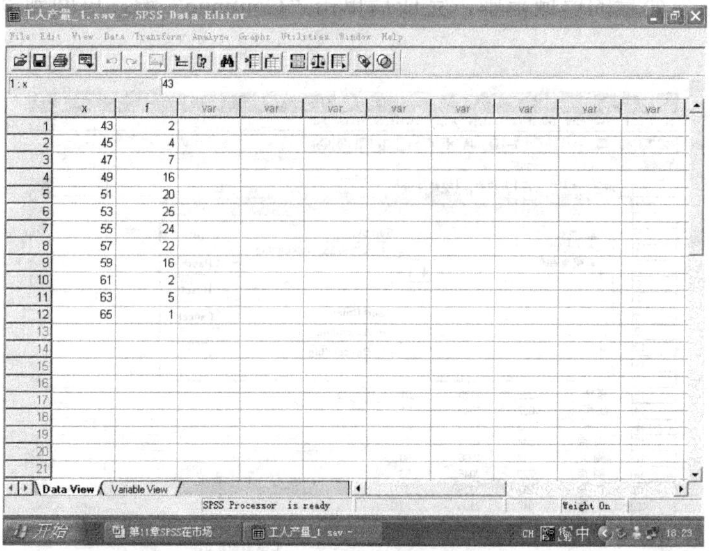

图 11-6 工人产量数据文件

选择“Data”主菜单项中的“Weight Cases”，就会出现“Weight Cases”对话框，如图

11-7 所示。本例中的权数是“f”，所以激活“weight cases by”，箭头显示，用鼠标点左框中的“f”使其成为蓝色，再单击箭头，右框中就会出现 f，单击“OK”。再选择“Analyze”主菜单项中的“Descriptive Statistics”中的“Frequencies”，在“Frequencies”对话框中单击统计功能键“Statistics”，再次出现“Statistics”对话框。研究人员按照统计分析的预定要求选择相应的统计分析指标，如平均数、均方差等。单击“Continue”键后又回到“Frequencies”对话框，再单击对话框下方的“Charts”作图。在“Charts”对话框中有条形图、饼图和直方图 3 种选择。在做好选择后单击“Continue”回到“Frequencies”对话框，单击“OK”键就会出现分析结果，即按照研究人员的指令绘制的图。

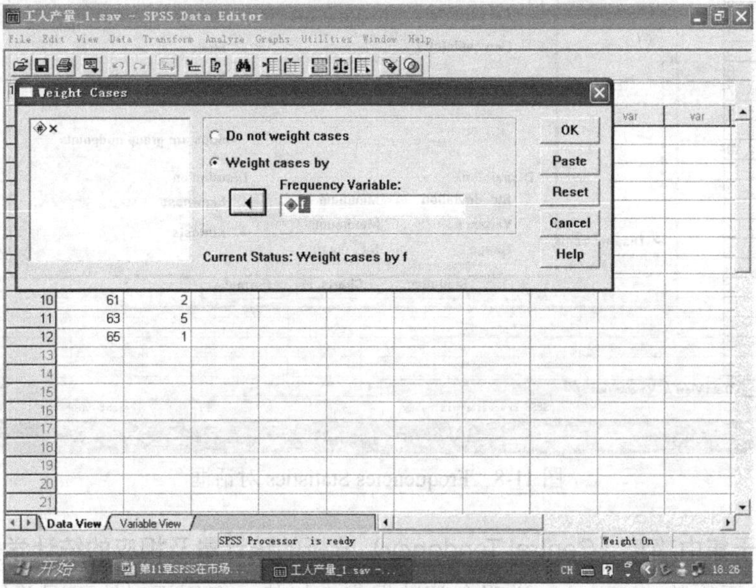

图 11-7　Weight cases 对话框

11.2　SPSS 在描述性分析与方差分析中的运用

在市场调研者对数据进行分析处理时，会先使用各种描述性统计分析方法来概括或说明整个数据的基本特征，以便在此基础上进行深入的分析。对于 SPSS 来说完成对一个数据文件的描述分析很简单。

11.2.1　变量的分布分析

在此前介绍的频数分析仅是 SPSS 诸多分析功能的一小部分。在调查取得丰硕成果后，研究人员就须对数据分布的特征进行分析，通常称为“离散趋势分析”和“集中趋势分析”。

在 SPSS 的“Analyze”主菜单项中选择“Descriptive Statistics”描述性统计模块，其中“Frequencies”频数分布分析子模块。在“Frequencies ”中就设有统计分析“Statistics”作图“Charts”和分析数据输出格式“Format”。在“Frequencies”对话框中单击“Statistics”后就会出现一个新的对话框，如图 11-8 所示。

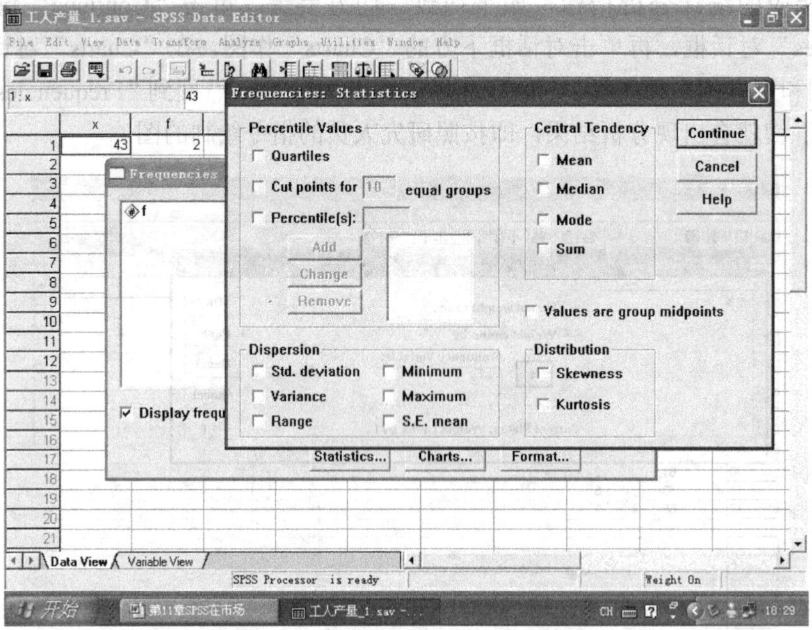

图 11-8 Frequencies Statistics 对话框

1. 适用于集中趋势（Central Tendency）分析的统计量及相应的统计学知识

（1）算术平均数（Mean）。说明全部数据集中趋势，多用于对比不同总体同类现象之间数量水平上的高低。例如，用两组人群的平均身高来说明对比的人群整体身高水平上的差异。在数量统计学上又称为“数学期望值”。

（2）中位数（Median）。说明全部数据的次序中心所在，例如，人群按身高自矮向高顺序排队，处于 N+1/2 位置上的那个人的身高水平即该群人的中位数身高。中位数能够较好地避免受到极端数值的干扰影响，研究人员时常会采用中位数而不是算术平均数，来说明全部数据的集中倾向。

（3）众数（Mode）。全部数据中出现次数（频数）最多的那个水平值。例如，有 1 / 2 的人的身高在 1.72 米，则 1.72 米就是众数身高。众数是一种计算最方便的集中趋势值。

（4）总数（Sum）。全部变量值的累计总和。

2. 适用于离散趋势（Dispersion）分析的统计量及相应的统计学知识

（1）标准差（Std. deviation）。也叫均方差，是衡量全部数据与其算术平均数离差程度的重要标准。标准差数值越大说明数据之间的差异越大。

（2）方差（Variance）。数据离差的平方和，在数理统计学中经常运用的重要指标。

（3）极差（Range）。也叫全距，说明在全部数据中最大值与最小值之间的离差。

（4）最大值（Maximum）。全部数据中最大的那个数值，如全体中最高者的具体身高。

（5）最小值（Minimum）。全部数据中最小的那个数值，如全部人群中最矮的那个人的具体身高。

离散趋势与集中趋势是对调查数据的分布特征进行分析的一对矛盾的度量方法。例如，一组数目不少的人群中，度量他们的身高就会发现：每个人的身高与平均身高的“距离”是不相等的。整体的这种“距离”若用一个综合标准来衡量，它就是“离散趋势值”。因此，离散趋势值越大，说明就某种观测数据从整体上讲，分布得越分散，就像俗话说的“参差不齐”。

3．适用于变量分布（Distrbution）特征分析的统计量及相应的统计学知识

（1）偏态系数（Skewness）。与对称分布相对而言的变量分布图形呈现不对称分布。在对称分布条件下，算术平均数、中位数和众数恰好为同一水平值。若以算术平均数为中心，以同样“距离”大于和小于平均数的变量值的频数或频率也恰好是相等的，例如，人群的平均身高 1.70 米，身高在 1.65～1.70 米的有 20 人，身高在 1.70～1.75 米的人也刚好是 20 人，其他身高的人群分布呈同样状态，反之即呈偏态分布。呈偏态分布的数据还有正偏态分布与负偏态分布之分。通常用算术平均数与众数相对比，当算术平均数较大时，则偏态系数大于 0 为正偏态分布，反之小于 0 则为负偏态分布。偏态系数的绝对值的大小说明偏态的剧烈程度。由于测定偏态程度的方法有多种，所以一般以正态分布为标准，确定其偏态系数为 0。定义实际偏态系数大于 0 即为正偏态分布，小 0 则为负偏态分布。

（2）峰度系数（Kurtosis）。代表全部数据与算术平均数之间的差异程度大小，即集中在平均数周围的变量值的多寡程度，若集中在平均数周围的数值多，其分布的曲线图形越是“陡峭”，形如山峰。峰度也有 3 种：常态峰（normal-kurtosis）、尖顶峰（lepto-kurtosis）和平顶峰（platy-kurtosis）。同样测定峰度的方法有几种，峰度系数也有多种计算方法。一般也是以常态峰的峰度系数为衡量标准，定义大于该值的就属尖顶峰状分布，反之，小于该值就属平顶峰状分布。峰度系数的绝对值越大，数据的分布在图形上越“高耸陡峭”，反之就越“平缓”。

还有两个系数的标准误，偏度系数标准误（S.E.Skew）和峰度系数标准误（S.E.Kurt）。由于采用抽样调查，所得结果也是对总体“真值”的一种估计，因此总会存在一定的估计误差。若这两个标准误过大，研究人员就应对自己得出的峰度系数、偏度系数多加小心。

4．百分位数值（Percentiles Values）的定义

（1）四分位数（Quartiles）的确定。研究人员若需要将全部数据等分成 4 部分，就可

用鼠标激活此键，全部数据有三个四分位数，其中，第二个四分位数就是中位数。四分位数之间的差异大小也从一定程度上说明调查数据的集中或分散状况。

（2）其他等分方式的选择（Cut point for equal groups）。研究人员可在框中按照自己的要求通过键盘输入数值，计算机的默认值是10，即10分位数。完成后单击“Continue”键回到“Frequencies”对话框。

5. 图形类型选择

在Frequencies对话框的制图功能Charts中只有4种图形可供选择，如图11-8所示。

（1）None不作图。在最后输出的分析结果中，只有有关表格，即整理后的数据列表，而没有任何统计图。

（2）Bar Charts条形图。将有关数据的分析结果用条形图的形式输出，获得数据分布特征的形象认识。

（3）Pie Charts饼图。在对研究对象的构成结构分析时，都采用饼图这种形式。

（4）Histograms直方图。这也是一种较为常见的图形。在选择“Histograms”后，对话框会请使用者继续选择With normal curve将正态曲线加入直方图。单击语句前的空格表示希望在输出的直方图中有正态曲线作为对比的背景。

6. 图形标识选择

在将要输出的图形为条形图或饼图时，研究人员可以对变量的权数加以定义。有两种选择：

（1）Frequencies频数。一般也就是该变量的加权权数的实际计量单位，常用实物计量单位，即在条形图中的高度或饼形图的扇面大小都是变量值的实际频数。

（2）Percentages百分数。用相对数作为计量单位，图最终说明变量在各个具体值域中所占的比例，即条形图的高度或饼形图的扇面大小是该变量值的单位数在整体中所占的比例。

在研究人员选择直方图时，图形标识选择是隐藏的，也就无法加以利用。完成图的形式定义后，单击“Continue”键，回到“Frequencies”对话框。最后定义频数分布表输出格式。单击“Frequencies”对话框的“Format”进入频数分布格式（Frequencies Format）对话框。

7. 变量排序方式

有4种选择键，分别根据变量值大小和各变量值的计数多少，按升序或降序方式输出数据分析表。

（1）Ascending values。输出的数据中变量值按由小到大的次序排列。

（2）Descending values。输出的数据中变量值按由大至小的顺序排列。

（3）Ascending counts。按变量值的计数多少由少到多的次序排列。

（4）Descending counts。按变量值的计数多少由多到少的顺序排列。

为说明问题，利用图 11-6 的数据文件得出以下分析结果，如表 11-1 所示。

表 11-1　工人产量的统计分析结果

Mean（均值）		54.00
Std. Error of Mean（均值误差）		2.08
Median（中位数）		54.00
Mode（众数）		43.00
Std. Deviation（标准差）		7.21
Variance（方差）		52.00
Skewness（偏度系数）		0.00
Std. Error of Skewness（偏度系数标准误）		0.637
Kurtosis（峰度系数）		–1.232
Range（全距、极差）		22.00
Minimun（极小值）		43.00
Maximun（极大值）		65.00
Sum（总计）		648.00
Percentiles（四分位数）	25（第一四分位数）	47.50
	50（第二四分位数）	54.00
	75（第三四分位数）	60.50

中位数均值数完全相等且偏度系数为 0，数据呈对称分布。峰度系数为负数且绝对值并非很大，所以数据呈平顶峰状。

11.2.2　变量关系分析

变量关系分析是在频数分布分析的基础上对调查数据做进一步深入分析，目的是找到引发问题的关键原因，在市场调研中又称为“探索性分析（研究）Explore”。与其他的统计分析，如相关分析、回归分析、因子分析，不同，仍然属于基本统计分析。这一节主要介绍“Analyze”主项目菜单中“Descriptive Statistics ”模块的“Explore”子模块。

在调出某个数据文件后，研究人员通过“Analyze”→“Descriptive Statistics”→“Explore”进入 Explore 对话框，如图 11-9 和图 11-10 所示。

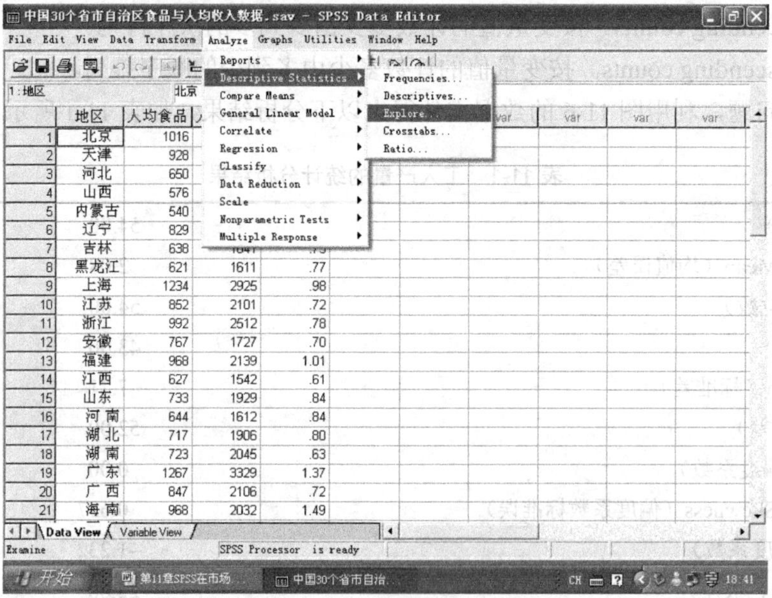

图 11-9 Explore 对话框的操作过程

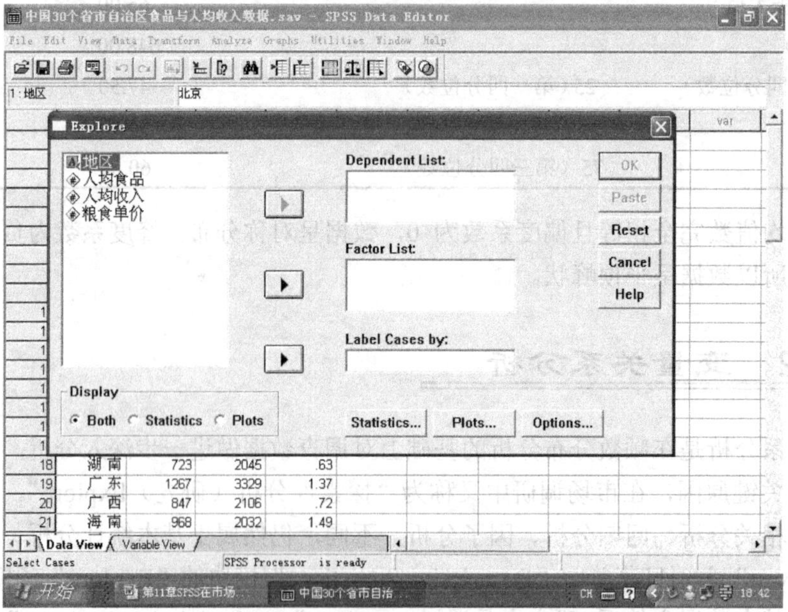

图 11-10 Explore 对话框

1．Explore 探索性分析对话框的运用

在分析前已经输入了一个对 245 名被调查者进行调查而获得的关于月薪 x_1、性别 x_2、年龄 x_3、工作年限 x_4、受教育程度 $x5$ 的数据文件。现在欲对其进行有关分析。

（1）Dependent 因变量的设定。在 Explore 对话框中，研究人员首先要设定哪些变量是因变量。这里可以一次设置几个变量作为因变量。用鼠标点击左框中列举的变量中所确定的变量，使其呈蓝色后再单击箭头键，即在“Dependent”下的空框中出现。

（2）Factor List 自变量的设定。在这个对话框中同样可以在设置自变量时一次设置数个自变量，方法与设置因变量时相同。

（3）Display 显示图形的确定。有三种选择：Both 即同时显示统计量与相应的图形，Statistics 只显示统计量不显示图形，Plots 只显示图形不显示统计量。

完成上述设置后单击“Statistics”进入“Explore　Statistics”对话框，如图 11-11 所示，再进行其他设置。

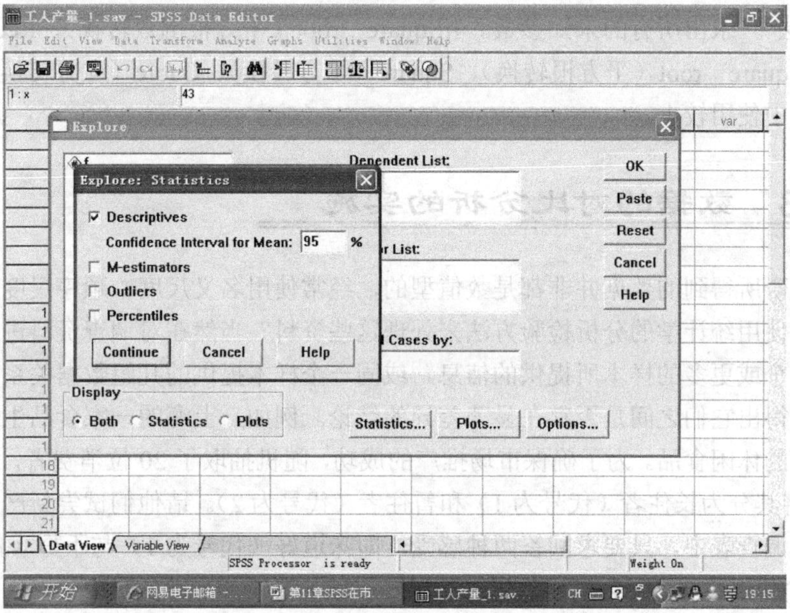

图 11-11　“Explore Statistics”对话框

2．Explore Statistics 探索性分析的统计量的设定

（1）Descriptives。设有描述性统计量及平均数的置信区间（度），计算软件原定值是 95%，即研究人员推定自己估计的那个总体指标的取值有 95%的概率落在确定的估计区间范围内。研究人员可以通过鼠标与键盘输入自己需要的置信度数值。在统计学上使用置信度是研究人员需要对所得出的统计量的真值在相应区间中存在的把握程度的高低。

（2）M-estimators 位置参数的最大似然估计值。用鼠标单击后，在数据输出时选择包含此数值。在市场调研中这个值的具体用途不大。

（3）Outliers 显示 5 个最大和 5 个最小的变量值。在这一选择键中还包括显示极值。

（4）Percentiles 百分位数的确定。是否需要在最后显示第 5、10、25、50、75、95 这些百分位数。在市场调研中这项数值也较少使用。

完成上述工作后，单击“Continue”回到“Explore”对话框。

3. Plots 图形的设定

研究人员可以在 Explore 对话框中单击“Plots”键，得到“Plots”对话框。

其中，Boxplots 箱型图使用得不多，而 Descriptive 描述性图形的设定，包括 Stem and leaf 茎叶图、Histogram 直方图和 Normality plots with tests 给出检验的正态分布图，在此前有过介绍。较为重要的是 Transformed 变量转换。

Power 是一个多项选择对话框，有 6 种转换功能选择项：Natural log 默认的自然对数转换，在进行回归分析时较多地运用对数转换的方式，使转换后的新变量能够方便地使用“最小平方法”，求出所有的未知参数。1/Square root（平方根倒数转换）、Reciprocal（倒数转换）、Square root（平方根转换）、Square（平方转换）、Cubic（立方转换），这 5 种在统计分析中使用较少。

11.2.3 数据的对比分析的实施

市场调研所得到的数据并非都是数值型的，经常使用名义尺度、顺序尺度来获取调查资料。怎样使用统计学的分析检验方法来处理这些资料？当然在对调查资料进行分析时，往往要对两个或更多的样本所提供的信息，或同一个样本提供的几组数据关系的信息进行对比，最后得出它们之间是否存在显著差异的结论。例如，上海的一家食品生产商开发出一种新口味的休闲食品。为了确保市场推广的成功，随机抽取了 20 位消费者，以长期居住地（live）将其分为长住者（代号为 1）和暂住者（代号为 2）。请他们试尝新产品后将感受（feel）填入调查表中，只要求回答两种感受，即味道好（代号为 1）与不好（代号为 2）。调查的数据如表 11-2 所示。

表 11-2 20 位消费者的品尝感觉统计数据

序号	1	2	3	4	5	6	7	8	9	10
live	1	1	1	2	1	1	2	2	2	1
feel	1	1	2	2	1	1	1	2	2	1
序号	11	12	13	14	15	16	17	18	19	20
live	2	2	1	1	1	2	2	2	1	1
feel	1	1	1	1	2	2	1	1	2	2

无论是居住地点（live）还是感觉（feel），调查结果都是“非数值型”的。但是可以转换成数值型的结果输入。分析的操作过程如下：选定 Analyze 中的 Descriptive Statistics 模

块中的 Crosstabs，如图 11-12 所示。将会出现一个 Crosstabs 对话框。

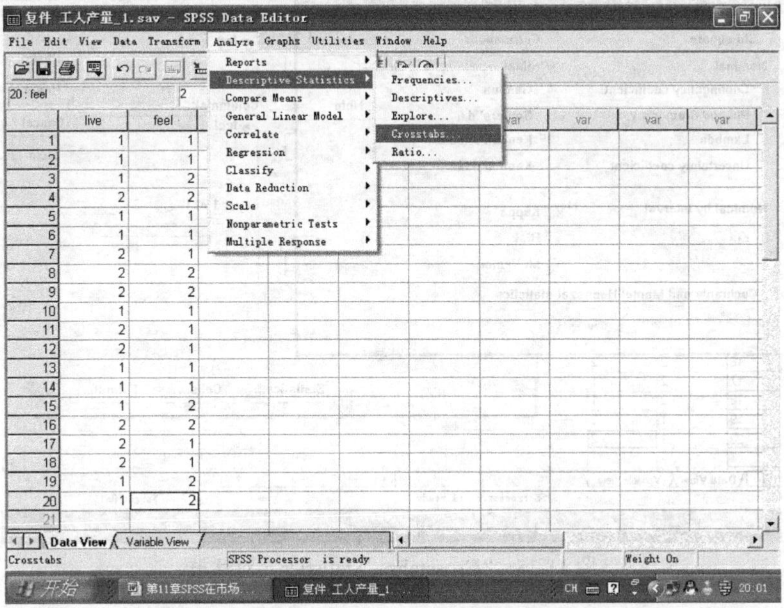

图 11-12　20 位新口味食品尝试者的数据对比分析

Row(s)：设定行变量（一般是自变量），Column(s)：设定列变量（一般是因变量），将左框中的变量单击右边的“箭头”即可实现这一目的。再单击“Statistics”出现新的对话框 Crosstabs Statistics 对话框。虽然也是“statistics”设置统计量，但这个对话框中设置的统计量与其他 Statistics 对话框不同，如图 11-13 所示，主要的统计量有：Chi-square（卡方统计量）、Correlations（相关系数），会输出 Pearson 相关系数和 Spearman 相关系数两种结果。专门用于测定名义数据的 Contingency Coefficient（联列系数）、Phi and Cramer's V（费一科莱尔 V 值）、Lambda（λ统计量）。在对话框中还有检验顺序数据的专用统计量，如 Gamma（γ统计量）、Somers'd（萨默尔 d 统计量）、Kendall's tau-b（肯戴尔 τb 统计量）等。研究人员可以通过鼠标逐个单击所需借以分析的统计量前的方格，最后单击“Continue”。回到 Statistics 对话框。单击 Cells，进入 Cells 单元显示对话框。在那里有一些功能选择键，Counts 计数方式选择：Observed（观测值即实际值）、Expected（期望值即估计值）。Residuals 残差计算方式选择：Unstandardized（观测值与相应期望值之差）、Standardized（标准化的残差）、Adj. Standardized（调整的标准化残差）。完成后单击“Continue”。在 Statistics 对话框中单击“OK”，即可得到数据分析结果。

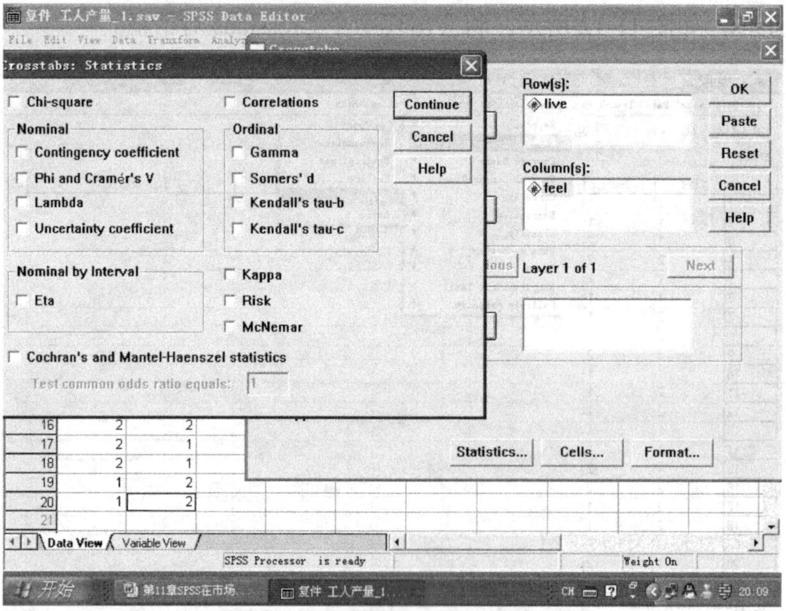

图 11-13 “Crosstabs　Statistics”对话框

上述例子分析结果：

（1）居住在上海的消费者感觉“味道好”的占 58.3%，而暂居上海的消费者感觉“味道好”的占 41.7%。

（2）样本单位数少于 40，所以 Crosstabs 会采用 Fisher 精确概率检验。检验结果如下：

单侧（Exact Sig.1-sided）　p=0.535

双侧（Exact Sig.2-sided）　p=1.000

由于 p 大于 0.05，所以不能认为长住者与暂住者的口味有显著差异。

11.2.4 几种方差分析的实际运用

有时市场调研人员想对调查数据中存在的“性别”“职业”“月薪”之间的数量关系进行分析。例如，性别不同是否会导致不同职业、月薪的差异？将调查获得的数据增加到 30 人。设“性别”男=1，女=2。“职业”教师=1，工程师=2，经理=3，文秘=4，技术员=5，营销员=6，收银员=7。建立数据文件，如表 11-3 所示。

表 11-3　30 份有效调查问卷上获得的数据　　单位：元

性别	1	1	1	1	1	1	1	1	1	1	1	1	1	1	1
职业	7	6	5	6	1	3	3	2	2	7	4	4	5	6	2
月薪	900	2 100	1 200	1 600	3 500	1 300	2 500	3 000	2 400	600	1 200	2 000	1 000	7 80	3 400

续表

性别	1	1	1	2	2	2	2	2	2	2	2	2	2	2	2
职业	4	6	7	7	6	4	4	5	5	2	3	3	1	1	4
月薪	1 500	900	750	700	900	1 500	1 700	900	1 450	3 000	2 700	3 400	3 000	1 200	1 450

选择 Analyze 中的 Compare Mean 菜单项中 Means 平均数分析功能键。出现 Means 对话框，如图 11-14 所示。将左框中的有关变量移动到 Dependent（因变量）框中，一次可以选几个，如图 11-15 所示。

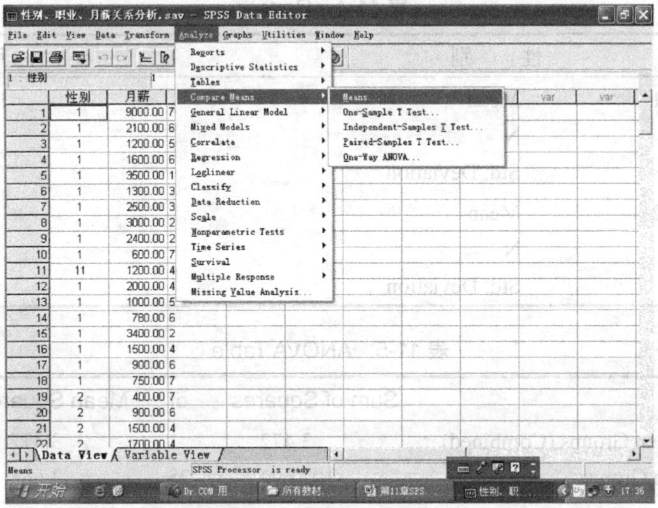

图 11-14　“Means”对话框，

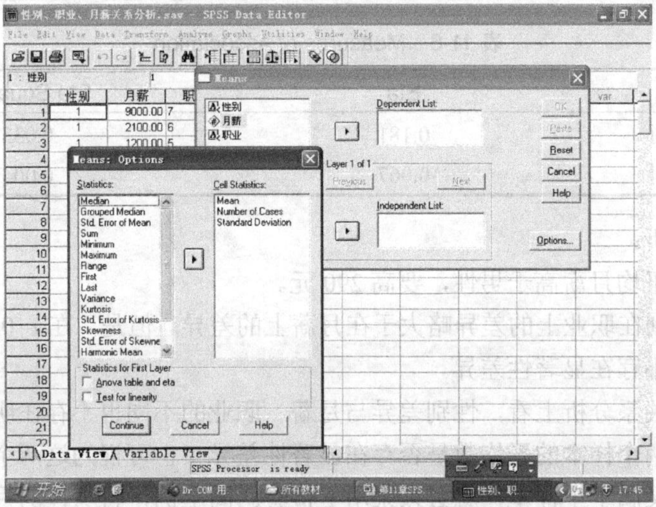

图 11-15　mean 到 Options 对话框

本例中应该将“职业”“月薪”移入，再将变量移入 Independent（因变量）框中，本例是“性别”。完成后单击同一对话框中的“Options”进入 Options 备选统计量对话框。对话框中 Statistics 的框中存放有 21 个统计量，如平均数、标准差、峰度系数、偏度系数、中位数、众数等。可以将 Statistics 中的所有统计量都选中。对话框中还设有:Statistics for First Layer : Anove table and eta（单因素方差分析表与η值）、Test for linearity（线性检验）可以进行选择，如图 11-13 所示。完成后单击 Continue 回到 Options 对话框，单击 OK，得 Anova Table 分析表，如表 11-4、表 11-5 和表 11-6 所示。

表 11-4 Repot

性别		月薪
“男=1”	Mean	1 701.67
	N	18
	Std. Deviation	927.69
“女=2”	Mean	1 825.00
	N	12
	Std. Deviation	984.32

表 11-5 ANOVA Table

		Sum of Squares	df	Mean Square	F	Sig
职业*性别	Between Groups (Combined)	3.472	1	3.472	0.947	0.339
	Within Groups	102.694	28	3.668		
月薪*性别	Between Groups (Combined)	109 520	1	109 520	0.126	0.726
	Within Groups	24 416 350	28	872 012		

表 11-6 Measures of Association

	Eta	Eta Squared
职业*性别	0.181	0.033
月薪*性别	0.067	0.004

计算结果分析：

（1）女性的平均月薪高于男性，要高 290 元。

（2）不同性别在职业上的差异略大于在月薪上的差异。但是，在α=0.05 时，不同性别的月薪与职业都不存在显著性差异。

（3）在关联关系分析上看，性别差异与月薪、职业的不同也不存在明显的联系。

如果想分析两个样本的平均数是否存在显著性差异（也可视为这两个样本是否取自同一总体）而样本又属于小样本，就必须采用 t 检验。同上例，将男性的月薪与女性的月薪视为来自两个小样本的调查数据，进行独立样本 t 检验（Independent-Samples T Test）。具体的执行过程是：自 Analyze 中选定 Compare Mean 的 Independent-Samples T Test，进入 T Test 对话框。在变量选择框中列有“性别”“月薪”“职业”3 个变量。选择“职业”与“月薪”作为 t 检验的变量，即不同性别在职业和月薪上是否存在差异。将这两个变量移动至“Test”框中。将“性别”移至 Grouping Variable 的空框中。单击下方的 Define Groups 后进入该对话框。在 Use specified Values 下 group 1 定义“1”，在 group 2 后的空框中定义“2”。单击 Continue 后回到 Test 对话框。单击 Options 键进入该对话框，在差异标准误的置信区间 Confidence Interval 默认值为 95%，研究人员可以在 1～99 的值域中选择。完成后单击 Continue 回到 test 对话框，单击 OK，可获得表 11-7 所示的结果。

表 11-7　“月薪”、“职业”、“性别”关联关系分析表

	Levenes's Test for Equality of Variances		T-test for Equality of Means 95% Confidence Interval of the Difference					
	F	Sig	t	df	Sig (2-tailed)	Mean Difference	Lower	Upper
月薪 Equal Variances assumed	0.019	0.891	−0.354	28	0.336	−123.33	−836.21	589.54
Equal Variances not assumed			−0.354	18.536	0.339	−123.33	−844.83	598.53
职业 Equal Variances Assumed	0.322	0.575	0.973	28	0.726	0.69	−0.77	2.16
Equal Variances not assumed			0.982	23.464	0.727	0.69	−0.76	2.16

分析结果：

月薪与职业的 t 值都较小，在显著性水平为 0.05 时，不足以拒绝不同性别的消费者在职业选择与月薪获得上不具有显著差异的假设。故不能认为职业选择与月薪高低同性别有直接联系。

在第 4 章正式实验设计中，我们举了一个例子，以表 4-3 的实验数据列出。现在我们利用 SPSS 的有关程序来完成此项分析。整个过程如下：

（1）建立新数据文件。由于选择两个地区 Z“滨江区=1”“市南区=2”；用 3 种价格 A“A_1=1”“A_2=2”“A_3=3”；以 3 种促销方式 B“B_1=1”“B_2=2”“B_3=3”；销售量就是实验实际值 X，都定义为数值型变量。

（2）在 Analyze 中选择 General Linear Model 一般线性模型分析中的 Univariate 单变量方差分析，如图 11-16 所示，出现 Univariate 对话框。此对话框的主要内容是：确定因变量（Dependent），本例中是“销售量”；确定固定因子（Fixed Factor），本例是“价格”“促

销方式”“地区”，逐一将这些变量自左框移入相应的框内，如图 11-17 所示，完成后单击“Model”进入 Model 对话框。

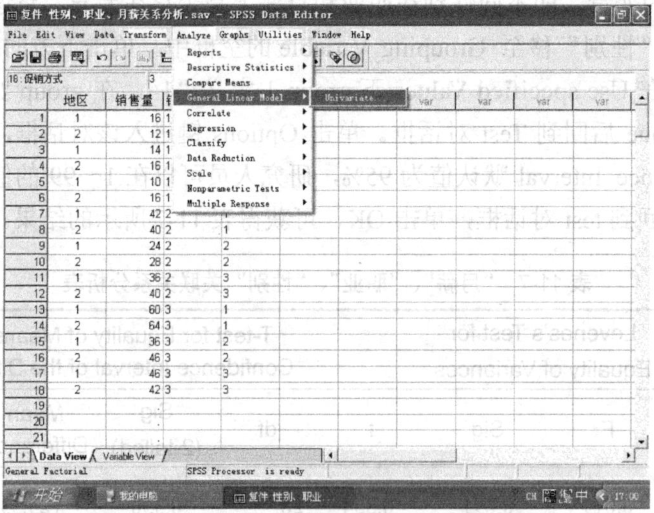

图 11-16　由 General Linear Model 进入 Univariate

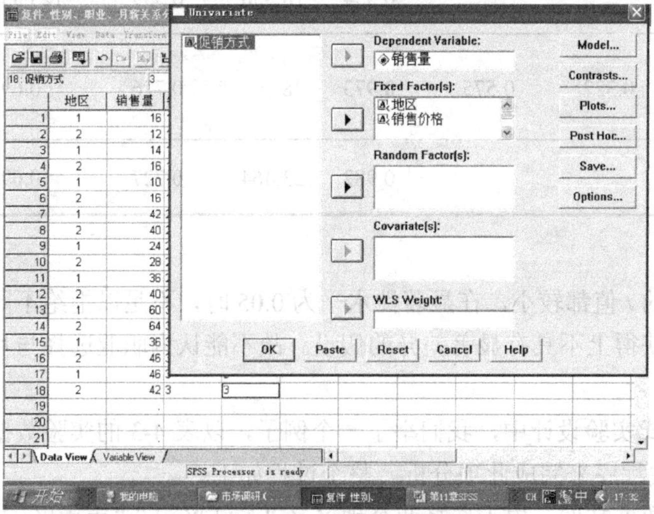

图 11-17 “Univariate”对话框

（3）在 Model 对话框中需要完成这些工作：确定是全定义模型（Full factorial）还是自定义模型（Custom），若是后者只要用鼠标将其激活，将所要分析的变量逐一移入 Model 下的框中。在建立项目（Build Term）中选择是哪种效应，共有 6 种，默认的是互交效应（Interaction）。单击 Continue 后再单击 Contrasts 键进行对比，默认水平为 None，单击 Plots 图形确定，单击 Continue 后再单击 Post Hoc（检验后多重比较），进入 Post Hoc 对话框。

（4）Post Hoc 对话框的工作是从设定的 18 种比较方法中选择合适的方法，再单击 Continue、Save 及 Options。

（5）在 Options 对话框中，研究人员要根据需要确定输出哪些分析数据，并确定 Significance（显著性水平），默认值是 0.05，可根据需要进行调整。单击 Continue 和 OK，即可得到预期分析结果，如表 11-8、表 11-9、表 11-10 和表 11-11 所示。

表 11-8　Dependent Variable:销售量

Source	Sum of Squares	df	Mean Square	F	Sig
Corrected Model	4 163.556	5	832.711	22.483	0.000
Intercept	19 208.000	1	19 208.000	518.616	0.000
销售价格	3 724.000	2	1 862.000	50.274	0.000
地区	22.222	1	22.222	0.600	0.454
促销方式	417.333	2	208.667	5.634	0.019
Error	444.444	12	37.037		
Total	23 816.000	18			

Estimated Marginal Mean（平均数的区间估计）

表 11-9　销售价格

销售价格	Mean	Std. Error	95% Confidence Interval	
			Lower Bound	Upper Bound
1	14.000	2.485	8.587	19.413
2	35.000	2.485	29.587	40.413
3	49.000	2.485	43.587	54.413

表 11-10　地区

地　区	Mean	Std. Error	95% Confidence Interval	
			Lower Bound	Upper Bound
1	31.556	2.029	27.136	35.975
2	33.778	2.029	29.358	38.198

表 11-11　促销方式

促销方式	Mean	Std. Error	95% Confidence Interval	
			Lower Bound	Upper Bound
1	39.000	2.485	33.587	44.413
2	27.333	2.485	21.920	32.747
3	31.667	2.485	26.253	37.080

结果分析：

（1）组间因素检验（Test of Between-Subjects Effects）销售价格之间的 F=50.274，P=0.000，P<0.01；促销方式之间的 F=5.634，P=0.019，P<0.05 所以，不同的销售价格与促销方式之间对销售量的影响效果存在显著差异。但是，不同地区之间 F=0.600，P=0.454，P>0.05，不能说不同地区之间的销售量存在显著差异。

（2）平均数的区间估计（Estimated Marginal Means）结果如表 11-12 所示。

表 11-12 平均数的区间估计

处 理 组	平均数 Mean	95%可信区间
销售价格（1）	14.000	（8.587，19.413）
销售价格（2）	35.000	（29.587，40.413）
销售价格（3）	49.000	（43.587，54.413）
地区（1）	31.556	（27.136，35.975）
地区（2）	33.778	（29.358，38.198）
促销方式（1）	39.000	（33.587，44.413）
促销方式（2）	27.333	（21.920，32.747）
促销方式（3）	31.667	（26.253，37.080）

除了可以使用 SPSS 完成单变量方差分析，还可以进行多变量方差分析（Multivariate ANOVA），同样以表 4-4 为例做多变量方差分析。假设不同地区的销售价格、销售量、促销方式存在一定的差异，与单变量分析的最大不同是，在多变量方差分析中，视销售价格、销售量和促销方式为因变量。而固定因子中设“地区”。运作过程如下：单击 Analyze，选择 General Linear Model，再选其中的 Multivariate ，进入 Multivariate 对话框，以后的操作程序就与 Univariate 单变量方差分析一样。最后可以从分析结果中发现，各地区的销售价格、销售量或促销方式不存在显著性差异。

11.3 SPSS 在市场调研相关分析中的运用

市场调查所得到的数据之间是否存在明显的相关关系，是调研人员分分析的。在统计学原理中，我们学会单相关分析与多元的复相关分析方法。最大的问题是艰巨复杂的数据计算工作，如今这一切都可以交给 SPSS 完成。

11.3.1 两个变量之间的相关关系分析

最简单的相关关系分析方法就是对两个变量作相关分析，也就是“单相关分析”。研究人员可以作如下的操作：单击 Analyze 选择 Correlate（相关分析），再选择其中的 Bivariate（双变量相关分析），即可进入 Bivariate Correlate 对话框。该对话框中的内容如图 11-18 所示。

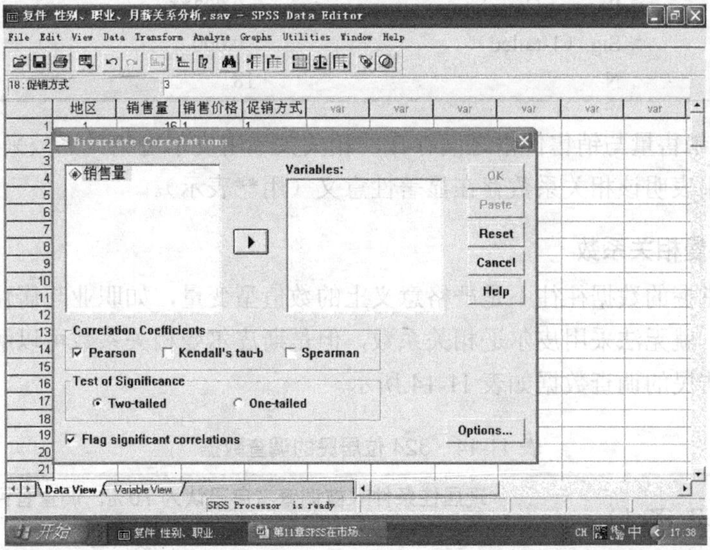

图 11-18　Bivariate Correlate 对话框

研究人员根据自己的需要，结合调查数据的特征选择适合的相关分析方法。在对话框中可供选择的相关分析方法有：皮尔逊相关系数（Pearson Correlation Coefficients）、肯德尔相关系数（Kendall Correlation Coefficients）和斯皮尔曼等级相关系数（Spearman Correlation Coefficients）三种。该对话框还可以同时进行显著性检验（Test of Significance）的双尾检验（Two-tailed）和单尾检验（One-tailed）。并可以标出有显著意义的相关系数（Flag significant correlations），这里介绍皮尔逊相关系数与斯皮尔曼等级相关系数的运用。

1. 皮尔逊相关系数

若分析的两个变量都属于数值型变量，如销售量和销售价格，就可以利用皮尔逊（Pearson Correlation）相关系数来测定这两个变量之间的相关关系的程度。用表 4-5 中 18 个商店的销售量统计表，分析销售量与销售价格之间的相关关系。使用皮尔逊相关系数，完成后单击 OK，就可得出有关的计算结果，如表 11-13 所示。

表 11-13　皮尔逊相关系数

		销 售 量	销售价格
销售量	Pearson Correlation	1.000	0.893**
	Sig.（1-tailed）		0.000
	N	18	18

续表

		销售量	销售价格
销售价格	Pearson Correlation	0.893**	1.000
	Sig.（1-tailed）	0.000	
	N	18	18

结果分析：销售量与销售价格之间存在的相关关系用皮尔逊相关系数来测定，为0.893，计算输出的结果表明该相关系数存在显著性意义（用**表示）。

2．斯皮尔曼相关系数

研究人员掌握的数据往往不是严格意义上的数值型变量，如职业与居住条件好坏之间要做相关分析，就无法采用皮尔逊相关系数，但是斯皮尔曼相关系数可以解决此类问题。对324位本地居民的调查数据如表11-14所示。

表11-14　324位居民的调查数据　单位：人

目前的就业状况（职业）	现居住条件（被调查者自己认为70%，调查者评价30%）		
	差（1）	一般（2）	好（3）
白领（1）	8	54	12
蓝领（2）	19	83	41
下岗、退休（3）	68	32	7

在计算机中建立的数据文件，在Correlate Bivariate对话框中将“职业”“居住条件”两个变量移入Variables框中。在Correlation Coefficients中选择皮尔逊相关系数和斯皮尔曼相关系数。确定显示显著相关系数后单击OK，结果如表11-15所示。

表11-15　相关系数

		职　业	居住条件
职业	斯皮尔曼相关系数	1.000	–0.401**
	Sig. (2-tailed)		0.000
	N	324	324
职业	皮尔逊相关系数	1.000	–0.375**
	Sig. (2-tailed)		0.000
	N	324	324

结果分析：职业与居住条件之间的斯皮尔曼相关系数为–0.401，虽然不高但在95%的估计区间下两变量之间的相关系数存在显著性意义，从双侧检验结果看，职业与居住条件之间不存在相关关系的可能性几乎为0。

11.3.2　偏相关关系分析

以上所进行的两个变量之间的相关关系分析，所得出的结论仅仅说明分析的两个变量之间是否存在某种程度的线性相关关系，以及进一步判断这种相关系数的显著性程度。但是，往往存在相关关系的变量有多个，在测定两个变量之间的相关关系时，由于“第三者”变量的存在会使所测定的相关系数出现一定的偏差。例如，消费者的购买支出水平、收入水平和职业特征三者存在较高的线性相关关系，如果单纯分析支出水平与职业特征，一定可以得出“白领”支出水平相对较高，这种结论是否正确？其实我们很清楚收入水平与职业特征也存在高度线性相关关系。此时或许我们会想，当收入水平一定时，职业特征与支出水平还会有如此高的线性相关关系吗？”当我们固定收入水平时所测定的关于职业特征与支出水平之间的相关系数就属于偏相关系数。以表 4-3 为例，试图分析销售价格、销售量、促销方式和销售地区是否存在一定的相关关系。

（1）单击 Analyze，选择 Correlate 模块中的 Partial（偏相关分析）。单击 Partial 进入该对话框，如图 11-19 所示。

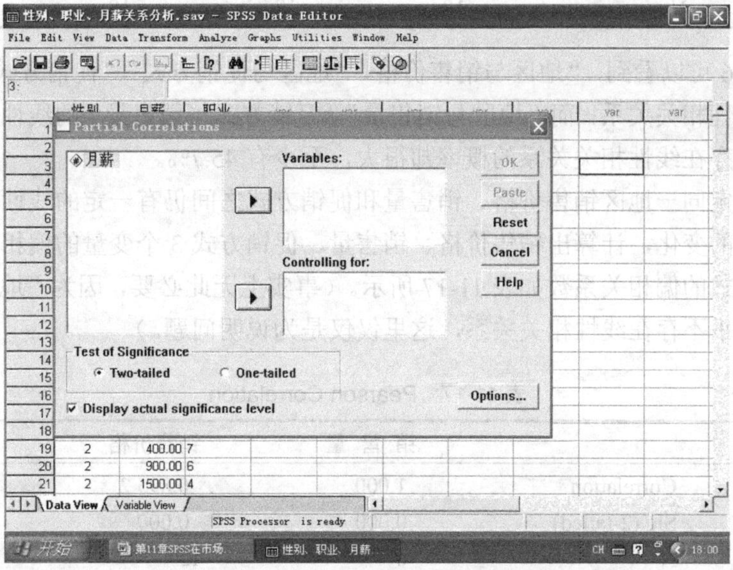

图 11-19　“Partial Correlate”对话框

（2）与 Bivariate Correlate 对话框不同的是偏相关分析主要设置了 Controlling for（控制变量）选择框。假定选择“销售量”为控制变量，将其移入框内。而其他变量逐一移入 Variables 框内。单击 Options 键，进入 Options 对话框。

（3）在 Options 对话框中确定需要显示的统计量，显示所有变量之间的相关系数。再单击 Continue 后回到 Partial Correlate 对话框，单击 OK。

对结果的分析：

（1）各变量之间的简单相关系数（单相关系数）如表 11-16 所示。

表 11-16 Pearson Correlation

		地 区	销售价格	销售量	促销方式
地区	Correlation	1.000	0.000	0.069	0.000
	Sig.(2-tailed)		1.000	0.784	1.000
	N	18	18	18	18
销售价格	Correlation	0.000	1.000	0.893**	0.000
	Sig.(2-tailed)	1.000		0.000	1.000
	N	18	18	18	18
销售量	Correlation	0.069	0.893**	1.000	−0.187
	Sig.(2-tailed)	0.784	0.000		0.457
	N	18	18	18	18
促销方式	Correlation	0.000	0.000	0.187	1.000
	Sig.(2-tailed)	1.000	1.000	0.457	
	N	18	18	18	18

从表 11-16 可以看到，“地区与销售价格”“地区与促销方式”“促销方式与销售价格”之间不存在线性相关关系，而“地区与销售量”“促销方式与销售量”的线性相关关系程度也较低，而不存在线性相关关系的概率却很大，至少有 45.7%。

（2）在假定同一地区销售价格、销售量和促销方式之间仍有一定的线性相关关系后，控制“地区”的变化，计算出销售价格、销售量、促销方式 3 个变量的偏相关系数。销售价格与促销方式的偏相关系数如表 11-17 所示。（事实上无此必要，因为“地区”变量与其他三个变量几乎不存在线性相关关系，这里仅仅是为说明问题。）

表 11-17 Pearson Correlation

		销 售 量	销售价格	促销方式
销售量	Correlation	1.000	0.895 2	0.187 6
	Sig.(2-tailed)	0.000	0.000	0.47
	N	0	15	15
销售价格	Correlation	0.895 2	1.000	0.000 0
	Sig.(2-tailed)	0.000 0	0.000	1.000
	N	15	0	15
促销方式	Correlation	0.187 6	0.000	1.000
	Sig.(2-tailed)	0.47	1.000	0.000
	N	15	15	0

在固定地区的影响后，销售价格与销售量之间的偏相关系数略高于单相关系数。而其他变量之间的偏相关关系与固定地区变量之间的单相关系数没有什么大的变化。

11.3.3　距离相关分析

这里的“距离”（Distances）是一个广义的概念，也有人称为相似性（Similarity）分析。许多时候市场调研的对象是几组人群、几种类型的企业或者是几种行为，得出它们中哪几种更相似。当然也可以分析几个变量，分析它们之间哪几种更加相似。这种分析就属于距离相关分析。同样对表 4-3 的数据做距离相关分析。

（1）单击 Analyze，选择 Correlate，再选择 Distances，进入 Distances 对话框。在这一对话框中有这样一些选择键：

计算距离（Compute Distances）有两种选择：Between Cases（个案之间的距离计算）、Between Variables（变量之间距离的计算）。本例选择后者，即单击 Between Variables。

测度（Measure）也有两种选择：相似性测度（Similarities），不相似性测度（Dissimilarities），本例选择相似性测度。

单击 Measure，选择不相似性测度则进入 Distances Dissimilarity Measures 对话框，可以选择：区间数值（Interval）有 7 种测度方法，计数数据（Count）有 2 种方法，二值数据（Binary）有 7 种方法。本例选择 Interval 中的 Pearson Correlation 皮尔逊相关测度。

选择相似性测度将进入 Distances Similarity Measures 对话框，可以有两种选择：

区间数据（Interval）只有一种测度方法，二值数据则有 20 种方法之多。

（2）在 Distances Dissimilarity Measures 或 Distances Similarity Measures 对话框中都有：

转换变量值（Transform Values）有 7 种转换方法，转换测度（Transform Measures）有 3 种方法可选择。本例中对变量值做标准化转换，具体转换方法是 Range –1 to 1，标准化转换值在–1 和 1 之间。最后单击 Continue，再单击 OK，分析结果如表 11-18 所示。

表 11-18　Proximity Matrix

	Correlation between Vectors of Values			
	销 售 量	销售价格	促销方式	地　区
销售量	—	0.893	–0.187	0.069
销售价格	0.893	—	0.000	0.000
促销方式	–0.187	0.000	—	0.000
地区	0.069	0.000	0.000	—

可见，距离相关分析的结论与单相关分析的结论基本一致，“销售价格与促销方式”“销售价格与地区”相似性为 0.000，即完全不相似。而“销售量与地区”“销售量与促销方式”

之间的相似性也十分小。

11.4 SPSS 在市场调研回归分析中的应用

SPSS 可以满足几种回归分析的计算要求：

- Linear（线性回归）。
- Curve Estimation（曲线估计）。
- Binary Logistic（二元逻辑斯迪回归）。
- Multinomial Logistic（多元逻辑斯迪回归）。
- Probit（概率单位回归）。
- Nonlinear（非线性回归）。
- Weight Estimation（加权估计）。
- 2-Stage Least Squares（二段最小平方法）。

我们在这里介绍几种较为常用的回归分析方法，如何在 SPSS 环境下完成较为复杂的运算过程。

11.4.1 一元线性回归分析方法

回归分析需要根据自变量与因变量的实际观测值，在采用最小平方法的基础上，确定各项未知参数，最后得出线性回归模型。如果在线性回归模型中只有一个自变量，则称该回归模型为一元线性回归模型，若线性回归模型中有两个甚至更多的自变量，则该模型就属于多元线性回归模型。一元线性回归模型其实是多元线性回归模型的特例。以表 4-3 中的“销售量”“销售价格”为例，对上述两者建立一元线性回归模型。操作程序如下：

（1）调出相应的数据文件，或者建立新数据文件。

（2）选择 Analyze 中的 Regression，出现下拉菜单选择 Linear。进入 Linear Regression 对话框。

（3）将销售价格移入 Independent (s)自变量定义框中，将销售量移入 Dependent (s)因变量定义框中，其他都默认，单击 OK。计算结果如表 11-19、表 11-20、表 11-21 所示。

表 11-19　Model Summary

Model	R	R Square	Adjusted R Square	Std. Error of the Estimate
1	0.893	0.798	0.785	7.64

表 11-20　ANOVA

Model	Sum of Squares	df	Mean Square	F	Sig
Regression（回归）	3 675.00	1	3 675.00	63.02	0.000
Residual（残存）	933.00	16	58.32		
Total	4 608.00	17			

表 11-21　Coefficients

Model	Unstandardized Coefficients		Standardized Coefficients	t	Sig
	B	Std. Error	Beta		
Constant（常数）	−2.333	4.762		−0.490	0.631
销售价格	17.500	2.204	0.893	7.939	0.000

分析结论：销售价格与销售量的一元线性回归模型：y=−2.333+17.50x，此回归模型在 F 检验下用于模拟销售价格对销售量的影响效果有显著作用；相对常数项，所得出的回归系数能够通过 t 检验的要求。

在直线趋势预测模型的建立时，也可以借用 SPSS 的 Regression 来完成。图 11-20 是某地区人口数、企业数、国民收入 20 年的统计数据。

图 11-20　某地区人口数、国民收入、企业数数据文件

分析人员在 Analyze 中选定 Regression，选择其中的 Linear。再在 Linear 对话框中将“国民收入”“人口数”“企业数”移入 Dependent 框中，而将“年度”移入 Independent 框中。单击 Continue 键。再单击“Statistics”确定所需要得出的统计量，如图 11-21 所示。

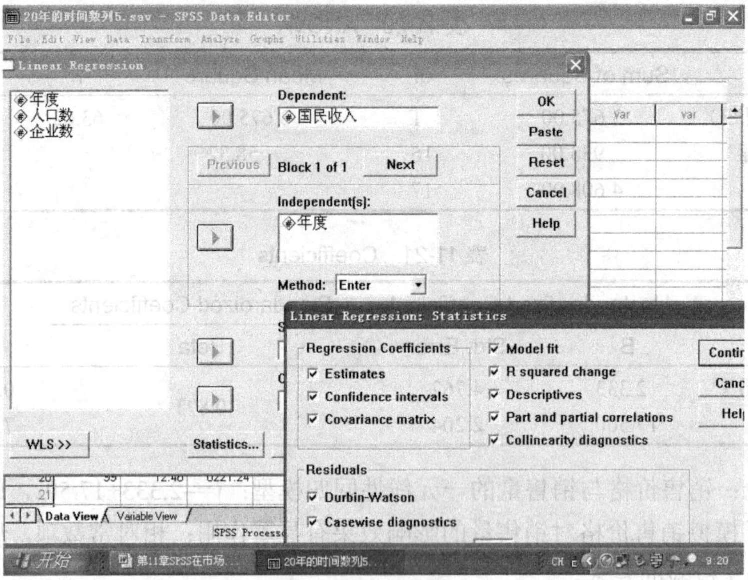

图 11-21 “Linear Regression Statistics”对话框

在选择 Plots 确定输出的图形后单击 OK。重要的分析结果如表 11-22、表 11-23、表 11-24、表 11-25、表 11-26 所示。

表 11-22 Descriptive Statistics

	Mean	Std. Deviation	N
国民收入	8 059.062	98.559 29	20

表 11-23 Correlations

		国民收入	年　度
Pearson Correlation	国民收入	1.000	0.959
	年度	0.959	1.000
Sig.(1-tailed)	国民收入	0.000	0.000
N		20	20

表 11-24 Model Summary

Model	R	R Square	Adjusted R Square	Sid Error of the Estimate	Change Statistics				
					R Square Change	F Change	df1	df2	Sig F Change
1	0.959	0.920	0.916	28.590 94	0.920	207.783	1	18	0.000

年度变量与国民收入的线性相关系数为 0.959，属于高度相关关系。

表 11-25　Anova

Model	Sum of Square	df	Mean Square	F	Sig
Regression（回归）	169 850.8	1	169 850.783	207.783	0.000
Residual（残差）	14 713.96	18	817.442		
Total（总和）	184 564.7	19			

表 11-26　Coefficients

Model	Unstandardized Coefficients		Standarized Coefficients	t	Sig
	B	Std Error	Beta		
Constant（常数）	6 628.700	99.435	0.959	66.664	0.000
年度	15.982	1.109		14.415	0.000

在总和方差中回归方差占有绝对比例。通过方差分析，说明此回归模型对经济现象的实际变动过程能达到较理想的拟合效果。

该直线趋势预测模型的数学表达式为：$y= 6\,628.70 + 15.982\,t$（原点即 t=80，1980 年）

无论是常数项还是回归系数，显著性都在 0.001 以下。

在建立一元线性回归模型时，尤其是直线趋势预测模型的建立，研究人员常会根据“越靠近预测期的观测值影响作用也越大”的原则，决定采取加权的方法来实现上述原则。同样上例为例。自 1990 年起，各期的购买量的权数为：0.05，0.08，0.10，0.12，0.15，0.18，0，20，0.22，0.25。在原数据文件中再新设一个变量 n。在进入 Linear Regression 对话框后，激活隐含的 WLS 键，显示 WLS Weight 加权变量定义框，将“n”移入，单击 OK。此时研究人员会发现，新的计算结果比原先的更精确。

11.4.2　多元线性回归分析方法

在现实生活中，影响某种现象发生变化的绝不会是一种因素，为更加准确地描述实际现象的变化并做出准确的预测。我们利用第 10 章多元回归预测中的例题，对在校学习的“考试成绩”“实习成绩”对毕业后工作的“销售业绩”做回归分析，数据如表 11-27 所示。

表 11-27　考试成绩、实习成绩和销售业绩数据

考试成绩	实习成绩	销售业债
5	4	2
12	7	5
4	3	1
8	6	4
11	10	6

操作过程如下：

（1）进入线性回归分析的对话框。选择 Analyze 中的 Regression（回归分析），再选择 linear（线性回归），进入 Linear Regression 对话框。将“销售业绩”变量移入 Dependent 之中，再将“考试成绩”“实习成绩”移入 Independent 之中。

（2）确定统计量。单击 Statistics，在 Regression Coefficients（回归系数）选择项内重要的有：回归系数（Regression Coefficients）的估计值 B 及其估计标准误差 SEB；B 的 t 值及双侧检验显著性水平；Model fit 模拟的拟合参数，包括 R Square、Adjusted R Square、Standard Error（回归方程的估计标准误）。单击 Continue 回到 Statistics 对话框。

（3）确定统计图形。单击 Plots 进入该对话框。重要的是选择 Standardized Residual Plots（标准化残差图），选择 Histogram（含有正态曲线的直方图）Normal probability plots（标准化残差的正态概率图）。单击 Continue，再单击 Save，确定储存的项目。主要有：预测区间（Prediction Intervals），平均值预测区间的上下界限，最后单击 Continue，单击 OK。输出的信息如表 11-28、表 11-29、表 11-30 所示。

表 11-28 Model Summary

Model	R	R Square	Adjusted R Square	Sid Error of the Estimate	Change Statistics				
					R Square Change	F Change	df1	df2	Sig F Change
1	0.973	0.947	0.894	1.15	0.947	17.868	2	2	0.053

表 11-29 ANOVA

Model	Sum of Square	df	Mean Square	F	Sig
Regression（回归）	47.35	2	23.675	17.868	0.053
Residual（残差）	2.65	2	1.325		
Total（总计）	50.00	4			

表 11-30 Coefficients

Model	Unstandardized Coefficients		Standardized Coefficients	t	Sig	95% Confidence Interval for B		Correlations		
	B	Std Error	Beta			Lower Bound	Upper Bound	Zero-order	Partial	Part
Constant（常数）	3.500	1.628		2.150	0.165	−3.504	10.50			
考试成绩	−0.975	0.844	−0.755	−1.155	0.367	−4.606	2.656	0.878	−0.63	−0.19
实习成绩	2.875	1.115	1.686	2.580	0.123	−1.921	7.671	0.955	0.88	0.42

可见模型中的两个自变量与因变量的复相关系数 r=0.973，是比较高的。由此导致可决

系数为 0.947，说明有 94.7%的影响因素可以由此模型来加以解释。

在方差分析中可以看到，两个自变量对因变量的解释效果很好，在总方差中回归方差占绝大比重，F 值为 17.868，说明此回归模型有良好的模拟作用。

二元线性回归模型：$y=3.50-0.975x_1+2.875x_2$ 其中，x_1=考试成绩，x_2=实习成绩。

在 95%的置信区间，常数项的上下界限取值为-3.5～10.5，考试成绩变量的回归系数的上下界限为-4.606～2.656，实习成绩变量的回归系数的上下界限值在-1.921～7.671。

11.4.3　曲线回归分析方法

现象之间的相互关系更多表现为曲线关系，这就使得市场调研人员必须更多地运用曲线回归模型来揭示现象之间复杂的数量关系。曲线参数估计（Curve　Estimation）SPSS 中专门设有 11 种可供研究人员选择，用于对调查数据做最佳拟合。我们选择利用第 11 章世界历年出口商品总额与中国历年出口商品总额的资料，利用 SPSS 建立回归模型。具体的过程如下：

（1）建立新数据文件，如图 11-22 所示。

	年度	世界出口	中国出口	企业数
1	1988	28171.10	475.20	.
2	1989	30149.90	525.40	.
3	1990	33936.40	620.90	.
4	1991	35300.00	720.00	.
5	1992	36105.50	849.40	.
6	1993	36870.00	927.60	.
7	1994	41683.00	1210.40	.
8	1995	50200.00	1487.70	.
9	1996	52540.00	1510.70	.
10	1997	54550.00	1827.50	.
11	1998	54050.00	1837.60	.

图 11-22　世界各国出口总额与中国出口额数据

（2）确定统计分析方法。选择 Analyze 中的 Regression，在 Regression 的下拉菜单中选择 Curve Estimation。进入 Curve Estimation 对话框，如图 11-23 所示。

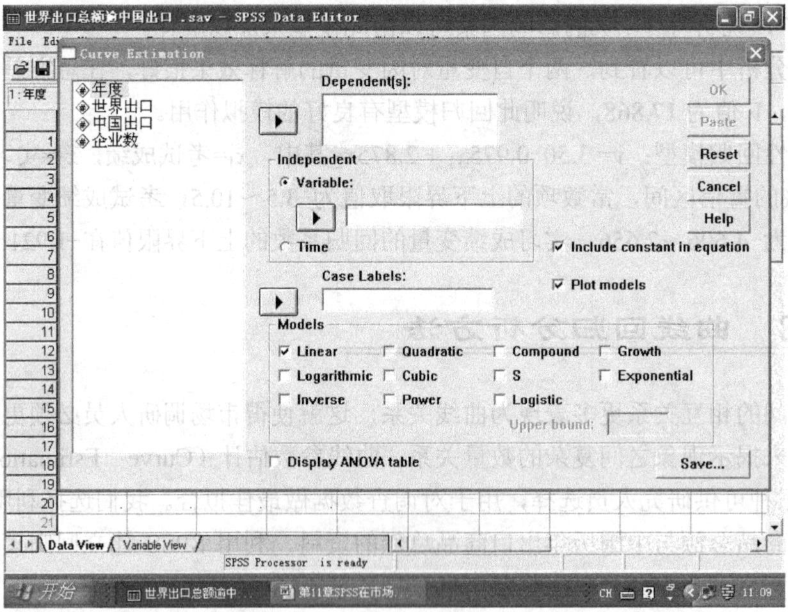

图 11-23 “Curve Estimation”对话框

对模型中的曲线模型简单介绍如下：

- Linear 线性回归模型。$y = a + b\,x$，x 是自变量，也可是时间变量，可以自己定义。
- Logarithmic 对数曲线回归模型。$y = a + b \ln x$，
- Inverse 反曲线回归模型。$y = a + b/x$。
- Quadratic 二次曲线回归模型。
- Cubic 三次曲线回归模型。
- Power 幂函数回归模型
- Compound 混合曲线回归模型。
- S 形曲线回归模型。
- Logistic 逻辑曲线回归模型。
- Growth 成长曲线回归模型。
- Exponential 指数曲线回归模型。

在确定使用逻辑曲线回归模型时要激活 Upper Bound，确定模型的上限值。

在 Curve Estimation 对话框中还应该确定是否显示方差分析表，模型中是否含有常数等。

本例首先选择采用逻辑曲线回归模型，拟合世界历年出口量的动态变动。在单击 Logistic 后，Upper Bound 显示输入观测值中的最大值 54 550.0，单击 OK，计算结果中的重要信息有：

- Multiple R（多元相关系数）为 0.971 9，R Square（可决系数）为 0.944 6，说明时间变量与世界出口量之间有很高的相关关系。
- 方差分析结果表明，F 值=153.538 91，Signif F = 0.000 0，回归模型的模拟效果很理想。
- 确定的各未知参数：常数项 a=24 007.016 364，t=15.206，Sig = 0.000 0，

时间变量：b = 2 884.442 727，t = 12.39，Sig = 0.000 0，可见确定的各项参数都有较高的精度。

研究人员必须选择一个对实际调查数据的最佳模拟模型，但是此前可能并非对“最佳模型”已成竹在胸。现在可以利用 SPSS 的 Curve Estimation 对话框中列出的 11 种供使用者选择的回归模型，一次全部选取，然后根据计算结果的关键统计量的大小，选出最佳回归模型。将部分回归模型的关键统计量列出，说明最佳回归模型的确定过程，如表 11-30 所示。

表 11-31 多种回归模型有效性对比分析

模型名称	常 数 项	时间项 回归系数	复相关系数 Multiple R	可决系数 R Square	估计标准误 Standard Error	F 值	显著性 p Sig
Linear	24 007.016	2 884.443	0.971 92	0.944 63	2 441.456 7	153.638 91	0.000 0
Inverse	48 619.015	−26 609.946	0.729 91	0.532 77	7 092.014 9	10.262 65	0.010 8
Logarithmic	22 456.605	11 851.451	0.897 15	0.804 88	4 585.132 1	37.124 39	0.000 2
Quadratic	25 982.547	t_1= 1 972.659 5 t_2= 75.981 9	0.974 55	0.949 74	2 476.107 3	75.588 32	0.000 0
Cubic	29 961.406	t_1=−1 313.91 t_2= 731.837 9 t_3= −36.436 4	0.978 88	0.958 21	2 405.098 1	53.496 79	0.000 0

参照表 11-31，我们可以看到逻辑回归模型比二次、三次曲线回归模型的复相关系数都要小，而在 p=0.000 1 的条件下都具有显著性。所以若是从以上 6 种模型中选择的话，最佳的模拟模型是 Cubic 三次曲线回归模型。

市场调研人员会有这样的体会，自己经常面对的是非数值型的调查结果，如表 11-32 所示

表 11-32 对私家车购买意愿的调查资料整理 单位：人

	反对（0）	支持（1）
收入低下（1）	102	2
高收入者（2）	10	94

我们称这样的数据为 Binary 或 Dichotomous Data，即二值数据。我们现在想得出回答者对私家车购买意图所持有的态度决定于他们的收入水平。我们同时决定采用曲线回归分析方法来对上述资料进行分析。操作过程如下：

1）选择 Analyze 中的 Regression，在此下拉菜单中再选择 Binary Logistic 进入该对话框。

2）确定自变量“人数”“收入水平”，将其移入 Covariates 空框中，将“态度”移入因变量框中，单击 OK。可得出表 11-33 所示的结果。

表 11-33　Variables in the Equation

	B	S.E	Wald	df	Sig	Exp(B)
人数	–0.004	0.022	0.030	1	0.863	0.996
收入水平	0.000	2.008	0.000	1	1.000	1.000
Constant	0.196	3.371	0.003	1	0.954	1.216

	Chi-Square	df	Sig
Step	0.030	2	0.985
Block	0.030	2	0.985
Model	0.030	2	0.985

无论从哪方面看，模型的模拟效果不理想。

在 SPSS 的回归分析中还专门设有非线性回归分析 Nonlinear。具体的做法是：在 Analyze 中选定 Regression，在下拉菜单中选择 Nonlinear，即进入 Regression Nonlinear 对话框。使用者可以在 Functions 功能选择框中，选定自己所需要的函数模型。再确定参数的初始值等项工作后，即可得到自己设想的结果。

11.5　SPSS 在市场调研图表制作中的运用

在市场调研的最终成果市场调研报告中，除应有准确详尽的文字阐述外，各种统计图表也是不可或缺的重要内容。制作图表也是一项复杂的工作。现在有了 SPSS 软件，可以利用其中含有的制图功能，市场调研人员可以快速、准确地绘制所需的各种图表。

11.5.1　SPSS 可以绘制的统计图形

此前我们已经做过频数分析、方差分析、相关分析和各种回归分析，在输出有关计算结果的同时，也会得到各种相应的统计图表。当然使用者可能不需要完成统计分析而只须绘制统计图表。此时可以在 SPSS 的主菜单项中选择作图功能项（Graphs）。在选定 Graphs 后再选择 Gallery 图形库，即在屏幕上出现 Main Chart Gallery（主要图表库窗口），在 Main Chart Gallery 窗口设有这样几个功能键：How To（如何做），使用者可以从此处知道图形的创建与编辑过程；See Also（举例），在一系列的引导下使用者最终知道自己选择的图形的基本形态；Interactive（交互图形键），各种交互图形及其产生过程。在 Main Chart Gallery 窗口有 16 种图形。它们是：Bar（条形图）、Linear（线条图）、Area（面积图）、Pie（圆图）、High-Lowb（高低图）、Pareto（帕累托图）、Control（控制图）、Boxplots（箱形图）、Error Bar（误差条形图）、Scatter（散点图）、Histogram（直方图）、Normal P-P（正态 P-P 图）、Normal Q-Q（正态 Q-Q 图）、Sequence（序列图）、Autocorrelations（自相关关系图）和 Cross-Correlations（互相关关系图）。使用者只要单击窗口画面上的某个图形就可获得该图形的各种信息，如它有哪些具体的图形，如图 11-24 和图 11-25 所示。结合市场调研报告中运用的较多的几种图形进行介绍。

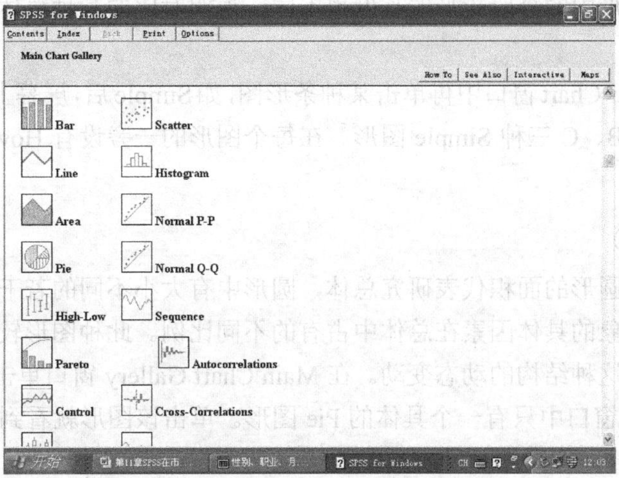

图 11-24 “Main Chart Gallery”对话框

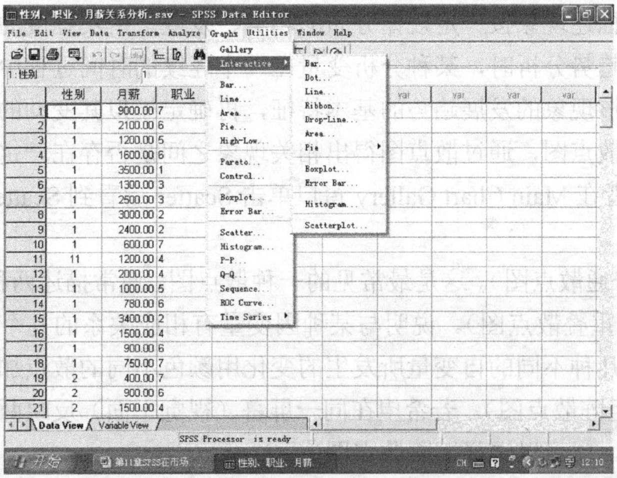

图 11-25　由 Graphs 进入 Interactive

1．条形图（Bar）

在Main Chart Gallery窗口的16个图形中单击Bar图形，即可看到Bar Chart窗口，在该窗口中列出三种条形图图形：

（1）Simple普通条形图。这种图形的特征是，若干垂直平行的等宽矩形以高度不等的形式表示所代表的数量比例关系。各矩形之间有一定的间距。

（2）Clustered分类条形图。有两个或者更多的等宽矩形构成一组，各组内的矩形之间无孔隙，各组之间有一定间距。在统计制图中称为“复式条形图”。

（3）Stacked分段条形图。这是一种采用条形图来说明总体结构比例的图形。每个矩形分别由长度不同的分段矩形所构成，各整体矩形长度不一，说明某种数量在总体上的对比关系，而各整体矩形中的分段矩形的长度也不同，说明对比的某种总体数量的内部构成之间的差别。

使用者可在Bar Chart窗口中再单击某种条形图，如Simple后，屏幕上就会展示Example实例窗口。有A、B、C三种Simple图形。在每个图形的一旁设有How To键，告诉你图形生成的条件。

2．圆图（Pie）

圆图是一种以圆形的面积代表研究总体，圆形中有大小不同的若干扇形构成，它们代表各种构成总体现象的具体因素在总体中占有的不同比例。此种图形较多地用于说明整体现象的内部结构和这种结构的动态变动。在Main Chart Gallery窗口单击Pie后，也会看到Pie Chart窗口。该窗口中只有一个具体的Pie图形。单击该图形就看到Example窗口。使用者也将获得生成Pie图形的途径。

3．散点图（Scatter）

散点图是一种描述现象按一定规律分布的趋势、发散、密集程度的统计图形。在统计学中，在进行时间趋势分析时，某种分析变量在一个连续的时间过程中的取值，可以通过散点图描述，说明该现象的发展趋势的基本特征，再确定模拟其变动的数量模型。另一种统计分析也常使用散点图，通过散点图得出相关现象之间是否存在一定相关关系，存在何类相关关系。使用者在Main Chart Gallery窗口单击Scatter后看到Scatterplot窗口。那里列出4种Scatter图。

（1）Simple（普通散点图）。这是最常见的一种散点图，通常描述两种变量之间的关系。

（2）Overlay（重叠散点图）。说明与某种因变量有相应关系的几个自变量，它们与因变量的数量关系。几种不同的自变量所发生的变化用颜色不同的散点加以描述。

（3）Matrix（矩阵散点图）。若希望在同一屏幕（视觉平面）反映两种或两种以上的变量之间的相关关系，就可以选择矩阵散点图。

（4）3-D（三维散点图）。若研究者想说明三种变量之间的关系，可以通过3-D图形来实现。在研究者设定三维坐标，得到的图形就是一个三维图形。

研究者可以先确定某种图形，然后单击该图形就可以看到 Example 窗口，其中列有两种普通散点图，并有 How To 键引导研究者生成所需图形的途径。

4．直方图（Histogram）

直方图用于分析总体各组的频率（数）分布特征，由若干无间隔空隙的等宽直条所组成。图中的每个直条代表相应的组别，其高度代表该组别频率（数）的多少。在 Main Chart Gallery 窗口单击 Histogram，就会看到 Histograms 窗口，再单击其中的图形，就会进入 Example 窗口，单击 How To 键就会获得生成直方图的方法。

11.5.2　主要统计分析图形的制作方法

在 SPSS 的主菜单项中单击 Graphs 就会出现一个下拉菜单，除 Tnteractive 交互图形外，列有 16 种图形名称，即 16 种图形的制作命令菜单。我们结合以上列出的与市场调研报告内容相关的几种图形的制作方法予以说明。

1．条形图的制作方法

假定市场研究人员想针对某一市场调查问卷所提供的信息，对被调查者的个人特征进行分析。如不同性别人数比例、不同职业人数比例、不同文化程度人数比例等，最后绘出相应的条形图，具体过程如下：

（1）将所需进行分析的数据文件调出，或者建立一个相应的新数据文件。

（2）选择 Graphs，再单击其中的 Bar，即可进入 Bar Charts 对话框。在这个对话框的左边排列 3 种可供选择的条形图图形：Simple、Clustered 和 Stacked 条形图。对话框的下端设有统计量描述模式 Data in Chart are 下设 3 种选择按钮：

- Summaries for groups of cases（观测量分类描述）。对应于分类轴变量中的每类观测量生成一个简单的条形，分组或分类条形，此项为默认值。例如，确定使用 Simple ，分类轴变量选用“性别”，统计量描述模式选择“观测量分类描述”模式。将得出两种不同性别人数或人数比例为纵轴的两个条形的图形。
- Summaries of separate variables（变量描述模式）。生成的每个条形代表每个变量。例如，选择 Clustered 在分类轴变量中选用“性别”，在 Bars Represent 条图表达统计量框中移入月薪、职业变量，就可得到两种性别不同月薪与不同职业的分组条形图。
- Values of individual cases（观测值描述模式）。对定义的分类轴中的每个观测值生成一个条形。使用者可以按上述方式进行操作。

（3）单击 Define 进入相应的对话框。例如，选择 Simple 和 Summaries for groups of cases

后便进入 Define Simple Bar：Summaries for Groups of Cases 对话框。在这个对话框中完成：

- 定义 Category Axis 分类轴变量，也就是确定图形的横轴。
- 确定 Bars Represent 条图表达统计量，即确定是对分类变量进行描述，还是对其他变量做出描述。
- 确定 Title 图题名称，单击 Title 键后，进入 Title 对话框，用键盘完成输入，在 Title 图题名称框输入图表名称。例如，在 line 1 空框中键入“条形图”，在 line 2 空框中键入“按性别分类”。在 Subtitle 图形子题框输入子图形名称，在 Footnote 注释框中输入相应的图表注释。一切完成后，单击 Continue，回到 Define 对话框，单击 OK，便可获得所需条形图。

2. 圆图的制作方法

同样在 Graphs 中选择 Pie，进入 Pie Chart 对话框。首先确定统计量表达模式，与条形图一样也有 3 种。我们仍以“30 份有效调查问卷上获得的信息”为例。试图得出按不同性别表现的月薪水平的圆图。操作过程如下：

（1）在 Pie Chart 对话框中的 Data in Chart Are 选择默认水平 Summaries for Groups of, Cases 单击 Define 键，进入 Define Pie：Summaries for Groups of Cases 对话框。

（2）在 Define 定义对话框中要完成如下工作。Slices Represent 扇形表达统计量选择框内，有 5 种选择，例如，选择 Other summary function 项，单击此键使 Variable 显现，再选择“月薪”移入其下面的空框中。将“性别”移入 Define Slices by（扇形分类变量框）中。单击 Titles，在 Title 的 line 1 中键入“圆图”，在 line 2 中键入“按性别分类”。单击 Continue 后再单击 OK 就可以获得完整的圆图。当然，圆图还可以做成按变量模式绘制的圆图（Summaries of Separate Variables）和按观测值模式绘制的圆图（Variables of Individual Cases）。不同的是进入不同的定义对话框。

3. 散点图的制作方法

先将分析用的数据文件调出。单击 Graphs 选定其中的 Scatter。我们用“世界各国历年出口总量与中国历年出口量”这一数据文件为例，绘制一份世界历年出口总量与中国历年出口量的时间趋势散点图。具体步骤如下：

（1）调出“历年出口量”数据文件。单击 Graphs 选定 Scatter，进入 Scatterplot 对话框，在对话框中设有 4 种散点图的图形（以上已经做过介绍）。本例选择普通散点图，单击 Simple，该图形的边框变黑，再单击 Define 就进入 Simple Scatterplot 对话框。

（2）确定图形的双轴。横轴即 x 轴，将“时间”变量移入 x Axis 框中，将“世界出口总量”或者“中国出口量”移入 y Axis 框中。

（3）确定散点标记类型。在对话框中设有 Set Markers by（设定散点标记框），本例不做此项选择。如果中国或世界各国历年出口有递增或递减的区分，在数据文件中又有相应的变量用于此种差异的识别，就可以选择用此变量为 Marker。这样散点就会以两种颜色或图案表示。

（4）单击 Title，确定图题名称。在 line 1 中键入散点图，在 line 2 中键入世界各国历年出口总额。单击 Continue 回到 Simple 对话框，单击 OK，就完成全部散点图制作工作。

其他 3 种散点图的绘制方法相同，只是进入不同的 Scatterplot 对话框，进行相应的定义。在相关分析与回归分析中都在相应的对话框中设有图形确定与输出的命令按钮，也可以使研究人员获得相应的散点图图形。

4．直方图的制作方法

在 Frequencies 频率（数）分析中的 Frequencies 对话框中有 Chart 按钮，单击后就有 4 种图形的选择按钮，如果选择 Histograms（直方图），就可以再选择 With Normal Curve（是否带有正态分布曲线）。当然研究人员可以在 Graphs 中单击 Histogram 进入 Histogram 对话框，操作过程如下：

（1）调出分析所依据的数据文件，以“30 份有效调查问卷上获得的信息”为例。单击 Graphs 和 Histogram，进入 Histogram 对话框。

（2）完成各项定义。如果研究人员希望获得“月薪”的分布特征，就将“月薪”移入 Variable 空框之中。如果研究人员想通过正态分布曲线作为直方图的背景，以准确说明实际被描述变量的分布特征，就可以单击 Display normal curve。

（3）确定图题名称。单击 Title，进入 Title 对话框，可以在 line 1 对应的空框中键入“直方图”，在 line 2 对应的空框键入“月薪水平分布”。单击 Continue 回到 Histogram 对话框。完成上述工作后单击 OK，就能够得到所需要的直方图了。

5．时间序列图的制作方法

在 Graphs 中有专门绘制时间序列图（Time Series）的功能，单击后研究人员有两种选择：Autocorrelations（自相关图形）和 Cross-Correlation（互相关图形）。

（1）自相关图形的生成方法。我们以“世界各国历年出口总量”这一数据文件的自相关图形的生成为例。在 Graphs 中单击 Time Series 后，再单击 Autocorrelation 就进入自相关对话框。在该对话框中设置这样一些功能选择键：

- 描述变量（Variables）的定义。本例选择“世界出口”，将其移入 Variables 下的空框之中。
- 数据转换方式（Transform）。本例不做选择。
- 确定显示图形内容（Display）。有两种选择，自相关（Autocorrelation），图形说明时间序列前后两个时点上的观测值之间的相关关系；偏相关（Partial Autocorrelation），图形说明扣除影响因素后时间序列中前后两观测值之间的相关关系。研究人员可以同时选择这两项。

- 单击 Option 选择键，进入 Autocorrelation Options 对话框，有 Maximum Number of Lags（最大滞后值确定键），本例为 11，即 11 年，选择 Standard Error Method（计算标准误差方法），Display autocorrelations at periodic lags（展示周期性间隔自相关）。完成后单击 Continue 回到 Autocorrelation 对话框，单击 OK 就可获得所指定的自相关或偏相关图形。其中输出的自相关、偏相关系数与标准误如表 11-34 所示。

表 11-34　自相关与偏相关相关系数与标准误差分析

Lag	Auto-corr	Stand-Err	Pr-Aut-Corr	Stand-Err
1	0.716	0.264	0.761	0.302
2	0.461	0.251	–0.281	0.302
3	0.194	0.237	–0.107	0.302
4	–0.054	0.221	–0.193	0.302
5	–0.199	0.205	0.012	0.302
6	–0.332	0.181	–0.242	0.302
7	–0.430	0.167	–0.125	0.302
8	–0.402	0.145	0.061	0.302
9	–0.326	0.118	–0.052	0.302

（2）互相关图形的生成方法。在 Time Series 中单击 Cross-Correlations，进入 Cross-Correlations 对话框。在该对话框需要完成以下工作：

- 确定描述变量（Variables）。本例应将“世界出口”与“时间”移入 Variables 下的空框。单击 Options 进入 Options 对话框。
- Options 对话框中主要选择项目与 Autocorrelations 中的 Options 相同。完成后单击 Continue 回到 Cross-Correlations 对话框。单击 OK 便可生成指定的互相关图形。其中主要的分析数据有“世界出口”与“时间”互相关系数及标准误，如表 11-35 所示。

表 11-35　互相关系数与标准误

Lag	Cross-Corr	Stand-Error
–7	–0.473	0.500
–6	–0.338	0.447
–5	–0.127	0.408
–4	0.067	0.378
–3	0.275	0.354
–2	0.485	0.333
–1	0.730	0.316
0	0.972	0.302

续表

Lag	Cross-Corr	Stand-Error
1	0.738	0.316
2	0.458	0.333
3	0.170	0.354
4	0.108	0.378
5	0.256	0.408
6	0.316	0.447
7	0.366	0.500

其互相关系数的图形也基本以 Lag 为 0 为界呈对称分布。

本章小结

在 SPSS 的支持下，可以对调查数据做各种描述性分析，得出调查数据的平均数、中位数、众数、方差和标准差等最基本的统计分析指标。同时，还可以对调查数据的分布做出描述，并得出这种分布是否属于正态分布。

在对调查数据进行比较时，对分析前所做出的假设进行有关的统计检验，对两组或更多组的数据之间是否存在显著性差异做出界定时，SPSS 可以满足调研人员同时获得所有的预先希望获得的结果。

统计学向我们提供了多种相关分析方法，SPSS 又向我们提供了在计算上能够满足需要的方法。在一次相关分析中可以同时计算几种相关系数。与此同时，还可以对相关系数进行显著性检验，以排除偶然性因素的影响。

在市场预测那一章里我们介绍了一些常用的预测方法。现在一切都由 SPSS 来帮助我们解决了。

要掌握 SPSS 软件的使用方法，与读者要掌握基础统计学相比而言，其实一点也不难，一旦掌握了 SPSS 的使用方法，就可以极大地提高市场调研分析的效率。

练习题

1. SPSS 的主菜单上有哪些内容？在市场调研的统计分析中常用的是 SPSS 中的哪些功能？

2. SPSS 在描述性分析方面会向使用者提供哪些帮助？使用者可以得到关于哪些方面的统计指标？

3. SPSS在说明调查数据的分布特征时使用了哪些指标？什么叫“右偏”？什么属于“左偏”？

4. 在变量关联关系分析时SPSS会提供哪些帮助？

5. 市场调研对数据进行方差分析主要解决什么问题？SPSS中通过哪些结果可以帮助我们获得解决这些问题的结论？

6. SPSS的线性相关关系分析中可以同时计算哪几个相关系数？

7. 如何在SPSS中设置偏相关分析的指令？

8. SPSS可以帮助调研人员建立哪些回归预测模型？

9. 怎样利用SPSS对回归系数的显著性水平进行检验？

10. 怎样通过SPSS找出最佳回归预测模型？

11. SPSS可以为调研人员绘制哪几种统计图？

参考文献

[1] 拉里·珀西．市场调研．文岳，译．北京：机械工业出版社，2000
[2] 阿尔文·C·伯恩思，罗纳德·F·布什．营销调研．梅清豪，周安柱，译．北京：中国人民大学出版社，2001.
[3] V·V·布鲁尔．市场营销理论与实务．于华民，译．成都：西南财经大学出版社，2000.
[4] 小卡尔·迈克丹尼尔，罗杰·盖兹．当代市场调研（第四版）．范秀成，译．北京：机械工业出社，2000.
[5] 菲利普·科特勒．营销管理（第十版）．梅清豪，译．北京：中国人民大学出版社，2001.
[6] 谢邦昌．市场调研实战手册．广州：广东经济出版社，2002.
[7] 郑宗成，陈进．市场研究实务．广州：中山大学出版社，2002.
[8] 郑方辉，李少抒，等．市场研究典型案例．广州：华南理工大学出版社，2001.
[9] 陈启杰．市场调研与预测．上海：上海财经大学出版社，1999.
[10] 王文利，等．现场实施操作手册．北京：中国国际广播出版社，2000.
[11] 保罗·海格．市场调研：计划、方法与评估．张天赐，译．北京：中国标准出版社，2000.3.
[12] 郭志刚，等．社会调查研究的量化方法．北京：中国人民大学出版社，1989.
[13] 宋林飞．社会调查研究方法．上海：上海人民出版社，1990.
[14] 田志龙．市场研究（修订版）．武汉：华中科技大学出版社，2000.
[15] 北京：中国经营报（周二版）市场调查专栏．
[16] 黄丹．市场调研与预测．北京：北京师范大学出版社，2007.
[17] 马尔霍特拉．市场营销研究应用导向（第五版）．涂平，译．北京：电子工业出版社，2009.
[18] 小约瑟夫·海尔，等．市场营销调研精要（第四版）．白雪梅，译．大连：东北财经大学出版社，2011.
[19] 戴维·阿克，等．营销调研（第7版）．魏立原，译．北京：中国财政出版社，2004.
[20] 迈克尔·贝利，等．数据挖掘．袁卫，译．北京：中国财政经济出版社，2004.

[21] 戴维・安德森. 商务与经济统计（第 7 版）张建华，等译. 北京：机械工业出版社，2000.

[22] 张灿鹏，郭研常. 市场调查与分析预测. 北京：清华大学出版社，2008.

[23] 史宪文，等. 现代企划原理、案例、技术. 北京：清华大学出版社，2011.

[24] 苏金明，等. 统计软件 SPSS for Windows 实用指南. 北京 电子工业出版社，2000.